無用的神學
班雅明、海德格與莊子

———————————— 夏可君—著

五南當代學術叢刊

五南圖書出版公司 印行

獻給我臺灣的
「莊子之友」

到彌賽亞成為不必要（／無用）時，他會到來的，他將在到達此地一天後才來，他將不是在最後一天到來，而是全然最後（／末日）那天。

—— 卡夫卡，1917年《日記》

內心孤寂之人通過其不幸，在苦難的意義上，貫通內心直接的彌賽亞式張力。把精神性的「整體性復原」（restitutio in integrum）導入到不死性之中，對應著一種世界性的東西，這種東西被導向某種沉落的永恆性，並且這種永恆消逝的東西，在其消逝的總體性中，在其空間，但也是在時間的總體性之中，有著世界性消逝著的節奏，這彌賽亞式自然的節奏，就是幸福。因為自然以其永恆和總體性的消逝性而言，是彌賽亞式的。

—— 班雅明，《神學 —— 政治學的殘篇》

走向終結。—— 哲學，唯一還負責任的哲學，乃是在面對絕望，尋求去思考一切事物時，應該從救贖的立場來思考事物將如何呈現自身。如此的認識，將沒有其他的光照，唯有救贖之光能照亮世界：其他的一切都不過是複建和保持為技術的片斷而已。

—— 阿多諾，《最低限度的道德》

燃燒的痛苦，即我們不能為無用之物而在此，而只為功利所奴役，功利自身乃是虛無，而且是如此的虛無化，以至於它推動著對人之本質的最深度的侮辱。

—— 海德格，《晚間交談》附錄

目 錄

楔子

尋找鑰匙

打開班雅明《神學——
政治學的殘篇》的七封印

　　首先彌賽亞自身完成所有的歷史事件，因而在這個意義上，只有彌賽亞自身才能解救、完成、創造出歷史與彌賽亞之物的關聯。因此，沒有任何歷史之物能把自身與彌賽亞關聯起來。因此，上帝之國並不是歷史動力的目的：它不能被設定為目標。從歷史來看，上帝之國不是目標，而是終結。因此，世俗的秩序不能建立在上帝之國的思想上，因此，神權政治沒有任何政治意義，而只有宗教的意義。布洛赫《烏托邦的精神》一書的偉大任務，以其所有強度否認了神權政治的政治意味。

　　世俗的秩序已然建立在幸福的觀念上。這種與彌賽亞有關的秩序是歷史哲學的基本教義之一。而且它是一種神祕的掌握歷史的前提條件，它所包含的問題可以用這樣的圖像表明。如果一支箭頭指向世俗動力起作用的目標，而另一支箭頭標明彌賽亞張力的方向，那麼當然，自由的人性對幸福的追求將會背離彌賽亞的方向，但正如一種力量，通過它的道路走向，反能提升相向法則之正確道路的走向，於是世俗的秩序也正通過其世俗性，能提升彌賽亞王國的到來。因此，世俗本身也不是神國的一個範疇，但卻是最切中、最順應地接近的範疇。因為在幸福之中，所有塵世之物追求自己的沉落，但也只有在幸福中，它才註定發現自己的沉落。——內心孤寂之人通過其不幸，在苦難的意義上，貫通內心直接的彌賽亞式張力。把精神性的「整體性復原」導入到不死性之中，對應著一種世界性的東西，這種東西被導向某種沉落的永恆性，並且這種永恆消逝的東西，在其消逝的總體性中，在其空間，但也是在時間的總體性之中，有著世界性消逝著的節奏，這彌賽亞式自然的節奏，就是幸福。因為自然以其永恆和總體性的消逝性而言，是彌賽亞式的。

　　即便對於人類的這個階段，也就是自然來說，追求這種消逝性，

也是世界政治的任務，它的方法則被稱之爲虛無主義。[1]

如果你要閱讀瓦爾特·班雅明（／本雅明：Walter Benjamin, 1892~1940），可能不得不從這個文本重新開始。面對班雅明《神學——政治學的殘篇》（*Theologisch-politisches Fragment*），一個寫作日期似乎都難以確定的片段文本，但其中卻有著思考現代神學政治的所有種子，這迫使後來的解釋者不得不投下其信念的所有賭注，晦澀的文本中所隱含的張力也將考驗所有研究者的耐心。如何讓班雅明思想中的神祕「元細胞」（Urzelle）開始以自己的方式重新生長，讓思想本身漸進修養的韌性得以保持下去，將構成思想的事情與開端。

但這個開始之爲啓示，卻一直還被封存著，其「七封印」有待於被揭開。因此，思想就必須找到打開這些封印的「鎖鑰」（Schlüesselcharakter）。[2]

進入這個文本，我們將以詩歌分行的形式，或者以「教義體」（Traktat）的體式（這是班雅明自己鍾愛的方式），展開其文本的內在折痕。

「標題」的時間：是有待揭開的第一封印

首先，並沒有「標題」，班雅明並沒有給出自己的標題，現在的標題乃後來編者阿多諾（Adorno）在1950年代所加，當然命名爲《神學——政治學的殘篇》也基本準確（以下一般簡稱爲《殘篇》），如同陶伯斯（Taubes）所揭開的第一封印。[3]這個片段確實

[1] Walter Benjamin: *Gesammelte Schriften II*. 1991, S. 203-204.此《殘篇》由筆者所譯，如下凡是沒有注明的地方都有筆者所譯。

[2] Walter Benjamin: *Gesammelte Schriften II*. 1991, S.946.

[3] 陶伯斯：《保羅政治神學》（Jacob Taubes: *Die politische Theologie des Paulus*. 1993），吳增

圍繞彌賽亞的神學問題及其「政治化」的可能性而展開，它甚至可能
先於卡爾‧施米特（Schmitt）的政治神學。[4]

　　就政治神學的命題，按照先後順序及其影響的關係，會有巨大
爭議：第一，這個殘篇寫作的時間，如果是1922年，顯然這是在施
米特《政治的神學》出版之後，後者第一篇文章甚至更早（1918
年），而且討論的就是基督教會的可見性。第二，或者，班雅明確實
是受到了施米特影響（如同後來那封醜聞般的致敬信），但思考的方
向全然不同。或者，班雅明的致敬也許是看到了二者的相通之處。第
三，或者比施米特更早，如同阿岡本（／阿甘本：Agamben）的研
究，[5]但如果這是與布洛赫（Bloch）對話的產物，後者的《烏托邦的

定等譯，2016年，頁115-119。它是陶伯斯首先打開了此殘篇的封條，但也許同時他也再次
封存了它，這真是弔詭的思想事件，比如面對「彌賽亞式自然化」這個最為核心的主題時，
他試圖讓猶太教神學進入現代性又兼具現代的批判性，由此而走向了保羅神學的方向，但卻
全然錯過了這個主題。此外，我們與陶伯斯還有一個重大差別：他認為卡夫卡小說中連一棵
樹都沒有，但我們現在就是要植入自然之樹，自然的擬似性，哪怕如同貝克特《等待果陀》
中舞臺上那棵貧瘠的樹，如同賈科梅蒂雕塑出來的一棵骷髏樹，可能也需要去尋找植根的土
壤。或者如同在貝克特《終局》中再次面對的危機：哈姆：「自然已經遺忘了我們。」克羅
夫：「不再有自然。」「自然」也陷入了終局之中？

[4]　施米特：《政治的神學》，劉宗坤等譯，2015年。班雅明的「神學—政治」兩個方面的區
分：一方面不同於施米特與施特勞斯的「政治神學」——首先必須肯定信仰與神權，但對
於班雅明，上帝已經退出或者無用化，上帝已經虛無化了，這才是現代性的事實；另一方
面，也不同於自由主義或多元主義的「政治哲學」，僅僅研究人的權力分配與建制，班雅明
試圖把人性向著自然性還原，因為人性也虛無化了。班雅明的神學還不同於海德格的「政治
本體論」——從存在的命運思考神聖。在此雙重虛無化與無用化的前提下，神聖主權已經轉
化為一種「虛化政治學」（infra-political）或「虛化神學」（infra-theology），如同Alberto
Moreiras等人已經開始思考的另一種現代性，與「後霸權」與「赤貧的權力」相關，我們的
反思是：神聖與人性的雙重不忠與雙重虛無化，如同荷爾德林所揭示的基本處境，神學只能
在災變的停頓中，接受檢驗與「考試」，主權只能在自身讓出中，獲得「虛位」。

[5]　阿岡本：《潛能》（Giorgio Agamben: *Potentialities, Collected Essays in Philosophy*, 1999），
王立秋等譯，2014年。阿岡本與本書思考的主題多有相關交叉之處，但有一關鍵的差異必須

精神》初版於1918年，而據蕭勒姆（G. Scholem）在《班雅明：一個友誼的故事》中的回憶，班雅明在1919年秋天讀到了該書，而且二人之間有著密切交流，因此殘篇的寫作時間更有可能就是在1920年，就是他們三個朋友對話的產物。

但也許這個命名並不那麼準確，因此，標題就再次封印了文本，也許應該取名爲《彌賽亞式自然的節奏》（*Der Rhythmus der messianischen Natur*），才更爲點明這個殘篇的核心指向——才是這個殘篇或者整個班雅明思想的「鑰匙」？

對這個《殘篇》的寫作時間一直有著爭議，現在我們認同蕭勒姆的時間點（在1919～1923之間，可能就是1920年），而非阿多諾所言的1938年。筆者在這裡給出一個強有力的證據，這來自於班雅明1920年的博士論文，在一個並不引人注目的注腳——論文的第三個注腳中，班雅明寫道：「這一立足點可在浪漫派的彌賽亞主義中去尋找。『實現上帝的王國這一革命性的願望是漸進修養的韌性之點（der elastische Punkt der progressiven Bildung），也是現代歷史的開端。與上帝的王國沒有關係（aufs Reich Gottes），在這裡僅僅是次要的。[6]」班雅明在這裡指明了浪漫派的彌賽亞主義，這就間接指

事先表明：我們的研究把彌賽亞性與自然性加以對立綜合，這是阿岡本沒有展開的維度；而且，中國道家的「無用性」與西方神學中隱含的「不去用」，也有著根本差異，無用性更多來自於自然的啓發（比如自然的擬似性或者純粹的盈餘浪費），而「不去用」則更多來自於人類主體或身體的懸置行為。

[6] 班雅明：《德國浪漫派的藝術批評概念》，王炳鈞、楊勁譯， 2014年，頁3-4。Walter Benjamin: *Gesammelte Schriften I*. 1991, S.12. 大概只有哈馬歇（Werner Hamacher）指出了這個時間點上的相關關聯（W. Benjamin: *Walter Benjamin-Handbuch, Leben-Werk-Wirkung*. 2011, S.190）。此外，在1919年4月7日，班雅明給Ernst Schoen的書信中，班雅明確認了自己在博士論文中本來要處理的問題（Walter Benjamin: *Briefe I*. 1978, S.208）：「浪漫派的核心即彌賽亞主義（an das Zemtrum der Romantik, den Messianismus）。」這也是浪漫派的真正特點（wahre Natur）。當然這也是因為浪漫派作為現代性的隱祕開端，已經徹底面對了現代性的絕境：一方面是藝術作品的體系完成化；但同時另一方面，又必須批評性地解體（kritische

向了自然的彌賽亞化，因為浪漫派，尤其是歌德那裡，都有著一種自然化的思辨詩學，而且與廣義的「彌賽亞性」隱祕相關。班雅明也認同一些研究者的觀點，相信浪漫派也隱含一種新宗教產生的可能性，即如何讓上帝之國在世俗世界、在時間之內實現出來的條件。這個注腳中的祕密一直沒有被西方學者發現，也是非常奇怪的事情，當然也是因為沒有注意到殘篇中「彌賽亞式自然」的重要性，這裡或許有著西方思考的某種盲點？

　　當然，首先是陶伯斯，是他敏感地注意到了班雅明這個片段文本的重要性，並且在《保羅政治神學》的遺言式講授中，從班雅明的這個片段出發，與保羅的政治神學聯繫起來，還承認了「自然」的重要性，這是不同尋常的事情。一方面，他認為班雅明的彌賽亞精神不是阿多諾與尼采等人審美的「似乎」（／好像：als ob）邏輯，而是經驗的震盪，是實際性，這個與布洛赫式烏托邦馬克思主義的具體行動相關；另一方面，他認為班雅明就是一個「新保羅」，肯定世俗世界與超驗世界的絕對差異，否定凡俗世界的宗教性，不是以猶太教取消現實世界，而是以信仰來批判現實世界，以保羅的末世論來批判現實，再次肯定現代性。[7]

　　但對於我們，彌賽亞的審美化或者自然化，一旦與中國文化相關，審美化就出現了新的意涵，因為中國文化有著所謂「審美代宗教」的傳統，儒釋道三教都在文人美學化生活中得到貫通！一旦「自然彌賽亞化」，有著對人世的超越，但喀巴拉神祕主義的上帝自

---

auflösung）作品；如此的兩難如何化解？必須一直保持此張力，但又必須引入「仲介」——這就是「自然」這個模稜兩可的維度以及彌賽亞性的異質力量。我們還可以在1925年的《德意志悲悼劇的起源》中也可以發現相關的段落，頁216。

[7] *Walter Benjamin and Theology*: edited by Colby Dickinson and Stéphane Symons. 2016.該論文集很多重要文章都觸及了班雅明政治神學中的關鍵要素，尤其是這個殘篇得到了足夠的重視與研究，但就「彌賽亞自然化」的主題，或者班雅明的政治神學與自然的關係而言，卻幾乎沒有討論。

身的「回縮」——上帝創世之前的自身限制與回縮，也啟發了退讓與退出的姿態，開啟了「餘讓」的原初倫理姿態，也不同於陶伯斯有所認同的施米特式決斷的政治神學與主權模式，否則其與希特勒的根本區分就一直不可能明確，而彌賽亞的自然化可以避開強權！因為主權不僅僅空讓了，而且退出了、退讓了，如同中國傳統的「禪讓制」，一開始就是一種政治神權的讓出與讓予！只是這一點一直有待於重新闡釋。

　　殘篇之為殘篇，既是早期浪漫派片段式書寫的文體隱喻，就如同一個「刺蝟」，它如此自足，但又從未完成。從悖論開始，才是真正的開始。而彌賽亞與自然性的關係是不可能的關係，此純粹悖論的關係，將會不斷地「刺痛」我們。

　　此殘篇大致可以分為三段十四節，如同一首十四行詩。

㈠ 絕對差異：上帝之國與世俗歷史

　　第一段，可以分為如下6節：

1. 首先彌賽亞自己（Erst der Messias selbst）完成所有的歷史事件，只有彌賽亞自身才能解救、完成、創造（erlöst, vollendet, schafft）出歷史與彌賽亞之物（das Messianische）的關聯。
2. 因此（Darum），沒有任何歷史之物能把自身與彌賽亞關聯起來。
3. 因此，上帝之國（Reich Gottes）並不是歷史動力的目的（telos）；它不能被設定為目標。
4. 從歷史來看，上帝之國不是目標（Ziel），而是終結（Ende）。
5. 因此（Darum），世俗的秩序（die Ordnung des Profanen）不能建立在上帝之國的思想上，因此（Darum），神權政治沒有任何政治意義，而只有宗教的意義。
6. 布洛赫（Ernst Bloch）《烏托邦的精神》一書的偉大任務，以其所有強度否認了神權政治的政治意味。

　　班雅明在這個殘篇中要思考的是三種秩序：

1. 上帝之國與彌賽亞自己的秩序。
2. 世俗的秩序或者世俗歷史的秩序。
3. 隱含著的或後面才提及的──自然的秩序。通觀文本後，彌賽亞的王國只能通過自然的秩序來迂迴。

　　在第一段前面的三個語段中，殘篇提出了兩個世界或者兩種秩序之間的關係──沒有關聯，或者任何的關聯都是危險的！歷史上「道成肉身」的基督教、正在發生的現實革命烏托邦或馬克思主義，甚至猶太教錫安主義的神學政治，等等，對於神權政治，可能都是危險的。這是班雅明的判別：不應該有著所謂的政治神學，這已經不同於施米特。歷史的終結是歷史的末世論，並非歷史的目標，但這只有彌賽亞自己才可能完成，這並非歷史自身的「目的」與「目標」。它不是「目的」（Telos），因為世俗歷史並不以救贖為目的，而是以人類幸福的獲得或者理性的實現為目的，這在康德的「德福一致」那裡最為明確，尤其時代已經進入了啟蒙之後。它不是「目標」（Ziel），任何試圖建立上帝之國與世俗國家聯繫的手段都不被允許，目標與手段永遠不可能一致，反而只有各種暴力，最終導致的還是暴力，這也是為何後來班雅明要區分神話的暴力與神聖的暴力。

　　這也是為何班雅明的彌賽亞主義與歷史唯物主義之間總是有著不可共謀的疑難，班雅明其實一直保持了這個方面的自覺區分與徹底警醒！這也是為什麼他最後的殘篇《論歷史的概念》並不相信歷史唯物主義的發展進步觀。如果二者之間有著連接，一定不應該是已經出現過的任何方式，一定是有待於面對困難（這是後面所言的虛無主義）、面對歷史的苦難（追求幸福的人類為什麼不可能獲得幸福，在資本主義發達時代也不可能幸福），去發現別樣的連接。

　　如果有著連接，不是歷史唯物主義本身，一定是歷史唯物主義與烏托邦精神中的其他方面。這個其他方面是什麼？這是後面要提出的自然世界。儘管在這個語段，班雅明還沒有提及歷史唯物主義，也沒

有提及自然，但是布洛赫《烏托邦的精神》已經面對了這個問題。

需要首先交代的是，彌賽亞性或彌賽亞精神包括兩個方面：一方面，它是指來自於猶太教的「受膏者」，尤其以大衛王為原型的君王形象，後來則演變為君王、祭司以及先知，比如摩西與以利亞就成為彌賽亞的原型，並且與末世論的救贖，與災難與突變相關；另一方面，它也指一種普遍歷史文化記憶中的拯救精神，對絕對正義的廣泛訴求，如同德希達（／德里達：Derrida）所言的沒有彌賽亞主義的「彌賽亞性」。

因此，在這個殘篇的開頭，「只有」（Erst）彌賽亞自己，或者「首先」（Erst）是肯定彌賽亞的重要性，彌賽亞永遠都是首要的！因為彌賽亞的主權關涉歷史命運的三個詞——解救、完成、創造——也首先僅僅屬於彌賽亞自己。如此的三個詞：「解救」需要悔改與寬恕，與整個神學傳統相關，但必定會得到新的解釋；「完成」乃是與當時的生命哲學，無論是新康德主義，還是生存哲學的生命實現，就連海德格（／海德格爾：Heidegger）也在這個時期開始思考生命的自身實現與信仰的關係（面對保羅神學與奧古斯丁）；「創造」也是上帝的行為，是一個新天地的創造，但也與藝術家的創作活動相關了。而且，文本在書寫展開中，多次重複「因此」（Darum）這個詞，保持了其論證的嚴密性，以及語氣的迫切感。

閱讀這個殘篇，就是破解這個文本的密碼：彌賽亞自身的再次化身或再次顯現，或者說一個新的彌賽亞形象，或者說世界的正義狀態如何顯現。

但這是什麼樣的彌賽亞形象？彌賽亞到底如何再次化身或者顯現？這個彌賽亞形象具體化為上帝之國與世俗秩序之間的絕對差異關係。世俗秩序必然衰敗，人類歷史追求幸福的目的並不趨向於救贖。彌賽亞與世界並不相關、與歷史的目的根本不相干。因此，「神學」並沒有什麼「政治」的關聯性！二者之間有著絕對差異。如同海德格隨後思考存在論差異：存在者與存在本身不相干，或者存在本身就並不存在，存在者並不追問其存在本身，而只是處於沉淪狀

態。[8]

此絕對差異及其區分：揭開了「第二封印」

　　班雅明如此區分開世俗秩序與上帝之國，以便更爲徹底展開一個絕對的神學差異，它不同於海德格（Heidegger）的神學─存在論（Theo-onto-logy）差異，而是救贖與歷史的世界性終末論差異。此絕對差異，顯然來自班雅明面對猶太信仰與啓蒙理性之間的緊張關係，不得不發明一種新的教義，來面對康德以來的理性啓蒙哲學，或者如同學者們指出的，可能這個時候還受到猶太式新康德主義者柯恩的影響。[9]

　　此絕對差異體現爲：一方面，彌賽亞自身的力量足夠完成一切歷史，他獨自有此力量，這是他自己的戲劇，此拯救並不依賴於人類的

---

[8]　但班雅明面對的差異，更為絕對，這是彌賽亞自身的絕對差異，似乎已經包含了海德格早期的存在論差異，中期的歷史民族決斷的差異（德意志與希臘，或德意志與俄羅斯，甚至德意志與猶太人），以及後期的神聖語言的再次發生。我們後面在討論海德格思想的轉向時，會回到這個問題上。

[9]　赫爾曼‧柯恩：《理性宗教──來自猶太教的起源》，2013年。柯恩這部1919年他去世之後出版的著作中，尤其是第13章〈彌賽亞的觀念與人類〉思考了上帝的獨一性與彌賽亞救贖的重要性，尤其是關於彌賽亞之未來與永恆（Aion）的思考。班雅明在1920年12月給蕭勒姆的書信中提到過此書。此外，該書英文版還是施特勞斯（Leo Strauss）作序，而正是施特勞斯一直保持了對信仰與理性之間緊張關係的思考，這在其《律法與哲學》的最初寫作中已經開始。只是施特勞斯一直在柏拉圖解讀的語境中，納入猶太教的信仰，試圖重新面對耶路撒冷與雅典的張力。而同樣面對虛無主義，施特勞斯也許過早地放棄了以虛無主義為方法的必要性，在混雜與複雜的現代性處境下，以猶太化的柏拉圖式政治哲學來徹底解決尼采式的虛無主義，但似乎並沒有那麼容易。此外，施特勞斯在英文版序言中指出了祈禱的重要性，祈禱連接是上帝與人類的語言，「律法的靈魂和內在性是祈禱」，就如同卡夫卡所言，「寫作好比祈禱的形式」，以及班雅明聯繫注意力之為靈魂的自然祈禱，走向無意記憶的書寫，也是讓彌賽亞與自然在祈禱之中建立聯繫。而中國文化則是在詩意的自然化書寫表達中（無論是詩歌書寫還是書法與山水畫的書寫），都保持了氣息的詠歎與默化。

任何行動，甚至彌賽亞王國已經在此；但另一方面，歷史也並不與彌賽亞發生關係，人類的歷史與人性本身一樣，自有其享受幸福的邏輯，或者如同啓蒙理性追求自由王國的目標，如同康德及其之後的啓蒙哲學所爲。在班雅明試圖建構的猶太教哲學或現代性教義中，爲何要如此徹底地把彌賽亞與歷史分離開來？爲何要打開如此巨大的鴻溝：一方面，只有彌賽亞自己，這是上帝的主權與權能，唯一神論的上帝絕非人性，墮落的人性與上帝沒有關係，只有上帝的力量才能導致歷史的終結，不是歷史自身的目的，而是所有歷史的終止，是末世論的最後終結。另一方面，歷史的東西之爲歷史的動力與目的，有著自己的目的——但並不是上帝的王國，上帝的王國並不自動成爲歷史的動力，天國也非作爲歷史的目標來設定；對於彌賽亞而言，歷史的發生不是最高的目標（Ziel／end），而是徹底地「終結」（Ende／The End），上帝之國或彌賽亞的來臨，只是來終結歷史本身，這是彌賽亞獨有的主權。

　　天國與歷史是分離的，外在與內在也是分裂的，這些區分非常接近於韋伯不久之前發表的關於比較宗教的相關研究。只有彌賽亞「外在地」進入世俗世界才有可能，歷史自身並不通過自身的「內在」進程走向救贖，它並不需要救贖的神權，尤其是當世俗秩序總是以幸福爲目的之時。而上帝之國或神權政治也並沒有政治現實性，除了在宗教的意義上。對於班雅明：處於散居時代的猶太教神學顯然一直沒有現實性，或者也是因爲猶太人被禁止思考彌賽亞的來臨，因而與世俗秩序沒有關係。基督教神權進入現代性與啓蒙時代之後，也只能局限於教會內部，或者已經被成爲宗教的資本主義所取代了。這裡的區分非常徹底，這個區分也導致了神權政治彌賽亞實現的困難：或者根本無法實現，或者其實現的難度增加，因爲這裡根本沒有任何辯證神學的可能性！

　　這也是爲何布洛赫要在1910年代寫作《烏托邦的精神》，從現實出發來設想救贖，卻拋棄了傳統神學，或者如同馬克思所爲，驅趕宗教的鬼魂，召喚出靈知主義的代表人物馬克安（Marcion），認爲

烏托邦精神忠實於自己身上的惡魔性及其康復的可能性，尋求心靈與彌賽亞的「自身相遇」，施行內在世界外在化和外在世界內在化的相互轉化，是一種馬克思主義式的革命靈知主義，後來布洛赫把此陌生上帝的福音說成是基督教中的無神論。[10]

　　但顯然，這與班雅明的神學思路不相符，考慮到班雅明對布洛赫寫過專門的評論文章（只是丟失了），問題的複雜性不是我們要處理的。當然，布洛赫著作中的給馬克思主義再次注入彌賽亞的革命性，超越世界的尚未此在化的彌賽亞目標（noch nicht daseiendes messianisches Ziel），或承認作為尚未實現的彌賽亞（als noch nicht realisierten Messias anerkennt），甚至要在猶太教與基督教的新舊約之外發現第三部約書的彌賽亞主義，召喚一個尚未來臨的更遠的彌賽亞（der ferne Messias），肯定彌賽亞的先天性與理論彌賽亞主義的體系，以及被侮辱的自然如何拯救和挽救過去尚未實現的志向，提出了彌賽亞思想的反思性。這些繁雜的彌賽亞思想還是深深影響了班雅明，我們這裡只是展開班雅明自己的觀點，如同陶伯斯所認識到的相關問題與盲點。[11]

　　與班雅明的這個片段最為相關的部分，則是布洛赫著作結尾處的一段：

　　但靈魂的生命也從世界的滅絕中擺脫出來，以便進入最深意義上的「完成」狀態，並且拉向彼岸風景幸福繩索的木樁已經錨定，靈魂的核心精髓不應該被永恆的死亡深淵所撕裂，而且其目標，乃是

---

[10]　或參看卡爾・洛維特：《世界歷史與救贖歷史──歷史哲學的神學前提》，2002年。自從中世紀後期，世俗的歷史解釋或者歷史神學，已經顛倒了歷史神學的救贖與道義維度，而走向歷史自身的自律，走向此世的革命，走向歷史理性的目的論，走向理想的烏托邦社會，無疑都與超越的救贖論背道而馳。

[11]　陶伯斯：《保羅政治神學》，2016年，頁122-125，頁200-201。

經過塵世生命的組織，讓永恆的生命首先到來，這也是超宇宙的「不死性」，是靈魂王國的唯一現實，是世界之迷宮的「整體性復原」（die auch transkosmologische Unsterblichkeit, die alleinige Realität des Seelenreichs, die Restitutio in integrum aus dem Labyrinth der Welt）—— 通過撒旦式同情的徹底顛倒。[12]

　　因此，班雅明與蕭勒姆，甚至在接受了猶太教神祕神學之後，也只能認為思考世界的政治態度只能是「虛無主義的」，這就是殘篇的落腳點。但這是什麼樣的虛無化呢？如果不再是基督教的虛己（kenotic）或從無創造，也非伊斯蘭教的天國神往，也不是現代個體欲望的虛無主義狂歡，或者也非「比無還少」的虛無主義文學寫作，那是一種什麼樣的虛無化生存樣式？

　　班雅明之所以看重布洛赫1918年出版的《烏托邦的精神》，有著歷史的境況，這是第一次世界大戰剛剛結束，也是在俄國十月革命蘇維埃馬克思主義奪取政權不久，這裡有著班雅明的猶豫：一方面是他那個時候確實在閱讀這本當時剛出版不久的書，因此殘篇的寫作時間也是在1919年左右不久，他完全認同布洛赫的觀點，即否認神學對於政治的決定性意義；但另一方面，儘管布洛赫自己的思想異常的個體化與神祕化，但班雅明並不認同布洛赫從現實出發來設想救贖的革命姿態，[13]如同索勒姆所認為的，甚至與馬克思主義並沒有直接聯繫，而是認為神權政治有另外的道路與方式，既不是傳統神學政治的

---

[12]　Ernst bloch: *Geist Der Utopie. Faksimile der Ausgabe von 1918*. S.442.

[13]　如同有研究者指出的差異，「把班雅明的工作與布洛赫的救世主義區分開來，而與蕭勒姆的工作結為同盟的，正是這種對於把猶太教的救贖概念與革命的希望直接等同起來的拒絕。」因為班雅明與蕭勒姆相信，在歷史時間之內沒有救贖，而只有整體的救贖，且那個救贖超越人類力量之外。參看彼得・奧斯本：《時間的政治》，王志宏譯，2004年，頁207。

各種方式，也不是馬克思主義的革命方式。[14]當然其中也隱含了對布洛赫思想中自然化傾向的隱祕認同，就如同後來布洛赫也走向了彌賽亞自然化的道路，在這個方面可能更好地實現了班雅明尚未充分展開的維度，這也是為何班雅明一直對布洛赫的思想有所著迷，或者說，也許重新思考班雅明與布洛赫在彌賽亞與自然性關係上的相關性，還是思想未來的任務之一。

「沒有關係的關係」：打開了「第三封印」

彌賽亞王國與世俗的歷史世界之間，就成為一個沒有關係的關係（relation without relation），一種「非關係」（a-relation），彌賽亞的國度與世俗歷史的國度不相干，不重疊，世俗歷史會發展，如同資本主義，但是會滅亡。

那麼，如何建立關係？這就陷入了悖論：一方面，要繼續保持沒有關係，「切口」一直都在，必須一直保持著，一直有著切口（cut）；另一方面，發生了「一個沒有關係的關係」，保持切口的同時，出現了「一個切口的切口」（cut of cut），如同德希達（/德希達：Derrida）的思考，這是一個「無」與「間距」，是人類無

---

[14] 班雅明是明確且完全反對布洛赫這本書的，所以更加說明這個殘篇可能寫於這段時間。參看 Eric Jacobson: *Metaphysics of the profane, the political theology of Walter Benjamin and Gershom Scholem.* p.23, p.238. Uwe Steiner: *Walter Benjamin: An Introduction to His Work and Thought.* p.73.在班雅明的通信集中，從1919年9月19日給好友E.Schoen的書信，以及隨後與蕭勒姆的通信，直到1920年2月2日再次給Schoen與2月13日給蕭勒姆的書信（更晚到1921年1月），班雅明一直在寫一篇針對《烏托邦的精神》的既高度學術又高度隱晦的評論。班雅明也認為雖然這個書的某些重要解釋與自己的信念不相左，但也從不與自己的哲學相應，甚至還與自己的哲學徹底地對立（diametral entgegengesetzt），要面對布洛赫的認識論以及原則性的基督學，而班雅明自己的思想與之毫無共通之處。通信中提及的專門研究文章遺失了，或者僅僅就留下了殘篇這個文本！這也從另一個角度在證這個殘篇寫於1920年左右。見Walter Benjamin: *Briefe I*, S.218-237 (*Gesammelte Briefe II*. S. 46-77)。

法克服的「無」。這是西方人的思考方式。這個切口與災變、暴力的發生與模仿相關，如同當今打著伊斯蘭教信仰旗號的恐怖主義攻擊也是從自我犧牲與血腥的暴力來尋找連接點。切口之為切口——就是區分（Unterscheidung），絕對的區分與外在尺度，如同歷史記憶與文本紀錄的差異。但這是罪的紀錄，惡的歷史，是沒有希望的世界歷史，通過沒有希望與罪惡來記住那個絕對超越的上帝耶和華，等待彌賽亞的救贖。而「切口的切口」：則是在哪裡承受？這是身體，身體的痛苦與區域！在身體的痛苦中承受，即便上帝顯現，如同基督教，也是受難而死。

上帝之國與世俗秩序之間沒有連接點，沒有辯證法，現代性的任何連接，無論是辯證神學還是否定神學，都無法同時肯定二者的同時，形成新的關聯，因為缺乏仲介。現代性是災變與停頓（caesura / Zäsur）的現代性，是仲介空缺的現代性，而任何試圖來連接的方式，無論是自由主義經濟萬能仲介的「貨幣全球化」，還是集權主義國家的卡里斯馬式的獨裁者或者宗教領袖，或者是恐怖主義襲擊的犧牲品，都只是導致了更大的分裂，或者是貧富差別與南北差異，或者是導致暴力，並催生更大的暴力。

那麼，還有其他的方式嗎？不是切口的切斷與傷害方式？有著連接但又非人性的權力欲望？這是班雅明要尋找與發現的其他方式：通過自然來迂迴。

㈡ 心感：逆轉的張力與整體性復原

第二段，也可以分為如下幾節：

7. 世俗的秩序已然建立在幸福的觀念上（an der Idee des Glücks）。這種與彌賽亞有關的秩序是歷史哲學的基本教義之一。
8. 而且它是一種神祕的掌握歷史的前提條件，它所包含的問題可以用這樣的圖像（Bilde）表明。如果一支箭頭指向世俗動力起作用

的目標，而另一支箭頭標明彌賽亞張力的方向（die Richtung der messianischen Intensität），那麼當然，自由的人性對幸福的追求（Glückssuchen）將會背離彌賽亞的方向，但正如一種力量，通過它的道路走向，反能提升相向法則之正確道路的走向（entgegengesetzt gerichtetem Wege），於是世俗的秩序也正通過其世俗性，能提升（befördern）彌賽亞王國的到來（das Kommen des messianischen Reiches）。

9. 因此，世俗本身也不是神國的一個範疇，但卻是最切中、最順應地接近的範疇（der zutreffendsten eine, seines leisesten Nahens）。因為在幸福之中，所有塵世之物追求自己的沉落（Untergang），但也只有在幸福中，它才註定發現（zu finden bestimmt）自己的沉落。

10. —— 內心孤寂之人通過其不幸，在苦難的意義上，貫通內心直接的彌賽亞式張力（die unmittelbare messianische Intensität des Herzens）。

11. 把精神性的「整體性復原」（restitutio in integrum）導入到不死性（Unsterblichkeit）之中，對應著一種世界性的東西，這種東西被導向某種沉落的永恆性（in die Ewigkeit eines Unterganges führt）。

12. 並且這種永恆消逝的東西（ewig vergehenden），在其消逝的總體性中（in seiner Totalität vergehenden），在其空間，但也是在時間的總體性之中，有著世界性消逝著的節奏，這彌賽亞式自然的節奏，就是幸福（aber auch zeitlichen Totalität vergehenden Weltlichen, der Rhythmus der messianischen Natur, ist Glück）。

13. 因為自然以其永恆和總體性的消逝性而言，是彌賽亞式的（Denn messianisch ist die Natur aus ihrer ewigen und totalen Vergängnis）。

就彌賽亞而言：怎麼做都不可以；就世俗世界而言：怎麼做都可以。

　　這是現代性最為困難的悖論：「怎麼做都不可以」——因為上帝不再給出命令，反而導致任何的行動都不具備普遍性了；「怎麼做都可以」——但任何獲取幸福的手段，也永遠無法成為普遍的標準。前者導致宗教恐怖主義分子的顛倒錯亂，後者導致犬儒主義的一切皆可的無所謂。就如同斯洛戴迪克與齊澤克所深刻指出的，這不過是尼采式積極虛無主義與消極虛無主義的相互依賴！看似沒有關聯，其實正好是互為鏡像。有著另外一種虛無主義嗎？「在虛無主義之外，一無所有。」尼采的論斷依然正確？

　　如果絕對差異的兩個世界要有著關聯，其關聯在哪裡呢？這是沒有關聯的關聯，班雅明必須尋找到那個「並沒有關聯的關聯項」。

　　現代性當然對這兩個秩序有著某種關聯的連接，但基本上：要麼肯定此虛無主義，也是尼采發現的感性化大地的意義，肯定自然的欲望，但可能導向縱欲或者過度消耗，欲望的解放並沒有導致永恆的幸福；要麼，幸福的解放，只不過是欲望的解放，並走向資本主義商品拜物教，反而只是加強了虛無主義；要麼，這些方式都是混雜著，最後僅僅剩下虛假的資本化與技術化的幽靈式彌賽亞主義（如同德希達的思考與解構）。但在班雅明看來，我們不可能逃出世俗世界，這是更為弔詭的連接：不是從天國外在地進入，而是從世俗現實性進入，深入到泥沼之中，當然這也是後來班雅明受到超現實主義影響，提出所謂的「世俗啟迪」。

　　如何把彌賽亞與世俗世界在現代性的境況關聯起來，傳統的各種關聯方式基本上已失效之後，對於班雅明，這個關聯的中間項在於——幸福。肯定世俗世界的世俗性，但要更為徹底，這個徹底性就體現在人類對於幸福的不止息追求上，因此，這是幸福的「觀念」，不只是一個想法。這種不止息的欲求與欲望，就如同謝林在某個時期所肯定的原初深淵中的湧現力量，甚至是超越神性根據的力量。

　　但是，一旦深入此深淵，如何可能實現逆轉？這就是必須在徹底沉淪或沉落的世俗世界，發現對立或者逆轉的方向，此逆轉的力

量，來自於哪裡呢？它既與人性相關，也與彌賽亞性相關，但它一直沒有被西方傳統所發現——這是「自然」，這個沉落著也永恆消逝著的世界。

如果歷史化的世俗世界已經徹底地世俗化，這是因為它建立在幸福的觀念上，幸福的秩序與彌賽亞的關係就成為歷史哲學本質性的教義片段。到底何謂世俗歷史與上帝之國的關係？如何在資本主義時代建立二者的關係？既然資本主義的拜物教成為了新宗教？那就從這個新宗教的動力出發——這就是幸福！但幸福不僅僅屬於資本主義，還屬於歷史的先決條件，甚至是其神祕的條件。

彌賽亞也是神祕的，幸福的神祕與彌賽亞的神祕是什麼關係？這可能是卡夫卡一直在思考的問題，可能也是猶太人最為徹底面對的問題，因為被放逐散居的猶太人只有進入允諾之地才可能幸福，但在現世的當下生活中如何可能獲得幸福呢？這就出現了彌賽亞的形象以及如何表現的問題，彌賽亞如何與幸福發生關係的問題。

「反轉的時刻」，這就打開了「第四封印」

彌賽亞的王國來臨與自由人的幸福追求是相反的。世俗世界的幸福是一種巨大的誘惑力量，這是世俗之物的本性，但如此的力量，卻可能導致彌賽亞王國的來臨！這是歷史「反轉」的時刻。為何幸福構成如此「反轉」或「轉化」的張力？並可以建立世俗歷史與彌賽亞來臨的關聯？這是由幸福自身的本性所導致。

何謂幸福的本性（Nature）？班雅明一直試圖思考幸福的可能性，幸福與命運和性格相關，是現代性基本的動力，也如同巴洛克悲劇舞臺上僭主的不幸命運昭示了歷史的階段性與詭計！而在這個片段中，幸福，得到了最為明確的規定：在幸福中，一切塵世之物都在其中尋求自身沉落或衰敗的原因，即，在幸福中，「衰敗」與「不幸」才「註定」下來（〈面向暴力的批判〉也是在思考衰敗，〈論語言本身與論人類的語言〉的論文也是思考人類語言的墮落與衰

敗），變得明確起來，即，越是追求幸福，反而越是導致痛苦。

彌賽亞的迂迴運作，乃是同時進行雙重運動，如同箭頭這個形象所指引的雙重方向：前行與來臨，下降與上升，還是同時性的下降與上升，如同杜甫晚年的詩句：「無邊落木蕭蕭下，不盡長江滾滾來。」如何可能反轉？在幸福中如何施行反轉？這是人類對於不死性的追求？如何整體性地復原或恢復？

班雅明在這裡導入了一個困難且獨特的區分，即「不死性」（Unsterblichkeit）與「永恆性」（Ewigkeit）的區分：不死性，乃是上帝或者神性，或者是救贖的記憶，或者是宇宙本身的不死記憶。永恆性，乃是變化之物，比如自然的總體性狀態，自然世界總是在變化著，自然法則也總是會被打破；或者不變之物，比如數學與邏輯規則。

對於人類的幸福而言，越是追求永恆，越是進入幸福不長久，生命短暫與消逝的經驗，而且這還是總體上的消逝，是時間與空間的總體消逝。如同德希達所言，一個生命的終結是一個世界的終結，是世界本身的終結。但並沒有不死性，因為一切都會消逝，儘管此消逝有著永恆性。面對此消逝的永恆性，讓人類，思想的人類在覺悟中總是帶有不可避免的哀傷，此哀傷之情一旦被賦予詩意，人類就獲得了心感，乃是宇宙的心感，就必須在消逝中，追隨此消逝，去又形成節奏，正是在面對消逝中還捕獲宇宙的節律，如同中國藝術賦予消散的煙雲以節奏，保持氣韻生動與煙雲供養，此心感才是詩意的感通，也就形成了某種詩意的神學或詩性的藝術宗教（Kunstreligion），中國傳統文人美學的審美代宗教或審美即宗教，與漸進修養的韌性或精神的心感練習一道，有著普遍性。而一旦進入現代性的災變，自然的消逝性與人類的必死性相關，心感更為脆弱與無力，更為需要詩意的安慰。無論是班雅明對於靈暈的啟動與再發現，還是海德格對於荷爾德林詩歌的闡釋，都是面對神性的雙重缺席，在災變的停頓時刻，以詩性的藝術宗教來尋求另一種微弱與細微的拯救。

班雅明認為，自然，即所謂的自然界，最為體現此消逝的本性。

在這裡，自然與本性，因爲Nature這個詞兼具兩個意思，會被混淆起來，因此，很多後來的解釋者就並不看重這個殘篇中出現的「彌賽亞式自然」，甚至，即便陶伯斯發現了這個自然的末世論概念，但依然並沒有展開，儘管他是以否定批判的方式，即通過對阿多諾與尼采的審美感性的方式之徹底否定，這看似挽救了彌賽亞性的方向，卻再次錯失了自然的維度，這可能是大多數思考彌賽亞性思想者的盲點，無論是蕭勒姆還是阿岡本等人都是如此，可能只有齊澤克看到了此問題，而走向深度生態學。而幾乎只有布洛赫把自然概念當做一切拯救的材料與藥方，肯定「自然的技術」與自然的「原始生產力」。

因爲無止境地追求幸福，一方面，這導致人類欲望不斷增加，甚至導致人類動物本能的徹底喚醒，享受與享樂成爲了世俗歷史的主要目的，而且歷史也肯定此欲望的合法性，因爲這帶來了世界從未有過的繁榮；而另一方面，幸福的積極意義在於面對一個無法解決的悖論──越是追求幸福越是導致不幸，追求幸福的人不得不同時經受苦難。

正是在不幸與幸福的感受中，激發出個體內心的直接彌賽亞張力（die unmittelbare messianische Intensität des Herzens），喚醒那內在的唯一之人，即，一旦此內心被喚醒，或者沒有得到幸福，或者感受到不幸，追求幸福的永恆欲望又永遠不可能得到滿足，如此的幸福追求必然導致更大的不幸與苦惱意識，如同黑格爾在《精神現象學》的分析，最終導致的將會是更爲巨大的不幸，也必然導致內心的痛苦與沮喪，導致內心的撕裂──在幸福的追求想往中卻越來越絕望，這會導致良心發現？

彌賽亞與世界的關係，落實在一個脆弱的位置上──一個心感的位置，此「心」的直接彌賽亞張力是什麼？這是個體內心與彌賽亞的關係，是良心？是被召喚之心？班雅明在這裡沒有討論良心的問題，也沒有進入海德格式的良心召喚，或者是猶太教的神聖祈禱，這是後面尚待展開的主題。也許「此心」──既在也不在這個世界上！此心的跳動及其節奏──既屬於自身也來自於他者。此內在之

人，如同奧古斯丁神學所言，也是讓‧呂克‧南希最為明確的思考，此內在之心，是比我自己更為內在的內在性與親密性，但又最為外在的切分。此心屬於上帝的國度，屬於彌賽亞王國。班雅明這個心感的張力思想可能也是來自於布洛赫，後者已經指出「彌賽亞的原初精神位於我們最為內在的深度」，只是班雅明並不認同布洛赫來自於康德的自我內發性，也不認同從自我深處的黑暗面向外轉化的方式。

當然，這是面對人性的罪惡，即人類的生命或者命運已經處於歷史的罪惡之中，如同亞當以來的人類墮落，已經沒有了純粹的生命。但因為人類追求幸福，越是追求永恆的幸福，越是不可能獲得，就越是徹底地沉落。沉落到何處？這是沉落到自然之中，被拋之所在，不是海德格的生存於世界，而是被拋在更為徹底的自然性，也非海德格後來的歷史民族的血與土之中，而是整體消逝著的自然，無用的自然性！因為人類的欲望從根本上來自於人類的自然化生命，來自於生命本能的欲求，來自於生命本身，這是純粹的生命，這也是班雅明隨後要思考的生命體。

通過幸福的追求之失敗，個體必然回到內心的位置上，這個位置就可以逆轉人類歷史的方向，而這種逆覺的發生，還必須讓人類進入更為徹底地沉落（Untergang）：這就是進入永恆消逝（Vergehenden）的自然，在沉淪與消逝之間，找到了關聯。而要轉化人類生命，也只能通過回到自然，發現純然的自然化生命，以及自然化的語言表達，讓自然重新成為純粹語言或元語言，這也是1916年〈論語言本身與論人類的語言〉（以下簡稱〈語言論文〉）中的觀點。因此，重點就指向自然。

除非「整體性復原（restitution in integrum）」，否則哪裡有著幸福的生活？此整體性復原的觀念無疑來自於猶太教神祕主義傳統，與不死性的觀念一道，都來自於彌賽亞傳統。因此內在唯一之人的覺醒，心中彌賽亞力量的喚醒，來自於那剩餘的種子與餘光！如同喀巴拉神祕主義所認為的，如果創世之前的容器破裂後，只能發現剩

餘的聖光與餘香，那麼，如何發現這些剩餘的種子呢？這是在沉默的自然那裡，班雅明〈語言論文〉最後就落實在這自然的剩餘質料共通體之中，這是相互分享的質料共通感（stoffliche Gemeinschaft einander mitteilen）。在自然的沉默中，還有著上帝的神聖剩餘，這是有待於補償與恢復的元素（就是猶太教喀巴拉主義的Tikkun），是精神與不朽的引入，是對永恆衰敗的補償。

　　「整體性復原」之爲「彌賽亞之物」：這是救贖的使命，這是幸福的條件，這是班雅明神學與中國式神學的核心。已經有著幾種拯救的方式：或者它如同基督教的「聖愛」（Agape），作爲一種生命整體的關聯，是對整體共通體的無限關聯，因此是對於分離與隔離的消除，基督的死亡與復活是對生命整體的恢復。或者如同中國文化的生命養生，是個體小宇宙與自然大宇宙的感應，是節奏性共感的重建，是「胚胎」與「丹田」的原始基元的保持與養化，這是班雅明所發現的「煙雲供養」。或者如同「胚胎幹細胞」（ES: embryonic stem cells）的再生醫學（regenerative medicine），或者是潛能幹細胞的生命技術，」幹細胞」通過技術處理後可以修復生命的所有器官，就如同扁形動物被切斷後也可以完整地修復，這是自然自身所顯示的復原潛能，而人類的此潛能卻並沒有被開發，技術有待於與自然重新結盟，這是技術的自然化，也是生命科學與生命人類學的命題。或者對於猶太教，這是在神祕的語言表達中，人的名字與神的名字之間形成生命的感應，如同班雅明自己所發現的具有撒旦氣質的教名，或者恢復亞當之名的「元語言」，這是純粹猶太教神祕主義的語言表達。或者在文學書寫中，在班雅明自己的個體自傳中，啓動自然的擬似性，如同波德賴爾與普魯斯特的相似性感通書寫，其中有著所有消逝了的記憶之復原與幸福之回憶。在現代性，對於班雅明與猶太思想家，以及對於德國思想家，比如克拉格斯與後期海德格，此整體性復原的潛能在於生命心感的整體恢復，進入靈暈化感通的宇宙經

驗，才是現代性克服虛無主義，獲得幸福的條件。[15]

　　如果有著彌賽亞性，有著彌賽亞之物的發現，這是一種與個體自我的「自身覺知」內在相關的永恆生命，個體生命的自身覺知是自我存在的根據，也是有限性的人類存在本身，但人類對於不死性的渴望，是其個體的自我試圖自身覺知到整個生命的存在，從原始細胞到自我意識，並且保持這種覺知的永恆性。這是人類之為人類，從最初原始的整體生命感知——與宇宙的原初感通，直到未來技術——比如幹細胞再生技術，但此再生技術還僅僅是身體中的自然之自身的感知與生長——還並非人類個體的自身覺知，因此需要彌賽亞，「彌賽亞之物」乃是每一個個體自身永恆覺知的偉大存在，彌賽亞之物在每一個個體之中，如同佛教的佛性在每一個個體的阿賴耶識潛藏著，如同喀巴拉的原初種子，或者如同萊布尼茲思考的「單子」與「上帝」的關係，如同萊布尼茲的「微知覺」，它既是細微的知覺感知（自身覺知的微妙性），也是如同上帝一樣可以感知到整個生命與無數可能的世界，只有彌賽亞具有此世界整體的偉大覺知，就如同只有修煉後的佛陀可以感知自己個體生命每一處存在的狀態，如同道教通過修煉可以調節自己的呼吸與內在性的原始生命，「整體性復原」的秘密也可以表達為，個體自身的微知覺需要通過兩個維度的再生，既是自然的再生性——比如幹細胞技術，也是內在自我的深度自身覺知——生命的內在調節，自然自身生產的技術之還原（自我覺知的外在化作用）——自我意識的深度覺知之喚醒（自身覺知的內在化練習），二

15　發現不同文脈與不同學科之中整體修復或整體復原的「種子」：如同佛教的無漏種子，如同道家的靈府，如同喀巴拉神祕主義的剩餘種子，如同個體名字的變異書寫，如同相似性的感通材質，等等，就是本著作最為核心的工作。更為重要的則是，面對尼采所言的惡性化的永恆復返，中國道家，尤其在莊子那裡的「自生」（天地與我並生，而萬物與我為一）與「道樞」（得其環中，以應無窮）結合而成的「生生之謂易」的思想，應該可以與尼采的永恆復返對話，而班雅明後來受到傅里葉對現代性的「當下地獄」的重複的幻象啟發，以靜止的辯證圖像做出了再次的校正。

者需要結合──這是未來的生命幾乎是，這也是自然性與彌賽亞性的結合，才有著人類不死性的實現。班雅明是通過萊布尼茲的單子論，個體生命與絕對理型的寄寓關係，或者是技術遊戲與自然相似的關係，而展開了相通的思考。

　　既然上帝之國與世俗秩序並沒有仲介，二者之間並沒有連接點！這是虛無主義時代信仰的困難之所在：一方面，它既非政治神學的連接──這是基督教帶來的，直到施米特在啓蒙的世俗化時代還要恢復它，直到革命的左派也再度復活基督教抵抗資本主義的全球化；另一方面，它也非猶太教自身的不斷放逐，直到成爲被迫害的犧牲品，直到成爲唯一神論爭鬥的籌碼。

　　那麼，仲介在哪裡？彌賽亞進入世界的仲介在哪裡？這是班雅明的回答──只有進入彌賽亞式自然的節奏，才可能獲得新的幸福！如此的自然性也是永恆消逝的自然性，還是沉默的自然，它有著消逝性──自然總是在變化之中，但又有著再生的循環──似乎也是另一種的永恆性。如何進入此消逝著的自然，還有著彌賽亞的救贖？對於班雅明，既然人類已經墮落，人類歷史並沒有自動走向得救。

　　因此，彌賽亞不可能與人類歷史直接相關，那從哪裡相關？這是「自然」！彌賽亞與人類的相遇──在自然領域！當然這既非對象化了的自然界，也非現代科學處理的物理學對象！而是人類被還原爲自然性的自然化生命，自然還原爲自然的自然性，而且是消逝的自然性。彌賽亞與自然的相遇，乃是多重「還原」之後的相遇！

　　此自然化的無用性，就不同於納粹帝國以自然化的種族神話進行的連接，也不同於中華帝國以土地革命和愛國主義進行的連接。儘管革命左派試圖把革命主體還原到身體的潛能上，已經開始觸及了自然性，但並不充分；儘管阿岡本與齊澤克等人在反思資本主義全球化時代時最好的政治行動，乃是以「巴特雷比式效果」（The Bartleby Effect）的不去行動爲行動，但並沒有把無用性與自然性徹底關聯起來。

　　讓自然出場，班雅明以其勇氣，嘗試提出「自然」這個仲介，但

這是一個「不可能的」仲介：因爲唯一神論的西方從未把自然作爲一個如此連接的仲介，儘管馬丁‧布伯（Buber）試圖把猶太教向著東方還原，尤其與道家相關，建立彌賽亞性與自然性的關係，但這不可能成爲當時歐洲思想界的主流，猶太人在大屠殺之前還並不願意放棄融入西方的誘惑。但是，班雅明在1916年〈語言論文〉中，在回到亞當的純粹語言時，已經回到了自然的沉默，回到自然之中還剩餘的種子，此種子也是喀巴拉神祕主義的上帝創世時所保留的種子。這也是班雅明在博士論文中思考早期德國浪漫派時所觸及的彌賽亞關係，隨後通過歌德的自然觀或元現象，尤其是在論《評歌德的《親和力》》的寫作中，把彌賽亞的希望維度通過星星的面紗和淚水，進行自然化生命的還原，並把彌賽亞帶入自然的詩學；而進入1933年的後期階段，班雅明則集中於思考語言與模仿的關係，尤其是與自然的相似性關係，在〈藝術作品在其技術的可複製時代〉論文中思考相似與遊戲的關係，就更爲徹底打開了自然的維度；直到拱廊街，當阿多諾在書信中指責班雅明的研究缺乏「仲介」時，其實班雅明已經有著自己的仲介了，從沉默的自然到相似性的語言，從感性的相似性到非感性的相似性，直到第二技術與自然相似性的可能關聯。而且由自然所保留與喚醒的「相似性」與「幸福」之間有著隱祕的關聯，如同與戀人們達到相似性的同一化，幾乎就是幸福的實現！就如同父子之間的相似性與親密的自動化記憶，如同在異國他鄉聽到鄉音時的時間救贖，還有在動物昆蟲世界，昆蟲們的保護色也融入自然之中，來自於自然所啓發的模仿與相似性，就如同莊周夢蝶與蝶夢莊周，才是幸福的祕訣。也許我們需要專門寫一本討論「班雅明論自然」的書？

自然或自然的世界：既非上帝之國，也非世俗秩序，而是通過與幸福的內在關聯，幸福的實現其實是自然感受的實現與豐盈化，但此「第一自然」（所謂自然的自然），卻是處於消逝之中的自然，只有以此消逝著且無用的自然，來逆轉世俗歷史，才可能有著逆覺的發生，逆覺乃是心的回轉，乃是放棄已有的幸福欲望與感受，獲得新的感知，此新的感知也要求個體身體的內在神經的改變，身體圖式的轉

化，什麼樣的修養與練習可以導致如此的轉化？作爲漸進修養的韌性的練習，在現代性應該如何展現出來？首要的要求是無用化，只有把自身置於無用的境地，如同巴特雷比式的不去爲，如同莊子道家的無爲，沒有此徹底地懸置，就沒有逆覺的發生，尤其在資本主義成爲宗教，在世界總體實用主義與功能主義化的技術全球化時代，同時讓自然出場，才可能移位與替代，把剩餘的種子喚醒，與彌賽亞的來臨相關。

因爲幸福與自然相關，而自然又是消逝的，但此消逝卻可以讓歷史目的論與功用論失效。是無用的自然才可能逆轉世俗世界的目的，其永恆的消逝性反而啓發人類覺醒而去尋求不死性。這就是永恆性與不朽性的關聯，導致了逆轉。此「逆轉」與「逆覺」的必要性，如同詩人策蘭所看到的「逆光」（Gegenlicht），幾乎是不可能的夢想，幾乎是一個新的烏托邦——而實際上後來的布洛赫就一直保持了此自然化的烏托邦救贖衝動。但對於班雅明，與布洛赫不同的是，他的自然性在隨後的展開中，一直保持了自身的消逝性與無用性，而且與中國道家相關。

而中國道家，不同於世界上的所有其他思想，就在於：一開始就雙重懸置了拯救的方法——無論是人類自身理性的完善與對話，還是某個理想化的神明與天意，既非神明也非人性構成救贖的條件；而是逆轉，在反向中回到自然，回到那尚未存在的自然，以此混沌化、不斷生成的自然，讓神與人雙重地無用，卻讓自然來爲；但這也並非自然的自然性，因爲自然既有循環也有災變，而是帶入精神的空無性，讓空無來爲——如同科學思考中的眞空與黑洞的純粹理念維度，對於自然世界，則是在人類三維空間與時間四維之外的「第五維度」（如同「弦理論」中的「膜」，空間作爲一層通透的薄膜），重塑自然的再生性，這就是彌賽亞可能作用的維度。

第12句與第13句，恰好從兩個方面展開了彌賽亞的自然化與自然的彌賽亞化，也展開了所有需要思考的相關問題。

彌賽亞與自然的連接在於內在的轉化：其一，肯定世俗的幸福，

肯定快樂的科學。其二，但此世俗的幸福與人性的享樂追求，導致的只是更為徹底地虛無與沉落。其三，此虛無的沉落如何逆轉？人性並不自動祈求救贖，需要一個仲介。其四，這個仲介就是自然，但此自然又是消逝的，但因為消逝，也需要救贖。人性也要向著自然性還原，這就是自然化生命的出現。其五，因為自然是消逝的，也需要救贖，需要彌賽亞。其六，但為何彌賽亞也需要自然呢？因為彌賽亞沒有直接進入世界的通道，世界也處於災變之中，彌賽亞也需要仲介。但此仲介為何是自然呢？為何要通過自然來迂迴呢？其七，此自然也並非已有的各種被規定的自然，而是喀巴拉神祕主義所言的剩餘物，上帝創世之前的回縮（zimzum）以及容器破碎之後那所餘留的種子，也是世界得救的餘數。

　　這也是為何班雅明從此彌賽亞性與自然性的連接出發，會同時打開兩個方面的廣度與深度。

　　一方面，會不斷地打開相關的「自然性思想」：這可以是沉默化的自然，可以是無罪的生命，可以是自然化的生命，可以是具有宇宙愛欲和原初記憶的自然，可以是與自然詩意感通的自然，可以是中國道家生生不息與不斷生化的自然，乃至於佛教化的阿賴耶識的種子式生命，可以是當前生命醫學中胚胎幹細胞的自然，等等。

　　當然，與之相應，另一方面，「彌賽亞精神」也要發生改變：這可以是喀巴拉神祕主義的回縮的彌賽亞，可以是基督教自身虛己的彌賽亞，可以是進入不可能性與無力經驗的彌賽亞，可以是無用的彌賽亞，可以是自身虛化的彌賽亞，可以是保留了所有幸福瞬間記憶的彌賽亞，等等。

　　對此「彌賽亞性」與「自然性」的雙重發現，也是為了回應當前批判理論的危機：其實在法蘭克福學派1920年代重建伊始，除了德國文化自身的啟蒙反思傳統，還有著「猶太性」（考慮到阿多諾、馬爾庫塞與班雅明等人都是猶太人），以及面對納粹帝國興起對於彌賽亞救贖的熱望；不僅僅如此，考慮到1920年代，馬丁·布伯與羅森茲威格的猶太神學復興在法蘭克福的影響，而且布伯與著名的翻譯

家衛禮賢的交往（布伯還在法蘭克福大學的《中國學院》發表過關於
中國的重要演講），因此，還隱含著一種「中國性」，這在後來班雅
明那裡體現尤為明顯。如此的「三重性」：德意志的啓蒙理性——猶
太性的彌賽亞性——中國人的自然性，本來是批判理論一開始就具有
的三要素，但在後來的展開中，因爲二次大戰的反猶主義導致猶太人
問題成爲禁忌——歐洲也就無法回應當下另一個「他者」——伊斯蘭
教復興與難民問題帶來的衝擊；也無法回應遠東中國的強大——但這
只是一種複製或山寨的庸俗現代性帝國，並沒有帶來實質的改進，反
而依賴於中華帝國的資本市場。因此，重新復活批判理論中的三個要
素，才是重寫現代性的契機。

　　彌賽亞式自然的節奏，這是彌賽亞性與自然化的重新關聯——彌
賽亞通過一種重新被認識的「自然」而進入世界，但這是一個什麼樣
的自然？這是殘剩的自然，無用的自然，但也是隱含救贖種子的自
然；或者如同阿多諾後期在《美學理論》中所言的那個隱含救贖密
碼而且尚未存在的自然美；或者如同布洛赫後來把自然思考爲「密
碼的質料」（Materie der Chiffer），既是尚未存在的暗碼與可能的
明日之地，也是作爲人性可能生成方式的烏托邦位置（utopischen
Topos）與隱藏的啓示錄（apokalyptisch verborgen）。[16]只是對於我
們，布洛赫這個「烏托邦」又兼具「異托邦」（Hetero-topia）的設
想，必須向著「虛托邦」（Enchorial-topia）轉化。但如此的自然也
處於總體消逝之中，是在時間與空間的總體中消逝著，爲何是總體的
自然？這既是世界總體的轉化，並非某一個自然物，而是自然本身的
內在原則，即自然的第三記憶（作爲整體性修復潛能，與自然的形態
學第一記憶與自然自身的DNA複製第二記憶一道）在總體上得以轉
化。同時，此轉化以彌賽亞式的自然化節奏來顯現！因爲彌賽亞要轉
化的是總體性消逝的自然，不是某一種自然物，這才是彌賽亞的普遍

---

[16]　Ernst Bloch: *Experimentum Mundi*. Frankfurt am Main: Suhrkamp, 1975, S.223.

性與平等性，這又是自然的彌賽亞化。

何謂「彌賽亞式自然的節奏」（der Rhythmus der messianischen Natur）？何謂彌賽亞的自然化？就是彌賽亞進入世界的唯一方式，通過消逝著的自然來迂迴，而非人類與主體化的行動，除非是人類中的自然性。彌賽亞的自然化所形成的節奏，讓一切都成為「彌賽亞自然化」與「自然彌賽亞化」相互轉化的節奏：下降沉落消逝的力量──上升飛升不死的力量，同時運動，這也是《論歷史的概念》中的新天使形象──地獄的廢墟與天堂的風，文本中反覆出現的「張力」（Intensität）這個詞，就是「節奏」展現的方式。

班雅明的寫作，也是不斷展開此節奏化的張力語言，比如《評歌德的《親和力》》中滑過的星星與淚水的面紗，《面對普魯斯特的形象》中的相似性與無意記憶的精神修煉術，《拱廊街》歷史記憶的喚醒辯證法，《柏林童年》中的蝴蝶夢或擬似性書寫，都有著從悲傷到幸福的轉化與節奏塑造。此節奏化，乃是彌賽亞的救贖記憶與自然化的宇宙記憶之結合，是生命轉化的節奏記憶，是整體性復原潛能喚醒的契機。

彌賽亞自然化的節奏：「第五封印」也由此被打開

何謂彌賽亞的形象？這是採取彌賽亞式自然的節奏，此節奏化的過程，讓彌賽亞自然化，彌賽亞自然化所形成的某種可能的形象，這是一種尚未生成出來的形象，它一直有待於被再次發現。

但此形象一旦顯現，就是彌賽亞的自然化，也是自然的彌賽亞化，這並非基督教的道成肉身，也非佛陀的轉世輪回，而是彌賽亞的自然化，是「道成自然」。而此彌賽亞自然化與自然彌賽亞化相互轉化的過程，才是節奏或韻律（Rhythmus），才是幸福的實現。

這是一種新的幸福，因為自然可以提供多樣的幸福，自然的可再生性可以不斷地為人類提供幸福，但並非人類製造物帶來的物質享受的幸福，不同於這種世俗的幸福，而是在積極的意義上，通過自然的

「可再生性」（regeneration）及其技術的自然化轉換，儘管班雅明在這裡並沒有討論自然的可再生性與整體修復的潛能，但是在《藝術作品在其技術的可複製時代》的不同手稿中，讓自然從人類解放，讓歷史與自然和解，已經有所觸及了。

　　「彌賽亞的自然化」與「自然的彌賽亞化」，這是相互的幫助，也許是並不成功的相互幫助，或者，甚至都並不相互情願，在歷史上從未發生過，甚至都沒有被夢想過，但這是有待於嘗試的助力，無論此助力多麼微弱，甚至多餘，都有待於嘗試。

㈢ 虛無或無用：救贖之道

　　第三段則只有1節，最後一段：

14.即便對於人類的這個階段，也就是自然來說，追求這種消逝性，也是世界政治的任務，它的方法則被稱之為虛無主義（Methode Nihilismus）。

　　第一種秩序的上帝之國與第三種秩序的自然，如何可能發生關聯？幾乎沒有過這樣的連接，但這就是班雅明試圖去施行的新關聯。正是因為前面上帝之國與世俗歷史的各種連接方式都是成問題的，也需要新的連接方式。

　　再一次回到自然的主題，自然是永恆消逝的，自然是變化無常的，但也是循環往復的，是另一個元素性的永恆復返──與尼采的永恆復返不同，不是意志化的欲求主體，而是更為強調自然的消逝性，不是意志主體無盡超越的永恆復返，恰好是悖論化地不去尋求！這是意志的非功效與無用化，因此不是尼采主體意志哲學與永恆復返的永恆性。因為短暫，如同波德賴爾所發現的現代性的雙重性：「在過渡變化中抽取永恆」，如何抽取？自然是永恆消逝的，既是全然消逝的，也是永恆消逝的？但如何從消逝與沉落的永恆性中獲得救贖的永恆性或不死性？這是彌賽亞式自然化的節奏，彌賽亞越是

自然化，自然總體消逝的永恆性就越是得到彌賽亞不死性的轉化，當然箭頭也會逆轉，在自然被彌賽亞化的同時，彌賽亞也會被自然化。對於西方，這是不可能的，因為自然總體上在西方是沉默的，是低級的，班雅明通過幸福，通過歌德的親和力（元現象）尋找救贖的可能性，不是通過歷史進步與發展，而是通過自然，而且還是消逝的自然與沉默的自然。

此自然如何可能表達自身？這是整個班雅明要面對的核心問題：一方面，猶太教的彌賽亞如何可能與自然結合，並形成轉化的節奏？另一方面，中國文化缺乏彌賽亞性，如果不是從社會歷史，如同二十世紀現代性的啓蒙化過程，而是從自然引入彌賽亞性，如何可能？

對於班雅明而言，神學與政治神學，不再關涉罪責與憤怒，不再是懲罰與復仇，而是與幸福相關，與世俗的個體幸福息息相關，這是現代性不再穩定的天平—— 一切都被放在塵世且有限的幸福這一邊，但另一邊——卻再無上帝所放，只有更大的虛無。因為虛無主義空掉了一切的價值，包括罪責與怨恨，因此，班雅明式的政治神學，通過回到自然，而自然所給予的生命，不再是在上帝面前有罪的生命，也非神話暴力與犧牲獻祭的赤裸生命，也非法則之下道德審判的生命，而就是自然化的生命，有待於再次出生的生命。如同尼采所言，生命總是處於非正義之中，而世俗之物都有其不完美，就其本性都有著不正義，正義只能屬於神性或者上帝的屬性，人類歷史不可能導向正義，這只能是彌賽亞的工作，而且此正義的屬性還不可能被人類居有，因為正義之為正義——乃是世界的狀態或神的形勢（als Zustand der Welt oder als Zustand Gottes），而非主體的善良意志。

把班雅明的思考與海德格相比較也許極為關鍵：在《存在與時間》中，面對人的「無家可歸狀態」（Unheimlichkeit），海德格指出，只有良知召喚才可以喚醒此在的自身性與本己性，此來自於自身又超越於自身的召喚所喚醒的罪責，並非宗教與道德意義上的判斷，而是一種自身性的決斷，這是一種被拋處境中的雙重虛無化：來

自於無的良知向著一個並無根據的主體發出召喚，此良知召喚的良心到底被拋擲在何處？海德格中期認為荷爾德林詩歌中的祖國，但此祖國的轉向卻與納粹的種族主義帝國無法區分，於是就有了後期詩意的「自然化的自然」，重新啓動荷爾德林「神美的自然」（die göttlichschöne Natur），但此良知卻必須放棄意志的一切決斷行為，而走出意志，徹底讓予自身。

以虛無主義為道路：「第六封印」也被打開

　　從幸福出發，班雅明承認，虛無主義不可避免，但這是多重的虛無主義：[17]

　　其一，因為世俗的世俗秩序只是追求幸福，這是宿命的幸福，也只能導致自身的徹底沉落，對於班雅明，資本主義之為宗教，也是商品拜物教以幸福的欲望作為它的冠冕而已，不過是更為隱祕的自我毀滅。

　　其二，而神權政治或上帝之國也是虛無的，因為歷史上就一直沒有實現過，起碼猶太人自己被放逐的歷史命運就是明證，這也是為何錫安主義如此有誘惑力。第一次世界大戰之後的猶太人，是「融入」歐洲徹底世俗化，但仍被大屠殺；還是「回到」耶路撒冷實現以色列國，卻導致了民族國家衝突，甚至宗教恐怖主義的興起；還是繼續「漂泊」，或者流浪到美國，或者其實又變相地控制著資本的流動。這三重選擇，其實都導致了世界更為激烈地動盪。

　　其三，甚至，即便幸福的世俗秩序會因為自身的虛無與墮落，會

---

[17] *Profanes Leben: Walter Benjamins Dialektik der Säkularisierung.* 2010, S.40-41. 關涉到此篇論文中的「虛無主義」主題，有著複雜的多重性：虛無主義的彌賽亞主義，反諷的虛無主義，否定或顛倒的彌賽亞主義，啓示錄式的彌賽亞主義。但對於我們，則是「道家化的彌賽亞主義」，或者「自然化的彌賽亞主義」。每一種主義都包含著對於虛無的自身理解，或者肯定虛無，或者否定虛無，或者肯定虛無不可能消除時，如何在虛無中遊戲與創造。

逆轉，轉向整體的救贖與補救，但也是虛無的，因為上帝已經退出世界，或者上帝已經死去了，或者早就死去了，或者已經被我們殺死了，如同尼采所言，當然也是虛無主義的時代。

此徹底地虛無化，乃是上帝或者彌賽亞自身的無用化。那麼，還有其他方式嗎？

其四，彌賽亞式的自然。這是一種新的可能性，但此彌賽亞的自然化也要徹底面對自然整體上的消逝，如此消逝的自然性，難道不也是虛無的？如此虛無化的自然性，如何可能與彌賽亞結盟？

這豈不是異常弔詭的事情：一個已經虛無化或無用化的彌賽亞，如何與一個虛無化或消逝中的自然性，形成一種更為虛無或無用的結合？或者說，已經無用的彌賽亞性，與一個更為無用的自然性，這兩個「無用物」如何結合，還可以如同莊子所言，形成所謂新的大用？並且還一直保持著自身的無用性？否則又會落入到新的實用主義陷阱。

這可能也是莊子曾經面對過的根本疑難：如同概念實用主義與政治謀略家的惠子，曾經指責莊子思想之無用，就在於：一方面，面對無處不在的天敵，要麼無所逃於天地之間，要麼只能知其無可奈何而安之若命，哪裡有著救贖的力量？一切都是命而已，而且莊子就不相信任何的是非之爭，儒墨的拯救解決之道都被否定，世界並無正義的力量；另一方面，莊子逃向自然，儘管這個自然並非自然規則，而是有著混沌變化且生生不息的自然，但此變化不定的混沌如何確保生命的安息與不死？此沒有偏見的自然既可以瞬間摧毀自然持久的秩序，也可以毀滅敗壞的人性，此自然又有什麼用處？但莊子卻既要在沒有正義的人世間打開一個無常的自然界，世間一切之物都已經沒有用處，如同保羅神學對於世界的末世論判定，所剩時間不多，不去用世間之物；但另一個自然世界其實也沒有什麼用處，因為既然一切都可能瞬間毀滅，自然界的規則與小大之分也並沒有定則，這並非所謂道家「天人合一」的自然觀，而是災變與混沌化的自然，乃至於無用的自然。

　　此無用的自然如何可能成為救贖的力量？這是莊子打開的自然世界的間隙：自然有著秩序或變化的節律，但此節律可以壓縮，也可以重新整合，關鍵是發現節律之間的間隙，通過此間隙重新整合混沌中的元素，形成永恆且鮮活的節律，並且讓此節律一直保持生動的變化，這就是莊子的自然靈府與無何有之鄉。當然，其中需要永恆的節律調節與整合者，這就是那些奇妙的概念人物或卮言者：無為謂、無名、無始，等等，這些虛擬的「神明」，就是「彌賽亞式」的行動者！但中國文化並沒有如此的明確概念，而且這是多樣化的彌賽亞性，並非唯一神式的彌賽亞。彌賽亞式的自然化，就是這些概念化「人物」的自然化運作，一直保持生成，而一直讓自然保持生成變化的可能性，這就是自然的彌賽亞化。

　　如果只有彌賽亞自己可以完成歷史，他如何實行它？這是生命的完成與轉化？是回到自然化生命的再次轉化？如同赤裸生命的思考，在新康德主義那裡，在弗萊堡的李柯爾特講授生命哲學時，班雅明與海德格都在現場，因此海德格早期也思考生命的實現，也受到了奧古斯丁神學的影響，甚至海德格後期走向了「自然的自然性」與「去己」（enteignen）之用，班雅明則是以其對於男性與女性、青春或學生的形而上學思想，進入了更為自然化的生命經驗。

　　生命如何可能自身完成？面對自我與歷史完成的不可能性，他們都認識到只有彌賽亞可以完美生命，但也有著歷史性地隨時打斷、毀滅與摧毀。上帝之國與世俗世界的嚴格區分，神權的非政治性，只有宗教信仰的意義，當然如此的論斷導致巨大的爭議。

　　以虛無主義為方法，這也是因為此彌賽亞變得無用了。如果有著彌賽亞，此到來的彌賽亞也變得無用了。彌賽亞並不來，如果彌賽亞來了，就成為了世間的主宰——基督教神學或天主教教會，或革命的烏托邦主義與各種獨裁政體，如同海德格在《黑筆記》（GA97）中指出：「總體獨裁的現代體制來自於猶太—基督的唯一神論（Die modernen Systeme der totalen Diktatur entstammen dem jüdischchristlichen Monotheismus）¹⁸」但彌賽亞不來── 一直保持著來，即便他來了，也是多餘的，世間還是不需要彌賽亞，人類已經厭倦了對於彌賽亞的等待，人類等待太久了，以至於不再需要彌賽亞的到來。彌賽亞到來與否已經不再重要，構成不了事件，因此即便他來了，他還得再來一次以便宣告自身。或者即便來過了，以驚人的事件，如同基督教的耶穌，但後來過於世俗化而失去了革命的超越力量。

彌賽亞變得無用了，他不再到來，但此無用的彌賽亞還得來，這是結構性的絕對差異。這是沒有關係的關係，是絕對的切口。無用的彌賽亞如果到來，其唯一的作用，而且是多餘的作用在於，他是最後的見證者。他會見證什麼呢？也許僅僅見證我們每個人生命中都有的「不可摧毀」的信念（如同卡夫卡在《日記》中所喚醒的彌賽亞性力量）。如此的到來與見證：既非否定── 彌賽亞會來，並且改變世界；也非肯定── 彌賽亞沒有來，與世界確實無關。當然，也是肯定的── 彌賽亞他一定會來的；也是否定的── 對此我們並不知曉。

這是世界歷史與救贖超越之間的結構關係：二者根本不相關（a-relation），其間沒有辯證法，不是康德的調節性理念，不是歷史的目標與目的論，不是傳統的各種末世論，不是可以主體精神籌畫的對象，不是各種烏托邦── 無論是虛假的還是科學的想像，不是可以學習的手段，這就是世界政治的虛無主義方法。但其中又必須有著彌賽亞式的拯救批判，這如何可能？除非把無用作為一種批判道路？承認與肯定自身的無用性，彌賽亞的到來，彌賽亞性的力量，才如此真切，因為這是建立在自身解構的前提上，而且還取決於自身的轉化。

也許德希達最為徹底面對了此困難與絕境，因此思考了「到來的民主」，即便他思考了柏拉圖的chora，但因為他從技術思考位置，

---

¹⁸ M. Heidegger: *Anmerkungen I-V* (*"Schwarze Hefte"* 1942-1948). 2015, S.438.

沒有打開自然與chora的關聯，就錯過了自然性與彌賽亞性的可能關聯，民主與正義發生的位置就一直無法具體實現。但班雅明可能有所不同，除非彌賽亞的自然化與自然的彌賽亞化，只有實現此雙重的轉化，才有著到來的民主。

奇怪的顛倒出現了：並非上帝死亡的神學，也非上帝需要人的幫助，也非人類成人的神學，也不是上帝需要人的幫助，而是上帝或彌賽亞需要自然的幫助。如果有著彌賽亞的再來，對於基督教已經來過的事件之回應，就是進入事件的後效，但此後效已經被資本主義技術取代，在一切都已經被技術化的同時，還有什麼是無法被技術化的？這就是自然。但此自然並非外在獨立的自然，而是可以在技術中不斷再生的自然，但同時也是技術的自然化。

如此的自然，是什麼樣的自然？這已經並非「自然的自然性」或者「第一自然」：除非以災變的形態——比如自然災害與天體災變，除非以被動的生命感受——人體的衰老與死亡，除非以工業生產——導致的生態破壞。同時，也非「第二自然」，比如社會化與技術化的人類身體以及國家意志，或者說社會機器與欲望機器的組織形態（dispositif）。因此，自然也已經「非自然化」了，自然自身的修復也無用了。這是自然自身的無用化，正是人類當下更為自覺認識到自然自身的災變與無用化，才有「人類紀」或「生態學的轉向」：但這是發現自然自身無用性的自覺，既是認識到第一自然的破壞，也是發覺自然自身的生產或者自然自身表現的無用性。這是自然自身的雙重無用性。如此的無用之為大用，才是人類紀不斷增熵時代的「減熵化」！無用之為大用，才是真正的減熵！

如果彌賽亞再來，應該再次化身？如同女權主義所大膽夢想的彌賽亞女性化（如同班雅明所夢想的女性彌賽亞），或者彌賽亞的自然化！這是再次的化身！但這是彌賽亞化身於災變之中，經受災變的檢驗——所謂整體消逝的自然就是彌賽亞面對自然的消亡；這也是自然的彌賽亞化，已然無用的自然如何在彌賽亞的救贖中，再次具有救贖的力量？具有喚醒自然潛在的密碼，並且具有平等性的饋贈與分

享，實現自然的共有與文化的共有，這是自然實現了自身的救贖。

彌賽亞性與自然性二者都必須無用化：「第七封印」將艱難地被解開

　　彌賽亞要來，以不來而來，以無用而來。如同策蘭〈逆光〉中的詩句：「四個季節，而沒有第五個，爲了自身抉擇其中一個（Vier Jahreszeiten, und keine fünfte, um sich für eine von ihnen zu entscheiden）。」一方面，根本沒有第五個季節，這是不可能的，是絕對空無的第五維度，此維度並不存在；但另一方面，卻要以這個並不存在的第五維度或無維度——如同彌賽亞的來臨——去選擇或者區分已有的四個季節。[19]

　　整個《殘篇》的語句，其實充滿了神祕教義學的密意與謎語，因爲它指向的是彌賽亞自己，彌賽亞自己的實現或完成，這是針對彌賽亞自己的要求，這是至高的神學式要求，甚至是神學式絕對律令，這就是要求彌賽亞自身保持回縮與退讓（Zimzum），是在世俗世界中打開一個空無界！但又不是直接打開一個空無界，否則就只是自由民主的廣場空間。而是通過更多的迂迴——這是沉默的自然，在沉默的自然中打開空無界。進入這個沉默的空無界，也是災變中的自然

---

[19]　Werner Hamacher: *"Ou, séance, touche de Nancy, ici* (3)", in: *Sens en tous sens - Autour des travaux de Jean- Luc Nancy.* Hrsg. von Francis Guibal und Jean-Clet Martin, Paris: Galilée, 2004, p.119-142. « Cela, qu'il n'y a pas, donne» (Es, das es nicht gibt, gibt). L'« aucune cinquième» saison de Celan et la « quatrième dimension» du temps de 1'«il y a» (qui est un «il y a» de la retenue) de Heidegger seraient deux tentatives voisines de dire et de penser le temps non comme suite linéaire de maintenants homogènes, mais à partir d'un + (- n) entre eux. 6. Pour la méthode: n'oublie pas le « aucune ».同時值得提及的是，給法國思想以內在影響的程抱一先生在討論中國文化的《虛與滿：中國畫語言研究》時，認爲中國藝術的虛化敞開，也打開了「第五維」，François Cheng: *Vide et plein, Le langage pictural chinois.* Paris : Éditions du Seuil, 1979. p.106.

性，才可能在世俗歷史與彌賽亞救贖之間，打開一個缺口。這不再僅僅是阿岡本等後來左派的身體與革命方式，而是自然的默化以及此默化的彌賽亞化，才是彌賽亞完成自身的方法，其中有著彌賽亞式的批評拯救，有著彌賽亞自然化的審美默化。

彌賽亞不來，彌賽亞以其不來的退讓與退出，打開新的餘地，此餘地的敞開，此彌賽亞的無用化，才有著空間，但此空間需要質料的充實，就需要彌賽亞的自然化。這是雙重的轉化：一方面，已經退出的彌賽亞，卻隱藏在自然的潛能之中，有待於被喚醒，這是彌賽亞的自然化，因為這是無用化的潛能，因此不再是傳統的彌賽亞主義；另一方面，一旦此彌賽亞被喚醒，就需要自然被更為明確地彌賽亞化，即讓已經無用的自然不斷地被復活，尤其是通過技術的啟動，但這是技術的再生性（regeneration），此再生性的啟動，乃是自然的彌賽亞化，是自然共有的平等性，是庸用的通用，是無用之大用。

因為彌賽亞自身的退出，彌賽亞就在時間之外來臨，彌賽亞是不來的時間性，是空無的時間性，是無用的時間性，是無維度的敞開。進入彌賽亞的無用或不去用，人類不能去「用」彌賽亞，否則彌賽亞就會成為人類的工具，唯一神論最終導致無神論（如同謝林所言），[20] 就是因為對彌賽亞使用之壟斷的爭奪。彌賽亞也不能去用人類，否則，再次需要耶穌基督的獻祭犧牲為代價。神與人的雙重無用化，這才是彌賽亞自然化與自然彌賽亞化的基本條件。如此的無用之為大用，才會帶來真正的減熵！

彌賽亞還是在歷史事件之外，在歷史時間的進步發展之外，保持為第五維度或者無維度，因此可以反對發展觀，反對歷史進步論，反對資本主義拜物教。而且，彌賽亞反而要去徹底面對自然本身的總體消逝性，自然其實也是無用的，此消逝的無用自然，如何構成救贖？這就是悖論之處，但正是要此無用的自然，與彌賽亞相關，才可

20　Jean-Luc Nancy : *La Déclosion* : Déconstruction du christianisme. 2005.

能讓二者的無用開始相互作用。

　　因爲自然的消逝不可避免，自然一直處於消逝之中，自然已經
「非自然化」了，就不得不採取虛無主義的方法，但回復到自然，
將有可能形成新的人類階段，如同形成新的亞當，回到墮落之前的
亞當，再次開始創世記，進入新的創造與新的生命，這才是新的歷
史任務！這是彌賽亞的「第三次化身」── 在猶太教的創世記與基
督教的化身之後，甚至在整個西方唯一神論「之外」，開始新的創
世，這是自然的再生（regeneration），這是一次新的猶太教式靈暈
（Tselem）的神顯 ── 一種來自於自然的新形態，並且超出了人類
世界，是人與自然的一種新關係，是在彌賽亞那裡的再生。但這是多
重的再生，不再有唯一的壟斷，不再進入唯一神論的爭奪邏輯。

　　虛無主義作爲方法：一方面，是消極的虛無主義，一切都是無意
義，消逝的，喪失的，哀悼的；另一方面，則是積極的，彌賽亞也是
空無的，無用的，缺席的，不是尼采的意志，而是消融與消逝，在時
間之外，但又在來臨中，在彌賽亞的自然化之中，不死性的記憶進入
永恆的消逝，形成圖集（Atlas），形成星叢，形成辯證圖像。

　　班雅明其實在《拱廊街》中指明了自己思想的神學性：

　　N7a.7：我的思想與神學的聯繫就如同吸墨紙與墨水的聯繫，它
浸透了神學。如果你只根據吸墨紙去判斷，那麼所寫的一切都不存在
了。[21]

　　如果這是他自己隱祕教義的表達，那麼，此彌賽亞的神學教義已
經如同墨水一樣滲透到了所有的文本之中，這些看似不見墨汁的吸墨
紙，就必須充分地接受彌賽亞思想的解讀，此彌賽亞的思想就不僅僅
是猶太教傳統的彌賽亞主義，而是某種德希達所言的「沒有彌賽亞主

21　班雅明：《作為生產者的作者》，王炳鈞、郭軍等譯，河南大學出版社，2014年，頁148。

義的彌賽亞性」，更爲徹底地說，按照後來卡夫卡的句法——「這是彌賽亞不再必要」，是彌賽亞變得無用時才回來，是一個「無用的彌賽亞」，卻必須有著大用，如同莊子所言，此無用的彌賽亞如何通過自然變得大用？這是我們對於此命題的新表達與重新解釋。

只是這被彌賽亞精神充滿了的吸墨紙，卻全然看不出來了，好似一塊白板，卻又好似一幅中國的水墨畫，因爲虛淡的水性與墨性幾乎滲透到了空白的宣紙之中，僅僅剩下一片的虛白，但這虛白中卻有著豐富的色差與細微的墨色，就如同班雅明喜歡用的猶太教塔木德說法，可能有著四十九層薄紙疊印在一起（妥拉Torah的每一個段落都有著四十九層含義），這乃是彌賽亞自然化的不露痕跡之更爲隱祕地書寫？有待於一層層去剝開，這是彌賽亞的道家化轉化？當然，也是道家的彌賽亞化。

因爲彌賽亞性與自然性的雙重無用化，一旦進入歷史，需要再次的化身，就會導致時間的再次聚集，觸發默化的再次發生：

其一，彌賽亞會來，但這是彌賽亞的重新化身，不是之前的任何形式，此彌賽亞化身的時刻，乃是從「非時間」而來，不在任何的時空之中，是第五維度的時間性。因此，它的到來與否不受時間限制。

其次，它要懸置歷史社會的任何功能，因爲任何社會的階級利益爭奪都會導致利益的再分配，因此必須懸置所有的利益交換。哪怕是天國補償的經濟也不行，基督教就是陷入了如此的報償經濟，而不可能從資本主義交換中擺脫出來。

其三，去喚醒自然的自然性，儘管自然已經被破壞而且已經被技術化，但自然的潛能，尤其是自然的彌賽亞性一旦被喚醒，就隱含救贖的密碼，此密碼的解密，乃是自然的時間性之喚醒。何謂自然的時間性？不是人爲勞動與生存的工作，而是自然自身的生產，是自然時間的多重性壓縮，這也是讓自然來爲。自然將如此來爲：針對技術，這是自然的再生性技術；針對身體，乃是休息與睡眠，消除疲憊，讓生命得到滋養；這不是身體的技術與自我的技術，而是生命的

生養與養生。

如此三重時間性的聚集，才是一個新的事件，這也是事件的默化，是彌賽亞的自然化與自然的彌賽亞化，形成轉化的節奏。這既是轉化的節奏——自然性與彌賽亞的雙重轉化，也是節奏的轉化——不再是革命而是默化之實現。

彌賽亞與世界的關係，其困難的「張力」不可能消除：

一方面，要保持彌賽亞精神的外在性與無用性，保持外在性的超越，保持提高拯救覺悟的絕對性，保持「無用的無用性」，保持無用的必然性與必要性，這是一種徹底的末世論。這是不被任何世俗的彌賽亞主義所誘惑，這就並非傳統神學的彌賽亞來臨，而是彌賽亞以「不來」而來——即他更爲徹底地回縮與退讓，更爲徹底地退出世界，讓出自身，讓「無」來爲——上帝自身的空無化，讓「讓」來爲——越是讓予，如此徹底的讓出，才越是有著「餘地」，這才是彌賽亞的無用化，但卻打開了神性敞開的新維度。

但另一方面，彌賽亞必須進入世界歷史，首先要進入自然世界，但，此自然的自然性也是無用的。這是進入已經破壞或災變化的自然，但又必須去尋找自然救贖的密碼，去發現自然的美，自然的可再生性。這是反覆的轉折。並且進行多重的還原：歷史的自然化還原、人類生命的自然化還原、技術的自然化還原，這也模仿自然自身的無用性與豐盈的生產性。這是自然之用，但此自然之用——自然永恆的元素性之爲「大用」，無用之爲大用，才是減熵的條件。乃是讓「自然」來爲：或者通過夢幻的無意識，或者通過宇宙的能量，或者通過技術的虛擬。這是一種新的彌賽亞性，是對德希達「沒有彌賽亞主義的彌賽亞性」之新的轉化，但也是彌賽亞的自然化。

這是雙重的無用性——彌賽亞的無用與自然的無用性：但無用的彌賽亞以其回縮的退出，昭示了讓出與餘讓的倫理姿態；而自然的無用化，自然不進入技術的被動性與被宰制，而是讓自然的潛能，不可被摧毀的潛能，整體性修復的潛能，被不斷地喚醒與復原；同時，也是彌賽亞的自然化，即彌賽亞再次的化身，乃是進入自然之中，但這

個自然乃是處於混沌變異之中，隱含災變的自然，即進入柏拉圖式的
「虛位」（chora）之中，但這也僅僅是「虛位以待」而已，且永遠
保持為「虛位」，不被任何主權者所佔據；與之相應，已經彌賽亞化
的自然，有待於其潛能不斷被喚醒，有待於生命遺傳技術的再次轉
化，這是自然的可再生性（regeneration），但此再生性又必須在彌
賽亞的共有與共用的平等性上，再次實現。

　　正是在這裡，「自然」：自然的災變，沉默的自然，無辜的自
然，自然的可再生，構成一個逆轉的仲介，人類的幸福其實離不開自
然，無論是有限生命渴望的無限性，還是物質財富的豐富性，都有待
於人類與自然的和解。

　　這是班雅明思想試圖形成的自然化哲學與自然化的神學：從沉默
與剩餘的自然出發，帶有原初災變的剩餘殘片，彌賽亞必須連接到
此剩餘化的沉默自然，思考自然化生命如何擺脫神話暴力，以及如
何讓歷史還原到自然的廢墟與寄寓，如何走向「無意記憶（mémoire
involontaire）」的救贖與集體無意識的夢幻喚醒，以及從遊戲與相
似性的關係上化解現代性技術複製帶來的困境，讓靈暈再次顯現。按
照詹姆遜（F.R.Jameson）在《馬克思主義與形式》所言的「四重解
經」來重新描述班雅明的四重自然概念：自然的字面意義就是自然的
沉默狀態或自然的相似性；自然的寓意就是歷史自然的屍體骷髏狀態
或神話狀態；自然的道德層則是擺脫了道德倫理的自然化生命；自然
的神祕層則是自然的彌賽亞化與彌賽亞的自然化。由此形成了彌賽亞
式自然不斷展開的節奏或步伐，這是彌賽亞與自然連接的節奏，這個
節奏才是救贖歷史的音樂性或者步伐。

　　班雅明「寄寓性的歷史認識論」的獨特性，就在於其與「自然
性」內在關聯，這可能是阿多諾最為明確繼承的精神遺產與思想道路
（在其早期論文1932年的 *Die Idee der Naturgeschichte* 之中），甚至
超過了班雅明本人（考慮到後來班雅明受到布萊希特的馬克思主義技
術生產的影響而言），而且還可以批判早期海德格的歷史生存論，這
體現在如下幾個方面：

1. 對衰敗之物的認知，只有在衰敗之物那裡，才可能發現歷史轉換的契機。比如建築廢墟──歷史之物已經被自然所還原，經受自然時間的沖刷。

2. 從撒旦的角度觀看世界的強勢，但卻並不認可它，而是看到其最終「骷髏般」的面孔，或者其必然的地獄狀態。此骷髏的生命也是肉體向著自然生物狀態的還原，這是從最後之物看世界的必然消逝。

3. 發現或面對那些沉默之物，對於班雅明，這尤其是那沉默的自然，哪怕是墮落的自然，這是「自然的自然化」還原。後期海德格才面對此自然的自然性。

4. 去閱讀神聖的文字，或象形文字或畫謎。這是自然與歷史的相互作用與特殊交織所形成的寓意畫或夢境。

5. 從衰敗之物或無用之物那裡，看到逆轉的可能性與救贖的機會，這是從彌賽亞救贖與終末的觀看來看待世界。而自然可能隱含救贖的密碼，如同後期阿多諾在《美學理論》中所言。因此，歷史是一門記憶的科學，並非僅僅是事實的記錄，因為回憶中可能隱含救贖的條件。

　　需要補充的則是，道家無用化的自然帶來了某種啟發，自然是無用的，但自然也可以大用，這是自然化的普遍經濟學或者生態學，自然的生產不是價值與價格，自然的技術是自然潛能的可再生性。通過自然來迂迴，帶來神性與人性之間的一個連接仲介與通道，這是無用之為無用，無用之為大用的連接點。

　　無用的彌賽亞性進入世俗歷史，或者彌賽亞救贖發生的那個歷史觸點，是沉默的自然或無用的自然性：彌賽亞，既要喚醒人性中沉默的自然，也要喚醒自然的自然性，還有技術的再自然化與自然的再技術化──另一個雙重轉化，彌賽亞的自然化也是自然的神性化或自然的彌賽亞化，只有此四重的自然式轉化，才是彌賽亞式自然的轉化節奏。

　　「所有客人都已經就座後，彌賽亞才會來臨。」一個現代性的

「實踐性彌賽亞主義」如何可能？這是布洛赫與班雅明，阿多諾與索勒姆，當然還有布伯與陶伯斯，德希達與齊澤克等人，在整個現代性，「彌賽亞式的現代性」幾乎不再可能的處境下，都試圖思考的核心問題。

如同阿多諾在《最低限度的道德》的最後所言：

走向終結（Zum Ende）。——哲學，唯一還負責任的哲學，乃是在面對絕望，尋求去思考一切事物時，應該從救贖的立場（vom Standpunkt der Erlösung）來思考事物將如何呈現自身。如此的認識，將沒有其他的光照，唯有救贖之光能照亮世界：其他的一切都不過是複建和保持爲技術的片段而已。如此的視點必須建構出來，相似於這個世界並使之變得陌生，並顯示出其中所有的裂痕與罅隙，如同它們曾經作爲貧乏與扭曲（entstellt）的樣子，而讓它們在彌賽亞的光照下（im Messianischen Lichte）得以顯現。沒有任何的任意與暴力，全然從如此對立的視點中超越出來，去贏獲一個視點，思想只能從此而來？[22]

此彌賽亞的視角，以及彌賽亞來臨的方式，乃是從「第五維度」而來：它不在歷史時間的各個維度之中，它在時間之外，但通過自然的無維度（考慮混沌與黑洞等因素，「自然本身」嚴格來說並不是三維的也非四維的），打開新的瞬間，那些不可能存在的小門。

---

[22] T. W. Adorno: *MINIMA MORALIA, reflexionen aus dem beschadigten leben*. Frankfurt am Main: Suhrkamp Verlag, 1951, S.480-481.

一

班雅明的無用教義
彌賽亞性與自然性的雙重還原

　　理論上存在一種完美的幸福可能性：相信心中的不可摧毀性，但不去追求它。[1]

——卡夫卡，1917年日記

　　在1917年，可能因為受到道家無用思想的影響，卡夫卡在思考彌賽亞來臨的可能性時，竟然寫出了如此弔詭的語句：

　　到彌賽亞成為不必要（／無用）時，他會到來的，他將在到達此地一天後才來，他將不是在最後一天到來，而是全然最後（／末日）那天【"Der Messias wird erst kommen, wenn er nicht mehr nötig sein wird, er wird erst einen Tag nach seiner Ankunft kommen, er wird nicht am letzten Tag kommen, sondern am allerletzten"】。[2]

　　彌賽亞，本來與歷史並不相干，他可以來，可以不來。
　　彌賽亞，一直在來，卻又一直尚未到來。
　　彌賽亞，即便已經來過了，也將離開，甚至，徹底離開。
　　但，現在，甚至，彌賽亞只有變得無用時，才會到來。
　　如果彌賽亞已然無用，如何還要再來？這是異常弔詭的事情，這是弔詭之思。
　　但在此弔詭之思中，有著彌賽亞主義的拯救批評（Rettende Kritik des Messianismus）在此不同於「提高覺悟」的批評方式中，有著自然的審美與沉默的轉化。[3]

---

[1]　卡夫卡：《卡夫卡全集》（第5卷），葉廷芳主編，1996年，頁53。

[2]　卡夫卡：《卡夫卡全集》（第5卷），葉廷芳主編，1996年，頁47。也參看阿岡本等人的相關分析，尤其是哈馬歇的相關分析，更為集中於思考了卡夫卡彌賽亞之無用的轉化作用。

[3]　參看哈貝馬斯的相關討論，郭軍編譯：《論瓦爾特・班雅明：現代性、寓言和語言的種

　　但誰是班雅明（／本雅明）？一直有著兩個瓦爾特‧班雅明（Walter Benjamin），這個名字一直有著兩種不同的「力量」（Walten），如同他自己〈面向暴力的批判〉文章中所給出的自身隱喻：純粹的與不純粹的、神聖的與神話的暴力或力量（Gewalt）。

　　班雅明去世幾乎八十年之後，其中一個已經成為「顯白」的班雅明，那個越來越被「神話化的班雅明」，充滿革命力量的班雅明，尤其是當左派持續發掘班雅明彌賽亞思想與革命神學的關係之後，神話的力量也成為了神聖的暴力，越來越純粹，也越來越枯竭，不再有人去讀班雅明了。但還有另一個班雅明，這另一個一直還保持為隱晦的狀態，還有大量的德語筆記隱藏在字裡行間有待於再次開啟其塵封狀態。如同班雅明面對卡夫卡的寫作受到布萊希特式強大馬克思主義批判的壓力時，卡夫卡的寫作似乎並沒有什麼教義可言了，雖然還有著謠言與愚蠢留給我們。可能對於班雅明的思想，我們也過度挖掘了。

　　或者，這兩個班雅明，顯白的與隱晦的班雅明，神話的與神聖的差異，套用流行的本真行話，一個如同「刺蝟」，一個好似「木偶」。顯白的「刺蝟」，來自於浪漫主義的批評元寫作，如同這個形象所暗示的，班雅明的思想與資本主義全球化的現實格格不入，試圖保持自己的個體生存風格，或者是花花公子的苦行主義，或者是帶著十字架釘痕的革命者。而那個隱晦的「木偶」形象，則與愚蠢的侏儒為伴，卻保持為隱祕的彌賽亞形象，如同唐吉訶德的僕人桑丘，既搞笑又超然，甚至是默化與道家式的輔助者。[4]

　　前一個班雅明已經與猶太教的保羅化結盟，徹底帶向了左派革

子》，2003年。

[4]　W. Benjamin: *Gesammelte Schriften II*. 1991, S.1198.班雅明認為：「或者認為堂吉訶德是與中國道家的類似精神團隊相關？但作為不安分的精神，而與之對比，桑丘似乎是一個安分的道家主義者。」（S.1206）

命，並與馬克思主義結合，這第一個結合，與浪漫派文學批判的寫作相關，批判資本主義拜物教，以猶太教微弱彌賽亞主義寓意了歷史的未來。但現在，這些要素都被改變了，都有新的資料或者被重新發現，或者被重新理解。而新的另一個，就班雅明「教義」中幾個基本要素而言，其顯現方式卻全然不同了，這是隱晦的，還有待於被重新發現與重新解釋。

　　大致還有如下一些要素，有待於再次解讀：

1. 彌賽亞式自然的節奏。1916年〈論語言本身與論人類的語言〉作為班雅明思想「最為本源」的種子，其對於亞當式「元語言」的思考，以沉默自然的殘餘開始新的純粹語言表達，其思想種子卻並沒有後來的繼承者。這是因為後來的語言哲學，要麼被索緒爾語言符號學理論，要麼被語言遊戲理論，要麼被資訊媒介技術語言，所一一取代。何謂自然化的亞當式元語言？這還是一個並未回答的問題，但班雅明自己的新「教義」就開始於此。與猶太教神祕主義相關，但這是1920年代的《神學──政治學的殘篇》──即猶太教彌賽亞的自然化──對此的解釋一直不明確，彌賽亞自然化節奏被後來的保羅神學解釋學所主導，被陶伯斯─阿岡本─齊澤克等人泛化了，錯失了彌賽亞的還原與自然化還原之間的可能關聯。

2. 獨一性的星座。班雅明關於德國浪漫派的反思與歌德的自然觀對比的博士論文，重新思考浪漫派與自然美的關係，經過了歌德的元現象與自然化的解釋，但此自然化的還原如何可能？元語言與純粹顏色的感知，藝術想像的彩虹與肥皂泡的顏色與元語言的藝術性，依然還有待於解釋。這也關涉到現代性個體的唯一性如何獲得理型的普遍性，「個體化的星座」也是德國巴洛克悲悼劇的認識論元批評的主題。班雅明這些年輕時代的手稿與思考，一旦與繪畫藝術的自然化聯繫起來，是否可以打開新的靈暈之思？尤其是歌德的自然化還原聯繫起來，也是彌賽亞的自然化動機之一。

3. 第二技術或自然的解放。涉及解放的主題，與馬克思主義或歷史唯物主義相關，但歷史唯物主義主要思考了第一技術的生產力及人類解放，但班雅明在〈藝術作品在其技術可複製的時代〉（以下簡稱為〈藝術作品論文〉）中，區分了第一自然的魔術性與身體技術化的第二自然，並且試圖讓第二技術的遊戲與自然的相似性再次相關，但這些概念處於模糊的調整中，並沒有展開。討論班雅明與歷史唯物主義的關係，不僅僅是肯定技術的遊戲複製（「遊戲」在德語中有著多重含義：遊玩、賭博、表演、施行與行動），也要思考技術的自然化（遊戲複製與自然相似的關係以及自然自身的複製技術），這是兩種不可分離的模仿模式，因此不僅僅是人類的解放，也是「自然的解放」！此自然的解放與彌賽亞的自然化相關，複製技術導致靈暈的衰退，但複製技術是否需要獲得新的靈暈（／光暈：aura）？[5]這就必須讓遊戲化的第二技術再次自然化，也許需要走向更為徹底的「第三技術」（甚至應該稱為「第三技藝」──結合了技術與自然）？尤其是《藝術作品論文》第二稿的相關問題，關於電影與攝影所打開的遊戲空間，關於神經支配（Innervation）的電影集體感知。這個被動性的感知需要一步步的轉化：首先，它與無意識的衝動相關，作為身體─圖像空間，被超現實主義的自動書寫所喚醒；其次，成為一種集體的被動感知，但被電影及其震驚所喚醒；其三，對於班雅明，此神經支配的生命材料，不僅僅被書寫技術所啟動，而且

---

[5]　班雅明所思考的Aura這個詞異常複雜，可以參看Miriam Bratu Hansen（Miriam Bratu Hansen: *Cinema and Experience: Siegfried Kracauer, Walter Benjamin, and Theodor W. Adorno.* 2012）與Susan Buck-Morss的相關研究，對於我們，我們試圖翻譯為光暈或靈暈，取其「光彩」與「氣韻」的雙重性，作為富有光彩的氣息，乃是「光氣之融合」，由此必須啟動中國傳統氣韻生動的美學，在面對現代性技術複製的「遊戲」所導致的光暈消逝，如何重新回到自然的相似性？在遠與近的逆轉之間，發現新的審美，重建形而上的普遍性與日常生活平淡的靈暈論。

也與模仿的相似性相關，尤其與自然的相似性相關；其四，則是與孩子們的遊戲相關，而孩子們那裡遊戲與相似內在契合，是自然的象形文字閱讀與書寫，讓感知更為充分得到培養；其五，一旦進入Aura與自然的關係，就需要「氣氛美學」的推動，[6]成為一種擴展了的審美感知，但這是一次逆轉，把身體的神經支配的被動性不僅僅向著技術外展，而且向著身體的自然性，更為內在的自然的自然性還原，向著宇宙感還原；其六，則是重新連接生命技術與全息宇宙的新感知，這是班雅明所夢想的「拱廊街式」的總體喚醒感知，也是無意記憶的喚醒，這需要技術化的身體神經感知與神經的自然可塑性重新連接，並走向更為徹底的幹細胞（stem cells）可再生技術或多潛能幹細胞（iPS）的持續增殖技術（某種不死特徵）。其七，這就不只是波德賴爾式的毒品式迷醉，而是需要更為積極地廣泛連接，進入質料的共感，或者與猶太教的靈暈（tselem）發生共感，重獲上帝的形象。這個神經感應方式的革命，其實是深沉感知的「默化」，這是技術的雙重轉化，從革命到默化，從默化到革命，此雙重的轉化方式還有待於被展開。現代性的生命療癒與拯救，不再僅僅從身體欲望的革命與生命技術的方向上外在展開，而且也從生命的自然化還原的內在方向上內在展開，這是彌賽亞與自然性重新連接的契機。

4. 歐洲或虛無主義的道家化。與布萊希特（Brecht）、卡夫卡與普魯斯特（Proust）相遇的文學社會批判的關係，以布萊希特為主導的反思與對話，更為推進了布萊希特的道家化，這是另一個布萊希特，即馬克思主義的道家化。[7]布萊希特也是現實化的馬克思主義

6　格諾德・波默：《氣氛美學》，賈紅雨譯，2018年。

7　班雅明：《無法扼殺的愉悅》，陳敏譯，2016年版，頁234-238，對布萊希特關於老子詩歌重寫的解讀，在逃亡的世界中尋求得救的可能性。至於布萊希特馬克思主義的道家化與墨家化，參看布萊希特：《中國聖賢啟示錄》，段瑜譯，2015年。

文學，但已經被中國化與道家化，這個道家化的漂泊者或者友善者。班雅明甚至認為：「老子如此的教諭詩，如同預言一樣振聾發聵，一點也不比彌賽亞的言說差！這句話，對於當今的讀者而言，卻不僅包含了一個預言，還包含了一種訓誡。[8]」以及圍繞關於卡夫卡小說《鄰村》的爭論，還有班雅明給布萊希特的老子詩所寫的評注，其中涉及彌賽亞的道家化與道家的彌賽亞化，但卻並沒有被後來的西方思想家所關注。而更為重要的，還有班雅明在手稿中所奇特看到的那個——「作為一個道家的桑丘」（San-cho Pansa als Taoist）[9]——但這是西方研究者幾乎從未提及的新論點，班雅明那幾百頁關於卡夫卡問題的筆記也被塵封著。與文學性相關，卡夫卡與普魯斯特的文學寫作，走向「無意記憶的自然化」。這是三重虛無主義解釋學的形成，不只是虛無主義與彌賽亞敘事，還有空無所成的道家無用化的解釋學。[10]

5. 自然的彌賽亞化節奏。《拱廊街》的資本主義迷夢，被超現實主義識破，文學家與藝術家們試圖以即興偶發的自動書寫出來的碎片之夢，來對抗資本主義的拜物教之夢，但並不足夠，班雅明還需要喚醒更為深沉的第三記憶或「無意記憶」（mémoire involon-taire），與救贖的新天使相關，但這是彌賽亞自然化的節奏，也是自然的彌賽亞化，這是雙重轉化的節奏形成。拱廊街如何實現此自然的彌賽亞化？在自然已經技術化之後，技術的自然化，或者辯證圖像與夢想之喚醒的關係如何，還有待展開。

　　以上五個方面的思考，將打開另一個班雅明，這另一個班雅明已經在那裡，散碎的文本資料已經在那裡，但被解釋學所組合的未來生

---

[8]　班雅明：《無法扼殺的愉悅》，陳敏譯，2016年版，頁240。

[9]　W. Benjamin: *Gesammelte Schriften II*. 1991, S.1198.

[10]　Franz Kafka: *Tagebücher 1909-1923*. 1997. S.532.並參看筆者的相關研究。夏可君：《無用的文學——卡夫卡與中國》，2019年，待出版。

成卻全然不同，這是還有待於再次發生的「班雅明教義」，是班雅明的「教義」（Lehre），它不只是宗教論斷與哲學體系，不只是詩意的思想與文論批評的文學化，不只是散文遊記與箴言片段，但也包含這些要素，在漸進修養韌性修煉中，成為「混雜的教義詩」，其中有著生命感知的徹底轉化，如同「浪漫」這個詞所啟發的乃是「漸進的總匯詩」，就是「混雜的教義」。

此五個方面的綜合不是偶然的，恰好是從猶太教的開端處，浪漫派現代性與自然關係的開啟處，馬克思主義現代性社會批判的發現處，現代文學的發生時刻，以及指向未來救贖的可能性條件，從宗教神學（針對上帝死亡與退場）—— 現代性的個體生命唯一性（針對人類紀的造作）—— 政治經濟學批判（從勞動到遊戲）—— 現代文學詩學（「三重解釋學」也是三重人性的重新組合）—— 彌賽亞與自然之不可思議的多重結合。

如此的一些辭彙：教義、彌賽亞自然化、個體性的星座、相似與遊戲的辯證綜合、虛無主義的道家化、自然彌賽亞化的節奏、等待，有待於重新關聯起來，重寫另一種現代性。

㈠ 未完成教義論綱

除了班雅明，二十世紀沒有一個思想家有著如此兩個特點：

第一個特點是把自己的思想或哲學，各種文體的書寫，自覺地規定為「教義」（Lehre），即，班雅明把中世紀論題式護教辯護體、猶太教式神祕主義書寫與德國浪漫派的片段書寫，整合起來後所形成的一種新表達，與維特根斯坦早期《邏輯哲學論》相似但風格全然不同，更為接近於廣義的文藝寫作，這在他大量以「論」（比如，1916年〈論語言本身與論人類的語言〉與1933年〈論模仿能力〉）和「面向」（比如，〈面向暴力的批判〉與〈面向普魯斯特的形象〉）為標題的文論中可以看出，而且，如此的教義寫作，很多的文

本生前都並未發表，構成班雅明自己自覺的隱祕教義。

第二個特點則是沒有人比班雅明留下了如此多不同文體的寫作文本，還有大量尚未完成的手稿，《藝術作品在其技術可複製的時代》有幾個不同手稿，《柏林童年》也是如此《拱廊街》計畫也並未完成。幾乎只有海德格的手稿可以與之相比，但班雅明的文體形式之多樣混雜，卻無人可以比擬，正好對應了當前世界「混雜現代性」的狀態。這樣就給所有的研究者以巨大的難題，從何處進入？

從「尚未完成性」去思考班雅明，就是去思考班雅明試圖從一開始就思考而一直尚未實現的某個基本問題，當然這是來自於其教義的隱祕核心，我們必須從其隱祕的核心教義再次出發，但這個核心是什麼？誰可以確保？當然是班雅明他自己的文本，是那個他「一以貫之」的隱祕線索，但這個尚未明確甚至可能折斷的阿里阿德涅線團，一直是一條隱線，起碼生前並未發表，這就具有了前面所言的雙重性：一是教義的隱祕性，一是尚未完成性。那麼，這是什麼樣的論題？一言以蔽之，對於我們，如同《殘篇》所宣示的——這是彌賽亞如何進入世俗世界的難題。

彌賽亞如何進入世俗歷史世界？如此的論題與難題，才是班雅明教義的核心祕密。這也是其彌賽亞的「弔詭」之處：既然彌賽亞如此強大且具有超越性，但為何卻無法進入歷史的現實世界？且無法改變歷史的進程？就如同猶太教神祕主義不得不面對的自身難題——全知全能的上帝為何卻不拯救自己揀選的民族！或者這也是神義論的難題。而如此的彌賽亞豈非多餘與無用了？如果彌賽亞確實已經無用，那此無用的彌賽亞如何構成對於世界的救贖？再一次，這是一個現代性的弔詭：隨著世俗世界的興起與人類理智的發達，哪裡還有神的位置？神聖豈非更為多餘？但此多餘的彌賽亞，卻要救贖世界，還並非是在歷史終結處，而是隨時隨地都有可能。

這是班雅明1920年左右所寫的《神學——政治學的殘篇》最為明確面對的難題，這個文本無疑是解開班雅明思想的鑰匙，而且這個文本現在已經證明，它是班雅明與幾個猶太人——布洛赫與蕭勒

姆，還有布伯等人對話的成果，是作為猶太人面對現代性世俗化處境，思考救贖之不可能的可能性時，最為自覺的問題。彌賽亞的上帝之國如何在世俗世界實現出來？如果二者絕對不相干，這是猶太教不同於基督教與其他異教，也不同於諾斯替主義之處，但又要相信彌賽亞之絕對的正義有著對於世界矯正的權能，這樣的自相矛盾有何意義？而悖論的是，世俗歷史並不自動傾向彌賽亞王國，那麼二者又如何可能相關？這是班雅明一開始就確立的問題，在《殘篇》中則通過人類幸福的追求必然會落入虛無主義的深淵，這才不可避免地會導致箭頭的轉向。

　　這是兩個方向的重疊：一方面，這是「彌賽亞式自然化的節奏」，只有彌賽亞從超越世界進入人類這個已經總體破碎的世界，來修復（tikkun）它，人類幸福才可能實現，此修復的整體性，需要彌賽亞的力量，人類自身不可能有此能力。另一方面，因為人類追求幸福，必然不可能獲得，因此需要逆轉自身，這個逆轉導致人類進入自然，打開第三重世界——進入整體上消逝與永恆的「自然」，但此自然因為其消逝，需要有著救贖的喚醒，需要彌賽亞在自然之中蘇醒過來，自然的彌賽亞式蘇醒就是「自然的彌賽亞化」，這是班雅明在《拱廊街》與《論歷史的概念》中的命題，這是早期思想還並不明確但也已經隱含的命題。

　　彌賽亞與自然化的雙重還原，如此的解讀就與陶伯斯後來對此文本的解釋及其巨大影響區分開來，因為陶伯斯否定了這個文本中的自然化維度！反而更為靠近基督教保羅神學的彌賽亞救贖方向，這也許是他已經被施密特神權政治蠱惑導致的後果。

　　這兩個維度：彌賽亞的自然化，自然的彌賽亞化，二者相互轉化所形成的節奏，就是班雅明思想中最為隱祕的教義，這是一個尚未發現與尚未完成的「班雅明」。

　　當我們重新從班雅明開始，進入那些論綱式的教義書寫，顯然第一個重要的文本就是1916年〈論語言本身與論人類的語言〉，其思考的核心，是回到最初的「元語言」或「純粹語言」（Ursprache /

reine Sprache）。

　　要避免亞當式墮落的人類語言，不走向混雜的、判斷式的與抽象化的現代資本主義語言表達，就需要再次回到亞當墮落前的元語言，這如何可能？既然神聖的語言已經消失，人類語言已經墮落，那就只能去發現那個「沉默的自然」。但自然的語言乃是雙重的沉默：自然無法表達的悲哀與自然被人類語言遮蔽的悲哀，如果有著亞當式的最初命名與原初快樂，而且進入耶和華神聖名字的新語言，這就需要進入那已經破碎、處於沉默但還有著殘剩光芒救贖種子的自然。此殘剩的自然乃是世界修復的種子。顯然，這些概念：殘剩的種子、破碎、修復、神的名字等等，都來自於猶太教喀巴拉神祕主義，這是上帝的退出，世界的破碎與種子的修復，是對這三個相關概念的當代語言哲學表達，這是班雅明教義真正的隱祕開始，是最初的種子，而《殘篇》則已經露出了破土的一點點端倪。

　　這也是班雅明在與布伯的書信對話中最早提出來的命題，而布伯，則是第一次把喀巴拉神祕主義或哈西德主義實行了現代轉化的思想家，而且，布伯同時還是《莊子》神祕對話文本與《聊齋志異》鬼怪故事的翻譯者，如此一來，班雅明的猶太教喀巴拉神祕主義與中國道家的自然化神祕主義就有著隱祕合流的可能性，這將在班雅明後來1934年論卡夫卡的文論中開始真正的彙聚。在1916年《語言論文》這個隱祕文本中，自然與彌賽亞已經有所關聯，彌賽亞要發現新的自然，才可能恢復語言的純粹性，這是班雅明語言教義的基本問題，也是第一個尚未完成的教義。

　　第二個尚未完成的教義則是關涉到班雅明《評歌德的《親和力》》的文章與相關的自然主題。這是把人類追求幸福的意志及其不可能發揮到極致的文本，從歌德小說中「奧梯莉」這個形象上，可以看出歌德那裡也有著彌賽亞救贖的渴望，但這並非歌德從基督教那裡借來的，也不是猶太教神祕主義的學習，而是歌德自己迫不得已的思考。

　　即歌德這個可能獲得了人世間所有幸福享受的至高者，也發現人

類不可能獲得幸福，「奧梯莉」這個名字，如同「亞當」的名字，其中有著神聖的蹤跡，即自然的親和力與化合作用，她也是小說四個主人公名字的組合，有著對稱，有著神祕不可抗拒的元素性組合。但她卻不可能得救，這個名字會破碎，會播散，如何使之在幸福的想像中整合起來？如同自然的沉默與哀悼得到救贖？這就是班雅明要尋找的小說的真理性內容，不是傳記性的事實內容，不只是人類不幸福的事實，而是真理性的救贖。

　　幸福的救贖如何發生？這是班雅明所施行的雙重還原：一是「自然生命的還原」，把人類的「純然生命」，已經道德化與宗教化的生命，有罪的生命，被道德審判的生命，也就是前面所言的亞當墮落後的三重語言中的純然生命，向著「自然化的生命」還原，此自然化的生命卸掉了神祕命運的詛咒，即人類生命在最初生成時，離不開神話的獻祭犧牲，人類恐懼神祕，只能以神話與驚恐來保護自己，如此的自相矛盾當然只是加深了人類對於神祕的恐怖，如同希臘悲劇進入命運詛咒的惡性循環之中。那麼如何解咒？這是把「純然生命」向著「自然化的生命」還原，不進入人類各種道德與罪感的敘事，如同尼采已經解構批判的「道德的譜系」，而是走向無罪責的無辜生命或自然化的生命。當然，在此自然化生命之中，也有著不幸，有著哀傷，這是《親和力》小說中不幸淹死於水中的小孩，而「水」之為自然化的元素，既是幽暗晦澀的，也是滋養生命的，自然具有此悖論性存在，既是破壞消逝，但也是永恆循環的再生，而且具有永恆處女象徵的奧梯莉最後是自己飢餓而死，這也是一種回歸自然的方式。

　　我們就看到了奧梯莉這個形象的自然化還原，但其中並沒有救贖發生，而是人類關係的整體解散，救贖如何可能？這是歌德必須回答的問題，在班雅明的解讀中，還必須經過「彌賽亞的還原」——第二次的隱祕還原：這是劃過戀人或者歌德自己頭上的星星。這既是消逝的流星（永恆消逝的自然），也是盤踞永不消逝的星群（不死性的記號），這些星群如同淚水編織的面紗，是彌賽亞性與自然性的幻象融合，這是自然的彌賽亞化，此幻象的面紗是必要的，它讓不幸的人類

可以獲得安慰，儘管不是救贖，但可以是安慰。這就是班雅明早期對於自然彌賽亞化的艱難尋求。

只有從彌賽亞性與自然化的關係上，我們才可能重新閱讀那些生前發表的文本，比如〈譯者的任務〉，文本自身需要在異質語言中「餘存」，翻譯之爲修補的行動，就如同自然在藝術中餘存（bleiben），對於碎片粘合的比喻也是彌賽亞救贖的暗示。再比如，在〈面向暴力的批判〉中，區分開「神話的暴力」與「神聖的暴力」，尤其是試圖去發現純粹的居間人，而這個作爲質料共通體的媒介，其實乃是把人類生命向著自然化生命還原，而並非後來德希達與阿岡本所理解的暴力批判，並非技術化的生命與赤裸生命，其間的區分就變得關鍵了。

更爲重要的還有，班雅明在暴力的批判中試圖去發現「非暴力」（gewaltlos）的可能性，這是21世紀以來暴力的總體回歸中，整個當前的革命思想面對資本主義全球化的勝利時，似乎只有依靠純粹手段的暴力，而且以神聖名義進行的暴力行動了。[11]但這些革命行動如何與恐怖主義的神聖暴力區分開來？無論這是某種伊斯蘭教原教旨主義的暴力化，還是基督教式以恨爲愛的法外行動，依然陷入了暴力的惡性循環。從克爾凱郭爾到德希達，從阿岡本與齊澤克，從純然生命走向生命政治，並走向神聖化的獻祭，這是西方傳統似乎無法走出的現代性困境？而此非暴力的行動，在班雅明那裡，是與理解「純粹語言」相關的領域，也與自然化的生命相關，神聖化的暴力如同宗教儀式上水的淨化作用，正是在這自然化的還原，區分開了純然生命與自然化的生命，而後者卻並未展開。[12]

我們必須繼續尋找第三個尚未完成的教義，還是得繼續去追蹤那

---

[11]　*Philosophy and the Return of Violence Studies from this Widening Gyre*: Edited By Nathan Eckstrand and Christopher Yates, 2011.

[12]　Simon Critchley: *The Faith of the Faithless Experiments in Political Theology*. 2012, p.217.

些生前並未發表的文本，當然也許有人會說，隨著班雅明所有文本的出版，再單純去說文本的尚未發表已經沒有了當下的意義，因爲一切都已經袒露出來了。但教義的祕密與悖論在於：越是顯現出來，反而越是隱祕。那個《神學──政治學的殘篇》不是1980年代被發現出來後成爲了討論的焦點？但，卻幾乎沒有人觸及「彌賽亞式自然的節奏」這個命題，也幾乎沒有學者把彌賽亞性與自然化關聯起來，因此，尚未完成的隱祕教義，如此的說法並未過時，也許永遠不會過時，即便本文要解開七封印，可能謎依然還在。

　　這就是1933年的兩個小文本，也是寄給蕭勒姆這個猶太朋友的，討論相似性與模仿能力的小文本（〈相似性的教義〉與〈論模仿能力〉），直接接續1916年的〈語言論文〉，這是班雅明自己隱祕教義自我迴響的節奏，用了幾乎十六年的時間。爲什麼從納粹德國剛剛逃難出來，在西班牙伊比札克島上，甚至得了重病，試圖自殺的班雅明，卻寫出了兩篇論語言的新文本？這是在危機時刻的嚴峻思考。1916年的〈語言論文〉，乃是內戰時刻，猶太人自身命運的危機：是成爲德國民族國家的一員而徹底歸化？是保持中立與游離之外？還是回到耶路撒冷而接受復國主義？對於班雅明，這三種可能性都不存在，所以才回到自然的生命，這既是種族的生命，但也超越了種族的定義，因爲此殘剩的自然種子，如同猶太人被揀選又被放逐，得救的只是少數或餘數（如同《以賽亞書》寫道的），此「餘數」乃是彌賽亞自然化所成的種子！

　　那麼，如何再次喚醒此餘數或者自然彌賽亞化的動力？這是與自然相關的相似性，是人類最初的模仿能力，這不是人類後來的遊戲與學習，不是柏拉圖與亞里斯多德的模仿觀，無論這是對純粹理型的模仿，還是對於人類悲劇行動主體的模仿，而是一種與自然原初相似性的能力，是與宇宙感通的原初德能，是生命整體修復的潛能，如同個體生命出生時與星座原初建立的瞬間命運關聯，這是個體單子的理型化，如同論述德國悲悼劇的文本〈認識論批判的序言〉所要思考的核心問題。爲何要回到與自然相關的相似性？因爲這是在最初的自然相

似性中，人類還有著與宇宙的關聯，但隨著人類的歷史化與進步，則逐步喪失了與宇宙整體的關聯感，已經不再與宇宙感通，而這是波德賴爾以來現代性審美的根本訴求。

　　此自然的相似性或擬似性，在似與不似之間的相似性，可以保持人類的歷史性記憶，預計與自然相關的永恆記憶，儘管自然是消逝著的，但其中有著永恆性，只是此永恆性還有待於進入彌賽亞的渴望之中，轉化為不死性。只是這自然的感性相似性被喚醒之後，需要進入「不相似性」或「非感性的相似性」，這是個體的書寫性姿態，這也是個體名字的生命書寫，這也是為何班雅明這個時期回到了自己猶太教神祕主義意味的本名（Agesilaus Santander），如同蕭勒姆對於班雅明和他的天使形象的複雜解碼，進入個體天使形象的幻象，這是個體的隱祕簽名，此簽名的「非感性的相似性」需要與「感性的相似性」建立關聯。如果相似性乃是經驗的器官（die Ähnlichkeit das Organon der Erfahrung ist），那麼，恢復或者修復已經萎縮的器官，乃是經驗的重新生成，當然其中必須有著靈暈，因為靈暈中的蹤跡包含從未寫出之物。

　　如此的關聯在西方文明已經基本消失，如何在現代性得以重建？這是班雅明1938年在中國藝術中發現的「墨戲書寫」，既是遊戲的自然化，把遊戲與相似性結合起來，沒有分裂，不同於技術的可複製時代的藝術走向遊戲，而遺忘了相似性，[13]導致現代性與自然的分裂，也是個體與自然建立生命感應的相似性關聯，是「煙雲」一樣的宇宙相似性。

　　但彌賽亞到底如何進入世界？如果彌賽亞不得不迂迴，通過自然

---

[13] 關於相似性的討論，無疑在傅柯《詞與物》認知型的演變中有所思考，文藝復興時代的知識型以「相似性」（la ressemblance）為主，並且區分開了四重相似性（適合、仿效、類比與交感），但進入古典時代則被符號的差異性分析所取代。但是，當班雅明回到巴洛克時代，並且保持對於相似性與不相似性之間的關聯時，顯然並沒有進入傅柯知識型演變的敘事邏輯，這也導致另一種全然不同的面對自然的態度。

來迂迴，如此的迂迴，也必然導致彌賽亞自身的改變；如果彌賽亞自身不變異，自身不轉化，依然只是固守彌賽亞自身的原則，哪怕是喀巴拉神祕主義的教義，也是不可能實行現代性轉化。轉化，相互的轉化，才可能有著感應的效應。

　　彌賽亞如何自身轉化？這是彌賽亞自身的無用化，這是卡夫卡的徹底性虛無主義變異，一個變得不再必要的彌賽亞如何還有著大用？這是把喀巴拉神祕主義的上帝回縮退出（Zimzum）加以更為徹底地轉化，不僅僅是退出，也是退讓，是自身的無用化。但此無用化，卻打開了一個自由的空間，一個無用化的自由空間，無人可以佔據的純粹自由敞開空間。此讓出來的空餘空間，也是上帝自身的無用化，就不僅僅來自於猶太教與西方自身，也是來自於中國道家，尤其是莊子的思想。

　　這是卡夫卡自己所言的教義：「認認真真做某事，同時又空無所成。」如此的道之教義，也是布伯開始的教義之道，隨後被班雅明在1934年《論卡夫卡》的文本中得到回想，但此回想儘管在公開發表的論文中有所表達，即那個《鄰村》的故事來自於老子的《道德經》，卡夫卡的鄰村也是現代虛無主義的停頓瞬間與死亡的深淵，不可能抵達，但它也是彌賽亞回憶救贖的目光，如同後來班雅明1938年反駁布萊希特時所展開的對比，面對「鄰村」這個世俗世界中人類被壓彎的脊背，需要彌賽亞來矯正，輕微地糾正。但是，此彌賽亞卻已經無用化，卡夫卡的世界中並沒有真理性可言，只有謠言與愚蠢，因此無用的彌賽亞只能通過愚人得到幫助，此幫助來自於那些苦修研究者，以及桑丘這樣的傻子，但桑丘在卡夫卡筆下，不是英雄堂吉訶德的隨從，相反，是真正遊戲的助手。

　　這個桑丘是班雅明後來所言的操縱歷史唯物主義木偶的那個侏儒，但此侏儒並非齊澤克式的革命式主體，而是道家化的了——「桑丘是一個道家主義者」，這是班雅明論卡夫卡與中國長城建造時的密碼，是他在手稿中寫就的密碼，一直在那裡，但從來都沒有一個西方學者關注此命題！無用的彌賽亞需要桑丘這樣的傻子，需要一個

道家化的傻子，這也是在《講故事的人》中具有道教仙道般助手的桑丘，彌賽亞需要道家化的助手，才可能糾正這個世界。

彌賽亞自身也要如同自然一樣沉默，但回到自然的彌賽亞，乃是一個具有無限潛能的彌賽亞，因為自然相似性的多樣性與豐富性，而且是凱盧瓦（Roger Caillois）所言的奢華與無用性，這是自然的禮物，自然的書寫（比如石頭的美妙印跡），自然無意義給予的禮物，這是彌賽亞的自然化，作為禮物給予的彌賽亞。

如此無用的彌賽亞，需要道家助力的彌賽亞，自然化的彌賽亞，乃是班雅明教義的第四種可能性。

如此無用的彌賽亞得到助力後，如何改變世界？一個道家化的彌賽亞如何改變世界？這是再一次的雙重運動：一方面是無用的彌賽亞對於世界的改變，只是一點點的糾正，而不是對於這個世界的徹底革命，因此不同於整個從現實革命烏托邦的道路，比如從布洛赫的馬克思主義烏托邦到當前義大利左派的革命行動，而只是「一點點的改變」，此一點點的糾正，與猶太教哈西德主義正義之人（zaddik）要想接近上帝，必須「變小」相應，因為只有變小，才可能休息，在來臨的上升之前更新活力。另一方面，與另一種「無為」的方式呼應起來，依然與中國文化相關，也與布洛赫與布伯相關——但都是來自於中國文人美學的姿態——進入自己的作品中而消失——此消失也是回應自然的總體消逝，但又經過了班雅明更為徹底地展開。這是班雅明1933年討論阿多諾論克爾凱郭爾著作時的結論所言：「把自己變小，並消失於圖像之中，獲得安慰或救贖。」此三重轉化方式，人類主體的轉化方式，來自於中國文人美學。這是班雅明隱祕教義有待展開的第五個方面。如同卡夫卡在日記中寫道的：「兩種可能：把自己變得無窮小或本來就是這麼小；第二種是完成式，即無為；第一種是開端，即行動。[14]」變小與無為，如此的轉化與助力方式，就不再是

---

[14] 卡夫卡：《卡夫卡全集》（第5卷），頁61。（Zwei Möglichkeiten: sich unendlich klein

德勒茲的小眾文學，而是如同布伯融合哈西德主義、佛教與道家文學的混雜教義書寫，成為無用的文學。此兩種方式，既是人類重新行動的開始，也是彌賽亞自身轉化的方式，而其根本的動力則來自於中國，中國文人美學對於現世世界的超越，乃是通過自己創作的作品，如中國傳統的「如畫觀」，以真為幻，以幻為真，並最終通過「素屏」把自己無用化，以進入一個自然化的世界，讓自然來改變自身，[15]如此細微的變化，也是為了展現漸進修養的韌性。

　　這也是比超現實主義更為徹底的「自然無意識」，不是人類主體的無意識或第三記憶，也非技術化的第三記憶（如同德希達與斯蒂格勒所思考的方向），而是進入自然，正是在這裡，凱盧瓦（Caillois）的思考方向變得尤為重要了，這個與巴塔耶的社會學學院和超現實主義團體都有著聯繫，但又超出了「卑污的唯物主義」與「欲望無意識」的思想方向，走向客觀的抒情，昆蟲擬似形態學的自然維度被打開，無論是來到巴黎的班雅明還是後來寫作《啟蒙的辯證》的阿多諾，都認為凱盧瓦對於人類行為之生物學或者昆蟲學的形態學還原，比所有的人性思考都更為徹底，因為自然界的行動擬似性與人類原初的驚恐，直接被烙印在了人類行動的無意識記憶上。因此，佛洛伊德的生死本能其實並不徹底，還有待於向著生物學的形態擬似性還原，這也是阿多諾在《啟蒙的辯證》中批判反猶主義的思想前提，但也很少被研究者展開。當然，這並非納粹式的種族還原，也非人類學的唯物主義，也不是後來整個法國後現代思想家們，無論是拉康與傅柯，德勒茲與利奧塔，都是利用佛洛伊德的無意識欲望與力比多經濟的解放，但都忽視了自然的形態學這個維度。

　　在凱盧瓦與班雅明，還有後來的阿多諾，人類主體行為的生物學還原，尤其是自然的無意義擬似性的生產行動，是純然消費、多樣與

---

machen oder es sein. Das zweite ist Vollendung, also Untätigkeit, das erste Beginn, also Tat）。

[15] 淺見洋二：《距離與想像──中國詩學的唐宋轉型》，金程宇譯，2005年。

無目的的生產，是具有絕對無用性的奢華行為。如同蝴蝶翅膀的華美與多樣性，這是自然自身生產的禮物與無限性。但人類的行動，無論是種族主義的還是技術工業的，都建立在對於自然擬似性的模仿與壓抑上，在分析啓蒙理性時，阿多諾指出，理性既要模仿自然，又要壓抑自然，這正是啓蒙辯證法受到凱盧瓦的隱晦影響，受到班雅明自然擬似性與模仿能力的喚醒，試圖重建自然歷史的辯證關係。這也是蕭勒姆一直擔心懷疑的：班雅明如何可能結合早期語言的神祕魔術理論與後期馬克思主義的唯物主義語言理論，其結合點就在於自然材質的共通感上，讓技術的複製遊戲與自然的相似性共同遊戲，而彌賽亞就是此質料共通感或宇宙靈魂的喚醒與復活。

　　如此把自己變小，又消失於圖像之中，乃是人類既要進入自己的創作物，但此創作物，乃是因為藝術品的質料與自然感知上的相似性，這是班雅明已經隱含，但一直沒有被明確闡明的道路。直到《拱廊街》的寫作，面對資本主義的總體化夢幻世界，如何以新的夢想來代替，這個生物學神話的還原才變得尤為迫切。

　　這就需要進入尚未完成教義的第六種可能性。這就進入了《拱廊街》的夢想世界。

　　班雅明要喚醒的夢想世界，或者說班雅明文本中所出現的夢幻世界異常複雜，也許，從來就沒有夢想是單純與明媚的：首先，這是資本主義拱廊街所建造的早期資本主義夢幻——內外打通的商品拜物教世界，儘管可以讓主體消失，但最終都被現代主義的玻璃建築吸收，不留下任何的痕跡；其次，則是超現實主義的巴黎神話所喚醒的人類無意識的自動書寫，以及物象的拼貼式怪異組合，但如此的欲望革命，以此迷醉來吸取革命的能量，但依然是虛無主義死本能的奇異表達及其「物化」的變態；這就有了第三重的夢想，這是班雅明在〈藝術作品論文〉中試圖以電影觀看所建立的身體—圖像—空間，讓神經支配進入集體社會化的共通夢想遊戲，而且還具有象形文字與裝飾的可讀性，但它要麼被法西斯主義所利用，要麼進入純粹的數碼虛擬空間，全然沒有了靈暈；因此，在《拱廊街》計畫中，班雅明試

圖建構第四重夢想空間，通過榮格（C. G.Jung）神話原型的集體無意識和普魯斯特的無意記憶，再次喚醒波德賴爾的宇宙感通與自然的靈暈，只是這個維度又與前一個技術複製時代的夢想重疊了；因此，就還需要一個更爲徹底的夢想，這是接續前面的第四重夢想，借助於凱盧瓦對於生物生死本能的自動化還原，走進一個自然化的夢想世界，如同中國道家式的莊子夢爲蝴蝶與蝴蝶夢爲莊周，如此的相互轉化，乃是進入自然的第三記憶，進入生命整體修復的潛能。這是班雅明在討論〈藝術作品論文〉時所觸及的根本問題，不只是第二技術的遊戲，而是遊戲與相似性的共同遊戲。喚醒自然久遠與遙遠的相似性，發現自然自身的重複，自然的DNA複製，以及自然的可再生性（扁形動物如赤腹蠑螈的可再生性與細胞可塑性），如同幹細胞技術所激發或者說喚醒的人類自身中自然性的自身再生產，並由此走向可能的「第三技術」（或重新處理Techne與Physis的「第三技藝」）。人類進化導致的巨大後果就是「人類完整的修復能力」的減弱與隱藏，相反，在低級的扁形動物那裡卻有著驚人的修復能力！因此，如何再次恢復此完整的修復能力，不就是班雅明《殘篇》所言的恢復？只不過這是自然生命的自我修復，人類的技術在進步中遺忘了此修復機制，而走向了外在的技術進步。可再生技術或者生物技術是否就是此修復能力的再次喚醒？就如同人文教化之爲「漸進修養的韌性」之練習，如果此雙重的修復韌性或可塑性被培養，不就是人類的眞正拯救。

　　啓動或者喚醒此自然的自身可再生性與能產性，乃是需要借用榮格的集體無意識，但又必須還原到自然的相似性與自然自身的生產性。

　　沉默的自然是「前維度」的，在一切維度之前，最爲「隱德萊希」的材料，而人類總是生活在自己建造的三維空間之中，即便有著時間性的第四維，使到來的空間變形，或者自然歷史的變化一旦成爲廢墟，歷史就被還原到自然狀態的，這也是人類歷史的廢墟化或者追求幸福導致的沉淪，這在班雅明所指出的人類骷髏般的面容上可以

看到，如此的面相學還原，[16]也是把歷史還原到自然自身的威嚴上。那麼，彌賽亞的拯救如何發生？這是彌賽亞進入自然，打開一個第五維度，不是歷史性的第四維度，又不是自然自身的前維度或者無維度，而是彌賽亞帶來的第五維度，此第五維度並不存在，如同無維度，但是有待於生成，一直在空無之中，在自由的敞開中，有待於生成。

　　班雅明試圖通過夢的「喚醒」，既是在夢中，但又在夢中醒來，但可能還是在另一個更大的夢中（莊子所言的大聖夢），只是這個從未來而來夢見我們的那個做夢者，是即將醒來的，是這個未來的到來著的蘇醒徹底喚醒夢中的我們，這個喚醒的做夢者所夢見的我們，乃是在第五維度的實現，這是杜尚的《大玻璃》試圖努力去做卻並未實現的夢想。如此被夢見的我們——已經幻化為新天使，此帶著自然能量的新人的生命形象，也可能是非人的，可能是技術複製的，也可能是神仙般的，是一個混雜的新天使形象，是被未來的彌賽亞所校正過的得救形象，這是自然的彌賽亞化。

　　我們應該成為未來的新天使，讓天使可以顯現出來的空間在何處？這是班雅明要再次實現的拱廊街，不再是閒逛者了，而是如同波德賴爾詩歌中那個縈繞在星空中的天使，只是他不再孤獨。

　　如此想像的新天使，從未來而來的、被塑造的新天使，打開的第五維度，乃是彌賽亞進入歷史的時間標記，不是基督教的耶穌降臨了，儘管童貞女聖靈感孕有著自然性的前維度，天使的報喜暗示「第五維度」所帶來的聖靈種子。但現在，乃是彌賽亞的自然化，不是彌賽亞的人類身體化。如此的再一次生成，乃是新天使的「複多化」顯現，那個夢見我們的彌賽亞，也許不是一個，而是有著無數的

16　阿多諾對於音樂「面相學」（Physiognomik）的思考，尤其與馬勒相關而言，在自然聲響與和聲結構之間的悖論，向著某種自然性，乃至於中國詩性的接近，也許也是一種彌賽亞的自然化？在上帝失名之後，如何祈禱？無詞歌之為祈禱的方式，需要激發自然式音樂的祈禱？

可能形象。

　　中國文化有著對於自然的自身表達，無論是人類必須「以自然爲性」，還是人性的自然化還原，尤其是自然的擬似性還原，有著抒情的客觀性乃至於命定性，只是過於陷入了人與自然的一致性與順應性，沒有認識到自然災變的可怕，也不承認自然已經被技術化，乃至於廢墟化了。因此中國文化的自然觀也需要更爲徹底地思考，進入混沌化的自然，進入更爲沉默的自然，進入殘剩化的自然，並且在新的技術中再次生成。如此技術化的自然，當然不只是技術而已，而是技術的再自然化，這就是自然再生的「幹細胞」（stem cells）再生醫學與技術——比如具有自我複製與自我更新的多潛能幹細胞（iPS）再生技術，不同於器官移植與DNA基因編輯的風險，它可以開啓一種不同於「免疫反應」（immunity）的神學政治思考模式（德希達面對911的思考以及隨後Esposito更爲豐富的展開）[17]。如此啓動的自然，讓彌賽亞得以發生果效的自然，是人類修復能力的啓動，乃是新天使的來臨。

　　這是《論歷史的概念》中的那個新天使嗎？這是彌賽亞來臨時所要打開的小門，只是這道小門，就是第七種尚未完成的教義，或者是第七封印的徹底拆封，它就並非僅僅是歷史唯物主義的，也非基督教

---

[17]　對於德希達而言，「自身免疫」的過程隱含著奇怪的悖論：每一個活物都以自殺的方式工作，破壞它自己的保護層，使它自身具有反抗它自己的免疫性的免疫性，如同911就是一次自身免疫式的自殺，而且是雙重的自殺——美國培養了殺死自己的恐怖主義分子。作為事件的神學，傷口在未來已經事先形成，還有更為可怕的事件會發生，不可居有與無法預測。對於埃斯波西托而言：如果生命服從於內在的權力，按照其內在的動力，註定自我毀滅，因為生命本身承載了不可避免的自我矛盾；為了自我拯救，生命需要走出自身，形成一個規範或保護傘的超驗點；這就有了從自然向著技術的轉譯，生命的自然需要自身分裂，所謂保護就是對被保護的對象加以懸置和異化。顯然，在這裡，自身免疫的神學政治及其類比邏輯，都強調了對於自然生命的否定性。但幹細胞生命再生技術則是對於生命自身可再生性的肯定，這是兩種不同的生物學機制。這也是我們的思考方向與西方生政治與生命技術不同之處！

的，甚至，也不是猶太教式的，而是中國式的小門。這是班雅明相似性想像的來源：一個文人進入自己的作品中，變小而消失，這是人類超越自身，在世俗世界中，進入一個質料化的共通體之中，生成爲他者。

㈡ 彌賽亞的還原

彌賽亞的來臨與否，將如何影響我們的時代？當前歷史處於什麼樣的時刻？更爲徹底的例外狀態？進入了「生命經濟」的新冷戰（不同於之前的生命政治）？或者進入了新的第三次世界大戰的前夜？或者生物技術將帶來絕對的虛擬時刻與不死經驗？

以阿岡本和內格里爲代表的義大利左派思想爲代表，巴迪歐（Badiou）與齊澤克等人也與之一道，面對資本主義的全球勝利，試圖從班雅明的彌賽亞主義與馬克思的歷史唯物主義的結合出發，尤其受到猶太教神學家陶伯斯的影響，把班雅明解釋爲保羅革命神學隱祕復興的先驅，以例外狀態來夢想新的革命主體。

但這「或許」是一個誤解或誤讀，當然這是一個被允許的解讀方向。一旦我們從《殘篇》重新出發，讓這顆班雅明隱祕神學思想的種子重新發芽生長，讓這顆無用的種子，在另一片土地上重新開花結果，我們將看到另一個班雅明，另一種彌賽亞精神：既非阿岡本接續陶伯斯遺言式的保羅革命神學，也非德希達的「非彌賽亞主義的彌賽亞性」，也非義大利左派潛能化的世俗馬克思主義革命行動，而是「彌賽亞的自然化」與「自然的彌賽亞化」——一種中國道家化的彌賽亞精神，這是人類歷史上從未出現過的思想方向。

對於班雅明這樣的現代猶太人，他面對的弔詭處境是：一方面，接續傳統的猶太教，等待彌賽亞的到來，尤其是面對納粹帝國的興起，只有彌賽亞的記憶可以抵禦拜物教與種族滅絕的殘害；但另一方面，彌賽亞的救贖又喪失了意義與功效，如同卡夫卡所言，彌賽亞已

經無用，只能以虛無主義爲方法，面對彌賽亞的缺席。如果彌賽亞已
經無用，那爲何還要保留彌賽亞的記憶？如果只是虛無主義的深淵與
幸福欲望的自我毀滅，是否還需要彌賽亞的救贖？一個無用的彌賽亞
如何構成救贖？

　　這正是班雅明的「弔詭式邏輯」：通過自然，在幸福的悖論中，
在欲望的逆轉中，讓時間的方向指向自然，以彌賽亞自然的節奏，塑
造未來的人性。這就是班雅明所言的「彌賽亞式自然的節奏」（der
Rhythmus der messianischen Natur），它出自於班雅明1920年左右所
寫的《神學——政治學的殘篇》手稿，[18]這個文本凝縮了大量的思想
種子：彌賽亞的形象，或上帝之國與世俗秩序的差異，世俗秩序的衰
敗與自然的關係，發現彌賽亞與自然的關係，以此彌賽亞修補（tik-
kun）世界的可能性，這個修補的訴求來自於喀巴拉神祕主義。[19]

　　作爲被封存已久的「啓示錄」，它還給我們指明了一種猶太性與
中國性的新關係。它把「彌賽亞」與「自然化」聯繫起來，這是西方
從未夢想過的連接，也是東方從未發生過的連接，儘管已經出現了
彌賽亞與南美解放神學的關係，出現了日本佛教與基督教的深入對
話，但彌賽亞性與自然化的連接還從未出現過，這也並非亞洲場景英

---

[18] 再一次強調，這個文本寫於蕭勒姆所確認的1920年左右，就是1919年完成博士論文之後所
寫，不是阿多諾所言的1938年。也許拉庫—拉巴特（Lacoue-Labarthe）比陶伯斯更爲明確認
識到這個浪漫主義彌賽亞化的重要性，而不是如同陶伯斯只是強調這個文本的猶太屬性，但
拉庫—拉巴特也忽視了這個自然性維度後來的發展。當然，這也是把浪漫派猶太教化或者是
把漸進的總匯雜說詩進一步教義化，而「教義」就是某種混雜現代性的書寫。彌賽亞神祕主
義傳統的啓動也是彌賽亞式的還原，這也導致班雅明的思想與哲學，既不是傳統的哲學也不
是海德格式的思想，而是某種詩意化的「教義」，包含了哲學與神學，還有文學，或者是我
們在別處指出過的三重解釋學（猶太教拉比式神祕主義解經——虛無主義式解構——道家式
無用解釋學）的整合（夏可君：《無用的文學》，2019年，即將出版）。
[19] 蕭勒姆：《猶太教神祕主義主流》，2000年，頁258。Gershom Scholem: *Die jüdische Mystik
in ihren Hauptströmungen.* 2000. Gershom Scholem: *Die Geheimnisse der Schöpfung. Ein Kapitel
aus demSohar.* 1971.

國的儒耶對話，更非簡單的基督教的道家化。因爲按照唯一神論的傳統，彌賽亞性是外在超越的，東方的自然觀則是內在的自生生成，如同馬克斯‧韋伯（Weber）對於外在超越與內在超越的區分，二者如何可能結合？

彌賽亞的自然化與自然的彌賽亞化，這是如此「弔詭」的結合，如何可能？但這正是班雅明面對現代性危機所給出的先知性思想。從此線索出發，班雅明的早期與後期思想並沒有什麼斷裂，無論是浪漫派的文學解釋，還是超現實主義的世俗啓迪，還是受到馬克思主義與唯物主義影響的社會具體批判，乃至於對於現代大眾夢想空間的著迷，都沒有放棄這個彌賽亞與自然化相互轉化的思考！

正是因爲這個思想的隱晦與怪異，才是思想眞正的事情，這是思想所尙未思想的關係，乃是「教義」[20]，但這是「教義的弔詭」，也是「弔詭的教義」：此新的教義進入了「純粹的矛盾」，即弔詭的經驗。弔詭乃是悖論與絕境的純粹化，悖論乃是不可能解決的，絕境乃是無路可走的，但是弔詭：一方面，肯定悖論的絕對性，肯定絕境的處境不可能被解決；但另一方面，又相信此悖論可以在某個時刻轉

---

[20] 何謂「教義」，這是班雅明在《未來哲學論綱》中所言的：「未來哲學的要求可以表述如下：在康德哲學體系的基礎上形成一種與經驗概念相一致的知識概念，對這種經驗來說，知識就是教義（Lehre）。在其普遍性要素方面，這樣一種哲學或自身被稱之爲神學，或在它具有歷史意義的哲學要素的意義上，使自身高於神學。經驗是知識的重複的統一和連續。Lehre（教義）廣泛出現於這一時期班雅明和蕭勒姆的討論中，如同蕭勒姆在《班雅明：一個友誼的故事》認爲Lehre不僅僅是人類的道路，或者是猶太教塔木德律法的道路，也是事物之間的超因果聯繫，以及它們在上帝那裡的建構。我們則理解爲，面對哲學自身的虛無化，以虛無主義爲方法的同時，神學試圖面對世界與救贖的斷裂關係，而神學自身也面對上帝之死或者上帝的回縮。因此，「教義」乃是哲學的虛無化與神學的虛無化，面對此雙重的虛無化，教義從自身的悖論出發，尋求內在與超越之間的新關係：世界之物的剩餘化——世俗之物的「不去用」或者無用化——讓自然來爲；來臨世界的無餘——不是彌賽亞來臨——而是彌賽亞更爲徹底地退出或退讓，以此雙重的虛無化，既非西方傳統的從無創造，也非泛神論，而是重新連接自然性與彌賽亞性，這才是班雅明教義的祕密。

化，絕境可能被鬆開，發現餘地與出路。這才是純粹的悖論，絕對的悖論，故，名之為弔詭，而這也正是莊子思想的絕對貢獻。

作為身處二十世紀初，處於猶太教復國主義旋風中的班雅明，面對了現代性的基本危機：如果猶太人乃是他者性與它異性的化身，進入現代性的啟蒙世界，絕對的外在超越，要麼繼續被模仿的暴力所排斥（這是從施米特到希特勒的德意志模仿神話與種族暴力神學政治），導致大屠殺的處境；要麼被世俗世界同化，成為資本主義的核心要素，如同美國全球化資本主義與猶太性計算思維的結合，而從思維方式的討論上看，不僅僅海德格在《黑筆記》中，就連蕭勒姆也認同猶太教計算性思維的優先性；要麼獨立出來，成為民族國家，在中東的以色列國家導致了阿拉伯世界的持久衝突，一直無法解決。也就是說，猶太教的彌賽亞救贖，上帝之國，不可能與人類歷史發生直接關聯，基督教的化身救贖計畫，也因為基督教的世俗化喪失了自身的活力。

那麼，猶太教的彌賽亞如何與世界相關？這是猶太教自身的退卻，不是進入世界，而是雙重的退卻：這既回應了上帝的徹底退隱或完全被銷蝕（如同布伯所言，而奧斯維辛集中營所見證的，上帝並不在場，救贖並沒有發生）；也回應了猶太人的歷史命運，歷史上對於猶太教的幾次大迫害已經昭示了猶太人與世俗世界關係的不可能性；但二者之間的連接一直沒有找到，這也是喀巴拉神祕主義思想在西班牙大迫害時期的貢獻，只能以上帝的自身回撤（Zimzum）或者退出，來思想彌賽亞救贖與歷史世界的關係。

這就是班雅明與蕭勒姆在1910年代，在布伯的啟發下，回到喀巴拉神祕主義的「盧里亞主義」（Lurianic Kabbalah）的三重基本思想：其一，上帝在創世之前就已經退出或者「回縮」，與之類比，如同猶太人必須退出世界，更多的退出，而非進入，或者被流放就是再次的退出，二者的生存姿勢相同，只有更為徹底效仿此退出與回撤的姿勢，不是去佔有與擁有，才可能打開更多的生存「餘地」空間。其二，因為上帝的自身退出，導致世界的湧現可能性，而象徵世界的瓶

子因此而「破裂」（Shevirath），無數善惡的碎片飛濺開來，但其中還有著少許殘剩的餘光與餘象。如同被揀選的猶太人，作為少數中的少數，作為「餘數」，一直還在罪惡世界中等待彌賽亞來臨的剩餘者，就是此殘餘的種子；其三，則是如何「修補」（Tikkun）這個已然破碎的歷史世界呢？這是聚集那些殘餘的種子，讓他們的餘光或餘象，得以重新「聚集」，來補救世界，直到彌賽亞的到來，使之徹底縫合（restitutio in integrum），形成新的共通體，形成永恆的「星座」，這是猶太人得救的唯一可能性。

如此的三重要素，在班雅明的早期論文中，彌補康德批判哲學的不足，形成了自己的「教義」思想，此「教義」結合了康德哲學的理性化經驗與猶太教的神祕宗教經驗，還有德國浪漫派與歌德的文學想像經驗，那麼，如何讓三重的猶太教精神得以進入歷史呢？這三重要素還是保持為一種外在於歷史的想像，並沒有進入歷史，猶太人還是在世界歷史的外面——僅僅作為剩餘者，保持著此彌賽亞來臨的信念，作為沒有希望的希望，但並沒有獲得現世的幸福與現實的得救，如何可能實現出來？這是班雅明1910－1926年之前的主要問題，也是《殘篇》的核心問題。

班雅明給出的回答是：彌賽亞與自然化的新連接。但首先，必須讓傳統的彌賽亞主義及其神學思想變得無用，但這又是弔詭地喚醒了彌賽亞性自身原初的無用性：上帝在創世之前就是自身回縮的，也是退出的，這也是上帝自身的退讓，此退讓就是上帝自身的無用化，但此自身的無用，卻打開了原初的空餘，這就是「餘地」的原初餘留！

(三) 沉默自然的還原

在最初的容器破裂後，在上帝退出（Zimzum）世界後所留下的原始空洞中，歷史行動者有待於去發現那還剩餘的聖光與餘香式的餘

留物（Rest／Reshimu），那麼，如何去發現這些剩餘物呢？

　　這是在「自然」那裡，班雅明在〈論語言本身與論人類的語言〉中思考了語言本身的自身傳達與純粹性，人類語言的墮落與知識判斷的魔術，以及資產階級語言的閒聊，導致世界歷史的墮落與敗壞不可避免。如何補救？補救的要素在哪裡？這是重新回到亞當的原初語言，再次發現純粹語言，這是回到伊甸園這，回到與自然和諧共在的那個「自然」。

　　但此自然，不可能被言說，一旦被言說，會再次進入語言的判斷之中？那麼，自然如何言說？這是班雅明在文章最後指明的方向，回到沉默的自然，此沉默的自然因為自身原初的沉默，以及被人類語言遮蔽的沉默，即喚醒自然的雙重沉默：在墮落之前的沉默與墮落之後的沉默，此沉默中反而還保留了剩餘的種子：

　　　　因此這些思考給我們留下了一個關於語言的純粹概念，儘管它或許仍舊是一個不完善的概念。本質的語言是媒介，在媒介中，精神本質傳達。這一不間斷的傳達過程流動貫穿著整個自然，從最低的存在形式到人，然後再從人到上帝。人通過他給予自然和人類自己以專名向上帝傳達自身，根據接受自然所傳達的給自然命名，因為整個自然充滿了無名的、未曾言說的語言和上帝創世性語言的剩餘物（die ganze Natur ist von einer namenlosen stummen Sprache durchzogen），它作為認知名稱保留在人身上，也作為懸置的判斷處於人之上。自然的語言可以比作一個祕密的口令，每一個哨兵在傳達這個口令給下一個人時都使用自己的語言，但口令的含義是哨兵的語言本身。所有高階語言都是對低階語言的翻譯，直到最終展現出最終的明晰的上帝語言，達到語言運動的同一性。[21]

---

[21]　W. Benjamin: *Gesammelte Schriften II.* 1991, S.157.

　　這個作爲接受者的剩餘者，這個原初的語言種子，就是一個胚胎一般的存在樣式——這是如同歌德的「元現象」或者「元圖像」，這是中國文化的胚胎或者先天之氣！也許這也是柏拉圖所思考的chora（虛位）？

　　這個還隱含著上帝語詞與殘餘的自然，此「殘餘」（Residuum）的種子，也正是喀巴拉神祕主義所言的那個世界之容器爆裂後要發現的救贖種子，既然世界已經陷入了惡的多樣性，但每一個個體外殼內還隱含著救贖的種子，如同佛教的「阿賴耶識」或未被薰染的「無漏種子」，這些殘餘的種子或者聖光，就是盧里亞主義所言的救贖因數，有待於被重新喚醒與啓動，有待於聚集爲新的「質料的共通體」（stoffliche Gemeinschaft），是猶太教萬物拯救「歸位」（rechten Ort / Tikkun Olam）的共通體，班雅明後來的語言哲學就走向此方向，而這也正是蕭勒姆共通努力的方向。

　　班雅明的語言論文最後落實在「沉默的自然」這個剩餘物，自然的沉默中有著上帝的神聖剩餘，但此沉默的自然當然也是無用的。因此《神學——政治學的殘篇》確實可能如同蕭勒姆所言寫於1920年左右，當然考慮到對於衰敗的徹底反思，分離開世俗秩序與上帝之國，也可以與1940年《論歷史的概念》（*Über den Begriff der Geschichte*）的思考聯繫起來理解。

　　在《論歷史的概念》的第二條，班雅明寫到了幸福與救贖的關係：[22]

　　我們關於快樂的觀念和想像完全是由我們生命過程本身所指定的時間來決定其特性和色彩的。那種能喚起嫉妒的快樂只存在於我們呼吸過的空氣中，存在於能和我們交談的人，或本可以委身於我們的女人身上，換句話說，我們關於幸福的觀念牢不可破地同贖救

---

[22]　班雅明：《啓迪：班雅明文選》，2008年，頁266。

的觀念聯繫在一起。這也適用於我們對過去的看法，而這正切關歷史。過去隨身帶著一份時間的清單，它通過這份時間的清單而被託付給贖救。過去的人與活著的人之間有一個祕密協議。我們的到來在塵世的期待之中。同前輩一樣，我們也被賦予了一點微弱的救世主的力量，這種力量的認領權屬於過去。但這種認領並非輕而易舉便能實現。歷史唯物主義者們知道這一點。

　　沒有比這個第二論題更為接近殘篇的主題了：接續第一條討論彌賽亞救贖對於歷史的任務或者服務，因為彌賽亞與現實歷史發展及目的的不相干，因此就是無用的！確實如同這裡指出的，神學似乎已經徹底看似沒有什麼可認識性，而且很醜陋不入法眼了（wenn sie die Theologie in ihren Dienst nimmt, die heute bekanntlich klein und häßlich ist und sich ohnehin nicht darf blicken lassen）但是，班雅明還是相信，神學卻又可以幫助歷史唯物主義，如同陶伯斯最為敏感指出的，因此，彌賽亞王國與世俗世界的不相干，但需要幸福作為居間人來轉化，需要喚醒或者觸及自然的沉默。也難怪阿多諾會認為整個文本寫於1930年代末期，而且在這裡，通過女性的身體，尤其是呼吸——這不就是更為自然化的軀體？甚至就如同《拱廊街》提到的母性，女性的彌賽亞（female Messiah, la Mère）[23]？

　　這些微弱的彌賽亞力量，試圖在現實的歷史唯物主義與彌賽亞救贖的斷裂之間，找到此微弱且碎片化的聯繫，那些閃爍的餘光或火花，這個微弱的聯繫，就是班雅明思想的當代意義，但已經不再是微弱的，而是無用的彌賽亞性。

　　此彌賽亞的自然化，還要面對人性的罪惡，即人類的生命或者命運已經處於歷史的罪惡之中，如同《創世記》以來的人類墮落，並沒

---

[23]　班雅明：《拱廊街》，U14a,4，以及相關筆記片段。W. Benjamin: *Gesammelte Schriften V: Das Passagen-Werk.* 1991, S.737.

有所謂的「純然生命」，正是因為要轉化此人類生命，只能通過自然，以及自然化的語言，讓自然重新成為純粹語言或元語言！如此的困難，內在唯一的人的發現，心中的彌賽亞力量，才是剩餘的種子與餘光！這是補償與恢復的元素，是精神與不朽的引入，是對永恆衰敗的補償。但這是在時間與空間的總體中，何謂這個時空的總體？這就是世界總體的轉化，與自然相關的總體性，歷史世界總體上得以轉化，此轉化以彌賽亞的自然節奏來顯現！

而關於自然的沉默，班雅明在〈語言論文〉中有所指明：

然而，在墮落以後，當神的語言詛咒大地時，自然的外觀被深刻地改變了。如今開始了它的另一種沉默，這種沉默的含義等同於「自然深沉的悲哀」（tiefen Traurigkeit der Natur）。一切自然物若是被借給語言，便會開始哀悼，這是一個形而上的事實（即使「借來語言」比「讓其可以說話」意味更多）。這一命題具有雙重含義。首先，它意味著自然會為語言本身哀悼，無言是自然巨大的悲痛（Sprachlosigkeit: das ist das große Leid der Natur）（因為無力救贖自然，人的生活和語言都處於自然之中，而非像人們所假設的那樣只有詩人的語言）。其次，這一命題意味著自然本該哀傷。然而，哀傷是語言最無差別的、無力的表達。它幾乎只包含感覺上的呼吸；而且即使在只有植物的沙沙作響之處，也總是具有一種哀傷。因為自然是沉默的，所以她悲傷。然而如果將這一命題倒轉，便會更深地引起自然的感覺；自然的悲痛使其沉默（die Traurigkeit der Natur macht sie verstummen）。在一切哀悼中，此處包含著最深的無言的傾向，這種無言無限地超越了表達的不可能或非傾向性。那哀悼的徹底地感受到自己被不可知的所認知。被命名——即使命名者與神相仿且受祝福——或許常常留有一種悲傷的預感。可是它不是由一個受祝福的、天堂般的命名的語言，而是由人的上百種語言命名，在他們中間名字已經枯萎了，可是根據

神的宣告，人卻具有萬物的知識，這是多麼悲傷啊。萬物只有在神那裡才有專名。因爲在其創造的語言中，神將它們召喚出來進入存在，通過它們的專名召喚它們。[24]

　　自然是悲傷的，自然因爲自身的沉默以及被人的過度命名而悲傷，而且陷入了雙重的沉默。只有重新命名自然，以自然的方式命名自然，以「純粹語言」的方式命名自然，給出詩意的命名，才可能讓自然幸福。讓自然幸福──即是讓我們人性中的自然，才得以安息與幸福；讓我們的人性回到人性的自然性，喚醒自然中尚未敗壞的要素或彌賽亞性種子；但又不得不面對自身的消失，還要讓永恆性的痛苦與喜悅，轉變爲彌賽亞性的不死性；而自然的永恆性與彌賽亞性的不死性，二者的重新關聯，在於質料共通體的重新感通，在於自然的潛能或者彌賽亞性種子的喚醒或者再生，在於發現那更爲可感的充滿希望的質料，即喚醒生命「整體性修復」的潛能，才有著幸福的實現。

　　無論是班雅明後來圍繞自然展開的思考，還是阿多諾最後相信自然有著救贖的密碼，還有海德格在第二次轉向後思考自然的自然性，都是試圖讓自然重新開始說話，說出純粹的語言與幸福的語言。

　　如何進一步發現此「剩餘的自然」或「無用的自然」？這才有了後來1933年面對納粹德國的興起，班雅明開始思考自然的「相似性」或「擬似性」（Ähnlichkeit / Mimicry），寫出了〈相似性的教義〉（*Lehre vom Ähnlichen*）與〈論模仿能力〉（*Über das mimetische Vermögen*），思考了「感性的相似性」（sensuous similarity）與「非感性的相似性」（unsinnliche Ähnlichkeit）之間的關係，以相似性或擬似性的模仿性（mimesis / mimétisme），來打破「同一

---

[24]　Walter Benjamin: *Gesammelte Schriften II*. 1991, S.156.

性」的秩序，喚醒人類與星體之間的「相似性」，即「宇宙的相似性」[25]。

　　在〈相似性的教義〉與〈論模仿能力〉這兩篇回應1916年的〈語言論文〉中，「教義」與「論述」，乃是班雅明特有的內在「心法」，最為基本的主題！班雅明指出了相似性的根源：「自然產生相似性。人們只要想想相似性（Die Natur erzeugt Ähnlichkeiten. Man braucht nur an die Mimikry zu denken）。但最高生產相似性的能力還是屬於人類（Die allerhöchste Fähigkeit im Produzieren von Ähnlichkeiten aber hat der Mensch）。是的，也許人類沒有什麼最高的功能不是通過模仿的能力得到決斷地共同規定。這個能力但有著歷史性，並且在種系發育和個體發育層面都有史可查。至於後者，很大程度上是通過遊戲（das Spiel）來培育的。[26]」

　　相似性的天賦只不過是想要變得相似和模仿行動的強大衝動的微弱雛形。因為模仿能力與模仿對象都會隨著時間而變化，隨著歷史的發展，我們人類的模仿能力與相似能力減弱了，也遠遠超出了狹隘的感性世界。幾千年前的星星的狀態，在它們誕生的那一刻伴隨著一個人的存在，是在相似的基礎上編排的。我們出生時刻的星座以其「非感性的相似性」決定了我們的命運，如同擬聲詞決定了最初的「感性相似性」。

---

[25]　Doris M.Fittler: *"EinKosmos der Ähnlichkeit." Frühe und späte Mimesis bei Walter Benjamin*. 2005. 有關模仿（mimesis）與相似性（semblance）的關係──不同於傳統哲學從柏拉圖與亞里斯多德以來的思考，相似性（semblance）與擬似性（mimicry）的關係──相似性更為廣泛，擬似性並非僅僅是一種強制性的認同，而是有著創造性的原初動力。擬似性或擬態主要指向動物昆蟲之間的相互模仿，很多時候是奢侈與無用的模仿，參看凱盧瓦的相關研究。模仿所包括的兩個方面：相似（Schein）與遊戲（Spiel），在班雅明卡看來，似乎隨著人類歷史發展，與自然更為相關的原初擬似性，讓位給了第二技術的遊戲性。對於此，班雅明的思想還有著模糊之處。

[26]　Walter Benjamin: *Gesammelte Schriften II*. 1991, S.208.

　　「而自然的通感接受到決定性的意義，在於其思考的光芒，乃是去從根本上，全部地去刺激與喚醒人類的每一種模仿能力，這種能力在人性中會給予它們的回應（Diese natürlichen Korrespondenzen aber erhalten die entscheidende Bedeutung erst im Licht der überlegung, daß sie alle, grundsätzlich, Stimulantien und Erwecker jenes mimetischen Vermögens sind, welches im Menschen ihnen Antwort gibt）。[27]」如何喚醒人性幾乎已經消失的模仿能力，並且與早期語言論文中自然語言的亞當式還原關聯起來，以此面對技術複製的遊戲，這本來是班雅明語言理論本來不同於任何其他語言哲學的關鍵之處，但可惜並沒有得到明確化。

　　隨著人類技術符號的實用普遍性以及人類語言表達能力的發展，幾乎都被「非感性的相似性」取代。如果古代社會過於被感性的相似性限制，那麼現代社會似乎過於被技術符號化的非感性相似性所控制（如同我們這個數字虛擬的時代所產生的無盡幻象），那麼，如何可能重建「感性的相似性」與「非感性的相似性」之間的關聯？中國文化在似與不似之間的「似像」感應（比如「煙」的不相似與「雲」的相似性）是否可以重新連接二者？或者提供某種連接的啓發？這也是爲何後期班雅明對中國思想及其藝術尤爲感興趣，尤其是漢字書寫符號與克利文字圖像繪畫的可能關係，儘管這些也並沒有得到充分展開。

　　這才有後來班雅明要在技術世界喚醒原初的自然之夢（在《拱廊街》中思考喚醒與自然的宇宙關聯），才繼續發現彌賽亞來臨的節奏，以及彌賽亞體現的質料共通體。而把彌賽亞的來臨與沉默的自然性關聯，當然在諾斯替主義那裡，有著世界靈魂與救贖的關係，但明確聯繫彌賽亞性與自然性還是有待展開的思考，這不就是猶太性與中

---

[27]　Walter Benjamin: *Gesammelte Schriften II*. 1991, S.205.

國性的結合？無疑，這也是後來班雅明研究者很少關注的思路。[28]

這也讓我們再次聯繫海德格第二次轉向後的自然之思，儘管也是回到自然性，但與班雅明回到純粹語言不同，班雅明的思想要求我們回到自然與宇宙的相似性，回到夢的記憶喚醒，而海德格則更爲強調自然的元素性，天空與大地，以及隱藏性，尤其是語言本身發生的痛苦與孤寂。因此，結合海德格後期語言的沉默，班雅明沉默的自然，中國文化的默化，將是重新思考自然與彌賽亞關係的契機。

如此自然化的彌賽亞，似乎也是卡夫卡所言的無用的彌賽亞了，這也是新天使的無用化，如同克利的繪畫，在更爲靠近自然符號化的時期，似乎天使也自然化了，形成爲自然的宇宙節律，如同薩利斯的研究。[29]

這才是「德福一致」的解決方式：彌賽亞的自然化與自然的彌賽亞化，二者相互觸發的節奏和諧，以及可塑性的相互促進。

儘管中國文化並不如此看待自然，而是相信自然本身就可以構成救贖，如同阿多諾後來也相信的，自然隱含救贖的密碼。而以超越自然爲指向，西方現代性的革命是對西方內在革命信念的徹底化，即走向自由王國：一個是「生命政治」的暴力革命，其最終目的是爲了取消國家，消除政治本身的暴力根性，如同猶太教的彌賽亞拯救，如同班雅明對暴力的批判；一個是「生命技術」的救治，如同未來的基因技術以及身體器官的移植，並且最終以人造的技術軀體的勞動徹底取

---

[28] 當然，如同Andrew Benjamin的研究，Andrew Benjamin: *Working with Walter Benjamin: Recovering a Political Philosophy.* 2013. 這也是區分開各種時間：自然的、命定的、資本主義的、彌賽亞的時間，其來臨的節奏，必須打斷資本主義拜物教的時間，克服命定的、不幸福與不快樂的時間，任世俗世界的時間——走向衰落，因爲追求幸福，反而導致衰敗，而自然的時間呢？會導致幸福，卻也是消逝的，但又是永恆的。永恆的自然元素性可以吸取，但消逝的必須被拯救，這是彌賽亞的來臨，彌賽亞來到自然，啓動自然的可塑性，並且與此可塑性的力量結合。激發自然的可塑性，才是彌補創傷修復生命的條件，才是德福一致的機會。

[29] John Sallis: *Senses of Landscape.* 2015, p.118.

代人類的勞動，導致人類的解放，如同共產主義社會的來臨與人類歷史的眞正終結。

而中國傳統思想則與之不同，一直以自然的自然化爲目的：一方面是從自然本身獲取塵世的幸福，這是有限生命的還原，「以自然爲性」，去除社會的等級制，把人性還原到自然的生長性上，並非惡性的競爭，培育出詩意的「類存在」，這是「詩意的倫理學」，讓主體氣質變化；另一方面，這是「技術的自然化」，從「生命經濟」的養生來觀照，整個世界都可以入藥，如同中醫的類比理論，如同丹道學，而內丹可以連接個體生命的養生與宇宙的無限世界，追求所謂的「長生不老」，而「風水」不過是世俗幸福的大眾化。這二者都以默化爲主。但卻缺乏絕對正義的維度，因此進入現代性時，絕對公正的法則無法建立起來。

因此，中國的自然觀，只有面對現代性的科學技術與現代性的生命政治，如同海德格在第二次轉向中的思考，[30]才可能打開一個新的自然觀，並且與彌賽亞的救贖相關，否則，中國的現代化必然重複生態破壞的災難，比如導致人性技術利用的犧牲經濟，必然導致不公正。

未來的哲學不過是結合二者，讓摩西的出埃及與莊子的回到自然，同時發生功效，因爲過去的失敗者與不幸者如果沒有被補救，餘存者的記憶就不會安息；如果彌賽亞之爲未來時間的先驗條件沒有被歷史的書寫所充實，如果書寫的技術沒有得到自然現時的感性滋養，如果無法從無餘中打開餘地，從革命到默化，從默化到革命，就不可能！

中國的「牆文化」能夠因此被穿越嗎？也許只有彌賽亞與自然性可能？觸通自然性的質料滲透性、彌賽亞的奇蹟或者虛擬的技術

30　夏可君：《一個等待與無用的民族──莊子與海德格的第二次轉向》，北京大學出版社，2017年。

性，但又不能陷入巴比倫塔的欲望狂妄與技術虛妄。

　　班雅明在《論歷史的概念》第十一條中反思現代性資本主義的勞動時，聯繫自然的解放指明了批判的方向：

　　新的勞動概念簡直就等於剝削自然，這種對自然的剝削帶著人們幼稚的心滿意足同對無產階級的剝削形成了對照。與這種實證主義相比，傅里葉的幻想就顯得驚人地健康，儘管它是如此經常地遭到嘲笑。在傅里葉看來，充分的寫作勞動將會帶來這樣的結果：四個月亮將朗照地球的夜空，冰雪將從兩極消融，海水不再是鹹的，飛禽走獸都聽從人的調遣。這一切描繪出這樣一種勞動，它遠不是去利用自然，而是把自然的造物，把沉睡在她腹中的潛能（als mögliche in ihrem Schoße schlummern）有能力釋放分娩出來（zu entbinden imstande）。正如狄茲根所說，自然「無償地存在著」。對敗壞了的勞動概念，自然屬於一種它的補救（Komplement） [31]。

　　因此，班雅明所憧憬的傅里葉式的自然的和解狀態，帶有一個烏托邦式的啓示錄想像，[32]倒是與莊子在〈逍遙遊〉中所言的極其相似：「藐姑射之山，有神人居焉，肌膚若冰雪，淖約若處子，不食五穀，吸風飲露，乘雲氣，御飛龍，而遊乎四海之外。其神凝，使物不疵厲而年穀熟。吾是以狂而不信也。」釋放自然的潛能，構成彌賽亞救贖的條件。

　　這也是對康德與牟宗三「德福一致」問題的回應：不是康德的道

---

[31]　班雅明：《啓迪：班雅明文選》，張旭東、王斑譯，頁271。譯文有修改。
[32]　不僅僅是班雅明，後來則是布洛赫，更為徹底地發展了這個「自然之為主體」的思想，把馬克思所言的自然的沉睡的潛能解放出來，以達到啓示錄式的價值，就如同施密特的思考，見施密特：《馬克思的自然概念》，歐力同等譯，北京：商務印書館，1988年，頁176。

德律與幸福經驗的分離，也非牟宗三的道德理想主義的先天本性，而是面對欲望的辯證法，在逆覺中重新生長，讓彌賽亞自然化，也讓自然彌賽亞化，而不是認為人類依然具有無限性，要通過讓自然來為，讓人性中的自然性不斷出生。

㈣ 以無用為條件

但如此的綜合，乃是以「無用」為它的核心。

回到卡夫卡關於彌賽亞無用的弔詭書寫：

到彌賽亞成為不必要（／無用）時，他會到來的，他將在到達此地一天後才來，他將不是在最後一天到來，而是全然最後那天。

這個將來的彌賽亞異常奇特：他並非猶太教的彌賽亞——因為猶太教的彌賽亞一直沒有來；他也並非基督教的彌賽亞——作為耶穌基督已經來臨並且會再來但還沒有來；而現在，這個彌賽亞確實已經來了，儘管用的是將來時態，但已經明確指出他已經抵達此地，這也不是德希達延異式的彌賽亞。

但悖謬的是，為何說他到達此地一天後才來？他不是已經來了嗎？但他還會第二次再來。不僅僅如此，不僅僅是第二次，而且是第三重的來。在這裡，似乎不是一次兩次與三次，而是三重性，疊加在一個特殊的日子裡，即這個到來的日子，不是最後一天，不是猶太教與基督教的末世論，當然也並非伊斯蘭教的真主。因為這個到來的彌賽亞已經是無用的了，此無用的救世主只是在末日那天，此末日並非最後一日，而是超越了所有最後一日，超越了終末論，因此有一個「但」的轉折，一個細微的差異。

這是三重的彌賽亞性，是彌賽亞性的三重樣子：首先是，彌賽亞

會來，已經抵達了，但只是佯裝；其次則是他還會再來，「似乎」
是眞的來了；其三，則是超越每一個最後一天，以「不來」的姿勢
來，這是一個讓出自身的樣子，讓自己變得全然無用的姿勢，即便來
了，也是無用的，這也是讓「來」變得無用了？因此，這是來之不
來──全然不是唯一神論的不來之來：並非，現在沒有來，但總會來
的；而是，已經來了，但又並沒有來。但如此的三重樣子，都讓彌賽
亞無用，此無用的彌賽亞恰好是彌賽亞有用與到來的條件，因此這是
彌賽亞的來之不來，無用之用。這無疑是一個更爲微妙的譬喻。

　　如果彌賽亞就在羅馬大門口，在乞丐和麻瘋病者中間，那麼，
我們可能認爲，他的不可認識妨礙了他的到來，但恰恰因爲如
此，他就被認出來了；某些人頭腦裡迴蕩著這樣的問題，徘徊不肯
離去，問他說：「你什麼時候來？」他就在這裡，不在未來。與在
這裡的彌賽亞一起，呼喚聲經久不息，永遠迴蕩：「來，來。」他
的在場卻不是擔保。未來與過去（至少來過一次，據說他已經來
了），他的到來與在場根本就不一致……如果彌賽亞對「你的到來
什麼時候發生？」這個問題的回答是：「就在今天」，那麼，答覆
確實是令人難忘的：是的，就在今天！現在，永遠是現在。雖然等
待是一種義務，但沒有等待。什麼時候是現在？不僅不屬於日常時
間……不維持日常時間而是動搖日常時間的現在，它是什麼時候
呢？[33]

　　──這是布朗蕭式的改寫，指向現在這個時刻，已經受到列維
納斯塔木德講座中對於彌賽亞解讀的影響：我，每一個人，都是彌
賽亞。或者對於卡夫卡，此彌賽亞的無用性在於：彌賽亞之爲彌賽

---

[33] 布朗蕭：《災異的書寫》，魏舒譯，2016年，頁178。

亞，彌賽亞性乃是對每一個個體之「不可摧毀」的信念的喚醒與見
證：

　　信仰就意味著：解放自己心中的不可摧毀之物，或說得更正確
些：解放自己，或說得更正確些：存在即不可摧毀，或說得更正確
些：存在。

　　而且，此不可摧毀之物還是屬於每一個人的，彌賽亞的無用乃是
把此不可摧毀之物的信念還給每一個人：

　　不可摧毀性（Das Unzerstörbare）是一體的：每一個人都是
它，同時它又為全體所共有，因此人際存在著無與倫比的、密不可
分的聯繫。[34]

　　彌賽亞的來臨，無用的來臨，來臨的無用，就在於見證此每一個
人的不可摧毀之物，而彌賽亞實際上是此第五維度的信念的見證。
　　因此，餘下的思想就是去發現，如何讓此不可摧毀之物得以生
長？對於卡夫卡，這既不在人類社會的泥沼之中也非在某個烏托邦
（如同《城堡》中的村子與城堡兩個空間），而是在某個道家化的
「鄰村」。這也必然要去學習中國道家的無用，而道家的無用在
於——回到自然，讓自然來為，自然自身的生產並非如同人類的生產
那樣有著目的與功用，而是自身豐盈的無盡生產。
　　卡夫卡對於無用的思考，是保羅神學所言的「不去用」嗎？顯然

---

[34] 卡夫卡：《卡夫卡全集》（第5卷），葉廷芳主編，河北教育出版社，1996年，頁46-53。
1917年轉折之年的卡夫卡書寫了大量關於「不可摧毀之物」的語段，或許除了布朗蕭有所觸
及之外，但幾乎沒有什麼研究者圍繞此「不可摧毀之物」與「無用的彌賽亞」展開新的思
考。

不僅僅如此。當我們認識到班雅明的思考，不僅僅是來自於基督教保羅神學，也非僅僅是後來阿岡本試圖從猶太教喀巴拉神祕主義尋找不去用（安息日主義），無目的的手段與暴力批判，甚至身體的不去用與保羅新神學。[35]但關鍵的差異還是：阿岡本主要集中於身體上，道家則是集中於自然上，是把身體還原爲自然，道家的無用化，只有把自然、彌賽亞，道家的無用思想，內在聯繫起來，才可能打開另一個班雅明。

彌賽亞不來，此不來之來，異常弔詭：一方面是彌賽亞不再來，而是自身的退出，彌賽亞更爲徹底地退出了對於世界的主宰，但保留了彌賽亞的未來記憶；另一方面，彌賽亞會來，彌賽亞的到來是化身爲自然而來，彌賽亞的力量在於讓自然來爲，只有當彌賽亞自然化，彌賽亞才可能到來。

無用之爲無用，乃是以無爲用，是自然性與空無性的結合，在班雅明那裡，這個工作還並沒有完成，有待於中國思想的增補。這是要求空無性走向空餘，主體的殘餘化走向自然的剩餘——自然的災變與破壞，如何把已經被破壞自然中隱含的彌賽亞解救出來，這正是阿多諾後來要展開的方向。它也再次回到了喀巴拉神祕主義的補救，在自然的殘餘種子中，尋求補救的可能性。

弔詭之思在於：如果彌賽亞自己，彌賽亞他自己，獨自完成與救贖，與任何的世俗歷史並不相干，上帝就是上帝，那麼，這個上帝如何與世俗相關？而且面對的是這樣的悖論：一方面，這個彌賽亞曾經與歷史相關過：三個唯一神論的相關性，亞伯拉罕的獻祭以撒——摩西的出埃及記，耶穌基督的化身與十字架的死亡及其復活，伊斯蘭教式的犧牲獻祭，但似乎都並沒有導致正義的實現，反而導致唯一神論

---

[35]　參看阿岡本的相關文本：G. Agamben: *The Highest Poverty: Monastic Rules and Form-of-Life.* 2013. G. Agamben: *The Use of Bodies.* Trans. by Adam Kotsko. 2016.以及阿岡本／阿甘本：《無目的的手段——政治學筆記》，趙文譯，2015年。

之間不斷地衝突。當前世界已經再度回到一種新的「混雜現代性」
（hybrid modernity）狀態：因為伊斯蘭教的復興導致世界重新回到
啓蒙以前的前現代、因為中國等超級東方國家的快速發展所出現的低
級現代化，以及後現代虛擬網路技術帶來的新的貧富分化，而且這三
者都被某種不可控制的暴力所滲透。如果沒有一個化解這些衝突的彌
賽亞性，而陷入某一種的彌賽亞主義，會導致更大地暴力。顯然彌賽
亞也是自我取消的──因為缺乏絕對的主義，在這個意義上，就如同
德希達所言──正義不可解構，但彌賽亞主義必須解構，或者南希基
督教的自我解構，猶太教與伊斯蘭教也必須如此自身解構；而且，另
一方面，進入現代性，面對尼采所言的上帝死亡，莫爾特曼的十字架
的神學，海德格的上帝退隱，布伯所言的上帝銷蝕，等等，就不再可
能有著一個現存且被普遍接受又不言自明的彌賽亞，彌賽亞本身必
須被重新思考，尤其是必須把彌賽亞思考為一個自身退出的彌賽亞
性，而非固定的彌賽亞主義。

　　這是雙重的取消：一方面，不陷入彌賽亞主義的自我取消，而是
自身退出的自我取消，二者是不同的，但這又是彌賽亞性現代化的前
提條件；同時另一方面，這是彌賽亞的無用性，這是彌賽亞的無用精
神！而無用的彌賽亞性卻可以帶來大用。

　　這在班雅明1920年的《世界與時間》中有著更為明確的表達，
即第四條：

　　在現在的情形中，社會乃是幽靈與惡魔力量的顯現（Manifes-
tation gespenstischer und dämonischer Mächte），這些力量在與上
帝最高的張力中，在它們超越自身的努力中，時常得以顯現。上
帝只是在革命的強力中，在當下中顯現自身。只有在共通體中，
在「社會情勢」的無地（nirgends）中，神才要麼用強力要麼不
用強力來顯現自身（在這個世界，神的力量高於神的無力。在要
來的世界，神的無力要高於神力）（In dieser Welt ist höher: göt-

tliche Gewalt als göttliche Gewaltlosigkeit. In der kommenden göttliche Gewaltlosigkeit höher als göttliche Gewalt）。同樣，顯現（Manifestation）不應在社會的領域中尋求，而應該在導向啓示的知覺（offenbarenden Wahrnehmung），首要也是最終的，乃是在神聖的語言中去尋求。……第五條：5a.這裡成問題的不是神力的「實現」。一方面，這個過程是至高的現實；另一方面，神力在自身中包含著它自己的現實。（糟糕的術語！）b.「顯現」問題是核心。[36]

　　再一次，弔詭之處在於：一方面，神的「無力」反而更爲強大；另一方面，還要此無力得以顯現實現出來。神聖的力量如何顯現？神的無力不就是神聖的無用？這是一種什麼樣的「啓示性知覺」？不是在社會領域，那是在哪個領域？既然不是神力的實現問題，又要求神力去顯現自身，而且這還是顯現「神的無力」！這是在哪個領域？是「自然」嗎？或者換句話說，只有對於無用有所知覺，只有以此無用性爲前提條件，才可能思考班雅明彌賽亞性實現的重要性？

　　如此無用化之後的彌賽亞性，如何介入世俗歷史？如何救贖歷史？如何變得有用？如果認爲彌賽亞精神已經通過各種方式進入歷史的救贖，要麼是班雅明自己所言的世俗啓迪，在世俗歷史中有著救贖發生的可能性，但是這個位置是哪裡呢？無用如何變成大用？而且不是有用，而是保持其無用性？如同莊子所面對過的問題。這是難點之所在：既要保持無用性，又要有著大用，同時又不陷入到有用性，否則還是變得實用而被消耗，因此，沒有辯證法，不是無用與有用的辯證法，而是另一種的否定辯證法，是悖論的連接，或者說弔詭！

　　這個弔詭在於：一方面，彌賽亞保持自身的無用性——這是彌賽亞的退出或者不來，但又有著世俗歷史救贖的有用性，這是彌賽亞來

36　W. Benjamin: *Gesammelte Schriften VI: Fragmente vermischten Inhalts.* S. 99.

見證每一個個體的不可摧毀之物；但另一方面，此有用性依然還是無用的，而此無用性卻有著大用，以無用之爲大用，才使滅熵可能，是去喚醒人類潛藏自然的整體修復潛能，彌賽亞乃是讓自然來爲，此自然乃是無用的材料。

　　班雅明回到自然的無用性，乃是爲了面對自然自身無用性的悖論：一方面，自然已經被人類技術所代替，一切都是技術化的假器，自然已經無用了，或者因爲過於有用，僅僅作爲質料，自然的自然性被遺忘了，自然之爲主體已經被徹底物化與異化了；但另一方面，自然的自然性一旦回到自身的無用性，尤其是自然自身的豐盈與浪費，自然之大美的無用性顯現，自然自身的無用性自身表達，並沒有什麼適者生存的生物學原則，而就是自然自身的相似性遊戲。

　　無用──有用──無用，有多少個可能的連接點？啓示的知覺有著多少方式？以此我們可以評價已有的各種班雅明的彌賽亞主義思路：

1. 第一種，僅僅保持外在的連接點，保持啓示的虛無性或無用性，這是雙重的虛無：一方面是啓示本身的「從無創造」與不可理解；另一方面，則是世俗歷史本身就是彌賽亞式無政府主義（Messianic anarchism）。因此無政府主義的救贖覺悟是唯一的選擇，這是蕭勒姆猶太教與班雅明猶太性的關聯點。如果只是認爲彌賽亞精神與猶太教神祕主義的關係──保持外在批判或者救贖批判（如同蕭勒姆所爲），那麼沒有看到自然性（這也是蕭勒姆的盲點），甚至也是陶伯斯似乎看到了自然性但又並沒有展開的錯位，這一直是過於猶太性思路的盲點。即，猶太教彌賽亞主義一直沒有找到有用的連接點：要麼因爲保持彌賽亞的絕對超越，要麼歷史並沒有提供這樣的連接點，或者要麼恐懼任何連接點的危險。

2. 第二種，保羅的神學與新左派的革命，如同陶伯斯與阿岡本等人的進路，主要是製造「例外狀態」（exception station），這是從無用變得有用的關鍵時刻，打開彌賽亞來臨的小門，阿岡本發現

了很多的方式：無目的的純粹手段、孩子們的遊戲、安息日的神學，等等！這是最為接近班雅明的思考，「不去做」，保持不去做的能力，此「非能力」的能力。這也是阿岡本與施米特的根本差異，儘管其區分一直是困難的，可能對於某一個階段的班雅明與有同樣的困惑。這個安息日的神學，確實保持了無用性，但是問題在於，革命的例外時刻與受安息日如何可能並存？革命的主體不是需要激發與戲劇化？因此，需要思考革命與默化的關係，以及默化與無用的關係，如此漸進修養的韌性或可塑性，還是阿岡本與西方左派所缺乏的。

3. 第三種，布萊希特的馬克思主義與資本主義拜物教批判，彌賽亞神學與歷史唯物主義的關係，這主要是生產方式的批判，這一點被法蘭克福學派繼承，走向語言交往的理論，批判單維度的工具理性。而且，與複製技術聯繫，但彌賽亞的救贖在哪裡？靈魂的自然祈禱？如何在現代性的「散心」與「關心」之間形成轉化？語言交往理性必須轉化為一種感通理性？這是啟示知覺的練習？更為徹底走向身體性與自然性。

4. 第四種，世俗啟迪（profane illumination），這來自於超現實主義的無意識夢想，即前衛藝術的批判與介入，這是夢想的喚醒，是一種班雅明自己可能最為看好的方式。但無意識的夢想如何有著彌賽亞救贖的力量？對於班雅明，這是通過辯證圖像？瞬間的圖像連接，但後來的虛擬技術不就是如此了？又回到更為高技術的複製，具有啟示知覺的靈暈又在哪裡？技術的虛擬已經獲得了力量，看似無用，其實有著巨大的虛擬幻象價值了，無法保持其無用性。

5. 第五種，德希達解構的發展，保持無用與有用二者之間的分裂，一方面是絕對正義的不可能性，看似無用的理念（彌賽亞性之為到來），但此絕對的正義理念必須保持；但另一方面是，世俗歷史的計算與可能性，以及可用性的考量。必須保持二者之間的張力。但決斷來自於哪裡？幽靈的餘存？顯然還是陷入到技術虛

擬，或者是通過身體的感受性來決斷？但身體的欲望又是一個惡
性循環，通過生命技術？但生命技術已經被自然化的生物技術所
取代，自然的再生性更爲具有活力，全然不同於假器的外在性與
器官移植的損傷，而是通過技術啓動自然本身的再生性（這是一
種啓示的知覺？），當然需要彌賽亞的公平性與調節性。

　　班雅明的「教義」就有著兩個維度的還原與轉化。教義的兩個
還原在於：一方面，彌賽亞的還原與猶太教喀巴拉神祕教義；另一
方面，自然化的還原或中國道家式的自然化無用藝術。而且，「教
義」還有著二者之間的相互轉化：一方面，自然需要被彌賽亞化，自
然美的面紗需要彌賽亞的保護，「沒有希望的希望」只能在美的面紗
中被接受，個體命運的哀悼需要向著歷史的自然性還原，這在歌德的
自然美與巴洛克悲悼劇的研究中得以展開；另一方面，則是彌賽亞需
要自然化，這既體現在卡夫卡式猶太寫作的道家化之中，也體現在班
雅明《柏林童年》傳記寫作中那道家式的蝴蝶夢，以及自然擬似性的
想像，但又與記憶的救贖相關。二者相關而言，則要面對更爲複雜的
技術時代，不僅僅是身體的再自然化，技術的再自然化，還是自然的
再自然化，三者都還要進一步彌賽亞化，這是《拱廊街》的總體思
考。

　　班雅明試圖區分開兩種自然與技術：一方面，第一自然——自
然的自然性。第二自然——技術化的身體或社會化的自然；另一方
面，第一技術——對自然的宰製與控制，第二技術——自然的技術化
與複製的遊戲。對於班雅明與我們，這些術語都有待於重新調整，一
切還處於初步思考中。在我們看來，所謂的第一自然與第二自然，
乃是在相互的調節與轉化中，形成一個壓縮的節奏，可再生性的節
奏，可塑性的節奏，通過第二技術回到第一自然，但此第一自然已經
被壓縮或者重塑，獲得新的節奏。此節奏的獲得，不斷可調節的節奏
的獲得，是塞尚所言的藝術乃是平行於自然的和諧的獲得，這是人類
技術與自然化生的和諧，這也是類似親和力式的轉化與化合。一種物
質可以很容易、很迅速地與某種物質發生反應，而與另一種物質反應

則較難，對第三種物質甚至完全不發生反應。因此，有必要提出某種物理量來度量不同物質彼此反應的能力，這個能力叫做化學親和力，有些物質是可以反應的但是反應有強有弱，就有了親和力的說法。而夢想乃是此二者節奏合成的方式。為什麼要夢想？這是親和力的再次轉化。

這也是為了解決早期思想中彌賽亞王國與現實歷史王國的不相干，彌賽亞如何進入現實世界？早期思想是通過歌德式的自然，這是自然的彌賽亞化，但此自然還是自然美或者自然的模糊啟示，或者是身體還原到自然狀態，比如巴洛克式的骷髏與廢墟，但如何進一步具體化？這是進入後期無意識的革命能量喚醒，而提倡「世俗啟迪」，但此世俗啟迪之世俗，經過了自然化的居間人，還必須經過自然相似性的還原，就不僅僅是彌賽亞的還原，還有自然化的還原。

自然化的還原包括多個方面：身體的自然化，技術的自然化，人性的自然化，自然的自然化，同時還要求彌賽亞的自然化。在班雅明後來的展開中：1.與超現實主義的夢想相關：身體的自然化，更為積極的自然化，與之前被動的還原不同，這是身體的自然化與「神經支配」的圖像化運動，也是「世俗啟迪」的開始。但也是宇宙感通的還原，是彌賽亞進入自然的質料共通體的感通之中。2.《藝術作品在其技術可複製的時代》（第二稿）：區分第一技術與第二技術，第二技術的遊戲與自然的相似性之重新組合的可能性，此遊戲與相似性的重新結合，我們所稱之為的「第三技術」，其中有著彌賽亞化的潛能。3.《柏林童年》寫作的個體追憶中有著自然的相似性，以及《面向普魯斯特的形象》中對於「無意記憶」與相似性的關聯，直到《拱廊街》計畫中波德賴爾對於無意記憶的通感書寫，其中都有著彌賽亞自然化的喚醒方式。[37]

但還要自然的彌賽亞化，需要再一次的彌賽亞還原！班雅明《拱

---

[37]　班雅明：《波德賴爾：發達資本主義時代的抒情詩人》，王湧譯，頁151，整個第11節。

廊街》計畫的寫作，也許最爲集中思考了「自然的總體彌賽亞化」節
奏：

1. 技術的自然化 —— 玻璃房子的自然化，榮格的原型理論。
2. 身體的自然化 —— 幾代人之間的祕密契約與歷史的辯證圖像。
3. 自然的彌賽亞化 —— 歷史新天使的救贖。

　　如果有著彌賽亞的再次來臨與實現自身，有著隨後的「轉化節
奏」：技術的再自然化 —— 身體的再自然化 —— 自然的再自然化，這
是三者不斷轉化的步驟，或者同時性的自覺行動。

　　彌賽亞與自然化的雙重轉化，乃是回到自然的自然性，讓技術化
的身體，人類的身體，都回到自然的自然性，甚至超越的神性也回到
自然性，技術的自身解放乃是技術的再自然化，把第二技術的遊戲與
自然的相似性重新結合，形成第三技術。

　　自然的彌賽亞化，乃是人類渴望的外在救贖 —— 超出自然與技
術 —— 比自然更爲自然，比技術更爲技術的乃是彌賽亞性。彌賽亞性
在自然與技術之外，彌賽亞更爲靠近西方的技術化拯救機制！如果有
著泛化的彌賽亞性，東方的彌賽亞性更爲靠近自然化，這是二者的差
異。但進入現代性，二者需要相互轉化，相互助力。

　　彌賽亞進入自然，也是進入歷史化的自然，是歷史的自然化還
原，對於班雅明而言，這還包括歷史的剩餘者，從創世之際的剩餘自
然，到自然的元現象，再到巴洛克時代的廢墟，直到發達資本主義
時代的閒逛者與「拾垃圾者」（chiffonnier）—— 他們在進行雙重的
無用化工作：以被遺棄的多餘者身份去撿拾多餘之物，甚至與新天使
一道去清理那些堆積起來的歷史性廢墟（這也包括卡夫卡《一道聖
旨》中那個暗喻中國宮殿廣場上的垃圾）。如同藝術收藏家，如同詩
人，他們以自身的無用性（Statt des Gebrauchswerts），反對資本主
義的實用價值與交換價值。[38]這樣，就把《德意志悲悼劇的起源》中

---

[38]　W. Benjamin: *Gesammelte Schriften V.* S.53.也許，我們應該聯繫班雅明的資本價值無用性與海

柏拉圖理型的個體化原理，以及自然沉默的拯救，與卡夫卡寫作中「奧德拉德克」這樣的多餘物，還有《拱廊街》中的生產剩餘物，甚至是與歷史的殘夢一道，整合起來，在這個意義上，馬克思所言的無產階級應該以「無用者」與「彌賽亞的餘數者」這兩個新規定性，來加以重新理解。

德格存在的無用性聯繫起來，展開更為徹底地思考。

二

歌德的詩性元現象
自然的彌賽亞化

最高的乃是：去領會，所有事實都已經是理論。天空的蔚藍爲我們顯現了色彩學的基本法則。人們並不在現象後面尋找什麼東西；現象自身就是教義！

—— 歌德，Maximaen und Reflexionen, Nr. 488[1]

自然永遠是耶和華。無論她現在是什麼，曾是什麼，將來是什麼。

—— 歌德，《原理與反思》中的「神性與自然」

重新開始，從彌賽亞性與自然性的關係，思想將重新開始。

彌賽亞與自然，二者可能本來並不相干，在唯一神論的歷史上，幾乎沒有成爲過核心的問題，也許在斯賓諾莎和萊布尼茲那裡曾經觸及過此匪夷所思的關係。進入現代性，則是班雅明與卡夫卡等猶太思想者，試圖去建立其不可能的關聯。

彌賽亞與自然性，及其相互的轉化，這是思想一次重新的開始。

彌賽亞如何與自然相關？這是未來哲學的綱領，必須重新書寫整個德國古典哲學，從康德重新開始，重新改寫整個康德的體系，使之成爲一種新的「教義」：一種更爲廣泛，更爲混雜的總匯詩，一種更爲具有漸進修養韌性的總匯詩，一種更爲具有現代性張力的新教義。

思想的事情乃是彌賽亞如何與自然性相關？大多數的思考，都是從班雅明1922年〈面向暴力的批判〉的文本出發，它確實接續著

---

[1] Walter Benjamin: *Gesammelte Schriften I.* 1991, S.60.班雅明在早期博士論文中也引用了這個語段，而且重點就在於強調歌德的自然認識與浪漫派的自身認知的相關差異，並以天空的蔚藍爲例，暗示了無限的無限性，這也是後來班雅明自傳式書寫中的藍色天空，也是海德格晚期思考荷爾德林的天空時所言的顯現之中的自身隱藏。

《殘篇》，討論了神聖暴力與救贖的可能性，但是，如果從彌賽亞與自然性的關係，幾乎同時期寫作的文本《評歌德的《親和力》》，可能更爲觸及到這個主題，也是更爲隱祕地思考。

　　如果我們從班雅明自己的思路出發，從浪漫派的文學理論到歌德的小說寫作，浪漫派爲完成的彌賽亞主義與猶太教傳統的彌賽亞主義，有著某種重合，以說話與神聖的暴力的區分來思考非暴力的可能性，與歌德的小說寫作中隱含的彌賽亞救贖，都是試圖把純然生命向著自然化生命還原中，重新連接彌賽亞性與自然性。

㈠ 絕對的文學與自然的幻象

　　班雅明從早期德國浪漫派出發，而浪漫派接續康德的基本問題，面對了「對象經驗」（或對象認識）與「自身經驗」（或自身認識）的分裂難題：一方面，從物自體與先驗範疇的差異出發，經過先天時空整理過的人類認知能力，不可能直接認識物自體；但另一方面，人類的自身經驗，意志與自由的直接關切，自由意志的自身意識，自律的原則，讓人類可以認識到自身的統一性與同一性。此二者的分裂，導致後來的各種綜合。康德自己通過判斷力與目的論批判來連接，走向對於自然的重新解釋。而費希特則只是從自身意識出發，從主體性的自身否定出發，但也陷入了主體自身的決斷與自我鏡像。謝林則以康德的天才觀，思考「理智直觀」的可能性，但其實無法擺脫康德所言的先驗幻象，除非走向後期的自然思辨神學。同時期的黑格爾則付諸於自然歷史的進程，從自然隱含的理型到人類歷史的發展過程，最終以絕對精神實現出來，但卻導致了歷史的封閉。因此，有限與無限的關係，還有待於重新開始。

　　德國早期浪漫派從費希特的絕對自我出發，浪漫派當然認識到此方向會陷入到自身認識的無窮後退，如果一切對象認知都已經是自身認識，如何可能不陷入到自我的封閉之中？這就只能是反思的增強和乘方，二者的疊合被還原到絕對物之中。浪漫派甚至給出一條

定理：「一切都只認識它自己的同類（selbst Gleiche）並唯獨被它的同類所認識。」但也陷入到感知的悖論：「可感知性是一種注意力。」即任何對象認識也已經是一種自身注意力的賦予。但班雅明也指出，浪漫派試圖把此悖論還原到反思的媒介與感知的素材上，就形成了一種相互的注意：「在所有述謂中，我們所看到的化石都看著我們。」這難道不就是後來《藝術作品論文》中所言的「反向凝視」的靈暈與注意力的培養？即：「素材（Stoff）必須自己關照自身，這樣它才能被關照。[2]」

　　認識與感知都被還原到一種材質媒介上，此媒介也是一種「反思媒介」（Reflexionsmedium），但此反思媒介又被還原到自然化的材質上，在浪漫派與歌德，或者歌德超越浪漫派之處，於面對自然對象時體現出來。實驗者（Experimenter）在自然對象的觀照中會出現魔幻式的觀察（magische Beobachtung），如同諾瓦尼斯所言：「當實驗者的構成與自然越是和諧，自然也就越是完善地通過它顯現自身。」歌德也有類似的看法：「每一實體都有它與自身貼近的感應（就是如此！），如同磁中之鐵。[3]」正是在這個意義上，班雅明指出，反思的、認識的與感知的媒介，在浪漫派那裡是疊合起來的，而觀察就是這些媒介的同一性，並且在夢幻的觀察中統一起來。當然此實驗性的觀察也具有反諷性，因為所觀察的對象乃是不確定的。此魔術般的觀察也是與1916年的〈語言論文〉中的魔術語言相通。

　　從此自然觀察的理論向著人類的精神創作物轉變時，藝術作品也應該獲得如此相通的規定，其連接的重點就是「反思的媒介」。如同文學作品就是自己塑造自己，藝術乃是「自己內視自己、模仿自己、塑造自己的自然。」班雅明指出，這並非是說自然是反思和藝術的基礎，而是說應當保持反思媒介的完整和統一。以至於諾瓦尼斯認

---

[2]　Walter Benjamin: *Gesammelte Schriften I.* 1991, S.55-56.

[3]　Walter Benjamin: *Gesammelte Schriften I.* 1991, S.60.

爲自然是比藝術更好地表達。

　　就浪漫派所言的文學，乃是漸進修養之韌性的總匯詩而言，「文學故事」已經成爲了「文學批評」——成爲了自身反思的「元寫作」，但此具有自我反諷的文學理論還必須再次成爲文學——成爲超越元寫作的「絕對寫作」或「絕對文學」，此絕對的文學乃是對於世界祕密的分享，卻不可能解破謎語，只是進入世界與藝術之謎的經驗，也即是對於元現象的經驗。這才可能讓有限的作品向著絕對物接近，這也必然以作品自身的消亡爲代價，因爲反諷的藝術精神並非藝術家的主體意志，而是藝術自身的精神。對素材的反諷會毀滅素材，這是否定性的與主觀的維度；但形式的反諷是肯定的與客觀的維度；即，對形式的反諷以主體的自願毀滅爲代價；反諷要求著作品的自我取消，並看到了作品絕對摧毀（absolute Zersetzung des Werkes）的可能性，但形式的反諷又不僅僅是毀滅作品，而且還要讓反諷自身接近於不可毀滅（Unzerstörbarkeit）；形式之爲形式乃是永恆形式的天空——形式的理型（die Idee der Formen），其中有著作品的倖存（das überleben des Werkes）；藝術作品是從這一範圍中吸取了不可毀滅的存在，如此才揭開了藝術的超驗秩序的幕帳，並把這一超驗秩序中的神祕揭露出來。班雅明就發現了整個浪漫派絕對文學或絕對藝術的悖論與祕密：

　　通過在反諷中毀滅作品的確定表現形式，又把具體作品的相對整體性更加深刻地返歸於作爲總匯詩作品的藝術整體之中，從而獲得了與後者的解謎聯繫，但又不喪失自己。[4]

---

[4]　Walter Benjamin: *Gesammelte Schriften I.* 1991, S.86. 班雅明：《德國浪漫派的藝術批評概念》，王炳鈞、楊勁譯，2014年，頁106-107。我們還必須注意到，此「不可摧毀性」及其信念，非常奇妙的是，在1917年卡夫卡寫作的轉向之際，在其日記中也有著同樣的發現，並建構起無用彌賽亞的思想；而班雅明的博士論文也大致寫於這個時間點上，這是抵禦第一次

　　施勒格爾就是要在反諷中得到淨化的作品的不可毀滅性，因為藝術中的理型與作品不是絕對的對立物，只要作品能夠克服它在表現形式上的局限性，那麼，理型可以是作品，作品也是理型。但浪漫主義之為廣義的文學與詩學，之為漸進的總匯詩，其文類還在生成之中，且永遠只是形成，是無限的過程。也是在這個意義上，浪漫派的彌賽亞主義還沒有完全展現出來。

　　但在歌德那裡，班雅明發現了不同之處，這就是對於歌德而言，浪漫派的無限進程還是缺乏對於絕對理型的領會，但對於歌德，理想與藝術的關聯不在於一般的媒介之中，而是有一種折射標明的，但在任何一部作品中都找不到此純粹的內容，歌德所言的這種內容乃是「元圖型」（Urbilder），藝術也並不能創造出元圖型，這是看不見卻可以直觀的元圖像，古希臘人稱之為繆斯的才能，不可能獲得與元圖像的相同性，模仿也不可能做到。此「元圖型」不可見，如同康德的理智直覺，但作為直觀對象的藝術理想有著必要的可感知性，但又從不純粹顯現於藝術作品之中，這就是顯現的悖論。那麼，在哪種事物中，可能讓理型（Idee）顯現出來呢？又不是黑格爾式的絕對精神的感性顯現。對於歌德，這是「自然」，但這是自然本身之為表現物（das Dargestellte），它並非自然科學等要處理的對象內容，而是發現自然之中的「元圖型」。這就是歌德在《植物變形記》中發現的原型「葉」，即某種原型植物或「元植物」（Urpflanze），如同後來班雅明在給百科全書寫歌德詞條時所言，歌德堅持要賦予概念或者理型一個明確的感官現實，通過改造斯賓諾莎的自然化神學以及康德的《判斷力批判》。

　　「元圖型」先於一切被創造的作品，存在於藝術範圍之中，藝術不是創造物，相反，自然才是！因此，要做的是把握自然的理型，

世界大戰的陰影嗎？這也是為何班雅明後來如此看重卡夫卡之處，兩個人幾乎早就心有靈犀了。

使之能夠成爲藝術的元圖型（成爲純粹的內容），這才是歌德探索「元現象」（Urphänomene）的眞正努力。當然這裡依然有著悖論，即：

> 只有在藝術中，而不是在世界的自然中，眞正的、可直觀的、元現象式的自然，對模仿來說，才是可見的，而在世界的自然中，它雖然在場，但卻是藏匿的（通過顯現來過渡）。[5]

　　班雅明顯然充分認識到了歌德所面對的問題及其解決方式，如同浪漫派沒有把握住藝術的理想（ideal），歌德則沒有澄清理型的絕對形式的問題，具體某一個藝術作品總是具有偶發性與未完成性（這幾乎成爲整個現代性藝術的詛咒），但又必須體現出最爲一般性的理型與法則（這也是康德所言的反思判斷力與規定性判斷力之差別），如何把如此具有偶發性的個別性與最爲普遍性的理型，以某種反思媒介的方式綜合起來？班雅明認爲這類似於探究生物與生命關係的形態學研究，如同研究單個有機體的僵死結構，但顯然是需要活生生的範型。歌德發現了自然，因爲自然提供了非人爲的元圖型，藝術自然就必須創作出作爲形式上的元圖型或某種風格，因爲自然本身也不可能是這樣的一種圖型。正是在這裡，一切都還有待於重新解決：從自然出發，但又要走向藝術作品，如果僅僅是藝術作品，又並不具有元圖型；既要保留自然性，又要具有絕對的形式，有著這樣的藝術理論與批評理論嗎？

　　以自然爲材質，生成爲藝術作品，既要保留材質，又要面對材質的摧毀性，還要體現出一般的理型，可能有著兩個展開的方向：一方面，西方思想面對自然時，從自然材料出發，以幾何學的理型來塑造材料，賦予其外在形式，附加象徵，最終尋找更爲可以數位化與虛擬

5　Walter Benjamin: *Gesammelte Schriften I*. 1991, S.113.

化的材質（比如矽石等）；另一方面，則是中國文化面對自然時，是順應自然自身的變化，讓人造物順應自然自身的生長性，自然自身的可塑性，尋求人與自然的和諧，讓人性中的自然呼應自然的自然性，壓縮自然的節奏，獲得宇宙的感通。在浪漫派與歌德那裡，也許在後期謝林那裡，逐漸出現的是與中國相近的自然觀，這就是集中在「反思媒介」的可塑性與可感通上，也是在這個反思媒介的客體性或創作物上，班雅明看到了藝術自身的自主性，這也是康德所賦予的判斷力的自主權。

　　現代性的反思讓我們再次回到了康德那裡，有限與無限的二元性裂隙被再次打開，這也是現代性的基本處境。德國浪漫派認識到康德自然觀的重要性，尤其是諾瓦利斯，但以施勒格爾為代表的浪漫派還是陷入了自我意識的絕對反思，不斷鏡像後退，進入主體的絕對反思層面，建立自律原則，讓文學成為文學批評，批評本身反而比文學更為重要，因為批評本身就是自我絕對反思的方式，文學寫作成為元寫作，這樣，只能在反諷與機智中進入絕對的文學，摧毀藝術作品，但又要使之倖存，如此的悖論張力如何實現出來？這不是某種不可消除的幻覺。

　　這就是藝術宗教不得不面對的困境，也是自然性與彌賽亞性的結合之處，其結合一直有著某種幻象，這是一種幻覺化或假象（Schein）式的美感，在假象的顯現（Erschein/appear）之中，有著真理性內容，只是無法明確。而關於德語Schein這個詞，在班雅明那裡，應該被同時理解為：美的顯現，之為假象、假象或幻象（illusion）的顯現，顯現的擬似性或相似性（semblance/mimicry），顯現、假象與相似性三者內在相關，儘管黑格爾與尼采對此有所思考，但這是班雅明最為明確把顯現的假象與相似性緊密關聯，而且與遊戲（Spiel）對比，把模仿行為之為元現象，做了歷史性與現代性的嚴肅考察。而且在隨後的擴展中，班雅明讓「遊戲空間」展現的現代性技術，與自然虛化敞開的「餘地」（Spiel-raum）有所關聯。

　　這就是歌德出現的意義。歌德也是認識到康德與隨後德意志哲學

展開的問題，從個體的生命經驗與文學經驗出發，尤其從對於自然的經驗觀察出發，他認為康德的自然觀不足以彌補二元裂隙，必須重新理解自然與自然美，自然的「元現象」——這才是解決有限與無限二元分裂的居間人，不是基督教的道成肉身，不是德國古典哲學的歷史理性，也非謝林的天才式理智直觀。班雅明試圖以歌德來彌補浪漫派的不足，通過自然的居間人或者自然化的媒介，來連接主體自我意識與對象意識的分裂，因為自然的元現象，可以啟發現代性個體的理型表達。

如果現代性以個體的唯一絕對性以及有限性不可代替為出發點，但如何形成個體的普遍性呢？即個體如何顯現出柏拉圖的理型普遍性或者絕對性呢？如果只是個體的唯一性，那依然還是有限性的，無數個體的有限性也還是有限性，如何具有絕對性與普遍性呢？這是個體的自身理型化表達，但如何表達出來呢？不可能是傳統的各種方式：不是柏拉圖的純粹理型直觀與迷狂，不是悲劇英雄自我認識的受難時刻，不是天才的創造力，不是僭主們的自我哀悼，不是耶穌基督的效仿。現代性的個體唯一性如何可能連接自身的有限性與世界的無限性？問題再次出現了。

歌德的回答是：自然性與自然的「元現象」可以啟發藝術的想像力。自然美的元現象，如何走向藝術的元現象呢？被給予的個體唯一性，又如何可能表達出自身那不可表達的唯一性呢？唯一性的絕對普遍性是不可能表達出來的，即便還原到自然，也只是被給予的自然的元現象，並非人類的創造力再次創造出自身。

這是班雅明在博士論文《德國浪漫派的藝術批評概念》的〈緒論〉中的那個注腳中所暗示的基本問題，即認為浪漫派已經認識到自然與彌賽亞的關係，但沒有解決，這也是為什麼我們認為《神學——政治學的殘篇》的論文寫作於1920年代，而非阿多諾所言的1938年左右。

㈡ 純然生命還原為自然化的生命

　　那麼，如何從歌德的自然出發而走向彌賽亞的救贖呢？歌德處於歷史的轉折時期，基督教被啓蒙理性代替，資本主義與工業革命已經開始萌芽，康德哲學中的二元分裂越來越明確，已有的解決方式都不足夠，內在的自然，有著自身超越的自然——混沌的本源或神話式的自然——無疑也是自然自身的不確定性與超越性，自然的災變與混沌也超越人類的控制。

　　但自然如何與外在的彌賽亞式超越關聯起來？不是從人性及其理性一般出發，也不是從神性的絕對性出發，此二者帶來了分裂，這在自由意志問題上體現得尤爲明顯，而是從自然出發。自然既是有限的也是無限的，這意味著：一方面人類有屬於自然的一部分，是有限的與必死的；但另一方面，人類也有著自然的無限性部分，比如，無限性的宇宙記憶，或者胚胎中的生命複製，或者是原初的星座記憶與宇宙的模仿性，就如同班雅明指出的，人類出生時刻的命運與性格，在星座——之爲柏拉圖式理型——就建立起來了。如同歌德以「元現象」認識到的自然構成，以及個體的命運形象，「星座」就是來自於自然又被人類投射的「元圖型」。[6]但自然自身的內在超越與元現象，如何在人類中實現出來？以藝術想像力的方式實現出來？單靠自然自身不可能實現，這就有了彌賽亞的必要性。

　　困難在於，歌德並沒有自覺的猶太教救贖意識，更不可能有著喀巴拉神祕主義的訴求，儘管在德國浪漫派那裡，在德意志神祕主義思想中，或者受到斯賓諾莎影響，甚至在萊布尼茲那裡，都並不缺乏猶太教喀巴拉神祕主義的思想要素，但歌德顯然還並沒有此自覺。

　　但在班雅明看來，因爲歌德回向了自然，但又認識到已有各種解決方式的無效，無意識中導致了歌德的自然與彌賽亞救贖相關了，或

6　班雅明：《德意志悲苦劇的起源》，李雙志、蘇偉譯，2013年，頁11。

者說，與自然的魔靈，與自然神話的和解，美的表象或假象方式不足夠拯救生命的苦難與罪感，需要有著救贖方式，但此救贖又不再可能是基督教的復活與和解，而只能來自於一種隱含的「另一種」彌賽亞精神。因為救贖的迫切性，但此迫切性既是從自然出發的，但又是沒有資源的，只有一種外在的不可能的資源，即彌賽亞要素，或者說那種被放逐了的喀巴拉神祕主義的要素，才允許被帶入進來。

這可能是班雅明自己附加的，也可能是歌德所隱含的，但班雅明在論〈評歌德的《親和力》〉的文章中則明確提出來了。班雅明寫作這個論文（寫作於1921-22年，出版於1924-25年），乃是在論德國浪漫派的博士論文與寫作德國悲悼劇的教授資格論文之間，正是為了解決教授資格論文的序言〈認識論的元批判〉中的基本問題——個體如何把自身理型化表達出來？這是不可表達的表達，只能通過美的假象，在此美的顯現中必然有著幻象——如同康德的先驗幻象不可能消除，但又有著「真理性的內涵」，或者說，有著柏拉圖的純粹「理型」，如同人的個體星象圖或者星座所顯示的性格與命運，如此的純粹理型表現才是元語言，對應於元現象，也是對於現象的拯救，儘管這是現代性的個體化拯救。

歌德的自然化美學，讓班雅明把自己的思想轉向了另一個維度，這就是重新思考自然與生命，自然化生命與救贖的關係。但這是什麼樣的自然觀呢？它幾乎潛在囊括了各個「自然化哲學」的各個相關要素：

其一，受到西美爾歌德研究的影響，歌德所發現的「元現象（Ur-phenomena）」或者「元圖像」（Urbilder），「原型植物」與反對牛頓的顏色理論，帶有某種思辨物理學的自然形態學（Morphology），對於班雅明這是宇宙的相似性，還與凱盧瓦（Roger Caillois）非歷史性的倒置生物學「人形論」（Anthropomorphism）相通。

其二，吸收了萊布尼茲的「單子論」，每一個單子作為無限宇宙的濃縮，對於班雅明，則是每一「獨一體」都具有「星座」的相似性

理型，以及對於分形自然幾何（自然自身前維度的生發）的發現，對於班雅明此自然的不定型前維度也是靈暈發生的來源，可能也啓發了當前的所謂實在主義或者思辨物理學的再次轉向。

其三，與洪堡風景地貌的「面相學」（Physiognomik）相關，人類與自然的相似性，得到了氣氛美學的發展。[7]

其四，二十世紀榮格的「原型」精神分析理論，克拉格斯的宇宙愛欲，以及韋伯的社會學「理想類型」之說，都內在相通。

其五，還有西美爾對於歌德1913年的研究著作，也啓發了班雅明及其隨後的自然哲學思辨，還有布洛赫隨後把「自然─主體」（Nature-Subjekts）更爲徹底地烏托邦發展。[8]

其六，則是受到蕭勒姆的猶太教神祕主義靈暈（Tselem）的影響，重獲上帝的面容，或者從自己的名字中發現天使的簽名。靈暈的蹤跡中有著生命書寫的從未發現之物！

其七，繼續擴展的方向則是與中國思想相關，從氣氛美學與面相學走向中國藝術審美，比如山水畫上皴法的塊面觸感之爲「別開生面」──既是來自於個體生活的「地貌」也表達了個體的書寫「風格」痕跡，以及「梅蘭竹菊」四君子的自然性情，還有性格與書法筆跡學的關係，關涉到「感性的相似性」與「非感性的相似性」專家的關係，在班雅明與瓦爾堡那裡，圍繞「文字（character/word）─圖像（image）─姿勢（gesture）」三者之間形成的勢態（與dispositif不同），還有待於專門展開。

這也是哈貝馬斯在討論《啓發式的批判還是拯救式的批判》兩種批判的差異時，所看到的二者在相似性上的共通性：

---

[7]　格諾德·波默：《氣氛美學》，賈紅雨譯，2018年。波默非常深刻地指出了自然的靈暈與面相學的可能關係。

[8]　Alfred Schmidt: *Goethes Herrlich Leuchtende Natur, Philosophische studie zur Deutschen Spätaufklärung*. 1984.

　　在這方面相似性能力也是對自然強制力的原始依賴性的標誌：它在巫術的魔力中表現出來，在萬物有靈論世界觀的原始恐懼中繼續存在著，而保留在神話之中。所以人類的種類規定性就是要清除這種依賴性，但又不讓相似能力和語義學的能源枯竭，否則就會使從人類需求的眼光來解釋世界的詩的能力喪失作用。這就是彌賽亞性式的許諾的塵世內容。[9]

　　要尋求幸福，對於歌德與班雅明而言，需要從自然元素的親和力，即從自然的相似性上獲得啟示。

　　與之對應，有必要插入中國古代思想最為基本的生命觀，它不同於世界上其他任何文化，就在於：中國思想家認為，生命自身並不是被造之物，也不是道德化的人性生命，不也以任何的悲劇英雄為楷模，也不追求神聖的生命。中國古代的生命觀乃是：「天地與我並生，而萬物與我為一。」此個體的生命乃是「與天為徒」，這是莊子在〈大宗師〉中所言的「真人」。中國文化的生命真理性在於「真人」：「且有真人而後有真知。」真人之為真人則在於：

　　其一，〈養生主〉中的「全生」——保全生命得以天年：「為惡無近刑。緣督以為經，可以保身，可以全生，可以養親，可以盡年。」

　　其二，真人不受生死急變的傷害（〈齊物論〉）：「若然者，乘雲氣，騎日月，而遊乎四海之外，死生無變於己，而況利害之端乎？」或者說，真人乃是〈德充符〉所言的生死齊一化：「胡不直使彼以死生為一條，以可不可為一貫者，解其桎梏。」

　　其三，真人乃是不益生，是無情而有性。〈大宗師〉所言的：「古之真人！以天待之，不以人入天，古之真人！」或者說天與人不相勝也。

9　郭軍編譯：《論班雅明：現代性、寓言和語言的種子》，2003年，頁424。

其四，真人乃是〈刻意〉所言的純素的集聚：「故素也者，謂其無所與雜也；純也者，謂其不虧其神也。能體純素，謂之真人。」

其五，真人乃是〈德充符〉所言的正生者：「受命於天，唯舜獨也正，幸能正生，以正眾生。」只有生命保持自立與獨立，不被陷害與受害，才是正命。

其六，真人在政治上乃是純粹的給予，是給予自身的給予，是〈田子方〉所言的：「若然者，其神經乎大山而無介，入乎淵泉而不濡，處卑細而不憊，充滿天地，既以與人己愈有。」也是最為公平的法則，讓每個人的天賦被公平對待：「故無所甚親，無所甚疏，抱德煬和，以順天下，此謂真人。於蟻棄知，於魚得計，於羊棄意。於目視目，以耳聽耳，以心復心。若然者，其平也繩，其變也循。古之真人！以天待之，不以人入天，古之真人！」

其七，真人乃是〈在宥〉中藉神祕人物廣成子所言的「長生」：「善哉問乎！來，吾語汝至道。至道之精，窈窈冥冥；至道之極，昏昏默默，無視無聽，抱神以靜。形將自正，必靜必清。無勞汝形，無搖汝精，乃可以長生。目無所見，耳無所聞，心無所知，汝神將守形，形乃長生。」此「至道之精」也是中國文化整體性復原的基元，也是所謂長生之「精─神」，或者它針對的正是後來生命醫學所言的那不老化、不死亡也不分裂的「癌細胞」。中國文化的靈府或者玄牝，乃是自身再生，自身聚集，自身更新的生命基元（self-regenerative, self-accumulative, and self-renewing），是一種生命經濟（bioeconomy）或生命家政。它也不同於生命複製的技術，而是不斷可以再生自身的潛能，並且有著尚未實現的生命剩餘（surplus of life）。[10]

---

[10]　Melinda Cooper: *Life As Surplus:Biotechnology and Capitalism in the Neoliberal Era*. University of Washington Press, 2008. p.140.作者在該書中分析了新自由主義如何把生命政治轉變為生命經濟，利用馬克思主義的剩餘價值生產學說，轉變為「生命之為剩餘（life as surplus）」的生

　　面對小說中那個新生嬰兒的淹死，但並沒有洗滌先前分裂的罪過，他的死完全符合命運之秩序。班雅明寫道：

　　這裡說的不是倫理的命運之秩序——一個嬰兒根本不可能獲得它——而是指自然的生命之秩序，不是人們通過決斷與行動，而是通過猶豫與休息，陷入這種秩序。如果不重視人性，受制於自然的力量，自然的生命（natürliche Leben）就會使人性墮落，並將會在它與更高的生命相結合時讓人喪失無辜（Unschuld）。隨著人的超自然生命（übernatürlichen Lebens）的消失，他的自然生命就成了罪過，在違背倫理性的行為中也少不了它的作用。因爲它與純然生命（bloßen Leben）的生命結成了聯盟，這個聯盟在人身上體現爲罪過。人躲不開罪過引起的不幸。[11]

　　在這裡，班雅明區分了「純然的生命」（des bloßen Lebens）與「自然的生命」（das natürliche Leben）：前者已經是有罪的生命，是在上帝面前的赤裸生命；後者看似無辜，但要麼因爲忽視人性而墮落，要麼與更高的生命結合也會喪失無辜。班雅明也區分開了「感性的自然」（die sinnliche Natur）與「超自然的生命」（des übernatürlichen Lebens）：人性中的超自然神祕的消失，如同亞當的墮落，自然生命也成爲了罪過，人類的感性欲望因此躲不開不幸。[12]

命經濟生產。中國文化在一定意義上早就在充分利用生命政治與生命經濟的交換性了，其弔詭之處在於：一方面，看起來如此自然化，是一種自然化的生產，血緣家庭與宗法家族的傳遞；但另一方面，又如此的倫理化與政治化，無論是王朝的家庭化，還是生命的技術化或養生化。中國當前混雜現代性的處境及其社會經濟生活的模糊，就在於資本生產與生命經濟的混雜化，沒有任何的經濟學理論可以有能力對之進行分析。

[11] 班雅明：《評歌德的《親和力》》，王炳鈞、劉曉譯，2016年，頁24。S.139.

[12] *Walter Benjamin and Theology*: edited by Colby Dickinson and Stéphane Symons. 2016. 參看論文集中S. Weigel對此的分析。

　　如果人類要獲得幸福，有限必死的生命要獲得永恆的生命，就必須從此不幸狀態擺脫出來，如何既要保持自然化無辜生命，又要與更高生命聯結，這是班雅明試圖通過歌德的小說來討論的，而且還要形成對於暴力的批判，可能這是班雅明面對了也還無法解決的複雜難題。

　　但對於班雅明而言，面對馬克思與恩格斯兩種生產（生產工具與家庭生產）的理論，爲了從暴力批判的死亡邏輯中走出來，必須有著一種生命再生的邏輯，或者永生生命與超自然的生命的道路。這也是《親和力》這個小說所涉及的婚姻關係，或者家庭的生產，這是與自然密切相關的生產，實際上也是《1844年經濟學─哲學手稿》中隱含的自然──「徹底的自然主義與人道主義」。從必然有罪的赤裸生命，轉變爲自由的和永生的生命如何可能？或者說，到底何謂永生的生命？要麼這是神聖家族或被上帝允諾的民族，或者是中國文化的儒家所言的子子孫孫無窮匱也的生生不息，或者是道家的長生不死，或者是現代生命技術所言的「不死細胞」，也就是對於整體性復原之生命種子的再生，彌賽亞之物的廣泛發現如同班雅明繼承的柯恩的彌賽亞觀，彌賽亞拯救的並非某一個種族與某一個人，而是拯救整個人類或者人性的存在本身。在這個意義上，班雅明的生命政治並非走向後來「生命政治」的死亡邏輯，而是向著自然化生命還原，從無辜與無罪的生命中（creaturely life），發現超自然生命或「永恆生命」（zoe aionios）的可能性，這也是彌賽亞與自然性的關係，即「永恆生命的救贖」（Erlösung im ewigen Leben）的核心問題。

　　在班雅明那裡，是從猶太教與希臘神話的雙重歷史背景來思考生命，但同時又以德國1920年代的生命哲學爲出發點。

　　一方面，生命，在傳統歷史與神學的規定下，就是有罪的純然生命，或者是被猶太教與基督教的原罪規定，「純然生命」在上帝面前就是赤裸與有罪的生命，同時，也是在道德法則之下面對處罰的生命，這是雙重的有罪性，當然這也是班雅明從猶太化的新康德主義思想家柯恩那裡接受過來的生命規定。在這個意義上的純然生命，其實

就是海德格早期所言的被拋的「實際性」。但另一方面，受到尼采生命哲學的影響，在《偶像的黃昏》指出了生命的無辜性，每一個生命都有著自身的透視角度，因此生命是非正義的，在解構各種罪責的神學與道德規定之後，尼采面對的問題是，在混沌之中或自然化的生命如何獲得生命的正義；此「深淵般的思想」被整個德國生命哲學所繼承，無論是西美爾與克拉格斯，還是現象學的舍勒與海德格，都在這個尼采的自然化生命哲學如何重新歷史化與世界化的境遇中展開。

如此的雙重性也決定了班雅明整個思考的基本方向：一方面，總是把純然生命置於神學與道德罪責的規定下，尤其在資本主義的拜物教時代；但另一方面，則試圖把純然生命向著尼采式的自然化生命還原，使之與彌賽亞性再度結合，尋求救贖的可能性，這又不同於德國人的生命哲學。正是在此意義上，從純然生命有著兩個走向：一個方向是從「純然生命」走向「赤裸生命」（naked life），即阿岡本與革命左派所展開的現代性方向（無論是否是誤讀還是推進），儘管已經其中帶入了生命政治與歷史災變的維度；另一個方向則是從「純然生命」走向「自然化的生命」，克拉格斯的宇宙化愛欲的生命，對於靈魂與自然的原初關聯以及靈暈的極遠關係，給予了班雅明以明確的方向，無論是班雅明在〈面向暴力的批判〉的論文中對非暴力與語言媒介的發現，還是討論歌德《親和力》的奧蒂莉形象，都是試圖把生命從神話與道德的罪責中解放出來，使之向著混沌與不可表達的自然性還原，後來討論卡夫卡的「前世界」也是如此，並使之再次進入與彌賽亞救贖的全新關係之中。

如果我們以1924～1925年的〈評歌德的《親和力》〉為中心，結合《性格與命運》的無辜的人性生命以及〈面向暴力的批判〉中的純然生命，將並不走向阿岡本的「赤裸生命」[13]，而是走向「自然

---

[13] 有關阿岡本「赤裸生命」（nuda vita）概念的來源，其與鄂蘭（/阿倫特：Arendt）分析現代生命的避難所背景，與亞里斯多德在zoe與bios之間的原初區分，對於班雅明「純然生命」

化的生命」！這是更爲徹底地還原，從而打開另一種思維的維度，即彌賽亞的自然化，而這是阿岡本與陶伯斯等人都沒有走上的方向。因此我們將主要集中分析班雅明對於歌德《親和力》小說中「自然」與「自然的生命」中的複雜思考。

首先，「自然的生命」在人類的道德倫理與自然本能之間的掙扎。以一夫一妻制來反對不忠，命運就是生者與罪惡之間的聯繫，罪只是讓人死或不幸，但是法律並不讓人得救。這是不得不肯定的自然本能，隨著現代性對個體欲望的絕對肯定，欲望與生存的無辜，如同尼采所言，也隱含著混沌的無法理解與不可表達。

其次，「自然的神話」與生命的犧牲。自然在人類歷史的起源上就已經被神話化，並且幾乎不可能被消除。自然在人類歷史中的原初顯現必然帶有神話的想像與幻覺的投射，且隱含暴力的犧牲獻祭儀式，沒有暴力，人類無法從自身的恐懼中解脫出來，但因爲此暴力，自然的神話永遠脫離不了暴力，這就是〈面向暴力的批判〉一文討論的核心問題。但對其回答卻隱含在論歌德的長文中。

因爲人類出於恐懼而相信，此神話式的自然需要犧牲品，需要個體的死亡獻祭，不得不被動地發明懲罰的法則與詛咒的語言，但由此形成了神話生命的規範形式，這在英雄的生命那裡成爲典範樣式，由此人的魔靈與自然的神祕力量得以顯露自身的威嚴——恐懼的力量及其自我消解。這也是後來獨裁者們的自然神話，希特勒就是如此，這也是班雅明比施米特等人更爲深刻之處。但恐懼只能激發更大

（bloßes Leben: mere life/bare life）的義大利轉譯，與施米特「例外生命」的區分，與傅柯「生命政治」的關係，以及與德希達「生命技術」的爭論，這諸多的討論，我們這裡不再展開，我們的方向是把在自然化生命與生命技術之間打開思考的空間。與之相應，對於暴力的批判方式與生命正義的獲得也非常不同。或者如同Lemke指出的，阿岡本的生命政治把生命更多指向了「死亡政治學」（thanatopolitics）的邏輯，而不是生命的轉化與生命的剩餘價值上。Thomas Lemke: *Biopolitics, An Advanced Introduction*. Translated by Eric Frederick Trump. New York: New York University, 2011.pp.59-60.

的恐懼。悲劇因素與恐懼，責任的與時代精神的、超越的與榮譽的恐懼，帶有希望的恐懼，等等依然存在著，沒有恐懼就沒有了自然神話，但恐懼又導致更大的自然神話，神話的幻象就不可能自我解除。當然，這也非悲劇英雄在死亡時的自由感。就如同歌德小說中的女主角奧蒂莉（Ottilie）既是自然之子也是自然的犧牲品，或者如同夏洛特與愛德華兒子的淹死，好像是一個自然現象。

奧蒂莉就如同無罪的耶穌，她並沒有誘惑他人（沒有陷入其他四個主人公之間錯亂的情愛關係，儘管她的名字又是這四個人的合成，她是親和力的化身，但其自身卻並沒有被「污染」），沒有道德倫理的罪惡，但她導致嬰兒淹死，有著自責，此風雨不測的自然現象所導致的死亡，讓她自己在懺悔中回歸自然，飢餓而死——似乎是一種最為接近於自然的死亡方式，當然水性元素才是自然力的顯現。因此她的獻祭犧牲既非神話的要求也非宗教的救贖，而是有著更深的意圖，即有必要從這個形象上去發現另一種宗教拯救模式，既非獻祭也不否定人類的熱情意願。這就是對生命的自然化還原，體現為星空圖像的詩意宗教想像。

再其次，自然之為元現象或自然生命的還原。自然有著自身的的元圖型，自然化的藝術乃是進入此元現象之謎，雖然神話讓人錯愕，但以藝術的直觀來傳達，如同拉奧孔的恐怖雕塑場景，而且藝術的天才們使之在作品中可以直觀。如同歌德對自己天蠍座性格的恐懼，也昭示了自己生命形式中的神話因素與星相學的晦暗之處。神話的人類以恐懼來換取與魔靈力量的交往，如同後來《浮士德》第二部所指向的寓意，這並不是肯定星座，而是以星座體現來自然的神話要素。其中有著悖論，這是「悖論的表象」或「顯現的悖論」（der Paradoxe Schein），尤其體現為原型或者元圖像的自我認知，如同班雅明通過克利的新天使形象所後來認識到的面相學。

重要的是「奧蒂莉」這個形象，她是人性中自然生命的無辜之表象或顯現，其中有著真理性內容，既然是表象（Schein），但又有著真理，如同哲學必須拯救現象，小說的真理必須拯救生命，形成詩意

的藝術宗教，這就是純粹自然化的生命（*das bloße Leben, das bloße natürliche Leben*）的還原，班雅明把這兩個詞關聯起來！這既非神話的也非無神論的歸化，而是自然化生命的還原。儘管奧蒂莉看似有著某種基督教聖人形象的投射，在性態化的生命本能中尋找根源，當然這是基督教的反面（即處女式的生命），但此處女的生命是爲了啓示自然性，而非神聖的不可觸（如同福音書的敘事）。此自然化的生命，既有生命的自然罪過（在自然面前沒有保護好小孩），也就有生命的自然無辜（畢竟是偶然現象也非有意），並成爲生命之自然無辜的表達，這才是人的精神，儘管無辜的自然生命也有著危險的魔力，但進入了自然本身不可表達的悖論，由此悖論開始了一個新形象的建構。

自然，沉默的自然在表達中，尤其在藝術的表達中會面對不可表達（Ausdruckslose）的表達悖論，即，一方面，面對自然的沉默，如同奧蒂利的沉默寡言，自然的不可表達與沉默的主題出現了；但另一方面，自然還是混沌的，如同魔靈與混沌本來就混合著，藝術必須肯定此混沌不可消除，也肯定魔靈的力量，但又要不著迷於它，卻也不是去除它，還要在僭越或狂亂（hubris）中保持邊界的清醒，這就是藝術的困難與魅力，但也接納了自然的混沌，這也是Schein（幻象）的必要性。如同荷爾德林所言，結合「神聖的迷狂」與「清醒的表達」，並且進入音樂的節律，並不穿越混沌與混亂。[14]

面對不可表達的悖論，文學的敘事乃是進入打斷的時刻，讓「無法表達」的混沌力量擊垮「作品」，但又不陷入狂亂。就自然性而言，這是作品中的水元素，水之爲元素的靈活性，水所具有的奇特魔力──水既是黑色昏暗又是鏡子般明朗澄清，就展現了歌德作品中的真理性內涵，其中也融入了荷爾德林對於悲劇最深的思考。

最後，如此的自然有著救贖的可能性嗎？奧蒂莉的形象只是

---

[14] 班雅明：〈評歌德的《親和力》〉，王炳鈞、劉曉譯，2016年，頁88。

不可表達的表達之顯現（Erscheinen），這也是一種和解，但此和解只是美的和解，美的和解也只是和解的表象或假象（Schein）而已。因此如何徹底地拯救（Rettung）現象或美的自然？這既要拯救表象，也要拯救美，而美又離不開表象或假象，不可表達與假象也相關，這就要徹底拯救「不可表達」本身！這就必須與上帝和解（Versöhung），才可能獲得真正的安寧。

但班雅明，如同卡夫卡，已經認識到 —— 這也是沒有希望的希望。如果我們去數一數班雅明文本中出現的「希望」這個詞，如同他自己所言，所有辭彙中只有希望不需要任何解釋。希望來自於哪裡？來自於自然！如何與魔靈和解？如何消除自然神話的恐懼要素！那麼，和解如何可能？奧蒂莉自己餓死了，具有某種處女性，如同小說中暗示的聖母形象，但其實又並非如此，而是要有著現代性的情欲與個體性，是某種自然生命的無辜。

(三) 淚水的面紗與救贖的密碼

在上帝面前，人其實處於赤裸狀態，如同伊甸園中的亞當夏娃。但沒有上帝的自然生命只能是罪感的生命，或者如同屍體，如同「靜物畫」之為「死物」（這是巴洛克悲悼劇中的思考）。但自然又是不可揭示的，自然保存著祕密。但伊甸園中的生命，是赤裸生命 —— 但並不自知 —— 不同於後來阿岡本所言的赤裸生命，或許班雅明思考赤裸生命時，也已經以伊甸園亞當墮落之前為原型，但這是無辜或無罪的自然化生命，處於「純粹語言」與「元語言」的狀態，因此這是生命有待於一次次複還的生命，是整體性修復的生命原型，亞當乃是整體性修復的生命種子。

只是此自然化生命要面對多重的還原：從墮落後的生命向著原初生命還原；從基督教的第二亞當向著第一亞當還原，使之成為純然生命；從純然生命向著自然化生命還原，重新成為「土」，並且進入創世之前的「混沌」，得以自生，而非被造；從自然化生命向著彌賽

亞還原，重新獲得靈氣。自然生命才是原初的生命，才是無辜的生命。

　　奧蒂莉的生命，在歌德與班雅明看來，如同植物的沉默（[p] flanzenhaftes Stummsein）一樣是無言的，因此此沉默的自然也是沒有命運的，也就不進入犧牲的赤裸生命與神聖生命的行動邏輯，而是保持著自然的悲傷。在奧蒂莉的死亡場景中似乎有著某種基督教的神祕性，如同拉撒路的復活，但對於歌德，掠過戀人頭頂而墜落的星星這一象徵，才真正表達了救贖的神祕。對於歌德，教義來自於星星的告誡，歌德將希望視爲星星的象徵──這是停頓的時刻，「希望彷彿從天而落的星星，掠過他們的頭頂」。而且這最爲悖論的希望最終出自和解的表象：「就如同太陽落下，長庚星升起在蒼茫暮色中，將越過漫漫長夜。長庚星的光芒當然是啓明星發出的。所有希望都以這種最微弱的光芒爲基礎，即便最強烈的希望也只源於此。[15]」但最終的希望從來不屬於抱有希望的人，而只屬於希望所寄託的人。這就是弔詭之處：它是希望，不可能的希望，沒有希望的希望，爲和解的表象提供了存在理由。其中有著保羅式的彌賽亞句法，但實際上，班雅明已經與自然化的生命，與自然的美融合起來。

　　對於歌德，此最爲燦爛的星光之爲希望，也是戀人們所抱有的希望，這暗示了從自然美而來的救贖。這也進入了語言不可表達的領域，但其「不可表達性」如何具有顯現的表象之美？美不僅僅是表象而已，表象爲何不僅僅是美的遮蓋物，而且是它的本質法則？班雅明接續了西美爾的思考，無疑這個文本深受西美爾之前對於歌德研究的影響。回到之前理型如何可見的問題，班雅明寫道：

　　美的顯現卻是先於必要的完全被遮蓋狀態的面紗。美，既非面紗，也非面紗遮蔽的對象，而是對象在其面紗中（Weder die

15　班雅明：《評歌德的《親和力》》，王炳鈞、劉曉譯，2016年，頁117。

Hülle noch der verhüllte Gegenstand ist das Schöne, sondern dies ist der Gegenstand in seiner Hülle）。這正是藝術批評的任務與工作！藝術批評不是要揭開遮蓋物，而是要通過對遮蓋物的最確切的認識，使自己上升爲對美的眞正直觀，這是直觀作爲祕密的美。眞正的藝術作品只有不可避免地表現爲祕密時，才可能被把握！[16]

　　美永遠無法明瞭自身，絕對的文學或者絕對化的藝術如果要讓人直觀祕密的美，自然美的顯現就需要必要的遮蓋，如同文學（作爲被遮蓋的對象）——需要文學批評（需要遮蓋物或面紗），但文學批評還必須上升爲「絕對的文學」（作爲面紗中的對象），班雅明以面紗作爲「元隱喻」，讓眞理和絕對可以顯現，讓藝術批評上升爲美的眞正直觀，直觀祕密的美——因爲美的顯現僅僅只是面紗——對象還是被遮蓋著。就如同海倫的衣裳化爲雲彩，圍繞浮士德，而奧蒂莉的遮蓋物始終是她的活生生的軀體。只有美的面紗，這個悖論的表象，讓救贖得以暗示：聆聽音樂時飽含的淚水才是面紗？這些深深被觸動而流出的淚水構成了面紗，並且在音樂中昇華；星星就如同播種淚水的晶體，愛慕恍如音樂的淚水，給畫面蒙上了一層面紗。[17]此淚水的面紗之爲淨化，也轉化了亞里斯多德的悲劇詩學，通過尋找星星或星座這種自然化的媒介物，把矛盾雙方結合起來，所謂親和力的化合性，不過就是此作爲共通體媒介的元素。

　　淚水，只是自然美的面紗，是人類眞摯情感的自然流露，是自然美的顯現，但要成爲藝術美則不同，需要結晶，此結晶化乃是星星，星星的象徵與啓示，乃是淚水的凝結與永恆化，如同星座，把星座與星星的救贖連接起來，就是希望，這也是歌德在對話中暗示的希望，這也是自然的彌賽亞化。

---

[16] 班雅明：《評歌德的《親和力》》，王炳鈞、劉曉譯，2016年，頁109。

[17] 班雅明：《評歌德的《親和力》》，王炳鈞、劉曉譯，2016年，頁104-105。

　　班雅明指出，是「奧蒂利」（Ottilie）這個純潔女孩的名字，讓歌德停留於世界而充滿眷念，因爲她的「名字」就如同「亞當」的自然化元素性名字，有著救贖的密碼。亞當這個名字有著三重的暗示：混沌的原初性——自然的元素性——名字的唯一性或者神聖的蹤跡。奧蒂莉的名字其實也是縮寫的代碼，是小說中兩男兩女關係的結晶符號（OTTO），有著火性與水性的元素性——她對於水性的觀照，有著混沌的愛的喧囂與躁動，有著神聖的蹤跡——如同聖母馬利亞處女般與自然性的純潔，既是「感性的相似性」——這個女子的處女性及其自然性，也是「非感性的相似性」——四個角色之間的複雜關係及其符號的化和關係。進入這場失敗或者死亡的愛情，如同歌德自己現實生活中的失敗與喪失，如何可能在藝術美或者小說敘事者——加入作者觀念也是一種浪漫派的元批評中，並且在一種審美幻象（Schein）中——獲得救贖呢？這是星星從愛者的頭頂掠過，帶來希望的顯現。

　　從自然化的星座模仿，到歌詠中的星空，這先於我們且已經觸摸我們的星星，暗示了救贖的已然發生，但又尚未來臨，而這正是彌賽亞救贖的情態！班雅明在論文的結尾集中解讀此「星星」的自然化顯現，就是爲了從絕望走向「沒有希望的希望」，這在阿岡本看來，與歷史的概念一道，正好是保羅神學的語言與期待。但是，此微弱的力量（在這個文本中已經觸及了「微弱性」），卻是聯繫自然來討論的，但阿岡本卻並沒有提及此自然性，這是因爲阿岡本等人受到陶伯斯的影響所致，陶伯斯在《保羅政治神學》的思考中，認爲卡夫卡與班雅明的作品中沒有自然的任何地位。但是，班雅明對於歌德的解釋，卻從自然出發，從自然化的人類至深情感的淚水面紗，到救贖象徵的星星的面紗，都是從自然性出發的彌賽亞救贖。

　　借助於歌德的自然美與美的幻象，把彌賽亞自然化，把星星的瞬間與音樂聯繫起來，就是後來的猶太教天使形象：在上帝面前歌唱又瞬間消失的存在，因爲音樂乃是救贖的祕密。

　　與拉康（Lacan）就無意識這個謎一般主題的思考相關，也與佛

洛伊德對於生死本能的思考相關，從無時間進入時間的個體化原初經驗中，到底是一開始就有著人類他者的共在，最初的無助的嬰兒只能以迴避與恐懼的方式回應事件，還是一直有著一個拉康所假定的自然主義，即生死之爲生命的絕對經驗，也一直保持在人類共在的經驗之前，死本能既是生命被給予的事實也是生命一旦感受到就成爲驚恐幻象的雙重根源！這是純然生命不可能消除的實際性與幻象化的兩個方面：一方面是生死的實際性與唯一性；另一方面則是立刻給出的幻象或者想像的回應。中國文化的「眞人」倒是最爲體現出此二重性。這二者都是無時間性的，不同於死本能，而是生本能的雙重性：不斷被給予與出生的實際性，相信永生的信念之幻象，逐步進入自然性與彌賽亞性的非時間性？如此的連接會形成另一種的時間經驗？「第五維度」由此而來？而音樂不過是最好地同時體現出了二者：音樂的節律是自然節律最好的凝縮，但也是生命永生意志的直接體現。

借助於歌德的自然美，班雅明重新面對了個體化的悖論——與自然之爲居間人的關係，在對象意識與自我意識之間，打開自然化生命的思想。對象意識的二元分裂（物自體與認知能力之間），自我意識的自我反思絕對化的悖論（機智的瞬間想像連接與斷片化的文體），在個體化與自然化之間打開了新的關聯。

儘管班雅明認爲德國浪漫派的中心是彌賽亞主義，也認爲歌德的自然化詩學中有著彌賽亞性，但顯然都並不足夠，在隨後的發展中，班雅明把面紗的思想圖像與猶太教聯繫起來，這是在寫作《拱廊街》時更爲明確的自我確認，必須把歌德的自然元現象與猶太教的歷史神學聯繫起來：

N2a.4在研究西美爾（Simmel）對歌德的眞理概念的表徵時，我清楚地認識到，我在《論德國悲悼劇的起源》一書中關於本源（Ur-sprung）的概念是將這一基本的歌德概念嚴格而必要地從自然領域轉換到了歷史領域。本源——原初的現象，被從異教的自然語境中搬到猶太教的歷史語境中。在《拱廊計畫》中我也在尋找本

源，即我從拱廊的興衰中尋找其建造和轉換的本源，並通過經濟事
實抓住這一本源，然而這些事實，從因果律的觀點來看，即從原由
上來闡釋，並不構成本源現象，它們只是在它們各自的發展（Ent-
wicklung）——或用「展開」（Auswicklung）這個詞更恰當——
中才會成其爲本源現象。它們使拱廊的整個具體歷史的形成得以顯
現，正像一片樹葉從自身展示出整個經驗的植物王國的全部財富一
樣（Auswicklung wäre besser gesagt - die Reihe der konkreten his-
torischen Formen der Passagen aus sich hervorgehen lassen, wie das
Blatt den ganzen Reichtum der empirischen Pflanzenwelt aus sich
herausfaltet）。[18]

　　後來班雅明思考榮格所言的集體無意識原型，也是繼續擴展歌德
的自然形態學的元圖型。而彌賽亞如何與自然的元現象相關？這是回
到伊甸園的亞當之名，如同班雅明思考「奧蒂利」這個名字對於歌德
的意義，這個名字有待於重生。這是如同策蘭詩歌〈讚美詩〉中寫
道的「無人的玫瑰」，那是一個在花朵中重新出生的軀體，或者說彌
賽亞與基督的形象要在「花」的形象裡重生？但在〈曼朵拉〉一詩
中，只有「空無」反向凝視我們，救贖之「王」僅僅在空無中，反而
需要讀者或餘存者的眼睛對著空無，才可能見證「王」的存在，這是
策蘭「反靈暈」又「反自然」的自然化想像。

　　「面紗」的思想形象，不僅僅體現在歌德的自然化詩意想像中，
在現代性的抒情詩與小說書寫中，在普魯斯特對於靈暈的思考中，都
有所體現：

　　靈暈（／光韻）的經驗就建立在人間社會常見的呼應向無生命
物或自然與人關係的轉換上（Reaktionsform auf das Verhältnis des

---

[18]　W. Benjamin: *Gesammelte Schriften V: Das Passagen-Werk*. 1991, S.577.

Unbelebten oder der Natur zum Menschen）。我們在看或是覺得自己在被看，會激發出某種眼神，去感知某一現象的靈暈就意味著賦予它激發眼神的能力，非意願記憶（／無意記憶）想起的東西與此是對應的（順便說，無意記憶想起的東西是獨一無二的：它們試圖保存在它們的記憶所捕獲不到的。因而，它們為這樣一個靈暈概念提供了支援，該概念將靈暈視為「對某個遠方的獨一無二顯現」。這一界定本身可以表明靈暈這種現象的膜拜特質。根本遙遠的遠方是接近不了的：事實上，不可接近正是膜拜意象的首要特性）。普魯斯特對靈暈的問題是多麼熟悉已無須強調。可是依然值得關注的是，有時他間接提到它時，其中包含了他的理論：「喜歡神祕性的人總以為，注視某物的眼神中總有一些留在了該物上」（這或許就是那回應該眼神的能力）。「他們認為，紀念碑和畫像只在柔軟的面紗下才會展現出自己（nur unter dem zarten Schleier sich darstellen），而這層薄紗是由眾多仰慕者幾個世紀的愛與懷念織成的。」普魯斯特有點閃爍其詞地斷言：「只要人們將這種合成與個體具有的惟一實在，即與他自身的感情世界掛上鉤，它就會變成真的。瓦雷里將夢中的感知界定為一種靈暈性的感知，與此頗為相似，但由於它的客觀性傾向而走得更遠。他寫道：「如果我說我在這兒看見了一個物體，這並不是說我和物體間沒有區別了……而在夢中則相反地沒有了這種區別。我所看見的東西像我看見它們一樣看見我（Die Dinge, die ich sehe, sehen mich ebensowohl wie ich sie sehe）。」與夢中的感知特性相同的是廟宇裡的自然特性（die Natur der Tempel）[19]。

---

[19] 班雅明：《波德賴爾：發達資本主義時代的抒情詩人》，2012年，頁153-154。W. Benjamin: *Gesammelte Schriften I*. S. 646-647.

　　在這，無意記憶與靈暈相關，哪怕是堅硬的紀念碑，也可以在柔軟的面紗中被感通，靈暈就體現在如此這般面紗的夢幻感知之中。此自然化與夢幻化的靈暈化感知，有著救贖嗎？靈暈其實已經是一種神學的顯現方式（epiphany），在遠方的接近與久遠之物的反向凝視中，我們的生命得以被凝視，得以餘存，也即是「被記憶」——被一個個到來的他者所凝視，如此延續的夢，如同一個時代對於另一個時代的夢想，此夢的契約只有彌賽亞可以保證？

　　當然，問題依然存在：讓彌賽亞自然化，讓自然體現出救贖的力量，如同後來阿多諾在《美學理論》中所言，自然作為尚未存在的美（die Chiffre des noch nicht Seienden），隱含著救贖的密碼（Nature als Chiffre des Versöhnte, Das Schöne an der Natur, gliche das Versöhnte）[20]，這還只是問題的一半，這只是德意志文化尋求救贖的方式。那比如猶太人呢？一個猶太人如何可能尋求救贖？歌德的德意志方式還是隱含的——不可能說歌德要成為猶太人，這是班雅明在現代性的解釋，也許被認為有些牽強，如果能夠從猶太人自身出發，彌賽亞尋求自然化的道路，二者的結合就比較完整了。

　　班雅明回到歌德的元現象，就不僅僅是審美的救贖，同時也是面對暴力問題，因此他區分開神話的暴力與神聖的暴力，試圖通過後者，來化解神話的暴力，並與自然化的生命相關，也是自然化生命的餘存。從自然出發，從無用的自然出發，既是自然美救贖密碼的喚醒，也是一種拯救批判的啓動，在當代的生態學批評轉向中將有所展開。

---

[20]　Theodor W. Adorno: *Ästhetische Theorie*. 1995, S.115.

三

卡夫卡寫作的道家化

彌賽亞的自然化

在班雅明的公寓小圖書館裡，也是他精心選擇的少數圖書中，
與《聖經》並置在一起的，是一本《道德經》。

　　　　　　　　　　　　　　　── 蕭勒姆，1918年6月的日記

　　彌賽亞與自然化，這是不可能的關係，這也是沒有關係的關係。
因為，自然是被造之物，彌賽亞是創造者，在整個西方傳統，無論
是唯一神論傳統，還是希臘哲學傳統，自然都處於低級與被動的位
置。

　　只是到了尼采的自然生命與混沌的感性，可能也是在馬克思的活
勞動或生命的勞動中，自然才獲得自身存在的尊嚴，儘管後來的自然
大多體現為身體的感性或者生命政治的管理，這是身體的現象學與生
命的政治所展開的方向，儘管身體與自然相關，恰好是身體的自然
性讓身體不同於人造物，不同於技術的製作性，但此已經人類歷史化
的身體，已經被「假器化」（prothesis）的身體，還不是自然，哪怕
身體的自然性，比如疲憊、厭倦與死亡，都還不是自然性，自然的自
然性有待於被還原，自然的自然性乃是自然可以再生的元素性，此
可再生性及其尚未存在的美具有救贖的密碼（如同阿多諾在《美學
理論》中所言），此自然的自然性如何與彌賽亞性相關或者相互感
通，還是從未思考的主題。

　　這也正是班雅明隨後思考的道路，如果在1916～1926年之間，
前期的班雅明主要以歌德的元現象（還有荷爾德林悲劇思想的隱祕陪
伴）來解決現代性危機，思考自然的彌賽亞化；那麼，1929～1939
年代的後期班雅明，則以卡夫卡為核心（以波德賴爾的通感與普魯斯
特的無意記憶作為理論支持），經過道家的轉化，以此進入現代社
會，來思考彌賽亞的自然化。

　　歌德的自然美及其拯救乃是自然的彌賽亞化：看似自然的淚水與
面紗，之為文學象徵的星星，卻指向彌賽亞希望的象徵或暗示。與之

對應，卡夫卡則以其祈禱的方向，以其記憶回憶的姿勢，任何的生命
姿勢都有待於彌賽亞來糾正與調節，這既是彌賽亞的自然化，尤其是
經過了彌賽亞的道家化，而不再是革命的暴力。

　　「自然的彌賽亞化」：自然美的絕對性，這是德國浪漫派所沒有
實現出來的目標，現在通過歌德的自然美與元現象來實現。從自然的
死亡──絕食，在淚水的面紗中形成自然的顯現與表象，暗示出彌賽
亞性。儘管此美的表象還不是和解與救贖，救贖僅僅在於：從淚水到
星星，星星是淚水的結晶，它也是天空的面紗，這還是「停頓」的時
刻，這是對於荷爾德林悲劇觀的重新理解；此星星的落下，乃是救
贖，是星座的重新凝結與想像，是沒有希望的希望；因此，其中有著
彌賽亞性的指向與訴求。因此這不是阿岡本等人所言的班雅明的保羅
神學化，而是自然的彌賽亞化節奏，淚水越是變成星星，也越是自然
在彌賽亞化，「星星」就如同猶太教神祕主義的「天使」，在上帝面
前歌唱的天使，這是救贖的密碼──尚未存在的自然美有待於被詩意
地喚醒，但也是彌賽亞式的喚醒。

　　「彌賽亞的自然化」：則是要選擇看似最為不具備自然的民族，
即被揀選的猶太人，但其實，在布伯看來，也許最為具有東方宗教特
徵的猶太教也是最為具有自然性的原初特性。[1]班雅明選擇卡夫卡，
並非偶然，因為卡夫卡是猶太人，儘管是布拉格的猶太人；但也是說
德語的，受到布伯影響，對於猶太人的現代性命運有著切身關注；也
思考了猶太教神祕主義與現代性個體之間的關係；其小說寫作，如同
德國浪漫派的「元寫作」，是關於寫作的寫作，是寫作之不可能的寫
作，面對現代資本主義官僚機器的龐大與猶太教法典傳統的無效，這
也是寫作的無用化；如同塞壬的沉默、普羅米修神話的自身遺忘，對
於「遺忘」的肯定與混沌「前世界」的深入，對於彌賽亞無用性的
肯定，卡夫卡式如此虛無化的改寫，都隱含著某種猶太的道家式改

---

[1]　布伯：《論猶太教》，劉傑等譯，2002年，頁70。

寫。[2]

　　卡夫卡尚未完成的寫作及其寓意，因為班雅明隨後的研究而得以明確，但在班雅明看來，卡夫卡的小說並沒有真理可言，只有愚蠢與謠言，而愚蠢之為助力，也許可以有助於我們理解真理，面對一個已無真理性可言或真理連貫性已經喪失的世界，彌賽亞及其《妥拉》（Torah）的律法已經失效，並處於無意義的虛無主義狀態，因此彌賽亞成為無用的；但是，面對此無真理的世界，卡夫卡的譬喻寫作還是揭示了生命的真相，即生命處於扭曲（entstellt）狀態中的掙扎。正是從這個不可擺脫的掙扎狀態，此生命受難的姿勢之中，卡夫卡看出了彌賽亞來臨的必要性。而班雅明強調彌賽亞的來臨就是為了糾正此扭曲的生命姿勢，儘管只是「一點點的糾正」。班雅明又指出，卡夫卡需要一面鏡子，才可能明白自己寫作的失敗，哪怕是譬喻寫作的非真理性，這就需要一面鏡子，讓卡夫卡的譬喻寫作在反思自身時──「多出」一點點，此多出的少許剩餘力量來自於哪裡呢？對於班雅明而言，卡夫卡已經認識到了這一點點的東西，可能來自於中國道家的智慧。但卡夫卡對他所想像的中國卻有著某種恐懼，如同《一道聖旨》中的無效傳遞：臨終皇帝的遺言並未抵達那個接受者，因為徹底的使者永遠無法走出帝國的宮殿，而那個等待消息的「你」只能永遠等待一個從未抵達的消息；因此，發送者──傳遞者──接受者，這仨者其實都是無用的。當然這主要是針對儒家帝國統治的諷喻圖像。

　　但此指向中國的譬喻及其失敗，確實照亮了某些現實，這需要行動者一開始就肯定自身的失敗，並從一開始就肯定自身的無用，這正是中國道家的智慧，並且保持此無用，這就是卡夫卡認識到的「道」：「認認真真做某事，同時又空無所成。」因此，班雅明認為卡夫卡已經認識到，那個騎士唐吉柯德的僕人桑丘，一直被當做愚

2　參看夏可君：《無用的文學──卡夫卡與中國》，2019年，即將出版。

蠢的化身，所謂「沉著的傻子與笨拙的助手」（Gesetzter Narr und unbeholfener Gehilfe），但正是他——這個「道家主義者」，卻構成某種助力，因為他可以幫助現代性煩惱與疲憊的我們，卸下背上的重負。[3]

如果彌賽亞來臨，需要某種「助力」，需要一些助手，這些助手，看似愚蠢與無用，卻有著大用。尤其當世間已無真理，尤其當暴力主宰的世代，只有學習，構成某種助力，當然還需要保持自身的無用。如同齊澤克指出的：[4]一方面，今天政治行動的威脅不是被動性，而是虛假的行動，那種變得活躍、去參與的衝動掩蓋了行進中的虛無性，真正難以做到的是退後一步，抽身而出。而另一方面，如同列寧在面對革命的壓力而陷入兩難選擇時，不去做決斷，而是「我找個沒人的地方學習、學習再學習」。保持自身的無用性，卻在學習與忍耐中，等待未來，這是漸進修養的韌性的默化。

在圍繞卡夫卡與彌賽亞關係的爭論上，蕭勒姆與班雅明都具有某種否定的密教色彩，如同蕭勒姆指出的：「因為上帝無法挽回的缺席是找尋他的最可靠手段。至於卡夫卡，在蕭勒姆看來，他則處於整個無望的不可探測的時刻，因為對他來說，上帝未曾離家，還沒有變得無處可尋：並非如此，他只是將要退隱在頂樓之上。[5]」即，對於蕭勒姆，上帝無疑在卡夫卡的作品中缺席了，但其蹤跡是可尋的，但對於班雅明式的卡夫卡，摩西的律法也處於上帝徹底缺席的世界當中，這個世界已無真理可言，而且即便有著真理也不可通達。

3　W. Benjamin: *Gesammelte Schriften II*. S. 438.

4　齊澤克：《暴力》，唐健等譯，2012年，頁8。

5　斯臺凡‧摩西：《歷史的天使：羅森茲威格、班雅明、蕭勒姆》，2017年，頁216。

㈠ 「認真做某物同時又空無所成」

　　老子與莊子的道家思想對於西方思想的影響一直有待於從更爲深入的層次進行思考，尤其是從歷史的「痛點」上，在語言學的翻譯與學術研究的準備之後，在文學的想像與思想史的比較之後，有待於從歷史的災難與生命的關切上，內在的切入。

　　因爲1910年布伯對於莊子對話的選譯（《莊子的交談與譬喻》 *Reden und Gleichnisse des Tschuang Tse*）以及鬼怪文學的翻譯（蒲松齡的《聊齋志異》）[6]，以及隨後不久衛禮賢對於老子《道德經》與莊子《南華眞經》的全本翻譯，在德國興起了一段時間的道家熱。後來有人甚至認爲「歐洲的道家化」自此已經開始，甚至認爲從馬克思主義的社會解放批判（勞動與商品爲對象）出發，法蘭克福學派經過第一個階段的啓蒙理性批判（班雅明與阿多諾等人，以文化工業與日常生活爲對象改造哲學），直到語言交往的批判（哈貝馬斯以語言交往行動來改造哲學），直到第三代的現代政治批判（以傅柯的身體及其生命政治爲對象），經過此三步的批判理論之後，已經陷入了困局與停止，早就應該增補一個新的「亞洲轉向」──針對西方現代性的「總體動員」與不斷的革命運動，需要一個東方式的沉默轉化（如同筆者在海德格那裡發現的他1945年左右開始的「第二次轉向」與中國以及東亞密切相關）[7]！經過現代性持續災變的生命需要整體性修復，要完成此修復，就需要尋找到最爲基本的元素或「胚胎」。

　　班雅明在《卡夫卡去世十週年紀念》的論文中，尤其是1938年

6　M. Buber: *Schriften zur chinesischen Philosophie und Literatur*. 2013.

7　來自於斯洛迪戴克的思考（P. Sloterdijk: *Eurotaoismus, Zur Kritik der Politischen Kinetik*. 1989, S.200），也參見朱利安對於「默化」的思考（François Jullien: *Les Transformations silencieuses*. 2009，pp.67-68）。顯然，默化與無用或無爲內在相關。

與布萊希特這個馬克思主義者的辯論中，面對現代社會的複雜性與時代的戰亂，思考了彌賽亞的自然化（同時也隱含道家自然觀的彌賽亞化）。班雅明由此明確提出了「道」的基本解釋學原則，他增補了卡夫卡日記書寫中所缺乏的「道」這個詞：

　　也許這些學習成爲了空無，但它們非常接近那空無，而正是這空無使事物可用——即是説，「道」（Vielleicht sind diese Studien ein Nichts gewesen. Sie stehen aber jenem Nichts sehr nahe, das das Etwas erst brauchbar macht-dem Tao nämlich）。這就是卡夫卡所要追求的，卡夫卡寫道：「他煞費周折地掄錘打出一張桌子，且同時又一無所做，且並不像人們説的，『掄錘對他來説是一個無』，相反，『對於他，錘是實在地掄著，同時又是一個空無』（Ihm ist das Hämmern ein Nichts, sondern Ihm ist das Hämmern ein wirkliches Hämmern und gleichzeitig auch ein Nichts）。這樣掄起錘來，就更大膽，更果決，更實在，如果你願意説，也更爲瘋狂。這就是學生們在學習時所採取的如此果決，如此令人著迷的姿態。[8]」

　　班雅明在這裡面對了有用與空無的關係，進入了「道」之思，「道之教義」（Die Tao-Lehre）或「教義之道」（Der Weg der Lehre）[9]，中國文化的道之思開始發生明確的改寫引導作用：刻苦地學習，幾乎是苦行；但同時，也要相信所有這些工作其實是無所用的；正是此無用，卻接近那個變得可用的「無」，這就是「道」。這來自於「道」的深度啓發，深深契合於老子與莊子的思想，尤其是《道德經》第5章的：「天地之間，其猶橐龠乎？虛而不屈，動而愈

---

[8]　班雅明：《經驗與貧乏》，王炳鈞、楊勁譯，1999年，頁37。W. Benjamin: *Gesammelte Schriften II*. 1991, S. 435.

[9]　M. Buber: *Schriften zur chinesischen Philosophie und Literatur*. 2013, S. 106-107.

出。」當然也來自於第1章的：「道可道非常道，名可名非常名。」在這裡，彌賽亞已經開始道家化。

為何班雅明要以「道」的兩面性——空無與有用——來思考猶太人的命運？並思考卡夫卡小說的寫作動機以及現代性審美的命運？因為其中有著化解現代性疑難與猶太人自身律法悖論的方式？因為外在超越的猶太人無法發現進現代世俗社會的通道？因此需要繞道——繞道道家及其道家的自然？這裡有著多重的反轉：一方面，既要認認真真研究，如同苦修的學生與學者，不是拋棄傳統經典與教義，而是要去不止息地學習；但另一方面，又要認識到不可能直接尋找到答案，因為這是指向「無」的學習——空無與無盡地學習，因而反倒是要打開空無，打開空白，閱讀從未發現之物。同時，還要反轉：即，一方面要讓空無來為，保持空無的空無性，任何的教義必須成為空無的啟示與自身空無化；但另一方面，讓此自身概念性的空無化與自然化的生命結合，形成一種新的可能技藝。於此才可能生成出一種廣義的無用的文學，一種無用的教義！因此，這裡有著彌賽亞的道家化，彌賽亞性的無用化。正是在此空無性與自然性的結合上，是阿岡本與南希，甚至德希達，都沒有觸及的關鍵差異。

這也是班雅明在卡夫卡的解釋中，所重新闡發的道家與彌賽亞的新關係。這就是那個村子的寓意——就是《鄰村》這篇小說。

我的祖父老愛說：「生命驚懼的短促。現在，在回憶中，對於我，生活被壓縮在一塊兒了，以至於我幾乎無法把握住，比如，那一個年輕人，怎麼可能下定決心，騎馬去往鄰村，而不害怕，即——全然撇開眾多的不幸事件——這尋常的、幸福流逝的生命時間，對這樣一次騎行，已經遠遠是不夠的呀。[10]」

10　卡夫卡：《卡夫卡全集》（第1卷），頁182，譯文有改動（《Das nächste Dorf》：Mein Großvater pflegte zu sagen: «Das Leben ist erstaunlich kurz. Jetzt in Erinnerung drängt es sich mir so zusammen, daß ich zum Beispiel kaum begreife, wie ein junger Mensch sich entschließen kann,

　　這就是《鄰村》這篇小說。這是班雅明找到的「鄰村」——如同《城堡》前面的小村，鄰近天堂，也鄰近地獄，雙重鄰近，但無法抵達的村子，其實一個深淵。但卡夫卡的寫作，其實已經形成了某種新的書寫道路，其中有著對於老子道家最為直接的挪用。

　　圍繞卡夫卡寫作的意義，1933年後從納粹帝國逃離出來的班雅明與布萊希特在丹麥有過持續的爭論，布萊希特認為卡夫卡作為一個布拉格的猶太小青年，骨子裡依然有著猶太式的法西斯主義崇拜，尤為需要馬克思主義式的批判，但在班雅明看來，卡夫卡已經自我反省了這個法西斯主義背後的虛無主義絕境。班雅明認為卡夫卡還有著彌賽亞救贖的維度，並以此來反對法西斯主義的權力欲求，但這個維度在何處顯現呢？

　　班雅明給出了雙重的反駁：一方面，對於施米特的決斷主義與獨裁主義的反駁，對於希特勒法西斯主義的反駁，儘管阿岡本有所反駁，但其實還並不足夠；另一方面，則是對於布萊希特馬克思主義現實化彌賽亞主義的反駁，因為馬克思主義的不斷革命化，從史達林到毛澤東，一直都沒有解決專政與獨裁的致命連接。這個雙重反駁的重要性，可以讓革命左派從共產主義迷夢中蘇醒過來，尤其是從那些可笑的毛主義中走出來。

　　班雅明就以《鄰村》為例，圍繞「虛無」的不同形態，班雅明形成了三重的解釋學，來面對現代生活的複雜性：[11]

1. 這是關於日常生活的現代「虛無主義」冒險：猶太人與現代大眾一樣，都在雞毛蒜皮的日常生活中，在烏龜一般日常算計的生活中爬行著，從一個泥沼到另一個泥沼，因此，或者渴望法西斯主

---

ins nächste Dorf zu reiten, ohne zu fürchten, daß-von unglücklichen Zufällen ganz abgesehen-schon die Zeit des gewöhnlichen, glücklich ablaufenden Lebens für einen solchen Ritt bei weitem nicht hinreicht»）。

11　Walter Benjamin: *Benjamin* über Kafka Texte, Briefzeugnisse, Aufzeichnungen. 1981, S.153.

義與獨裁者的拯救,或者就沉迷於日常生活一步步的苦心經營,
有著騎士的冒險精神,但其實危險無處不在,如同資本市場股
票的突然崩盤,如同性解放導致的疾病,其實都「寸步難行」。
現代性欲望的普遍化與合理化,不過加強了這種日常化的虛無主
義或者無處不在的災禍。但這是現代生活必不可少的虛無主義態
度。卡夫卡則認為,只有修建巴比倫塔後,並不爬上去,即不去
用它,才可能不陷入無妄的爭奪── 如同911對於世貿雙塔的恐怖
襲擊。這裡疊加了芝諾的不動悖論與保羅神學的彌賽亞等待,那
個所謂的彌賽亞來臨的「小門」(虛無細小的一步),其實只是
奇怪的重疊。

2. 或者這也是小國寡民式「道家虛無化」的生活方式:小說來自
於中國道家箴言的直接改寫,即這個小說其實來自於老子《道
德經》第80章:「鄰國相望,雞犬之聲相聞。民至老死不相往
來。」對這個語句,既可以消極理解也可以積極理解,積極理解
就是無所用,如同前面指出的做一張桌子,「認認眞眞做某物,
又空無所成」,卡夫卡閱讀老莊道家所獲得的書寫原則,只有班
雅明最為敏感指出了這一點!後續研究者也不多見![12]如此積極
地無所成,形成了無用的解釋學。現代性主體必須保持自身的無
用:鄰村還是在鄰村,並未抵達,也從未抵達,我們的日常生活
還是那樣,如同動物一般生活著;但鄰村在那裡,如同《城堡》
前面的「村子」依然與「城堡」保持著距離。此間距的保持,乃
是去除幻想,保持在虛無之中,這也是主體間性相互尊重的生存
方式,此區間或間隔(spacing),必須被保持住,建構成通道
(passage)。如果有著彌賽亞來臨,只能以此通道而來,並且不
佔有它,而是要確保通道的通暢,這已經是彌賽亞悄然地自然化
了。

---

[12] Stanley Corngold: *Lambent Traces: Franz Kafka*. Princeton: Princeton University Press, 2004.

3. 或者這還是猶太教彌賽亞式的虛無化解讀：這是那個「老者」回憶的目光，或者這是「老國王」回望的目光，當然這也可能是「老子」一般老者的目光，根本上則是彌賽亞式「回憶」的救贖目光。「老人」不同於年輕人在於，他已經「抵達」了鄰村，這是他的回首與回憶，而只有彌賽亞回憶的力量，才能夠把一個個幸福的瞬間提取出來，聚合起那些消逝的瞬間，形成新的星叢或星座（如同靜止的「圖像辯證」）。這是個體的救贖，但也是自然化與彌賽亞化的重疊。一方面，鄰村的間距已經被彌賽亞回憶的想像所穿越；但另一方面，這個老者既是離開人世，隱遁起來的中國道教的神祕始祖，也是那個重返人世間的彌賽亞。這是彌賽亞式的解釋學，彌賽亞並未來臨，還是虛無主義的，但消逝的瞬間已經被聚集起來。或者這是持久的等待，如同這個小村子其實也是塔木德故事中那個等待彌賽亞來臨的公主的臨時身軀。[13]

如此彌賽亞回憶的目光，乃是記憶的救贖力量，也是不可摧毀的信念之保持，這裡有著多重的記憶：文化歷史的記憶，尤其是文化歷史中詩意的雋永記憶；或者是永恆的自然元素的詩意化，也重疊在兒時的記憶之中；或者面對當下消逝之物，作為辯證圖像的喚醒，以詩歌的節律記錄下來，如同新天使的歌唱。

如同卡夫卡最後一篇小說《約瑟芬，女歌手或耗子的民族》中的歌唱，也有著三重性聲音的疊加：動物式的耗子叫、口哨聲的即興無用化與靈魂昇華的歌唱，如此三者同時顯現。這有些讓我們想到莫言小說《檀香刑》的寫作：遭受檀香木凌遲刑法時的純粹肉體的叫聲——西方火車奔跑時的汽笛聲——並不存在的消解疼痛的貓腔歌唱，只是莫言並沒有明確此三重聲音的元寫作教義，尤其是無用的教義。

---

13 W. Benjamin: *Gesammelte Schriften II.* S.424.

㈡ 班雅明與卡夫卡寫作的中國動機

　　這個世界已經沒有眞理性。我們也不可能走出此非眞理的世界，甚至連想走出去的願望都是愚蠢的。如果卡夫卡的世界中只有謠言與愚蠢，那麼我們如何可能借助於此謠言與愚蠢而走出非眞理狀態？以無用的智慧走出這非眞理的危機狀態，不就是一個關涉救贖的神學問題？

　　由此班雅明給出了這樣的一個比喻：

　　我的思考與神學相關，正如墨紙與墨水相關。它浸透了墨水。但是如果有人想通過吸墨紙來判斷所寫的東西，那麼寫過的東西什麼都不會留下。[14]

　　這個比喻是奇特的：一方面，神學的思想滲透了每一處，如同墨紙被墨水滲透，但又不可能通過墨紙來判斷神學書寫留下的痕跡，似乎一切都消失了，或者充滿了每一處，無法區分，如同莊子的卮言充滿了每一處。另一方面，這個比喻本身來自於何處？難道不是中國文化的水墨書寫？這不是西方傳統的「白板」與「蠟印」的比喻，而是墨水與墨紙，是一種自然滲透的原理。彌賽亞的自然化就是一種滲透，不是一種外在的嫁接。

　　進入班雅明1934年專門論卡夫卡的文本：整個文本的中心，如果有的話，其實是「中國動機」，這是一個西方還沒有發現的隱祕盲點！這個動機如何滲透到班雅明寫作的每一處？這就是班雅明對於卡夫卡日記片段的引用：何謂道？「認眞做一張桌了，卻一無所成。」二者同時才是「道」，既是有爲的工作，也是無所成的無作。此道家化的「道」已經是彌賽亞即將走上的「路」，但現實歷史

14　班雅明：《作為生產者的作者》，王炳鈞、郭軍、蔣洪生等譯，2014，頁148。

似乎從未走上過。

　　卡夫卡自己需要一面「鏡子」，其實這面鏡子來自於中國。卡夫卡繼續以中國來觀照自身，就會發現另一個亞伯拉罕，因此，彌賽亞的道家化必然具體在對於文化歷史開端之命運的改寫上。而始祖亞伯拉罕，就成為卡夫卡解構書寫與變異書寫的對象。

　　這是一個中國化的亞伯拉罕：他不再是克爾凱郭爾的亞伯拉罕（《恐懼與顫慄》的生存基督教思想已經深深刺激了卡夫卡），而是卡夫卡自己虛擬的一個搞笑的學生（暗示那些個還在勤奮解讀《妥拉》而不得其門的經師和學生們），還是一個被班雅明強化了的跑堂侍者，他殷勤跑堂的動作如同中國的那些「低頭哈腰」的侍者們，是這個姿勢孕育了所有的想像！從而把文學引入到教義，使之成為了譬喻！因而不成為圖像，而是成為「動作」。

　　這就形成了卡夫卡「姿勢的詩學」，彌賽亞道家化的姿態改寫，其形象的集中改寫，就可以在「亞伯拉罕」這個猶太族長獻祭自己兒子以撒的事件上體現出來，並且可以看到「三重」不同的改寫方式及其交疊。

　　首先是這樣的一個無法出門的亞伯拉罕：「可是他卻無法去獻祭，因為他出不了家門，家裡離不開他，家計需要他，總是還有什麼要安排。他的家還沒有建好。可是，家沒建好，他就沒有依靠，沒有依靠，就不能走，聖經也認識了這一點，因為它說：他要了自己的家。於是，亞伯拉罕真的事先就應有盡有了：如果沒有這個家，他在哪裡把兒子養大呢？他的祭刀又該插到誰的身體裡呢？」以及隨後是另一個無用的亞伯拉罕：「第二天：這個亞伯拉罕又想了很多，不過，都是老故事了，不值得一說。尤其是那個真正的亞伯拉罕，事先他已經什麼都有了，從孩提時代就引向那裡，我看不出有什麼突變。如果他什麼都有了，而且本該被引到更高的地方，他就一定要，至少看起來是這樣，被拿走什麼東西，

這是合乎邏輯的，不是什麼突變。而上面那些亞伯拉罕就不一樣了。他們站在自己的建築工地上，突然要上摩利亞山，可能他們連個兒子還沒有，就該獻出兒子了……」還有一個就是那個壞學生的笑話，一個聽錯了老師召喚，卻形成了強烈對比的差學生，暗諷亞伯拉罕也可能聽錯了上帝的命令或法則，這是一個喀巴拉式神祕主義的反諷改寫。卡夫卡就再次書寫了三個別樣的亞伯拉罕：這也是喀巴拉神祕主義式反諷改寫、虛無主義的延遲行動與道家化無用解釋學的巧妙融合，是對世界輕微的糾正而已。[15]

其一，這是「猶太教拉比們的神祕解釋學」，或者基督教已有的解釋，無論是傳統塔木德還是克爾凱郭爾的基督教解釋，亞伯拉罕聽到上帝的指令，處於恐懼與顫慄的順從與考驗之中，並且其信奉得到了檢驗，「考試」似乎過關了，當然傳統解釋學已經認識到此悖論。

其二，則是現代性或者卡夫卡式的「解構式解釋學」，即，總是有著「另一個或者它異化的亞伯拉罕「（*Abraham, l'autre: Abraham, the Other*），這是卡夫卡對克爾凱郭爾的反諷，即他可能聽錯了，上帝並非要他去獻祭兒子加以考驗，是他自己以為自己是族長，出於恐懼而聽錯了，卡夫卡對此還有更為微妙有趣的改寫，即一個成績很差的學生在學期結尾時，老師要表彰優秀學生，他因為坐在最後一排且過於緊張，以為老師要授予自己，也同時站立起來，導致哄堂大笑，但這也是表彰好學生以警醒差學生，充分發揮了克爾凱郭爾本來要發揚的反諷精神，而且在德希達學派那裡得到了更為豐富地展開。[16]

15　卡夫卡：《卡夫卡全集》（第7卷），頁415-416。

16　*Judéités: Questions pour Jacques Derrida*. Paris: Galilée, 2000.其中德希達的開場文章《亞伯拉罕，他者》就以這個故事打開了對於猶太教自身解構的話題。

　　其三，則是道家化的「無用解釋學」，即這個亞伯拉罕根本就沒有去獻祭以撒，因爲他有太多的房子要建造（這個改寫可能還模仿了《古蘭經》中的那個建造天房的阿拉伯父子），有太多的妻子和太多的家務事要料理，他根本就出不了門，日常生活的瑣事夠多了，顯然這導致了信仰性命攸關考驗的無用，導致了神聖命令的懸置，這個族長怎麼看起來都如同中國「四世同堂」的族長。

　　彌賽亞的道家化，或者是自然的彌賽亞化，並非理論上的思辨，而是徹底面對時代的危機。班雅明與布萊希特對話中還坦率記錄了更爲嚴峻的挑戰：

　　布萊希特再一次強調（像更早在勒拉旺杜，但在用詞上對我來說更清晰）卡夫卡作品的預言性方面。卡夫卡有一個問題，只有一個，他說，那就是社會體制的問題。他爲螞蟻帝國的想法恐怖：在社會中人類因爲他們的生活方式而疏離於自己的這種想法。而他預感到這種異化的某種形式，如國家政治保衛局的方式。但他從未發現一種解決方案，從未在他的夢魘中醒來。布萊希特說到卡夫卡的精確，一個不精確的人，有著一個夢想的精確。

　　布萊希特指控卡夫卡的身份可能會促進某種「猶太式的猶太法西斯主義」，卡夫卡的寫作可能增加和擴散了籠罩卡夫卡的黑暗，而不是驅散它。因此，對於班雅明而言，澄清卡夫卡是必要的，那就是說，確切地闡述能從他的故事提取的實際的暗示。思想如何不是增加與擴散縈繞在卡夫卡世界的黑暗——而是去驅趕其中深重的黑暗？思想在面對困難而無助時——如何不是去「促進」猶太法西斯主義？這是布萊希特對卡夫卡與班雅明的挑戰。

　　布萊希特非常強調卡夫卡寫作面對組織體制這個「天敵」的無力，甚至認爲只有這一根本的異化問題及其對其精確的文學想像，才是卡夫卡的貢獻。這也是《一道聖旨》中那皇帝的遺囑永遠無法傳遞

出來而所要面對的重重官僚體制，這是一個螞蟻帝國，一蜂窩式的民眾，也是馬克思主義要摧毀的制度，但布萊希特不認爲卡夫卡已經解決，而且以中國長城的建造來類比，顯得無比精確，有一種異域夢想家的精確，甚至也精確暗示了中國儒生與民眾對於統治帝王或者領袖的崇拜，總是要渴望一個強勢與天命附身的領袖，達到了彼此觀照的協助式比較研究，如果這個「猶太男孩」與「雅利安男孩」一樣，那不也是同樣在渴望一種強勢的首領來拯救自己的民族？

　　猶太教的積弱彌賽亞主義，如何與希特勒的法西斯主義可以區分開來？這也是整個1920～1930年代德國革命的保守派知識份子最爲關切的問題，這也是爲何班雅明在1920年代初也如此崇拜施米特《政治的概念》與《獨裁者》中的主權殺戮理論，更不用說，海德格、施米特與雲格爾等人，在1930年代初都如此認同希特勒拯救德意志人與歐洲文化的虛幻夢想，這讓很多人在這裡失足，並陷入了迷途。而且，在更爲弔詭的關係中：希特勒也是在模仿猶太教的選民與救贖敘事，雅利安人才是歐洲眞正的選民，如同尼采「超人」的偉大政治與文化夢想，以此面對歐洲與歐洲人的危機。顯然，對於領袖的渴求，對於救贖的模仿，再次陷入了陷阱的自棄與捕鼠器的邏輯之中。

　　布萊希特認爲單靠卡夫卡自己是無法找到出路的，必須經過某種迂迴，即老莊道家的道路。但是，問題也出現在這裡：一方面，布萊希特對於領導或者領袖（Führer）的召喚，不是與希特勒這樣的元首相應了？不也與海德格所著迷的領袖與元首的開端力量同謀了？道家的歐洲化如何避免這個迷障？另一方面，道家自身並不需要領導，而是提倡讓出與避讓，乃至於無爲，但這又如何成爲領導？中國文化並沒有解決這個問題，這也是儒家與帝王政治的合謀──道家自然退隱的審美化，這二者之間的分離在現代性能夠解決嗎？處於流放之中的這兩位德國與猶太知識份子，如何可能回答這個中國文化政治的根本困難？一旦中國文化進入現代性，接受馬克思主義，其幹部制度──不也是把蘇聯共產黨的幹部制度、傳統文官的學而優則仕、現代公務

員的考試制度，這三個要素整合起來，不就是更加官僚組織制度化了？哪裡還有空隙或者裂隙（這不是卡夫卡以「分段修建的體系」所發現的中國萬里長城時要發現的祕密）？在這裡，布萊希特似乎在用道家敲打馬克思主義，又充滿內在的驚恐，即是否道家也會陷入帝國主義的權力迷惑（集合了詩意文人—文教思想—文化管理或文官統治三者於一身的毛澤東本人不就是一個道家化的領袖）？這也是很多西方革命左派學者對於海德格思想道家化的懷疑？比如齊澤克一直追問的：「泰然讓之（／讓然：Gelassenheit）」如何可能那麼輕易地就消解了集中營大屠殺的責任與罪責？

　　而布萊希特也正是在作如此的思考，他甚至虛構了一場卡夫卡與老子圍繞經濟財產的當代對話，嘗試把猶太式動機道家化，這當然也已經在回應班雅明論卡夫卡的論文，既然班雅明已經在論文中大量討論了「卡夫卡的道家化」。班雅明式的卡夫卡寫作，如何化解這個相似性的模仿暴力？除非把猶太教道家化？把彌賽亞自然化？再讓自然彌賽亞化，潛移默化才可能革命化？這就要試圖把這三者：現代性虛無主義反諷的解釋學、彌賽亞神祕主義的解釋學與道家無用的解釋學，內在結合起來，形成相互的助力。也許正是如此的綜合關聯與彼此的助力，已經被布萊希特看到，故二人的討論，一開始就是從道家開始切入。

㈢ 布萊希特與道家式的友善

　　彌賽亞自然化，猶太思想的道家化，還體現為班雅明與布萊希特在逃亡過程中的自我轉化，布萊希特1938年在流亡途中寫出了題為〈關於老子在流亡途中著《道德經》的傳奇〉（Die Legende von der Entstehung des Buches Taoteking auf dem Weg des Laotse）的十三節

詩歌，認為其中有著生命保存的鑰匙（Schlüsselgedichte）[17]。而班雅明則專門回應，並強調了道家「友善」的重要性：

　　一個中國先哲曾說：「大學者、大文豪們曾生活於最為腥風血雨、暗無天日的年代，但他們也是人們曾見過的最友善、最開朗的人。」這個傳奇故事中的老子不論走到哪裡，不論在何處停留，都始終在傳播這種開朗與歡愉的氛圍。他騎坐的公牛是歡快的，儘管牠馱負著老者，這卻並未妨礙牠去愉快地享用新鮮草料。他的牧童是快活的，他堅持用乾巴巴的言語來解釋老子的貧窮；「他是位教書師傅。」身處關卡橫木前的稅吏是快樂的，正是這種快樂才激勵他去高興地詢問老子的研究成果。如此一來，這位智者本人又怎麼可能不快樂，若他不快樂，他的智慧又有何用？[18]

　　而且班雅明還相信，此道家「友善」的姿態，一點也不亞於猶太教的彌賽亞精神：

　　「你懂的，被戰勝的乃是堅硬之物」（即「以柔克剛」）。這也來自於老子「水之運動」，這是道家的智慧，班雅明甚至認為：「老子如此的教諭詩，如同預言一樣振聲發聵，一點也不比彌賽亞的言說差！」這句話，對於當今的讀者而言，卻不僅包含了一個預言，還包含了一種訓誡。[19]

　　老子式的教諭詩改寫後，也是班雅明自己夢想的教義式精神，在

---

[17] 班雅明：《無法扼殺的愉悅》，陳敏譯，2016年，頁234-238，其中有對這首詩的完整翻譯。Gesammelte Schriften, II, S.539-572.

[18] 班雅明：《無法扼殺的愉悅》，陳敏譯，2016年，頁239-240。

[19] 班雅明：《無法扼殺的愉悅》，陳敏譯，2016年，頁240。

這裡，道家的教義其實已經與彌賽亞性關聯起來，彌賽亞已經更爲徹底地道家化，革命的方式更爲柔化化。或者，這也是一種消失於圖像的方式，老子出關——離開這個世界——以便消失於自己留下的箴言之中，因此，讓布萊希特與班雅明如此著迷。

對於班雅明，還需要喚醒無意記憶，無意記憶更可以喚醒這種救贖意識，如果彌賽亞如同那個鄰村中的老者，其目光在回眸中與彌賽亞的目光重疊了，因此穿越了村子之間不可能超越的間距——那是老子《道德經》所守護的自然化距離，只是這間距轉化爲一個虛化的「之間」，保持此虛間的通暢，因此，這是彌賽亞的自然化，即猶太教的道家化，但也隱含著自然的彌賽亞化——只有彌賽亞可以跨越與壓縮自然的無限間距。

面對不可消除的虛無主義，又不可能不以虛無主義爲方法，即便有著道家的無用論，進入現代性，還不足以化解虛無並驅散黑暗，還必須更爲徹底地面對所謂「後現代主義」與「現代主義」的差異與抉擇：

1. 如果現代主義一直肯定此空無或虛無的空無性：要麼以基督教否定神學的方式，肯定上帝的自身撤離與退出，但此否定依然要求世界本身的繼續空無化；或者並不去填充它，而是繼續擴展此空無的敞開性，讓這個塵世的世界成爲向著神祕世界的敞開通道；要麼保持一種中性的懸空，神與人的雙重不忠或者雙重死亡，並沒有居間人來連接，保持此中空的空出，反而可以激發生存的冒險。

2. 那麼，後現代主義則不同，要去「填充」這個空無，因為無法忍受此空無的空洞性：或者以「污濁的現實」去填充，如同齊澤克等人的思考，這是褻瀆的普遍性，既然崇高的空無之為空無也是空寂的，倒不如回到污濁的現實，更為體會到個體自身的短暫有限性與存在感，肯定個體的有限欲望與享樂；或者以佛教的悖論去填充，即煩惱即菩提，神聖空無與褻瀆罪惡同在，二者的區分只是在於「自我的捨棄」，如同恐怖主義的襲擊實施者，既然以個體的絕

對死亡與犧牲為代價和前提，又是為了神聖的目標，而不是個體的享樂與補償，那麼就不同於前者，這是東方式的填充，如同日本佛教的絕對空，或伊斯蘭教神學的天堂賭注；或者，有著「虛擬的填充」，這是科幻電影在虛擬空間的短暫滿足，如同技術不斷打開混沌與外太空的空間，這是對敞開的填充，無法忍受外在的無名性。

顯然，卡夫卡的寫作同時具有這兩個方面：一方面是上帝的缺席或回撤（retrait），猶太律法與傳統的失效，如同蕭勒姆所言的虛無之啟示，班雅明所言的以虛無主義為方法，這以卡夫卡小說中那一直在遠方且處於霧靄中的「城堡」為象徵；另一方面，則是現實生活及其日常的災難，資本主義官僚機器的控制，還有個體情欲之間的糾纏，試圖從污泥中走出來卻只會陷入更大的泥沼之中，這以此處的「村子」生活為實質，甚至任何的反抗都是可笑的，如同堂吉訶德的行動，其實也是另一種虛無主義。

但是，卡夫卡小說中還有著第三個維度，既非「空無」也非「填充」，而是打開了自然化的生命，但又不陷入天敵的死亡法則，而是試圖轉化此雙重的虛無化。悖論與弔詭的是，此維度還是要從此雙重的虛無與無用出發，這是卡夫卡世界的雙重摺疊或雙重擊穿：內部封閉的世俗歷史世界需要被打開一個可以穿越的「洞」，這是卡夫卡對於生命的自然化還原——動物生命與自然生命，打開逃逸之路，如同《地洞》中的老鼠，不再進入資本主義官僚機器的生產機制之中，如同道家的退避與生命生養，不陷入天敵的魔爪：外部超越的彌賽亞王國則需要自身撤離，撤離得越遠越好，並不直接進入世界，而是後退到世界誕生之前，再次進入混沌，反而可以隨著新的湧現，再次進入世界，如同喀巴拉神祕主義的創世回撤，如同《一條狗的研究》中那隻接受空中糧食、修煉音樂科學可以重新長大的小狗。

卡夫卡的寫作，就是在生命的變形記與神性的再化身中尋找著二者的鏈結，形成新的通道，逃避天敵的法網。這是雙重的無用式轉化：不去用人造之物，而是被自然所用，這是莊子心齋之「虛而待物」，如同「飢餓藝術家」的表演與工作，如同塞壬的歌唱，不是誘

惑而是沉默：不去徵用神聖之物而導致災難衝突，而是讓神聖之物去轉化自然之物，這是心齋之「虛室生白」，這是女歌手約瑟芬的工作與責任。如此的雙重轉化，也許會打開一條新的轉化之路。

　　作為漸進修養的韌性，中國道家的無用之思，只是一種不得已的助力，但此外來的力量，將會對彌賽亞的來臨構成某種助力？

四

回縮與虛位

德希達與蕭勒姆一道走向
「餘讓」

　　此有道者之所以異乎俗者也，舜以天下讓善卷，善卷曰：「余立於宇宙之中，冬日衣皮毛，夏日衣葛絺。春耕種，形足以勞動；秋收斂，身足以休食。日出而作，日入而息，逍遙於天地之間，而心意自得。吾何以天下爲哉！悲夫，子之不知余也。」遂不受。於是去而入深山，莫知其處。

——莊子，〈讓王篇〉

　　神學開始於對神聖名字的思想，信仰開始於對於上帝之名的祈禱與召喚，但進入現代性或者後現代，一旦「神聖名字缺乏」（es fehlen heilige Nahmen），虛無的深淵就被徹底打開，生存的無根基狀態吞噬著世界，但也許，聖名的缺乏或者神性的回撤（retrait），反而會構成另一種的幫助？神性的自行隱匿與先在地預留（Vorenthalt），甚至構成一種幾乎不可能的「偉大的允讓」（Die große Gewährnis）——如同海德格接續詩人荷爾德林的思考。[1]

　　面對聖名的缺乏，現代性的哲學家們或者否定神學的思想者們，不得不嘗試其他名字的發現，比如德希達（／德里達）晚年就思考了兩個「名稱」，這也是他發現的兩個文明或兩個世界的「起源」，即在《信仰與知識》中打開的兩口「井」，或者兩隻最爲神祕原初的

---

[1] Martin Heidegger: *Aus der Erfahrung des Denkens (GA13)*. 2002, S.232.在海德格看來，詩人荷爾德林是最爲徹底也最爲早先地認識到了神聖的缺席與退場，因此以哀歌與頌歌開始召喚神性，而且海德格在這裡繼續肯定了這個缺席，認爲虛無深淵的敞開在於此缺席已經是神性的事先行動，這個行動乃是神性的隱匿以及事先的扣留或者克制，Vorenthalten這個詞，有著扣留與預留的姿態，還有著包含與克制的姿態，在後面，我們會看到，此姿態與喀巴拉神祕主義的Zimzum（上帝創世之前的自身回縮與回撤）隱祕相關，儘管對於海德格中期，此「克制」還是存在的命運或者存在英雄的情調，乃至於最後之神的行爲，而並非人類的意志。但進入1945年之後的海德格，一旦把克制與讓予聯繫起來，形成的是另一種的隱忍或忍讓，以此來面對現代性虛無主義的困境。

「雙眼」[2]：

　　既然必須用兩個詞包括一切，讓我們給這些根源的雙重性兩個名字。因為，再次，根源就是雙重性本身，一個就是另一個。讓我們為這兩個源泉，這兩口井或這兩條在荒漠中尚不可見的蹤跡命名。讓我們仍然給予它們兩個「歷史性」的名字，在這樣兩個名字中，某種歷史觀念自己變成沒有歸屬的。我們為此要一方面參照──暫時地，我堅持這點並且堅持教育或理論的目的──「彌賽亞性（messianique）」，另一方面參照khôra，就如我曾經企圖更加細緻、更加耐心所做的那樣，我希望在別處能更加嚴格地做這件事。

　　這是德希達對於整個西方文明關於神學思想最為凝練的提取，是有待於去挖掘的兩口井，但也許都已經枯竭或者被堵住了，這兩個起源的名字代表了唯一神論與哲學的兩個開端：一個是彌賽亞性，「沒有彌賽亞主義的彌賽亞性」（messianicité sans messianisme）；一個是Khôra(chora)，[3]這是在第一名字之前或先於所有名字的那第

──────────

2　德希達：《解構與思想的未來》，夏可君編校，2006年，頁298。Jacques Derrida: *Foi et savoir*. Paris: Galilée, 1995.

3　柏拉圖：《柏拉圖全集》（第3卷），王曉朝譯，2003年。以及Luc Brisson: *Le même et l'autre dans la structure ontologique du Timée de Platon*. 1994. Χώρα，原意為空間、位置、地點、接收器或容受、宮籍等。柏拉圖《蒂邁歐》（*Timaeus*, 48e-52b的段落）中作討論了作為必然的「第三類」（Die χώρα ist die Notwendigkeit, ἀνάγκη, 48a），它作為接收器（虛受），如同子宮，接受印痕的可塑性無規定質料，這種可塑性的質料（ekmageion）不顯現自身（虛白），不可見也不可知，不是元素，而是如此這般變化著的元素指向（虛體），只有模糊如同夢中的影像（虛象），作為混雜的理性（玄虛），且保持不止息的震盪與播散（虛處）。我們試圖在漢語中翻譯為：「虛所」或廣義泛指的「虛托邦」（Enchorial-topia），以與日本京都學派的「場所」（basho）邏輯區分。對於chora的專門研究，參見德希達：Jacques

一個名字，就是柏拉圖在《蒂邁歐篇》中所指定的，德希達認爲柏拉圖還沒有在可靠的自身—解釋中重新居有它的名字。德希達發現了這兩個起源的異質性——即猶太與希臘的再次分化，但在他自己的思考中，似乎也面臨二者無法綜合的疑難，也許他認爲這個二元論必須被保持住，如同另一個可能性與不可能性的雙重約束！儘管德希達在《流氓國家》中試圖進入chora的位置，思考到來民主時的彌賽亞性絕對正義，[4]但是一直不明確。

　　問題出在哪裡？這是彌賽亞性與chora的「連接的位置」不明確，或者猶太—希臘的歷史連接點一直就充滿了危機，而且西方歷史對此關聯的危險還有待於徹底反思：無論是基督教的連接——以耶穌基督爲彌賽亞的在場化，還是新教導致的啓蒙歷史理性的審判法庭，或者是馬克思主義的革命烏托邦與技術結合的現實實現，所有這些，都導致彌賽亞性之彌賽亞主義化，現實的救贖並沒有帶來天國，從德希達的解構神學以及班雅明式彌賽亞主義，還有喀巴拉神祕主義看來，是沒有如此的連接仲介的，這也是荷爾德林與尼采

Derrida: *Khôra*. Paris: Galilée, 1993.該書中文翻譯見，夏可君編：《德希達：解構與思想的未來》，長春：吉林人民出版社，2006年，以及《拯救／除了名字》（Jacques Derrida: *Sauf le nom*. 1993）。Jacques Derrida: *On the Name*. Edit. Thomas Dutoit, trans. David Wood. 1995. John Sallis: *Chorology, On Beginning in Plato's Timaeus*. 1999. John Sallis: *The Return of Nature: On the Beyond of Sense*. 2016. Henry Maldiney: *Ouvrir le rien, l'art nu*. 2010.

[4]　德希達：《無賴》（Jacques Derrida: *Voyous*，2003），汪堂家、李之喆譯，2011年，頁6-7，頁108-112。德希達認爲：「將臨的民主類似於政治的chora。」（頁108）並且指出chora的非位置，是另一種發生，是一個荒漠中的荒漠之不可替代的場所與間距（頁7），而且chora主要有著接受性，而非主動給予，在存在之前就已經予有（es gibt），但卻並不存在，它並非存在的範疇，「有著chora，但chora卻並不存在（Il y a khôra mais la khôra n'existe pas）」。德希達指出，Chora的發生不由康德調節性原理所引導，不是世俗歷史世界的秩序，也不是不可實現的烏托邦理想，而是在來臨，卻又並不在場的記憶，它是對於未來的記憶，與彌賽亞相關，只能是「好像」（als ob）一般，但又有著當下的緊迫性。德希達如此的思考與班雅明的相關差異，我們隨後會指出。

以來，從布朗蕭到德希達所認爲的仲介的缺席或者中空。[5]因此，有必要重新回到「彌賽亞性」的問題，也要重新理解chora，既然在柏拉圖那裡這個「非概念」並沒有充分展開思考，而從亞里斯多德開始，已經把chora解釋爲空間（space/topia）與「位置」（place）了，但chora恰好不是空間與位置，而是「非位置」（non-lieu），與混沌相關又並非混沌。但與德希達稍有不同，一旦我們進一步重新理解彌賽亞性與chora的其他可能的連接方式，就會形成一個新的思考空間，這是「虛所」（如果一定要翻譯，就是Enchorial-topia）。

　　我們要追問的是，彌賽亞在哪裡來臨 —— 或者他曾經顯現在哪裡？chora如何生成爲位置 —— 那不是位置的位置（虛位）？一旦以漢語的「虛位以待」來加以言說，即在chora的虛位上，等待彌賽亞的來臨，或者給來臨的彌賽亞讓出或者空出一個位置，即，這個在來臨又延異著的他者，只能是虛位的，不是人類主體的虛位以待，而是人類主體的自身讓出，自身退出，讓彌賽亞來臨，如此理解的這個退出的位置與姿態，其實就是另一種對於彌賽亞的理解，即喀巴拉神祕主義盧里亞的理解：Zimzum，[6]此上帝創世之前的「自身回縮」（Contraction）與「自我限制」，即，一個神在自身中而自我

5　這個問題異常複雜，當然基督教傳統神學，當代否定神學，以及後現代神學，還有左派的基督教回歸，如何面對這個危機，那是另一個問題。從神學的解構來看，如同布朗蕭在《文學空間》結尾所指出的，接續荷爾德林「災變的停頓」與仲介的空無化及其保持，就尤為需要發現另一種不是仲介的仲介 —— 自然，來克服隨後導致的各種虛無主義，無論是資本主義全球化 —— 這是欲望生產的虛無主義狂歡，還是回到基督教或伊斯蘭教的某些極端主義信仰 —— 也是另一種以犧牲獻祭填補上帝缺席的危險衝動，抑或是革命左派「比無還少」（less than nothing）的方式都是不足夠的，需要從「自然」或廣義的「生態學批評」轉向重新開始，這也是漢語神學介入的切入點。

6　Gershom Scholem: *Die jüdische Mystik in ihren Hauptströmungen*. 1957, S.285-290. 蕭勒姆或索倫：《猶太教神祕主義主流》，涂笑非譯，2000年，頁254-258，第七講，集中於盧里亞學派的討論。

限制，為了創造世界而「讓出」自身的空間（eines Gottes, der sich in sich selbst verschränkt, um Raum für die Schöpfung zu lassen）[7]，通過設置一個自身否定的要素，上帝解放了創造。這就啓發了一種原初的倫理姿態：無論是某種等待主體的退讓，上帝的自身回撤暗示了猶太人的一種原初放逐，還是彌賽亞的延異──德希達的延異得以重新理解，都是對上帝原初行為的模仿或者效法，而如此退出的原初空間（Ur-raum），這個重新被理解的「從無創造」（creatio ex nihio）的空無化空間，[8]就是上帝自身的「返回步伐」（Schritt zurück）──海德格開始進入此模仿步伐──就是退讓的空間。[9]因此，我們將不從上帝退出的無限自由與自我放逐來思考，而是從上帝的退出（Entzug）與讓出的倫理姿態來思考。

通過海德格思想的仲介，[10]我們就可以看到：人類越是模仿此退

---

[7] Gershom Scholem: Über einige grundbegriffe des judentums. 1970, S.85-86.

[8] 有關「從無創造」的基督教神學思考，無疑異常複雜，與猶太教以及諾斯替教的複雜關係，不是本文處理的問題。只須指出，蕭勒姆由「從無創造」走向zimzum，是與基督教神學的虛己（kenosis）根本不同的思路，更為強調愛的禮物給予。讓‧呂克‧南希的基督教解構也試圖重新解釋「從無創造」，走向空無之「敞開」的動作姿態，伴隨神性的回撤，也是一種當代的轉化。

[9] 海德格：《面向思的事情》，陳小文、孫周興譯，1999年，頁36。海德格的「返回步伐」有著多重含義：其一，返回到更早的早先，擺脫曾經的存在論差異的束縛，深入存在自身的隱藏與存在的歷史性遺忘，是更為本源的回歸，這《在通向語言的途中》已經有所具體化。其二，思想之為道路而非方法，讓思想成為一種上路的步伐，此步伐的反思或者重新起步，顯然受到老莊道家的道路之思的影響，這在1910年代布伯已經開始對猶太教律法的道家化解釋已經開始，因為猶太教的律法結集Halacha其希伯來語本義就是上路與行走的意思。其三，此返回步伐，也是一種退讓，與海德格後期思考「泰然讓之」（Gelassenheit）一道，打開一個遊戲空間（Zeit-Spiel-Raum），通過後退，回到更為隱祕的原初空間或林間隙地（Lichtung），或者打開一個天地神人共聚的餘地空間（Spiel-Raum），以此等待神的來臨。──這其中是否有著對Zimzum的模仿？這是一個有待於進一步展開的問題。

[10] 海德格與猶太教文化的關係，無疑也是一個敏感與複雜的問題，隨著最近《黑筆記》的出

出的餘讓步伐，越是給出迴旋的餘地（Spiel-raum），彌賽亞的來臨就越是多餘，如此一來，這樣的回撤空間或者餘地空間，既是彌賽亞式的，也是讓彌賽亞多餘無用的，這就回應了卡夫卡的思考；但另一方面，如此的退出，如何又不被佔據，且並非自我放逐的，[11]而是有著能產的豐富性，這就需要chora。chora也是一個原初的空位，連蘇格拉底也無法佔據這個位置，那是一個接收器，作爲子宮一樣的接收器，也是一個友善的位置，在這個意義上，退出的位置，如果也是一個友善的接納的位置，如同母性的子宮，如同女權主義神學的解釋。

　　那麼，如此退出的空位——也是一個「善待」——友善款待（hospitality）——的位置，這就是打開了一個「虛所」，一旦把「退出」（withdrawing-empty）與「退讓」（recede-letting）結合，空出與接納結合，並不具有明顯倫理性的chora，就具有了友善的倫理原初姿態，而退出與退讓的結合，也讓退縮而自身隱退的上帝具有了召喚的力量：召喚人類「模仿」他的退出行動，主動地退出，給出餘地，與海德格的「返回步伐」以及「泰然讓之」（／讓然：Gelassenheit）的姿態一道，就形成了「餘讓」（Bleiben-

---

版，更為嚴峻：1.或者認為海德格根本上遺忘了猶太的他者性遺產，從誤解中導致了自身的反猶主義，比如Marlene Zarader的研究（*La Dette impensée.* 1990）。2.或者認為海德格其實已經在徵用猶太教或者聖經資源，無論是他自己的新教學習背景，還是早期對於路德和奧古斯丁的研究，但是被他自己遮蔽或者無意識遮罩了，如同利奧塔《海德格與猶太人》一書的反思與批判。3.或者認為海德格還是在利用猶太教資源的，只是不直接指明，或者根本上無法排除猶太教的滲透，如同德希達在《精神，海德格與問題》對於「精神」一詞的解構。4.在我們看來，海德格其實還有著另外的可能性，即海德格確實在利用西方的神祕主義資源，比如埃克哈特大師與謝林的思想，其中與猶太教神祕主義有著某種關聯，尤其是讓然與深淵的思考，甚至，還與老莊的東方思想相關，因為已經變異，海德格就並沒有指明其猶太教根源。這是我們在這裡的研究需要指明的。

11 蕭勒姆對盧里亞主義就Zimzum與西班牙大驅逐猶太人的時代背景相關的思考，當然有不同意見（比如Moshe Idel的歷史性分析），只是這對於我們這裡的研究並非關鍵之所在。

Lassen）的姿態。餘讓與善待：一個讓出退出，一個給予與奉獻，就形成了相互回環的姿態，以避免德希達的不可決斷。而且，如此的思考，也對應著並可能再次啓動中國文化的原初姿態，形成漢語神學的新表達。

如果最後之神來臨，如果彌賽亞來臨，他要來到什麼位置呢？

這是一個虛在的位置。

㈠ Chora：到來的虛位

有著一個虛在的位置嗎？

如果有著彌賽亞，如果有著最後之神的再次來臨，他會來到什麼位置？這只能是一個虛在的位置？一個虛托邦？一個莊子式的無何有之鄉？

隨著來臨的「位置」變得重要起來，現在的問題：將不再是哪個「民族」被揀選來見證彌賽亞的來臨，這會導致祭品的爭寵，會導致犧牲品的暴力模仿；也不再是追問「誰是」彌賽亞，因為如此的追問會讓神的顯現必然以犧牲的姿態出場，會導致補償的邏輯，人類會陷入無休止的債務重負。現在的問題將是：如果有著彌賽亞，如果彌賽亞來臨，他會來到什麼位置呢？

這個神聖的位置，這個位置的神聖化，乃是彌賽亞的「虛在」。

通過這個虛在的位置，這個尚未發生的位置，我們再次回到彌賽亞性的問題，重新理解現代性與彌賽亞性的關係。當彌賽亞的先知性在現代性被提倡，一方面是面對尼采從潘朵拉瓶子裡放出的「虛無主義」──上帝死亡，「怎麼做都可以」，因此犬儒主義成爲後現代最爲基本的生存倫理；另一方面，則是那個化身爲他者的「猶太人問題」──猶太人作爲被揀選的民族如何再次見證彌賽亞的救贖，既然彌賽亞與這個世界並沒有關係，人類怎麼做都喪失了意義與價值，「怎麼做都不可以」。如同班雅明在《殘篇》中所言，就是班雅明與

蕭勒姆的雙重態度——世界政治只能「以虛無主義爲方法」：一方面，這是世界歷史的虛無化，無論是基督教的救贖歷史，還是資本主義成爲拜物教式的新宗教，都與上帝之國沒有關係，只是世俗歷史的廢墟之不斷地升高；另一方面，彌賽亞的救贖也是無力的，要來的上帝是無力的，但語言是神聖的（這也是《世界與時間》片段的主旨），彌賽亞他自己完成救贖，但此救贖又是卡夫卡所言的多餘化與無用化，因爲現代性的人類已經成人，但彌賽亞又並非人類的力量。

如何解決這個如此「弔詭」的問題：一方面，猶太性必須見證彌賽亞性；另一方面，此彌賽亞性進入現代性必須自身虛無化。有著如此的上帝嗎？如同現代性對於他者的排斥——納粹的大屠殺，上帝並沒有顯現，而是保持了自身的沉默，似乎上帝自身多餘化了，自身撤離了，徹底退場了，或者上帝死亡了，等等。那麼有著一個如此的彌賽亞性嗎？即：一方面，彌賽亞既是如此的必要——猶太人沒有彌賽亞救世主，無法存活，即便存活也沒有意義，因爲猶太人是絕對大他者的見證者；另一方面，但彌賽亞又是如此的多餘與無用——既然上帝在奧斯維辛集中營並沒有來救贖，既然現代性讓上帝成爲多餘的，人類自身開始承擔責任。但悖謬的又是：現代人又並無力自己解決此歷史的災難，人類自我的主體主宰，無論是保守革命派的主權與獨裁論——施米特的天主教，還是左派的革命主體——從馬克思直到齊澤克的列寧式保羅神學，都會導致暴力，無論是獨裁決斷的暴力，還是集體專政的暴力！進入21世紀的世界政治越來越在加速那擴大著的暴力迴旋場。因此，絕對需要彌賽亞，但此彌賽亞又是多餘無用的，這就是德希達展開的「雙重約束」（double bind）：彌賽亞是可能的或絕對必要的，但彌賽亞又是不可能的或絕對不在場的，二者必須同時互爲條件！

有著回應此「絕對悖論」或「絕境」（aporia）的道路嗎？這是班雅明與蕭勒姆其實已經給出的回應，即盧里亞式的喀巴拉主義（Lurianic Kabbalism）所大力發揮的Zimzum，上帝自身在創世之

前，不是去流溢與主宰世界，而是退出或回縮（retreat），上帝一開始就限制自身。正是因為此上帝之原初的回縮，而給出了一個並不存在的原初空間，給出了空無，給出了最初的「餘地」（Spiel-Raum），才可能「讓」世界得以膨脹，讓萬物得以湧現。當然，這也導致世界的流溢，導致容器的「破裂」，惡與善大量湧現出來，因此需要找回碎屑中的隱含種子或者餘留物（Residuum），使之重新在原初空間中再次聚集。這就如同以色列雖然被揀選了，但得救的僅僅是少數的少數，只是「餘數」（如同羅森茲威格在《救贖之星》中對《以賽亞書》的啓動與阿岡本在《剩餘的時間》中對保羅神學的分析）[12]，因為只有那有著餘光的種子，或者殘剩餘香的瓶子，才可能得救，作為剩餘的餘數！這是餘數的補救（Tikkun）。

　　如此的回撤與退出的原初姿態，就可以回應神義論的疑難——而這是基督教很難解決的困境，即人之自由意志與上帝之自由意志的衝突，也是主權的衝突，但喀巴拉的盧里亞主義給出了很好地回應，既然上帝是自身退出的，先在就已經退出了，給人留出了自由選擇的機會，但也導致了惡的出現，其中有著上帝的憤怒與審判，也有著上帝給出的餘地與迴旋空間。此退出的姿態，在盧里亞主義的理解中，隱含著上帝的憤怒與審判，或者上帝自身放逐的「無奈」與「被迫」？似乎上帝被迫給予了自身一個更爲巨大的難題或絕境（aporia），或一個沒有姿態的姿態：自身必須先在地「退出」，必須「放棄」自身的至尊主權（Sovereign），自身必須先在地「退讓」！這不僅僅是主權是無（如同巴塔耶所言：Sovereign is Nothing），而是主權的退讓（Sovereign is Letting / Souveränität ist Lassen）。按照蕭勒姆的理解，如此自身退出與自我放逐的彌賽亞

12　羅森茲威格：《救贖之星》，孫增霖、傅有德譯，濟南：山東大學出版社，2013年。阿岡本／阿甘本：《剩餘的瞬間——解讀〈羅馬書〉》，錢立卿譯，北京：中央編譯出版，2016年。

姿態，乃是猶太人爲了回應一次次的大驅逐，尤其是西班牙的大迫害，對自身命運的反思，是另一種的神義論，顯然這不同於任何基督教的神義論，它並非人類意志與上帝意志的傳統，而是上帝自身的自身讓出。那麼，猶太人或者人類，是否應該學習此原初的姿態，並且效法之？以此隱忍這個世界的不義，以等待彌賽亞的來臨？[13]

　　進入現代性，作爲先知式的這些猶太思想家與作家：布伯、班雅明、蕭勒姆與卡夫卡，可能也預感到猶太人作爲他者，再次面對著被大屠殺的命運，因此，重新提出Zimzum，乃是召喚這個世界主宰者的退出與退讓，期待人世間的掌權者也模仿上帝的原初姿態，才可能給予彼此存活的餘地？！

　　但是，希特勒的納粹德國模仿的卻是希臘化或者基督教式的姿態：奪取，戰爭，爭奪，所謂赫拉克利特的箴言——「爭奪（polemos）乃萬物之父！」是一個德意志與希臘式的模仿悖論：越是模仿希臘，越是要去超越希臘，甚至最終，取消希臘；[14]既然已經超越了對方，那就可以徹底取代希臘，在政治決斷與鬥爭中，那就是消滅希臘。這就是模仿的暴力性（德希達、拉庫—拉巴特與吉拉爾對此都有所分析）：模仿本來是學習與效法，以對方爲老師爲前提，但卻是要取代對方，乃至於最終要消滅對方，以確保自身的唯一性。把這個「模仿的悖論」轉移到面對猶太人這個被揀選的民族時，德意志人要去模仿歐洲命運的代言人姿態，自從斯賓格勒《西方的沒落》一書以來，歐洲在沒落，需要一個民族出來拯救，德意志人必須承擔此責

---

[13] 這個自身限制與自身讓出的原初姿態，在喀巴拉神祕主義有著爭論，或者認爲這是神性的憐憫與仁慈，或者是出於神的憤怒，其中有著「神聖審判的根源」，並且與破裂後聖光的殘餘混合，是得救的種子或者剩餘物，此剩餘物正是猶太民族的「餘民」特性，如此的「神義論」顯然不同於基督教神學的思考。參看蕭勒姆或索倫：《猶太教神祕主義主流》，涂笑非譯，成都：四川人民出版社，2000年，頁257。

[14] Ph. Lacoue-Labarthe /J-L. Nancy: *Le mythe nazi*. 2016.在該書中，仔細分析了納粹德國與德意志文化的模仿悖論及其災難後果，也可以參看吉拉爾對於模仿悖論的相關思考。

任，讓德意志人成爲救贖的化身與民族，如此模仿猶太人，就導致殺死被模仿的他者，而猶太人就是如此的他者，這也是另一種唯一神論式的爭奪。因此，海德格式的最後之神與要來之神，如何與希特勒納粹式的種族神話區分開來？

　　爲了避開或者化解此模仿的悖論——模仿的爭奪就必須去除他者，這就出現了海德格後期的反省——「去己」（enteignen）或自身的剝奪（inappropriate），乃至於通過「返回步伐」，以及「讓然」的姿態，走向「讓—予」（lassen-geben），「讓—出」（lassen-gehen），而給出「餘地」（bleiben lassen）[15]！只有通過自身不斷地讓出，才可能有著敞開的空間（Offnen），此空間，乃是可能的餘地。海德格「返回步伐」與「泰然讓之」的雙重姿態，就是爲了回應自己之前與納粹的爭奪意識形態，爲了走出納粹的佔有意志（無論是尼采的意志，還是反抗的非意志）！此回縮與讓予的姿勢，是否是另一種對於Zimzum的猶太式模仿？或者說，如此的退讓，已經不僅僅是暗中模仿喀巴拉神祕主義了，而是經過了中國文化或者遠東思想的仲介？此回退與讓出的姿勢，其實是受到老莊的影響，其GA77卷就是潛在的證據，隨著《黑筆記》的出版，尤其是GA97以及GA73的出版，海德格其實給出了讓德意志人走出大屠殺的一條道路，而且此道路，還是與Zimzum隱祕地相呼應的，儘管海德格並沒有明確指出過。[16]

15　夏可君：《一個等待與無用的民族：莊子與海德格的第二次轉向》，2017年，頁178。

16　關於海德格與猶太教所謂被遺忘的遺產的關係，已經多有思考，但圍繞海德格後期與Zimzum的關係，還有待於展開，也許策蘭是一個巧妙的替補的回應？既是潛在地批判海德格，也是在替補海德格與猶太神祕主義之間的關係？因為策蘭是如此自覺且徹底海德格的研究者，也是自覺繼承班雅明和蕭勒姆以及布伯的猶太教神祕主義的思想。比如〈讚美詩〉中的「無人玫瑰」：既是舊約《創世記》的純粹語言或者亞當語言的重新救贖，或一個新的靈暈（這個aura如同猶太教的tselem，來自於蕭勒姆對於班雅明的影響）？也是海德格對於德國神祕主義者「玫瑰開放，不問為什麼，只是開放」的轉化，是自然感性的相似性與符號之

　　如果有著彌賽亞來臨，乃是彌賽亞自身已經處於回撤或者回收之中，或者彌賽亞自身的退出與退讓餘留出了空間。一旦我們還在此退出或者回縮的空間與原初姿態中，再加入「讓予」的姿態，並且擴展此空間：即彌賽亞的自身回撤，其實也是自身的讓出，如同埃克哈特大師已經思考的，讓出位置給聖子，甚至上帝讓出自身，讓人類得以徹底地自由。因此，上帝自身不斷地「回撤」，乃是不斷地「讓出」，那麼，一個看似「消極」的姿態——退縮，就成為一個「積極」的姿態——讓出，而如此的退讓打開了更大的餘地，「餘讓」的原初姿態就形成了。

　　此餘讓的原初倫理（ethos）姿態，也正是中國文化政治神學的基本姿態：一方面是儒家的「禪讓」——堯舜禹三代的帝王政治主權的傳遞通過禪讓進行，不是暴力奪取，也非血緣傳遞，而是退位與讓予，是「天」之讓，並非是「人」之讓，中國儒家政治的最高理想，就是此賢德政治的不斷讓予，儘管歷史上此「禪讓」政治後來變得虛偽，充滿了狡計，但此禪讓的原初姿勢，卻形成了後來日常生活中的基本核心禮儀——辭讓之禮！另一方面，則是道家的「退隱」，從許由到屈原與漁夫的象徵關係，中國文化形成了文人自救的隱士傳統，即退隱的山林文化，尤其是文人士大夫的個體生存姿態，回到自然的懷抱，重建天人合一的關係，這是莊子文本中很多人物的生存姿態，也許這個姿態啟發了海德格思考讓予，結合埃克哈特大師，化解主體意志的決斷，如同鄂蘭所分析的那樣！[17]

　　如此的彌賽亞性，就被多重理解了：從班雅明面對彌賽亞性與世俗歷史的困難開始，最後僅僅剩下「微弱的彌賽亞力量」，如何面對歷史唯物主義的進步發展訴求？彌賽亞的上帝之國其實並非歷史的目

　　非感性的相似性的結合，經過了多重轉譯的純粹語言重寫。

[17]　鄂蘭：《意志》，姜志輝譯，2006年。也許鄂蘭是西方最早回應海德格這個非意志的讓予姿態的，可惜得到的反響很少。

標，而只是終結，彌賽亞的來臨因此只有「小門」，如同《論歷史的概念》所言，只有在廢墟的升高中，在人類的敗壞與衰敗中，在幸福的不可能性中，才可能顯現。但此顯現依然是不確定性的，甚至是無力的。這一點被德希達推到極端，絕對的正義與他者的正義，其實是不可能實現出來的，類似於柏拉圖的絕對理型，就導出「沒有彌賽亞主義的彌賽亞性」，因為任何的彌賽亞主義都會導致彌賽亞的在場化，成為主導與主權者，導致暴力與獨裁。

　　但是，在我們展開Zimzum的相關思考後，「沒有彌賽亞主義的彌賽亞性」得以重新理解，我們對之做了幾個方面的「補餘」：第一，這是回到蕭勒姆所解釋的盧里亞主義的Zimzum，更為徹底地打開這個「退出」的原初空間，這是德希達尚未直接思考的，儘管在延異與沙漠化的思考中有此隱含。[18]第二，則是接續海德格後期的返回步伐與讓然的姿態，把退縮理解為「讓予」，開始向著積極的讓予行動轉化。並且保持二者之間的張力：回撤與讓予。德希達對於讓然的思考並不充分（在*Sauf le nom*中有所涉及但並未展開）。第三，則是帶入了中國文化的倫理姿態，使之更為普遍化，並且更為具有跨文化的價值。

　　但是，在這裡，這個退讓的原初倫理姿態如何保持不斷地是生成呢？在何處可以不斷展現呢？這就需要再次打開原初空間，這是Zimzum與Chora的重新對話。

---

[18] 已有一些學者反思了德希達與喀巴拉神祕主義的關係，甚至與Zimzum的關係，參看Sami R. Khatib: *A Non-Nullified Nothingness: Walter Benjamin and the Messianicy.* 以及Till R. Kuhnle: *Von Dante zu Derrida: Kabbala und Literaturtheorie.* Sanford L. Drob: *Tzimtzum* and 'Differance': *Derrida and the Lurianic Kabbalah*, 尤其是專著研究：Christoph Schulte: *Zimzum: Gott und Weltursprung.* Berlin: Jüdischer Verlag, 2014.

㈡ 餘讓：虛托邦的敞開

　　如果有著彌賽亞來臨，他需要一個位置，一個場所，一個虛在的餘地空間。

　　此虛在場所的打開，並非某個代表的種族所爲，也非某個明確的彌賽亞所爲，而首先倒是要求二者同時的無用化：一方面，彌賽亞自己讓出自身，只有彌賽亞變得無用，並且讓出自身，即，「無用」與「讓出」二者同時相關，這個虛在的位置才可能敞開；另一方面，任何的等待主體，無論哪個民族，都需要自身讓出，不是去佔有空間或者爭奪空間，不是以任何的訴求意志去佔有可能的位置，而是彼此讓出，越是爭鬥越是讓出，在讓出之際無所爲，不去爲。此雙重的讓出，才可能打開一個餘地的虛在空間，彌賽亞才可能到來。

　　Zimzum所打開的原初空間，就有著多重的意義：首先，上帝的自身退出，打開一個原初的空無空間，「從無創造」得以重新理解，如同蕭勒姆所爲。其次，則是世界善惡的無盡多樣性湧現，導致容器的破裂。其三，則是如何找到那些有著彌賽亞餘光的殘餘物，重新聚集起來以修補破碎的容器或者世界，讓世界重新世界化。但是，這個方式需要更爲富有活力的生成，不能僅僅是猶太人，必須是更爲廣大的生成，使之更爲具有普遍性，這是海德格所言的成爲一個等待與無用的民族。[19]

　　其實面對此困難，班雅明提出了另一種思考，所謂「彌賽亞式自然的節奏」，這依然是《神學 —— 政治學的殘篇》中所言，即，此彌賽亞性，此退縮的姿態，還必須更爲自然化，更爲廣大化，這是對

---

[19] 夏可君：《一個等待與無用的民族：莊子與海德格的第二次轉向》，2017年。筆者指出，海德格在與納粹合謀的第一個轉向（1932〜1942）之後，開始了第二次轉向（1943〜1953），此次轉向受到莊子無用之用的思想激發，導致了後期一系列的轉變，GA77卷關於「讓然」與「無用」的對話，尤其是讓德意志成爲一個等待與無用的民族的思想，有待於更爲深入地展開，但卻被後來的海德格研究遺忘了！

前面中國文化讓予姿態的加強，尤其是莊子對於讓予的思考，乃是回到自然，讓自然來爲，讓無來爲。對於班雅明，這是讓彌賽亞性面對歷史人性的墮落，尤其是語言的墮落，回到純粹語言或「元語言」（Ursprache）。這是去喚醒那沉默的自然，讓自然重新表達自身，彌賽亞的自然化，乃是彌賽亞的救贖喚醒人類身體的自然性——那些骷髏與屍體——德國巴洛克時代的悲悼劇所呈現的寓意（Allegory），然後通過自然的相似性，回到自然的自然性，回到宇宙的原初相似性，再次通過書寫，打開「非感性的相似性」，如此的回返過程，讓彌賽亞性與自然性有著從未有過的結合。

去哪裡發現此虛在的位置？這個結合還需喚醒更爲沉睡的自然性，這就有必要再次回到德希達對於chora的思考：chora是帶有自然性的，但既非感性的自然性質料，也非被理型化或者技術化的空間；而是不可命名的第三類，如同子宮一般的接收器或者容受，而且暗中帶有保護與滋養的功能，這也是爲何女權主義從此展開聯想與思考；[20]當然這裡隱含著慷慨與接納的姿態，如同中國道家思想所指向的「天府」，或者「葆光」之地，或者「玄牝」之所。或者如同一個質料共通體與可感希望的位置，世界靈魂的可塑性，一種新的家鄉。

Chora在柏拉圖的《蒂邁歐篇》中，也是敞開之地，也是讓出之地，接納他者，如同Sallis所言的一個虛化的空間或虛在場所（enchorial space）[21]：chora之爲位置，乃是接受印記，只是「虛位」；但並不留下印記，一直保持爲空白，此乃「虛白」；不斷可以抹去，因此只是虛受，這樣給未來者留下餘地；更爲重要的是，chora

---

[20]　克利斯蒂娃在《詩性語言的革命》中的思考，以及L.Irigaray在《婦女，或另一種窺視鏡》的展開，還有J. Butler在《身體之重》對上面二位思考的回應。我們這裡不再一一列舉展開了。

[21]　John Sallis: *Chorology, On Beginning in Plato's Timaeus.* 1999. John Sallis: *The Return of Nature: On the Beyond of Sense.* 2016, in p.2, 58,78,119.

還有著元素性，但並非某一種固定的元素，而是在混沌中的變化，正是此變化不定，導致了chora也是模糊的，如同夢中的影像，處於恍惚變化之中，這是「虛象」；作為一種雜交的理性，保持「玄虛」，並不固守同一性的邏輯，似乎更為與班雅明思考的記憶與夢中的形象相關，既非可知覺也非不可知覺；此外，chora還如同簸箕揚起是散開的種子一般，有著舞蹈的姿態，是「虛處」的延展。[22]

　　chora乃是一種廣義的「虛所」，此虛在之所隱含一種開放的倫理或倫理的開放，此打開的「虛托邦」（Enchorial-topia），不同於已有的「烏托邦」（U-topia）與「異托邦」（Hetero-topia）。

　　德希達不是沒有認識到虛在之所對於到來民主的重要性：

　　Khôra什麼都不是（不是任何在者或在場），但它並不是在「此在（Dasein）」的焦慮中向存在問題開放的「烏有（Rien）」。這個希臘名字在我們的記憶中說的是那些不可擁有的東西，即使是通過我們的記憶，甚至我們的「希臘」記憶。它說的是在荒漠中的一片荒漠的不可記憶，對於荒漠，這種不可記憶既不是門檻，也不是哀悼。問題始終是要由此知道，人們是否能夠思考這片荒漠，並且在我們認識的荒漠（即啟示和回溯、上帝的生和死的荒漠，所有放棄神性的傾空和超越的形像、宗教或歷史「宗教」的各種形像的荒漠）「之前」讓它表現出來；或者，如果「相反」，「自從」這最後的荒漠「之後」，我們理解在最初第一個之前的那一個荒漠，我稱之為荒漠之中的荒漠。不確定的搖擺，即前面我們已經提出的（在啟示和啟示性、事件和事件的可能

---

[22] 如此的姿態一旦與個體的書寫相關，在中國文化就形成了揖讓的姿態，正是書寫中的舞蹈，或者是書寫時的來回揖讓打開了呼吸的空間，中國傳統文化，此餘讓姿態的展現，還主要出現在藝術書寫中，而非政治行動中，這也是需要在現代性，借助於基督教信仰與猶太教神義論而實現出來的，漢語神學的行動力還處於萌芽狀態。

性或潛在性之間的）這種保留（epokhe或克制：Verhaltenheit），
難道不應該尊重它本身嗎？在兩種根源性、兩種根源，就是說通過
經濟指示確定的「被啓示」秩序和「可啓示」秩序之間，存在著這
種獨一性的或日漸超拔的不確定，這種不確定難道不同時成爲任何
有責任的決斷和另外的「反思信仰」和一個新的「寬容（／信仰自
由：tolérance）」的決斷——機會？[23]

　　在這裡，德希達也指出了神性的傾空與啓示的保留，就與猶太
教盧里亞主義相關，儘管喀巴拉的回縮（Zimzum）與基督教的傾
空（kenotic）不同，前者乃是一直保持後退——越是遙遠越是接
近——這是彌賽亞性與世俗世界的「不相干性」——也是班雅明思考
光暈（／靈暈：Aura）的來源，基督教的傾空則是來到人世間並且
產生積極作用），也與海德格的思想相關，海德格思考克制或事先的
扣留，反而要留出敞開的遊戲空間。對於德希達，chora的空位乃是
一個「虛位」，即一個不是位置的位置（虛在），連蘇格拉底也不能
佔據這個位置，也沒有一個民族可以佔據這個位置。這個位置一直是
空出的，如同俄狄浦斯在克洛羅斯的避難所，如同一個門檻上的位
置，但此敞開的位置也可能有著危險，因爲面對他者的敞開，以及自
身的不明確，處於晃動之中，讓主體不可能成爲決斷的主體。
　　但是，對於德希達，這個位置似乎過於以猶太教發生的沙漠爲背
景了！總是以貧瘠化與枯乾化的沙漠的沙漠化或者荒蕪的荒蕪化爲
暗示。正是在這裡，chora有待於進一步理解與轉變，或者如同後來
卡普托（Caputo）的基督教解釋，成爲空無化的，無條件但也是無
力的，這是一個無力的位置，但必須保持此荒漠化的荒漠空間的敞
開。海德格其實也思考過這個chora之爲Gegend的寥廓（GA77思考
鄰近與集讓），或者就是莊子所言的「廣漠之野」，如果進一步聯繫

23　德希達：《解構與思想的末來》，夏可君編校。2006年，頁302-303。

莊子〈逍遙遊〉中的「無何有之鄉」以及莊子〈應帝王〉中的「遊心於淡、合氣於漠」的主體的遊化與虛化的姿態，此主體也是一種渾化的主體，一種虛化的主體，即莊子〈人間世〉中心齋化的主體，「唯道集虛」以及「虛室生白」的轉化，那麼，此空無的主體，或者主權空無化的位置，成為一個虛位，一個虛室生白的虛位。

　　彌賽亞的來臨，是一種虛在，來到一個「虛位」，這是在chora中蘇醒的彌賽亞，乃是一個虛位；與自然的混沌相關，但並非混沌，其中有著理性，只是一種混雜的理性，有著歷史的記憶，但此記憶乃是自然自身的再生性。

　　此「虛位以待」的主體，乃是主體雙重的轉化：一方面，是主體自身的戒除，自我的齋戒化，這是卡夫卡《飢餓藝術家》的表演，其實是自我空無與倒空的咀嚼與練習，是模仿上帝的Zimzum式退縮，是東方式的靜止與內化，即所謂「遊心於淡」！另一方面，則是主體的讓予，讓出，保持主體的空無化，而且讓空無不斷擴大，給出更大的餘地，主體越是讓出，越是有著餘地，不是競爭與爭奪，而是讓出與讓予，是自身空無化的擴大，而且此空無還可以保持生長，這就是虛化。不僅僅是西方的空無空間的擴大——比如公共廣場與走廊式空間，而是可以與自然一道無盡生長，與天地交感的空間，這就是chora的宇宙性共感，是班雅明所發現的「相似性的宇宙」（Ein Kosmos der Ähnlichkeit）與自然的詩意「感通」（correspondence），也是可以相互感通的質料共通體，也是生命整體修復的「胚胎」（中國式的chora）。

　　這樣就避免了德希達對於chora與彌賽亞性的解釋總是走向沙漠化的枯竭，把chora與荒漠的荒漠化連接，卻沒有走向自然的豐富性與能產性。隨著我們回到chora與自然性的關係，回到自然的生產性，當然有著災變的可能性，中國傳統的自然觀又過於生生不息的豐產性，需要面對現代性的災變，讓自然彌賽亞化，連接西方生態學已經開始的彌賽亞自然化，二者的相干與相感，就形成了節奏。

　　我們就必須進行雙重的覺醒與修煉：一方面，是身體的內縮與自

我克制的練習，保持主體的不斷讓出，這是把人類身體還原到自然性；另一方面，則是技術與空間的活化關係，不是佔據空間，而是技術與空間的自然化生成。如同中國的園林建築，不是西方的佔據空間或者敞開空間，而是與自然一道，向著自然敞開，與自然一道遊走，讓自然加入到建築空間中，並且保持夢幻的遊走感，「遊觀」乃是天地的空觀！是一種宇宙的遊走。

如果班雅明所要重新發現的「元語言」或「純粹語言」（reine Sprache），乃是一種退讓與餘讓的語言，一種對於退讓的召喚，就不僅僅是對於名字的召喚，而是彼此召喚退讓，越是接近，越是退讓，越是退讓，反而越是接近！越是讓出，越是打開敞開的空間，而如此的敞開，就形成通道，如果有著上帝，也是對這個敞開通道與讓出的通道之守護。

現代性乃是對上帝或者彌賽亞自身的重新發現，也是與其到來位置的重新發現。這是一種神聖的位置，但此神聖的位置乃是空無敞開的通道。如同讓·呂克·南希接續德希達，以「基督教解構」的名義重新思考基督教神學「從無創造」（creatio ex nihilo）時，也是聯繫猶太教的zimzun：「這就是為什麼創造最為神祕的版本是，喀巴拉盧里亞主義的tsim-tsoum，他聲稱創造之『無』是在上帝之中的自身敞開（s'ouvre），即當上帝在創世行動中乃是回撤在自身之中（並且是以他的整體性）。上帝作為『自身』而取消自身，或者在其行動中，為了回撤而區分開自身──以此而導致了世界的打開了（qui fait l'ouverture du Monde）。[24]」並且接著指明這個敞開之為空無乃是：「如果有著回撤以及回撤自身到有著空無的地方，那也只是空無的敞開。僅僅只有敞開是神性的，但此神性也只不過是敞開（Seule l'ouverture est divine, mais le divin n'est rien de plus que l'ouverture）。」在南希對於神性來臨的位置所做的思考中，彌

---

[24] Jean-Luc Nancy : *La création du monde ou la mondialisation*. 2002, p.93.

賽亞來到的位置乃是敞開世界的可能性。乃是讓上帝經過，敞開世界的意義，上帝也並不佔據這個通道，這就是神性的讓予，讓開道路，打開通道，海德格所言的要來之神的暗示（Wink）就只是此經過（Vorbeigang），是通道（passage）的敞開。[25]而保持道路通暢，這也是上帝自身的虛化，如同莊子卮言打開的通道之「庸用」。如同《莊子・齊物論》所言：「恢詭譎怪，道通爲一。其分也，成也。其成也，毀也。凡物無成與毀，復通爲一。唯達者知通爲一。爲是不用，而寓諸庸。庸也者，用也。用也者，通也。通也者，得也。適得而幾已。因是已，已而不知其然，謂之道。」

　　上帝如此敞開的原初姿勢，也要求著人類既要去效仿上帝如此的退縮的讓予姿勢，擴展那個原初空間，也要主動地讓予，打開「餘地」空間。這既是擴展原初空間，也是打開餘地空間，如此的回縮與退讓，如此的讓予與給予，所打開的雙重空間，我們稱之爲「虛所」。

　　虛所，不同於日本京都學派的「場所」（Ortlogik / bashoron）邏輯，那是空無化的敞開，[26]而中國文化則是更爲自然化的虛化，讓空無與自然性同時生成與生長。虛所，不同於德希達與柏拉圖的空位或者「位所」（chora），乃是更爲積極地讓予，並且讓「讓」來爭，讓「讓」來讓！

　　這也是爲何中國文化一直是一個「謙讓」的文化，一個禮讓的文明，一個退讓的文明，面對西方唯一神論的爭執與早發擴張的現代性，面對當前的世界危機，是否需要更爲內在啓動猶太教彌賽亞性的退讓與希臘哲學的空位，生成爲更爲具有讓予要求的餘讓姿態？

　　因爲越是讓予，越是有著餘地，越是要求餘地，越是要求讓予。

---

[25]　Jean-Luc Nancy : *La Déclosion (Déconstruction du christianisme, 1)*. Paris : Galilée, 2005, p.161.

[26]　John W. M. Krummel: *Nishida Kitarō's Chiasmatic Chorology: Place of Dialectic, Dialectic of Place*. 2015.

人類之爲人類，乃是一個讓予的主體，一個不斷自身退出與讓出的中間物或者過渡物，讓自然來爲——這是自然的靈暈，讓空無來爲——這是神性的閃耀。把一個爭奪爲主的現代性，轉化爲一個讓予的現代性，不斷打開餘地，如此的空間，乃是一個虛化的空間，一個虛托邦！

從餘讓出發的漢語神學，以及從「無用」出發來建構漢語神學，就與西方現代性的上帝死亡與缺席的否定神學，與日本京都學派通過佛教的「空無」與基督教kenosis的宗教對話方式，與保羅式的左派革命神學（less than nothing），甚至與阿岡本最近思考的「不去用」的彌賽亞主義，[27]等等，區分開來，此「無用的神學」與「餘讓的神學」，是一種「虛化的政治神學」，乃是對於儒家與道家核心思想的當代解釋，儘管其內在的轉化過程還有待於展開。

虛托邦的形成，乃是形成彌賽亞式自然的節奏，這是「彌賽亞的自然化」與「自然的彌賽亞化」，是二者相互轉化所形成的節奏，這是全新的猶太性與中國性的活化關係。按照盧里亞的喀巴拉神祕主義傳統，上帝創世時，不僅僅流溢出去，如同大爆炸，流溢十個層面或面孔，而且同時也自我限制，自我收縮，從而給世界與人類留出了空間或餘地。但是在急速的流溢中，導致了炸裂，或者容器的破裂，這個比喻很重要，既有聖光及其餘象留在了破裂的碎片中，原始的罪也來到了世界上，也在碎片之中，形成了惡的力量。而最初之人亞當的墮落與被造的失敗，就是一個壞的面孔與形象。[28]因此需要修復這個越來越破碎的世界，以無用與讓予的方式。

與基督教神學相關，以基督教神學爲起點，解構整個唯一神論傳

---

[27] G.Agamben: *The Highest Poverty: Monastic Rules and Form-of-Life.* 2013. G.Agamben: *The Use of Bodies.* Trans. by Adam Kotsko. 2016.

[28] 也參看更爲凝縮的分析，劉精忠：《猶太教神祕主義概論》，2015年，第六章的第二節對於盧里亞主義三個關鍵字的分析：Zimzum（回縮）——Shevirath（破裂）——Tikkun（修復）。

統，面對當下打著伊斯蘭教信仰旗號的恐怖主義危機，「讓予」乃是更爲困難的姿勢，比犧牲的邏輯更爲困難也更爲重要，需要從唯一神論的犧牲邏輯中走出來，走向「讓予」。第一步，這是基督的虛己（kenosis）與謙卑讓出自己權柄的神聖姿勢。基督教神學已經有所準備，保羅神學中有不同於犧牲獻祭神學的另一面。第二步，中世紀埃克哈特大師的「讓出」，人爲神讓出，直到祈禱神自身的讓出。第三步，則是海德格在現代性反思整個唯一神論傳統，讓神徹底讓出自身，並且「無用化」，走向自然化的讓然。第四步，再次返回到唯一神論開端，卻又是在近代的起點上，啓動喀巴拉神祕主義的Zim-zum，創世之前的神聖「退讓」或回縮姿勢。第五步，則是借用與轉化中國傳統文化儒釋道中的「三讓」：儒家政治神學的禪讓、道家自然化神學的隱讓與佛教的忍讓。只有這五步的生命轉化活動或者氣質變化已經實現出來，才有信仰的新行動。

　　彌賽亞的「虛在」：一方面，是退讓，不斷退讓，越是退讓，越是打開更大的餘地與自由空間，這是彌賽亞的倒轉步伐，這是非常奇妙的，不是彌賽亞接近歷史，而是彌賽亞不斷遠離歷史——彌賽亞的靈暈，彌賽亞也需要以靈暈的方式再臨！另一方面，則是彌賽亞的自然化與自然彌賽亞化的結合。這個結合在於：只有當人類進入人性中的沉默的自然——那是另一種的彌賽亞性——或者如同道家的天道，或者如同彌賽亞創世時的種子，這裡可以接納多方面的解釋，或者佛教的阿賴耶識，這是廣義的彌賽亞性，是彌賽亞的自然化；同時，已有歷史記憶中的正義的彌賽亞性——猶太教與基督教的受難的記憶，有待於被自然化，所謂彌賽亞的被自然化，是彌賽亞來到自然之中，進入與自然的遊戲，這是憤怒、審判等等，被無意識的夢幻，被自然的美感所化解，彌賽亞的空無退出成爲一種生長的活力，通過與自然的元素性或者永恆性的結合，面對消逝性的哀悼。這就是自然的彌賽亞化與彌賽亞的自然化。

　　那麼，爲何彌賽亞來臨不是借助於技術虛擬（如同駭客帝國）？或者不是外星人神祕的降臨（借助於技術的力量，比如超體）。爲何

要迂迴自然？當然，彌賽亞的自然化，也並非排斥技術，而是要借助於技術，進入到那個自然活化的空間。對於人類，那是人類的夢幻世界，一個做夢的身體，既還有著人為的焦慮與歷史的夢幻原型或者歷史焦慮的情節，但也是自然化的，混雜了歷史與自然，走入與自然相通的幻想世界，甚至，在夢幻的蘇醒與人類的無意記憶之間，建立連接，即，一個充滿夢幻的場所，喚醒清醒的人類之無意記憶就打開了新的想像空間。隨後的問題就是，什麼樣的場所可以充滿如此的夢幻？中國傳統是自然化的太虛幻境，與自然煙雲的神仙想像所指向的虛所相關！但經過彌賽亞化的自然，又空無或者化掉了神仙的虛幻形態，這就是無意記憶與夢想場所的結合，我們稱之為之為「心所」或新的「虛托邦」。

　　如果有著餘讓的發生，有著餘地的敞開，那麼，宗教衝突與文明衝突就可以化解，只有彼此先在地自我限制與自我讓出，人類才有著未來，即，越是退讓才越是有著餘地，而非去爭奪與佔有，才可能面對當前全球化的危機，這也是各個民族要成為「一個等待與無用的民族」──一個不斷自我「餘讓化」的民族，才可能發現彼此存活的「之間」地帶，讓此「餘地」保持間隔化與無盡地敞開（這也是對「從無創造」的新理解），才是東方智慧與猶太教神祕智慧的巧妙綜合，彌賽亞的自然化與自然的彌賽亞化，無用與餘讓的漢語神學，可以重新展開基督教神學有關於禮物給予的豐富性，而形成一種新的神學形態。

五

無用的民族之為救贖
之路？
海德格的「第二次轉向」與
莊子的弔詭之思

我們需要無用，就像我們需要空氣。

——諾丘·歐丁，《無用之用》[1]

讓我們從荷爾德林（Hölderlin）一首詩〈派特莫斯〉（Patmos）的開頭開始：

是近了
而困難的是抓住這神，
但危險所在之處，那拯救的
也生長。

Nah ist
Und schwer zu fassen der Gott.
Wo aber Gefahr ist, wächst
Das Rettende auch.

隨著海德格《黑筆記》（《Schwarze Hefte》GA94-98）2014年以來的陸續出版，整個現代哲學都將再次面對一場危機——海德格的存在哲學與納粹意識形態的魔鬼式共在的危險，將「污染」所有受到影響的現代性思想，這也是進入二十一世紀的思想再次陷入了越來越擴大的迴旋（Widening Gyre）之中。就如同戰國年代，莊子面對「道術將爲天下裂」，沒有任何一種思想可以面對世界秩序的喪失，除非承認思想自身的無用。但（aber），危險（Gefahr）與拯救（Rettende），此二者之不可迴避與不可分離的同時性（「也」：auch），迫使思想不得不走向一條新的思想道路，讓思想可以重新生

1　諾丘·歐丁：《無用之用》，郭亮廷譯，2015年，頁10。

長（wächst）。

這是思想認識到自身的無用：無論是科學技術或者人工智慧已經取代了思維活動的反思，還是生物技術取代了生命存活的條件，人性的境況與思想的條件，都處於無用之中，但正是此無用，讓思想第一次面對自身的無能 —— 從無用開始思考無用的思想。

從無用開始思考無用，這是思想的事情 —— 思想就是回到自身的自律，回到自身的悖論存在：無用的思想不得不面對思想的無用，此無用的無用化，無用的可能大用，就是無用的弔詭之處。

無用的思想不得不面對思想的無用，此無用之思，卻有著人性本身存在的最後合理性，最為卑微與渺小的存在理由：人性自身從其誕生時刻，看起來因為尋求有用而存活（生物進化論適者生存的目的論），但其實乃是因為人類認識到自身的無力與無能（所謂的必死性與有限性），認識到人自身就是無用的，而得以絕對的覺醒，這是生命之絕對的覺醒。正是因為人類認識到自身的無用 —— 人類才成為了人類，人類才要在世界上尋找存在的根據和理由。而哲學之為哲學，就是更為徹底認識到並沒有這樣的根據，人類必須保持自身的無用性，但又要讓世界接受人類的存在，讓世界保持自身的無盡敞開，讓世界可以在無用中一直保持生成，只有無用的哲學態度，不是佔有世界，而是讓世界保持自身的敞開，讓世界一直保持為世界化，才有著人類存在的真理性。

這是哲學所處的危機與拯救時刻：無用的思想不得不面對思想的無用。此反轉的鏡像，乃是哲學重新開始的條件。

即便有著神在臨近，但也無法被世界所領會與容納，除非這神也是無用的了；更何況神已經遠離，僅僅留下離去的背影，或者僅僅留下無法解讀的記號，除非尋找那相似的形象（Zu bilden ein Bild und Ähnlich）？對於荷爾德林，那再來的神或再次化身的神，或者是海德格試圖召喚的「最後之神」，都需要在自然中，再次尋找一個暗號的徵兆（Loosungszeichen）。

無用的思想開始於思想的無用。這是哲學自身的絕對反思，也是

哲學自身的徹底批判。如果中國道家思想，在各個文明的開端中有著絕對的異質性，就在於一直保持了此原初記憶：哲學或思想，乃是對於此人性之無用的絕對記憶，乃是一直保持此無用的必然性！就如同猶太人保持了對於彌賽亞救贖的絕對記憶。

　　此無用之思，通過「無用之用」的悖論或者弔詭，是否已經打開了思想的新可能？甚至可能帶來一個新的思考框架？那麼對其檢驗的標誌就在於哲學面對自身危險的處境——海德格與納粹的深度糾纏，讓哲學再次進入了危險的深淵，儘管這危險一直都在，但我們敢於誠實面對，喚醒良知，卻異常困難，但《黑筆記》的出版，還是給我們提供了一個檢驗的機會：

1. 無用之思，是否對於已有論域重新有所打開？雖然海德格的思想被區分開幾個展開階段，但我們區分開兩次轉向（1932～1942與1943～1953），而且指出「第二次轉向」與莊子的無用思想有著密切的關聯，即使不是唯一的關聯，在整個西方思想處於危險之際，也是莊子的無用之思啓發了拯救的另一個方向，這打開了跨文化批判的新視野。[2]

2. 這也取決於回應新材料以及新問題的力度，無用的思想可以爲我們面對當下《黑筆記》發表後，爲思考海德格的納粹問題提供新的反思視角，打開思考的新方向嗎？這既要面對海德格與納粹複雜的糾纏關係，承認海德格確實陷入了納粹意識形態的誘惑，但同時，海德格也試圖走出此魔鬼的誘惑。但與魔鬼打交道的思想如何可能輕鬆地走出自身？如何可能從魔鬼生成爲新天使？如此的逆轉如何可能？這不可能來自於西方思想自身，只能來自於異

2　詳細討論海德格思想中的第二次轉向，請參看筆者著作，夏可君：《一個等待與無用的民族——莊子與海德格思想的第二次轉向》，2017年。也請參看何乏筆（Fabian Heubel）在國際會議上的論文以及待出的完整著作，圍繞這個莊子的無用之思在阿多諾與海德格之間，更為富有弔詭的張力所展開的討論！

質性的資源，這是中國道家思想切入西方的時刻，在一個深切痛苦的時刻。

3. 無用之思是否與我們自己當下所面對的問題深切相關？這是進入二十一世紀，晚生的現代性中國在其混雜現代性的急速發展中，中國政治意識形態在後工業資本主義時代所面對的壓力，會導致民族主義與愛國主義的興起，會導致總體的實用主義化，專制統治的形態與總體實用主義密切相關，這就會導致中國的納粹化，重複德意志帝國的老路，並且形成了「三重帝國」的內在融合：中華老帝國的家國模式（「家—國」被「黨—國」集體體制所替換）—— 羅馬靈知式的技術帝國（專家化與學者化的官僚體制）—— 資本主義的新帝國（中國資本對於非洲的「新殖民」以及全球化資本市場的相互依賴），面對從未有過的「三一體新帝國」如何可能被破解？保羅《羅馬書》面對此三重帝國的神學力量是否足夠？而海德格的兩次批判—— 對現代性的批判與哲學自身的批判，也有助於我們反思中國當下的危險：中國可能重複納粹化的道路，既然已經在重複技術「集置」的道路了，同時中國社會又並沒有內在的抵抗與反省的思想出現，因此這是雙倍的危險。由此海德格的雙重批判可以啟發我們，無論是其與納粹的深度糾纏—— 不斷自我反省卻越陷越深（如同《黑筆記》（GA94-95-96）所展示的第一次轉向同時進行的自我反思），還是其試圖走出納粹—— 通過接納東方道家的努力（如同《黑筆記》GA97、GA73及其GA12所施行的第二次轉向），都與從有用走向無用，此「庸用的本體論差異」，這跨文化的深度轉化，內在相關。

4. 無用之思是否可以面對歷史深處的難點與痛點—— 這就是猶太人問題以及對於奧斯維辛集中營的重新回應，這是無用的受難？是上帝的徹底缺席？是人性的死亡與重新覺醒？有一種無用的神學嗎？這是在卡夫卡、阿多諾與班雅明對於災難的反思中，在萊維納斯、德希達與南希的解構神學中，在阿岡本、內格里與齊澤克等人的新保羅革命神學中，已經有所面對的問題，因為無用的神

學，就成爲一種「虛化的神學」（infratheology），是否會有新的改變？

5. 無用之思是否可以形成一種新的思想道路或者打開更爲廣泛的思考？這就需要一系列個圍繞「無用」而展開的一些思考維度：無用的文學——卡夫卡與中國，無用的神學——班雅明的彌賽亞自然化，無用的哲學——莊子的世界化，無用的藝術——杜尚與虛薄，等等。

　　海德格也不是沒有直接透露自己思想的核心祕密，這是海德格給當時的聯邦德國總統海涅曼（Heineman）的書信，寫於1969年10月25日：[3]

　　聯邦總統先生！

　　您爲我八十壽辰寫來的信，對我的餘生和事業始終是一份寶貴的財富。我爲此要衷心地感謝您。

　　我嘗試著醞釀的思想，在不可避免的技術時代，將越來越難以喚起沉思者和共思者，並且將越來越難以一直牢記對於直接的無用之物的引導性力量的感受，因爲一切有用之物都是可服務的，沒有有用的支配作用，什麼也沒有。

　　總統先生，請允許我除了感謝再奉上我的願望，願您的思想和行動的直感（就像歌德所言），能有力地促進單純有用之物那一面，但同時，能讓無用之物的神祕毫不顯眼地顯現。

---

[3]　海德格文集：《講話與生平證詞》：孫周興等譯，2018年，頁857。中文譯文不大準確，我們依據德文有改動M. Heidegger: *Reden und andere Zeugnisse eines Lebensweges (1910-1976)* (GA16), 2000. 此外，在該文集的時間順序中，還有大量的關於無用之思的語段，中文見：頁381、668-669（1959年生日之際）、704、813，等等。即，無用之思，其實是海德格後期一直貫穿著的最爲重要而隱祕的思想！

　　這個時刻，是冷戰的高峰，是1968年中國文化大革命如火如荼之際，是1968年法國巴黎的學潮之後，在自己八十壽辰之時，在德國總統這樣的政治公眾人物給自己慶祝生日之際，海德格如何回應一個重要政治人物的致敬？藉以宣揚自己的核心思想？這是一次機會，就如同柏拉圖面對敘拉古的僭主們時的迫切性。

　　海德格的回應，就是他自己後期思想隱祕願望的半公開化表達（在1966年祕密進行的《明鏡》訪談之後），面對技術的宰制——一切都是「集—置」（Gestell / Ge-Stell），面對時代的困境——一切都走向了有用的技術化，面對哲學自身的危機——沒有人去思考哲學自身的無用性，海德格自認爲如此的孤獨，以至於相信他的餘生之餘留（bleibt mir für den Rest meines Lebens）的任務（就如同使徒保羅在《哥林多前書》第七章中說：「所剩餘的時間不多了」），就只是去思想一個絕對的信念。這是什麼信念呢？那無用之物的神祕！儘管並不全然貶低有用之物及其直感（海德格反覆重申他並不反對技術），但現在，更爲需要無用之物的神祕的直感或直覺，還能夠使之顯現，而且是毫不顯眼地顯現。

　　這是海德格的心願，這是其最爲隱祕的心事或心思，也是一次最爲直接的暴露，以極爲「顯眼」的方式，傳達給一個極爲重要的政治公共人物。他只是想傳達一個消息，一個好消息（Gospel）？這就是——「讓無用之物的神祕毫不顯眼地顯現」。

　　這是思想的任務與思想的事情——「讓無用之物的神祕毫不顯眼地顯現（das Geheimnis des Nutzlosen unauffällig erscheinen lassen）」。這是思想的任務，這是思想在走向公共政治時，思想所試圖發出的呼籲。但這裡有著多重的困難：首先這是弔詭的任務——如何可能讓「無用之物」成爲有用的？其二，海德格在這裡並未否認有用之物的功用性，但無用之物及其神祕如何可能被政治所用？其三，而且政治如何接受無用之物的「引導性」力量？其四，如果無用之物還是「神祕的」，如何可能顯現出來？而且還保持其「毫不顯眼地」顯現？既要顯現，又是不顯眼地顯現，這不是悖論？這是其

五。而且，還是「讓」其顯現，如何「讓」？這是其六。如此內在相關的這六個問題，乃是海德格一直在思考，還並未給出答案的未思之思。

而這個無用之物的神祕──來自於誰的啓發呢？莊子！

這是西方思想在海德格餘生所要召喚的思想，在海德格之後，這是思想所剩餘的任務？思想還剩下什麼可以去追問的事情？這是海德格在這裡所召喚的無用之思。

哲學將開始於自身的悖論：無用的思想開始於思想的無用。

㈠ 遲到的中國思想

哲學開始於自身的悖論：無用的思想開始於思想的無用。

但危險所在之處，那拯救的也生長。

思想的危險所在與拯救的機會，在於面對自身的弔詭。

什麼是弔詭？這是面對極度的困難或絕境（aporia），處於極度痛苦的經驗中又無法化解的痛苦的雙重約束（double bind），但又必須發明與想像出可能的化解之法，或讓拯救生長出來，但儘管歷史並不喜歡此不合時宜的生長（如同荷爾德林的詩歌所言）。此危險與拯救的悖論乃是一種無法之法，無解之解，一種懸垂，一種倒掛，一種詭譎，一種不可思議，面對此危險或者詭計的操作也異常艱難與艱苦。如何可以化解這樣複雜的悖論，也許根本就不可能化解悖論，因此才需要信念，需要信仰，需要拯救！拯救，如同宗教的救贖，乃是一種對於幸福與安慰的祈禱。

正是從此悖論與純粹悖論，即「弔詭」的思想出發，當我們面對海德格與莊子時，是否可以重新打開思想的新維度呢？

無用的思想開始於思想的無用。

　　中國現代哲學，是一個遲到者，一直晚到，而一旦晚到，就來得太晚了。

　　中國現代哲學，作為遲到者，只能回答已經過時的問題，或者回應僅僅剩下的問題。

　　這些剩下的問題，或者已經過時，比如中國傳統有哲學嗎？但進入後現代，還需要哲學嗎？或者，剩下的問題也是極少主義的問題，中國需要補充某種自身缺乏的哲學系統，但所能做的已經很少了，幾乎沒有了。或者，這些剩下的問題，乃是最為性命攸關的問題，這是哲學本身還剩下什麼的疑難。

　　還有什麼是已經遲到又性命攸關的問題呢？這就是哲學還剩下什麼的問題！就是這個剩餘本身的問題。

　　還剩下什麼呢？在黑格爾的哲學體系之後，在現代科學技術佔有了一切領域之後，還有什麼是留給哲學的呢？如同德希達在《喪鐘》（*Glas*）一開始的追問，但對於現在的我們，也許，哲學已經沒有什麼用處了。

　　哲學已經無用了，遲來的中國現代哲學，面對的則是哲學已經根本上無用的處境了。

　　相對於技術與科學而言，哲學已經沒有什麼用處了，但由此反而給哲學提供了某種自我反思的機會，這是哲學從來沒有面對過的難題與主題：如果哲學已經沒有什麼用處了，這不就是哲學自身唯一的機會──去思考這無用？並且把此「無用」作為哲學的根本主題甚至是唯一主題？

　　哲學已然無用，但無用的哲學卻可以更好地思考此無用。從此，哲學從無用重新開始。

　　無用的思想開始於思想的無用。從無用開始，這是哲學的新開端，是思想唯一的事情。

　　哲學，從無用開始，哲學第一次回應自身的極端無用的處境，乃是一次異常奇特的開端。

　　因為，中國思想，早在戰國時代，在莊子那裡，早就已經面對了

此無用的處境，而開啓了某種被遮蔽的開端，因爲隨後秦帝國的建立，更爲遮蔽了無用的智慧。

這個無用之思，一直在文本中，但並沒有被後世充分閱讀，比如這段惠子對於莊子的指控──「子言無用」。

> 惠子謂莊子曰：「子言無用。」莊子曰：「知無用而始可與言用矣。天地非不廣且大也，人之所用容足耳，然則厠足而墊之，致黃泉，人尚有用乎？」惠子曰：「無用。」莊子曰：「然則無用之爲用也明矣。」──《莊子・外物》

在危險的時刻，西方思想的哲學家開始回應這個語段，這就是海德格，這個處於1945年極端境況中的德國哲學家，在其全集GA77《鄉間路上的談話》中的第三個虛擬對話〈在俄羅斯戰俘營中一個老年人與一個年輕人的對話〉的結尾（以下簡稱〈晚間交談〉），引用了上面的對話，卻隱去了東方哲人的名字，無論這是有意還是無意，都已經暗示了其隱祕思想的來源：

Der Ein (Hui Dsi) sprach zu Der Andere (Dschuang Dsi): "Ihr redet vom Unnötigen." Der Andere (Chuang tzu) sagte: "Erst muss einer das Unnötige erkennen, ehe man mit ihm vom Nötigen reden kann. Die Erde ist ja weit und groß, und doch braucht der Mensch, um zu stehen, nur soviel Platz, dass er seinen Fuß darauf setzen kann. Wenn aber unmittelbar neben dem Fuß ein Riss entstünde bis hinab zu der Unterwelt, wäre ihm dann der Platz, worauf er steht, noch zu etwas nütze?" Der Ein (Hui tzu) sagte: "Er wäre ihm nichts mehr nütze." Der Andere (Chuang tzu) sagte: "Daraus ergibt sich klar die Notwendigkeit des Unnötigen.[4]"

【Huìzǐ sagte zu Zhuāngzǐ und sprach: "Eure Worte sind ohne Gebrauch [unbrauchbar]." Zhuāngzǐ sprach: "Wissen um den Ohne-Gebrauch [das Unbrauchbare] ist Voraussetzung dafür, um anfangen zu können, über Gebrauch [Brauchbarkeit] zu reden. Die Erde ist mitnichten nicht weit und groß, aber was ein Mensch braucht, ist bloß ausreichend Platz für die Füße. Entsteht nun neben den Füßen ein Riß bis hinab zu den gelben Quellen, ist dann der Platz für den Menschen noch von Gebrauch [brauchbar; ist dann der Mensch noch brauchbar]?" Huìzǐ sprach: "Ohne Gebrauch [unbrauchbar]." Zhuāngzǐ sprach: "Nun dann ist auch klar, inwiefern der Ohne-Gebrauch [die Unbrauchbarkeit] gebraucht wird [brauchbar ist; inwiefern von der Unbrauchbarkeit Gebrauch gemacht wird].[5]"】

　　在德國戰敗的1945年5月8日，海德格簽署了這個虛擬對話，並以上面的這個莊子的對話作為結尾，這也是歐洲思想「第一次」隱祕地回應了哲學自身無用的處境（此〈晚間交談〉生前並未發表，而關於「泰然讓之（／讓然）」的第一個對話卻發表在GA13中，海德格為何要隱而不發？），開始思考無用之為大用的必然性（*die Notwendigkeit des Unnötigen*）與可能性，並發出了最為隱祕也最為匪夷所思的召喚：讓德意志民族成為一個等待、無用與到來的民族（*das wartende Volk*、*ganz unbrauchbare Volk*）！

　　不僅僅如此，後來在1962年的《傳統的語言與技術的語言》的

4　M. Heidegger: *Feldweg-Gespräche (1944/45) (GA77)*, 1995. S.239. R.Wilhelm: *Dschuang Dsi, Das Wahre Buch vom südlichen Blütenland*（《莊子南華真經》）. 1912, S.203-204.

5　這個新的翻譯來自於何乏筆，無疑更為準確！也請參看何乏筆博士的相關研究以及我們之間持久的對話文本。

演講中，海德格繼續引用了另一個莊子的對話，也是關涉到無用，海德格明確地把無用與有用對立思考，再次強調無用之物的絕對必要性：「無用（Das Nutzlose）因其無用，有其本己的偉大與明確的力量，這就是通過自身，讓來自於自身的任何事物不被製造（machen）出來。在這種無用的方式中有著事物的意義（In dieser Weise nutlos ist der Sinn der Dinge）。」這是海德格對莊子〈逍遙遊〉結尾那一棵無用之樹的哲學解讀：

> 惠子曰：「吾有大樹，人謂之樗。其大本臃腫而不中繩墨，其小枝捲曲而不中規矩。立之途，匠者不顧。今子之言，大而無用，眾所同去也。」莊子曰：「子獨不見狸狌乎？卑身而伏，以候敖者，東西跳樑，不辟高下，中於機辟，死於網罟。今夫斄牛，其大若垂天之雲，此能為大矣，而不能執鼠。今子有大樹，患其無用，何不樹之於無何有之鄉，廣漠之野，彷徨乎無為其側，逍遙乎寢臥其下。不夭斤斧，物無害者。無所可用，安所困苦哉！」

惠子可能最好地代表了某種有用哲學，而莊子的回答則指向無何有之鄉，指向廣漠之野，此廣漠之野不就是海德格第二次轉向所要思考的地帶（Gegend）？甚至是他生命走向最後的1975年之際，所思考的也是如何針對有用（Das Argument gegen den Brauch）來思考存在的發生。

此無用之思的開端，在海德格1943年認為「整個西方終結了」（Alles Westliche ist das End）的處境下，出現於1945年的危難時刻，不是偶然的，在更為徹底相信世界整體的荒蕪化（Verwüstung）下，海德格只能從中國思想家莊子關於無用之用的對話中受到啟發，召喚德意志民族成為一個等待與無用的民族，從而獲救。此〈晚間交談〉的對話者，可能也在模仿莊子與惠子的對話──這是歐

洲思想最為徹底與變異的一次書寫：[6]

　　年長者：「單純期待的嗜好和攫取的貪婪始終只依附於所謂的有用的東西」。

　　年輕人：「它們使我們的生物的眼睛看不見無用之物。」

　　年長者：「而且看不見，無用之物在任何時候都始終是所有東西中最有用的東西。」

　　年輕人：「只有能夠知道無用之物的必然性的人，才能至少是大致地估量由於禁止人進行思維而產生的痛苦。」

　　年長者：「因此思維就是無用之物，儘管如此，你仍然賦予思維以人之本質中的高度尊嚴。」

　　年輕人：「就好像西方不能等待，直到思維在其原初的本質（Wesen）中找到自己，而這種原初的本質或許就在於純粹的等待和能夠等待。[7]」

　　這是海德格對於整個西方思想最為徹底的改變，要讓思維本身面對自身的無用！從有用之物轉向無用之物，但整個西方還沒有能力施行此轉換，這需要純粹的等待，面對無用，西方還必須去學習一種新的等待方式，這就是面對思維自身的悖論：思維就是無用之物，但思想卻正要去思考此無用，這是思想的脆弱之處，但也是其最高的尊

6　海德格的這次對話，以老年人與年輕人的方式，其實與莊子文本中的老子與孔子之間，莊子與惠子之間的對話異常相似，是一次大膽的模仿，也是自身的變異。可以與之比擬的則是1930年代布萊希特與班雅明的對話中，模仿卡夫卡與老子的對話，那是對猶太法西斯主義的反省與批判。二者參看，倒是可以看到整個西方文化的危機，以及道家思想的現代性價值。

7　M. Heidegger: *Feldweg-Gespräche (1944/45) (GA77)*. 1995. S. 220. 海德格文集：《鄉間路上的談話》，孫周興譯，2018年，頁218。

嚴。

　　只有經過此痛苦的轉變，把一切對象化的思維阻塞了開放地帶的自由敞開，也掩埋了聚集的注意力（Achtsamkeit der Sammlung），進入痛苦的地帶（miserable Terrain），乃至於痛苦的燃燒，才可能讓整個民族成為一個完全無用的民族（dieses ganz unbrauchbare Volk）：

　　年輕人：對於其他人來說，等待的民族甚至必定就是完全無用的，因為說到底，永遠只會等待、而且始終還等待著到來的這個民族，是不會產生任何切實的東西，不會提供任何可能對於進步、對於成績曲線的上升以及對於生意的興隆大有用場的東西。

　　年長者：還有，這個完全無用的民族必定會成為最老的民族，因為沒有人會關心它，沒有人會動用它的奇怪的無為行為（讓予之為：Tun, das ein Lassen ist），從而將它利用並提前把它消耗殆盡。[8]

　　正是因為海德格最為徹底面對了哲學自身的失敗，面對了「力造性」的無處不在，哪怕另一個開端或者第一次轉向的成己之事（Er-eignis），都是一種有用與佔有或居有（er-eignen）的權能，哲學只有徹底逆轉此方向，走向去己之事（ent-eignen），這就走向了無用之思。

　　「一個完全無用的民族」，第一次，在世界歷史的轉折之際，成為政治哲學與政治神學思考的新方向。

　　如何成為一個「有用的民族」（幻想去拯救西方）與一個「無用的民族」（還尚未發生）？對於海德格，其思想也就分為二個階段

8　M. Heidegger: *Feldweg-Gespräche (1944/45) (GA77)*. 1995. S. 234. 海德格文集：《鄉間路上的談話》，孫周興譯，2018年，頁232。

（所謂的兩次轉向），通過面對三個維度的「敵人」（或對手），海德格最終放棄鬥爭思維，走向「讓然」（Gelassenheit），而此「讓予」的原初倫理姿態與無用有著內在的相關性，但整個海德格後來的發展與討論，卻一直沒有把讓予與無用關聯，而是通過讓予走向了命運的發送與「禮物」的給予（Gabe / gegen，Geschenk / Schicksal / schicken），這在法國現象學與現象學神學中得以充分展開，但我們的方向，卻是回到1945年的危機時刻，把讓然向著無用的轉換還原，通過無用重新理解讓予。而對於一個有著禮物給予與禪讓的傳統，我們是否可以通過海德格的現代性總體批判與哲學的自身批判，來思考我們中國文化當下的處境？

也許，成為一個無用的民族，這本來就是中華民族一直以來的夢想？是一種「逆向」自我塑造的獨特智慧！是一個一直在做的中國夢（一個隱祕的無用之夢），卻也是一直沒有被喚醒的中國夢（有待於毫不顯眼地顯眼出來），或者就是莊子所言的無比弔詭的「大聖夢」[9]，不是其他的中國夢，真正的「中國夢」乃是：讓中華民族成為一個無用的民族？！但誰會「讓」之可能？如何「讓」其可能？

一個無用的民族，這是西方從未有過的規定，這也勢必讓哲學成為無用的哲學。異常悖論的則是，為何是海德格，不是別人，對哲學的無用如此敏感，儘管在1936年左右海德格已經寫出了：「哲學乃是無用的（nutzlose），但又主宰性的知識。[10]」為何在1945年歷史

---

[9]　莊子〈齊物論〉所言的大聖夢：「予惡乎知夫死者不悔其始之蘄生乎？夢飲酒者，旦而哭泣，夢哭泣者，旦而田獵。方其夢也，不知其夢也。夢之中又占其夢焉，覺而後知其夢也，且有大覺而後知此其大夢也。而愚者自以為覺，竊竊然知之。君乎牧乎？固哉！丘也與汝皆夢也，予謂汝夢亦夢也。是其言也，其名為弔詭。萬世之後，而一遇大聖，知其解者，是旦暮遇之也。」——既然我們都處於夢中之夢中，如何可能有著覺？除非莊周夢蝶般的「物化」？這才是弔詭的原初場景，是最為弔詭的事情，是弔詭之思必須面對的核心問題。

[10]　M. Heidegger: Beiträge zur Philosophie (Vom Ereignis) (1936-1938)(GA65), Hrsg.:F.-W.von Herrmann, 1989, S.36 (p. 41).

的危難時刻，才徹底轉向無用之思？成爲無用的民族之後，還有著最後之神來臨的主權嗎？隨著最近《黑筆記》的出版，這個令人無比困擾的悖論越來越明確：這些筆記再一次有力地證明了 —— 海德格不就是毫不悔改且在思想上更爲徹底的納粹化了嗎？無論這是精英化的國家社會主義還是本眞的歷史存在論半神，海德格的思想確實被納粹意識形態所污染了，那麼，他怎麼可能再來一次轉身？怎麼可能走向無用之思？這幾乎是不可能的，即便可能，也是不可能的可能，或者說也是無用之用？

　　無用之思怎麼可能在海德格那裡發生？即便發生了，又有何價值？不是更爲徹底地爲其根深柢固的納粹思想提供了更爲巧妙的保護？一種主動後撤避開歷史災難反思的藉口？很多歐洲研究者都是這麼認爲的，一個沒有見過徹底自我批判以及深度懺悔的德國思想家，怎麼可能借助於某種東方思想就輕易地擺脫了一切的重負？也許東方思想不過是爲其納粹思想提供了一層更爲隱祕的面紗？而且，有關海德格與東方思想，尤其與中國道家思想，不就是一個老調重彈的故事嗎？不就是一個公開的祕密嗎？之前不也是有著大量對此的研究了嗎？但這些研究僅僅在於學術上的討論，並沒有面對歷史的「痛點」與思想的「難點」。

　　因此，隨著《黑筆記》的出版，問題變得更爲嚴峻起來，是否有著一種可能：海德格越是深陷納粹思想的泥沼，他越是試圖走出此危險；而莊子的無用之思，可能提供了某種契機；或者這正是思想的難點與痛點：越是在看似不可能的絕境之中，越是試圖去尋求拯救的力量；而整個西方世界沉淪與荒蕪化之後，對於海德格，只有異域的中國道家思想，而且是一個最爲困難與危險的思想 —— 無用之思，才可能構成某種拯救的機會，這是思想的悖論之處，但思想的力量就在於承受此悖論；如此的無用之思，也要求思想自身的無用，海德格之前的自我辯護（比如在94-96的《黑筆記》中隨處可見）也就不足夠了。

　　面對思想的無用與危險，反而訴諸於一個徹底異質化的無用之

思，這是西方後來的思想家們幾乎不願意接受的。而此無用的思想
當然也要求思想自身的無用，此「雙重的無用」反而構成拯救的條
件，這就是思想的弔詭之處！

㈡ 海德格的回應：從「另一個開端」走向「第二次轉向」

> 但危險所在之處，那拯救的也生長。

　　面對危險的時代處境，海德格起碼給出了兩種不同的回應。而隨
著無用思想的出現，我們將把海德格的轉向區分為兩個階段，並非一
直以來認為的那個1938年左右的「另一個轉向」，而是在1943年左
右發生了「再一次的」或者「第二次的轉向」！

　　在第一個階段，所謂海德格的「第一次轉向」中（1932～
1942），海德格認為形而上學已經走向終結，因為形而上學遺忘了
存在本身及其真理性，哲學與歷史都需要重新開端。

　　這是三個層面上的同時展開（在1936年左右的《藝術作品的起
源》中異常明確【GA5】[11]）：

　　其一，哲學本身需要思考存在本身及其「存在的真理性」，而不
是存在者的存在，這是存在本身的顯現與隱藏，以及「顯隱二者」之
間的元爭執（Ur-streit）。

　　其二，與之相應，「存在的歷史性」則是通過「世界性與大地
性」二者的「鬥爭」來實現的，這體現在歷史階段某些開創者所創造
的「藝術作品」上，比如某個藝術作品或偉大的詩歌作品（希臘悲劇
或荷爾德林詩歌，或者梵古的作品）。

---

[11] 比較海德格與班雅明1935年開始的藝術作品的分析無疑是富有挑戰性的，我們這裡只須指
出，在那個特殊的年代，技術與自然的關係異常複雜。如果從靈暈的可能性，遊戲與相似的
關係，也許可以打開新的思路。

　　其三，歷史性的當下化，存在的命運之實現需要某個民族之歷史性的決斷，這是通過荷爾德林「河流詩」中所召喚的德意志民族，讓「我們」這些德意志人回到那個詩意的從未發生的希臘，結合德意志「表達的清晰」與希臘「神聖的迷狂」，讓德意志人回家，在無家的恐怖時代讓人性成爲歸家的存在（Heimischwerden im Unheimischsein）。

　　在這個階段，要實現此祖國的回轉與人性的歸家，對於海德格的德意志精神而言，就需要尋找敵人或者對手（與施米特的政治神學異常相似），海德格就把整個現代性的各種力量都當做歷史「沉淪」的標誌（如同《存在與時間》中把此在與常人對比）：其一是以英美爲代表的自由民主制度以及資本主義生產模式，其敞開方式只是存在者的存在，只是通過巨大的資本計算而導致的存在開顯，而遺忘了存在的隱藏與大地性。其二是前蘇聯的「蘇俄埃政權加電氣化」，是共產主義的烏托邦精神加上現代技術，儘管有著koinon的共通體或權利的集中制（GA69），儘管俄羅斯的大地性與傳統東正教精神也異常強大，這是與美國不同之處，但依然依賴現代性的技術生產與力造性，依然在鬥爭中走向了顯現，而遺忘了自身的大地性力量（但悖謬的是，俄羅斯紅軍就是利用此大地性力量最終在二戰中最終打敗了希特勒的德軍）。其三，則是現代的虛無主義，這是尼采生物學的權力意志與雲格爾的技術形相或者工人勞動形相的結合（GA90），是權力意志與技術生產的徹底結合，尤其體現爲巨大的「謀製」或「力造性（Machenschaft）」。

　　海德格認爲，無論是資本主義的商品生產還是共產主義的集中制生產，與現代性總體巨大的計算不謀而合，都是「力造性」的顯現方式。從「力造性」的總體診斷出發，海德格認爲這三派：自由主義——革命左派——保守主義（或德意志特有的革命的保守主義：雲格爾與施米特，還有海德格本人其實與之相通），都導致了歷史的沉淪，導致了現代性的總體虛無主義。在第二次轉向時，則認爲不僅僅導致了虛無主義，還導致了世界總體的有用化，更爲徹底地荒蕪

化，也導致存有的災變與終末論，這是更為徹底地沉淪。

而只有海德格自己提出的荷爾德林式詩意道路，讓現代性之無家可歸的幽靈人性存在（Un-heimliche）回家，通過德意志的河流（萊茵河與伊斯特爾河等），返回到希臘的詩意祖國，在不斷自身「陌異化」的經驗中，在詩意的追憶中，以河流之水元素的清明融合天空火焰元素的迷狂，重新獲得本己，讓德意志成己或本己化（an-eignen），再次成為自身，以此來拯救沒落的西方文化。

但是，海德格如此發現的這「另一個開端」或者所謂的新開端，卻並沒有獲得現實上的成功，甚至可能成為了歷史災難的合謀者（既自覺又不自覺？），即納粹導致的歷史災難以及對於猶太民族的大屠殺，也是一種德意志民族的成己，也是對於希臘精神的回歸，也是對於尼采與荷爾德林精神的徵用，但導致的卻是巨大的災難與失敗。二者導致的後果並沒有根本差別，其動機也是相似的，只是方式不同，海德格精英化或者精神化的國家社會主義，與希特勒庸俗與種族化的國家社會主義，實質上並沒有根本的不同，或者說已經彼此浸染，相互滲透了，無論海德格如何為自己申辯，無論是他曾經的實質參與（成為校長），還是他理論的話語模式，都與納粹當時的意識形態有著同謀關係。

那麼，需要檢驗的就是一個異常悖論的思想困境，這也是最近幾年《黑筆記》發表後整個思想界遇到的巨大挑戰：一方面，海德格對於現代性的三種主流思想的診斷與批判，集中於「力造性」或「謀製」的批判，是否準確與正確？如果有著極大的合理性；那麼，另一方面，他為何又陷入了與納粹意識形態的合謀？如此一來，他的現代性批判還有價值嗎？[12]這也必然會追問，如果他的批判是有著合理性

---

[12] 如果我們比較海德格的現代性批判與法蘭克福學派的現代性批判，他們在文化工業、啟蒙理性、技術與自然，等等的反思上有著相通之處，隨著《黑筆記》的出版，海德格的反猶主義或者反思的反猶主義也與法蘭克福學派的反思相關了。以至於斯洛戴迪克會說，其實並沒有

的，但如何與納粹區分開來？

　　就第一個方面而言：海德格從西方傳統廣義的「爭」（polemos）的元政治出發，以其理論化的「對峙」（aus-ein-ander-setzen）思維方式，思考了存在自身顯現與隱藏的「元爭執」（Ur-streit），展現爲世界與大地的「爭執」（Streit），具體落實在於民族性的時空爭鬥的決斷與「戰爭」（Kampf）。而眞正的現實化與具體歷史化，則是第三帝國開始的世界大戰。海德格以此來來批判其他的三重思潮。其批判的基礎與前提，則是集中於「大地性」的顯現方式上，這是最爲明確甚至也是最爲神祕的標準，「大地性」在海德格那裡有著如下幾重意義：

1. 這是民族生存的根基與區域，這是大地性「顯現」出來的一面，比如德意志民族生存的黑森林大地，比如俄羅斯廣袤寒冷的大地，但在海德格看來，各個民族的歷史性只是體現爲其行動所體現的公共活動與建國行動，而遺忘了此大地性的自然化根基。但希特勒的種族主義也正是「大地與血」的空間爭奪，如同施米特的大空間政治神學理論，卻也是對於其他民族國家的大地與民族血緣的消滅。海德格的大地性如何與之區分開來？荷爾德林的詩意化自然可以嗎？

2. 大地性乃是在一種與世界性的「爭執」關係中顯現自身的，儘管大地性顯現爲具體的地貌與地域的風土，但「大地性本身」根本上其實並不可見，因此需要世界性去與之「鬥爭」，使之在鬥爭的「裂隙」中顯現出來。如果只是世界性，就只有存在者的存在性，只是某個英雄或者建國者的制度，比如美國式自由民主，比如前蘇聯領袖列寧這些建國者，當然還有希特勒——無疑海德格1933年後並不認同希特勒這個人及其英雄主義崇拜！比如尼采式的英雄與超人，乃至於「半神」。但在海德格看來，這些只是存

法蘭克福學派的現代性批判，而只有弗萊堡哲學家的批判。

在命運在鬥爭中的顯現，而非大地性。世界性與大地性爭執出來的某種歷史命運的決斷者，所顯現出來的裂隙或形態（Fuge），對於海德格，只有在荷爾德林的「詩歌」中，並不是某一個人，而是「人性本身」或「存在自身」的歸家。

3.因此，體現大地性的乃是人性的「歸家存在」，因為人類總是要居住與安息在大地上，「大地」及其自然性，乃是人類出生與死亡的「位置」。海德格通過大地性，轉向對於人性本身居住在大地上的詩意沉思，因此海德格認為現代人性最為基本的狀態，就是其「無家可歸性」（Un-heimlichkeit）。哲學乃是召喚無家存在的歸家化，是在陌異化自身的過程運動中，再次讓民族成己。比如體現大地性的安提戈涅這樣的生命存在，及其爐灶，才是存在自身的大地性。

　　海德格乃是從大地性及其隱藏的顯現出發，批判現代性的各種方式，認為這些現代性的方式，只是集中於歷史爭鬥的敞開與顯現上，而遺忘了人類本身的必死性與無家可歸性，儘管有著自由民主制度或者福利國家，有著革命烏托邦精神或者集體生活，有著科學技術或者太空開發，但作為必死的唯一個體性的人性或人類本身，在大地上，依然無家可歸。因此，對於海德格，這是三重的危機：自由民主的個體虛無主義欲望膨脹，烏托邦傳統的新宗教精神，科學技術導致的巨大計算思維，任何的新思想都必須面對此三重危險。而對於海德格，這三重危險都體現為人性的無家可歸存在狀態。

　　在現代性之人性本身無家可歸的存在思考與規定上，無疑，海德格的批判是合理的。那麼，重要的反倒是去檢驗，為何這種追求人類歷史性存在歸家的思想，還是無法擺脫與納粹的糾纏？還是會陷入種族主義的指控呢？這只能通過他自己的標準——無家存在中的歸家，從陌異與本己的關係中重新成己，從這個維度來加以討論。

　　我們現在要追問的反倒是：隨著《黑筆記》的出版，為什麼是在海德格那裡，才明確指向了無用之思？這與他第一次轉向的「危險」密切相關：在1932～1942年的第一次轉向中，海德格試圖回到

荷爾德林詩歌中那從未發生的「希臘祖國」，反對後來的希臘化與基督教的歷史進程，就必須把本己的德意志理性的「表達的清晰」，與它異的古希臘神聖迷狂的「天空的火焰」重新融合，把德意志精神與古希臘精神以新的方式重新結合，以此來拯救沉淪的西方，這是荷爾德林所言的「自由地運用本己」之困難，以此來抵抗現代性的各種虛無主義精神：比如，與更爲具有大地性與神祕性的俄羅斯精神戰鬥，抵抗美國的自由資本主義精神，也抵抗共產主義的共同體精神，還有尼采的虛無主義與技術主義的結合，等等，以對存在歷史命運的決斷，開啓另一個新的開端。

但是，如此徹底反對現代性所形成的「元政治」，尤其把所有這些現代性的不同方面都集中在技術的巨大謀製或「力造性」（Machenschaft）的設置上，看似徹底與明確，但卻與希特勒的納粹主義「合謀」了，儘管一個是大眾平庸粗俗的國家社會主義，一個是精英或者精神性的偉大運動，看似差別很大，但其關鍵在於海德格自己的思維方式，還是「元政治」的鬥爭思維，還是一種「爭執」的哲學，這與雲格爾和施米特等人其實根本一致。如此的爭執，無論是世界與大地的爭執，還是眞理與非眞理的元爭執，都依然離不開暴力，離不開總體滅絕的思維。

儘管海德格這個時候的思想，試圖通過荷爾德林的詩歌來轉化哲學，形成思想與詩性的對話，但還是無法避免此「有用的」思維：所謂有用，就是對於鬥爭的必要，在反對技術的力造性時依然還有著對於他者的暴力排斥，還是本己的徵用，對於陌生的居有，並沒有獲得眞正的自由之用。因爲自由乃是解放，歷史與自然雙重的解放，尤其還是自然的解放。儘管海德格試圖思考荷爾德林的「自由使用本己」的必要性，但並沒有實現出來，因爲這是暴力的佔有，卻並沒有思考自然的暴力性：這就是「血與土」中所隱含的神話因素，海德格的「第一次轉向」還是無法避開「自然的神話」。

儘管海德格在1920年代末期就發現了自然的重要性，從亞里斯多德的「自然」概念，回到前蘇格拉底的自然思想，來解構形而上學

的「存在」概念，走向自然的隱藏維度，但此「自然的神話」有著混雜性，要區分異常困難，如果不是不可能的話：

1. 首先是荷爾德林詩歌中詩性的元素力量，是水與火的和解與和諧。如何解決希臘精神中神與人的分離與悲劇停頓？海德格以德意志的「河流」（萊茵河、多瑙河與伊斯特爾河）來連接，細緻地解讀荷爾德林的河流詩，通過位置的漫遊與漫遊的位置上讓無家可歸的現代人回家。但其解釋還是過於德意志化了，比如德意志婦女的形象，而缺乏對於他異性的尊重。

2. 在納粹種族神話的血與土的宣傳理念上，在1930年代成為主導意識形態並非偶然，德國浪漫派以來對於「共通之神」的尋求，已經把酒神與基督，把民族精神與神祕的文學想像都重疊起來了，如同格奧爾格圈子對於「祕密祖國」的詩意想像，形成了「納粹神話的無意識」，如同拉庫—拉巴特與南希的解構，海德格並沒有對此做出嚴格的區分。

3. 尼采的權力意志與自然化精神也密切相關，對於混沌的力量與超人統治者的渴望，與希特勒的領袖思想，在那個年代，與荷爾德林的復興，都纏繞在一起，也根本無法區分開來，如同中國當前的意識形態。儘管海德格有所區分，在尼采—克爾凱郭爾—荷爾德林之間有所決斷，但並不如同他當時自己認為的那麼徹底。哪怕是「最後之神」的逃逸與到來，儘管看起來有著對於唯一神論傳統的解構，有著詩性的未來寓意，但依然還是處於德意志新神話的模仿悖論之中。

4. 海德格對於自然「隱藏性（lethe）」的發現，[13]在這個階段，還是過於聯繫「顯現」的力量，而此顯現的力量尤為需要鬥爭與暴力的撕裂，此陰森驚人的力量與力造性必然有著糾纏，海德格當時還根本無法區分開來。如同德希達對精神、力量、爭執等等概念

---

[13]　M. Heidegger: *Parmenides (Wintersemester 1942/43) (GA54)*. 1992.

進行的解構分析，海德格的概念已經被納粹意識形態所浸染與污染。

這就是海德格「第一次轉向」的悖論之處：正是因為他最為徹底發現了自然的重要性，所以他認為自己歷史命運的自然化詩性之思，不同於希特勒的血與土的種族主義，反而是他自己第一次發現了自然隱祕的力量；但奇怪的矛盾也在這裡出現了，即，他越是發現自然的重要性，要麼他越是與希特勒的「種族神話」無法區分；要麼他確實進入了某種深淵，此深淵（Ungrund），如同自然的隱藏性，自然的混沌，可能是他當時都無法想到的，那是至深的深淵，是他從謝林那裡感受到的比「根本惡」還更為根本的深淵。只是面對此深淵而不被深淵吞噬，卻需要額外的信念，這會來自於哪裡呢？哪裡有危險，哪裡就有拯救？荷爾德林的詩句再次召喚思想的未來，[14]但此救治力來自於哪裡？這是中國道家的無用之思！

哪裡有危險——哪裡就有著拯救！但悖論的卻是：如此的關聯不應該得出：哪裡有著拯救——哪裡有著危險！否則只能導致惡的增加，這是不允許出現的辯證顛倒！這也是海德格早期並未認識到的危險：納粹帝國激發了巨大的危險，卻是以所謂拯救西方的名義進行的，甚至通過荷爾德林的詩性經驗施行救贖，也只是導致了更大的危險！

(三) 本己與陌異的悖論關係

> 但危險所在之處，那拯救的也生長。

正是在對荷爾德林詩歌的解讀中，在自由地運用本己的困難中，

---

[14]　P. Trawny: *Heidegger und Hölderlin oder Der Europäische Morgen*, Würzburg: Königshausen & Neumann, 2004.

在本己與陌異的悖論關係中，海德格批判性的第二個方面，尤其是他
對於荷爾德林的解釋中出現了困境。這也是危險與拯救的辯證法所可
能隱含的危險。

　　海德格通過荷爾德林的詩歌，而非尼采的「半神」與強力意志的
超人（1935年的GA39卷中還有此殘餘論調），就在於，這些「河流
詩」（Stromdichtung，尤其是萊茵河與伊斯特爾河的歌詠），其詩
意的本質，一方面指向德意志的河流，這些河流在天空與大地之間流
動，尤其流經德意志的整個大地，萊茵河、多瑙河，最後是與希臘相
接的伊斯特爾河；另一方面，則是詩意的自然性元素，是代表德意志
民族性格與精神的 —— 大地上「水性」的清明，與代表希臘民族性格
與精神的 —— 天空中「火焰」的迷狂，是二者的爭執與融合，尤其是
對〈萊茵河〉這首詩歌的解讀中（GA53，1942年的解讀），兩種元
素的融合異常明顯。

　　這些河流詩最終是要把無家可歸的人性帶回家，這是帶往何處
呢？這尤為體現為海德格對「伊斯特爾河」這條希臘河流的解釋
（GA53），通過對於索福克勒斯悲劇《安提戈涅》第一合唱曲的解
讀：「恐怖之物中最為恐怖的是人」（umheimliche,人本身已經是
「詭祕」的存在），是人性本身 —— 這是人性的技術化與力造性 ——
才是導致人類無家可歸的根源，因此，需要把技術的力造性向著自然
的大地性還原。此大地性的自然歷史顯現，就是人類的居住，在家中
的居住，而家的核心則是爐灶。因此，海德格認為人類的歸家乃是向
著爐灶返回。

　　通過河流的詩性雙重漫遊，漫遊的位置與位置的漫遊（Der
Strom als Ortschaft der Wanderschaft und Wanderschaft der
Ortschaft），[15]德意志的河流進入漫遊，而漫遊中也讓歷史的命運
再次發生 —— 把無根的人性帶回到家的位置，形成新的節慶，而被

---

[15]　M. Heidegger: *Hölderlins Hymne "Der Ister"*(*GA53*). 1984.

拔根了的人性在此陌生化的過程中，經過海洋，經過漂泊，經過黑夜，甚至是無神的漫長黑夜的過渡，回到希臘的家園，也是回到神聖的自然。海德格對於存在歷史命運的解讀，就轉變爲「存在的位置論」，或者存在的「家政論」（oikos-nomos）。

　　但是，在如此的回家歷程中，海德格是否讓德意志民族過於限制在希臘的本土上了？而並沒有充分打開異域？這裡有著幾重區分：

　　第一，在荷爾德林，如此的還鄉與歸家，在河流詩及其各種漫遊中，既有回到希臘的可能性——回到蘇格拉底的雅典，回到已經基督教化的希臘；也有另一種境況，即便歸家，回到希臘，但必須面對希臘本身已經不再存在的困境，或者希臘只是一個不斷被後世再次重構的理想圖景，乃至於幻覺投射的後果？因此如此的歸家如何可能？海德格卻要回到「家的爐灶」，這是海德格自己的解讀——那裡有著諸神在場——而非荷爾德林的解讀。即，海德格的解釋過於把德意志與希臘關聯起來，回到歷史的開端而開啓新的可能性，這與希特勒的國家社會主義或民族精神對於希臘的徵用，比如利用尼采的酒神精神，並沒有根本差別（——在當前的中國，則是那些文化復興的提倡者，回到所謂的自身已有傳統，假定還有著純正的儒家與儒教傳統，尤其是大陸新儒家，無疑與這個思路異常相似，或者就是在類比套用）。

　　第二，荷爾德林的詩意歸家，不僅僅回到希臘有著困難，而且在漂泊之中，會走向海洋，會走向亞細亞的東方，這是更爲徹底地「陌異化」，還會根本上「迷失」自身，甚至是走向「瘋狂」中而徹底「失去」自身。就如同荷爾德林對於希臘悲劇與詩歌的翻譯，並非只是把希臘語翻譯爲德語，而是要更徹底地把德語翻譯爲希臘語，是讓德語自身的陌異化，乃至於瘋狂化，如同荷爾德林自身的命運所啓示的，這是海德格並沒有面對的徹底性。而法國思想家對於荷爾德林與尼采等人瘋狂的思考，就是徹底面對了「去己」不可避免的要求，比如巴塔耶與布朗蕭等人。〔——在當前中國，倒是有大量的中國人喪失了自己的民族性與地方性，這是出國與移民，或者是出於保

護自己經濟利益的考量或者出於自身自由的關心，但也喪失了與母國或故土的親密關聯，此切心性（Innigkeit）如何得以表達？〕

第三，如此的陌異化與徹底地外化，有著兩重後果，一個是海德格已經注意到的，在GA53卷的結尾，[16]通過荷爾德林的詩歌：「一個記號是我們，無意義 / 我們是無痛苦的並且幾乎已經 / 在陌異中喪失了語言（Ein Zeichen sind wir, deutungslos / Schmerzlos sind wir und haben fast / Die Sprache in der Fremde verloren）。」那麼處於如此境況的民族，如果是德意志的話如何回家？如同處於俄羅斯戰俘營中的德國士兵如何回家？他們很多都已經死亡，這也是海德格後來的痛苦，其中還有自己的兩個兒子被盟軍俘擄而生死未明。另一個後果是，其他民族呢？比如猶太民族？處於大屠殺的集中營之中如何回家？如果猶太人一直在面對自身的無家可歸的「散居」狀態，乃是因為任何的回家一直是無家可歸狀態中的歸家，任何的在家也已經是某種流浪狀態的在家，這是悖論的處境（——在當前中國，則是生命政治與生命經濟普遍的貧窮，還是精神信仰的絕對貧窮化，如何可能在大都市化的經濟浪潮中，讓生命可以回家？無論是中國當前的佛教還是基督教，似乎都無力承擔此責任）。

本己與陌異——二者之間的關係異常複雜與弔詭，或者與Un-heimilchkeit相關（如果我們把佛洛伊德對此的思考聯繫起來），也是一種更為深廣的關聯：在回家—恐怖—詭祕—弔詭之間：

1. 在德國文化，這一直是一個「模仿」的悖論，自從歌德—席勒與浪漫派以來，面對義大利文藝復興的壓力，只有回到更早的希臘才能超越它們的羅馬式古典。但越是模仿希臘，越是要超越希臘，而要超越希臘，只有回到一個從未發生的希臘，一個必須重新虛構的希臘，建構出一種「新神話」[17]。荷爾德林與海德格的回

16　M. Heidegger: *Hölderlins Hymne "Der Ister"* (*GA53*), 1984. S.189.
17　弗蘭克：《浪漫派的將來之神——新神話學講稿》，李雙志譯，2011年。

到希臘無疑也是在這個思想脈絡中。如同拉庫・拉巴特與南希在《納粹神話》中深入的分析[18]。

2. 二者的不同在於：海德格認爲德國人有清晰的表達而無神聖的瘋狂，而後者本是希臘本有的，卻沒有被希臘人自身居有！爲什麼？因爲越是本己的品質，反而越是最爲容易失去的。或者，本己之爲本己，是要在未來去成爲——是生成出來的，並無某種固定單一的本源。因此，海德格認爲：荷爾德林詩中的那個希臘——是希臘人已有卻後來丟失了的精神，只是被保留在索福克勒斯的悲劇——尤其是《安提戈涅》之中，但需要詩意地找回，德意志人也許可以承擔此使命，但這是德語的希臘語化，荷爾德林翻譯《俄狄甫斯》與《安提戈涅》是爲了讓德語轉變爲希臘語，既是德語的異化，也是希臘語在德語的重新生成。因此，對於海德格，德意志人本有清晰的表達，但也需要與陌異的結合，才可能保持住，德意志就必須回到那個詩中的希臘，這是回到開端——尚未發生的開端——是西方人性之歷史的回家，這是重新的開端。但對於荷爾德林，這是瘋狂的冒險，是不可能在自己的時代實現出來的，個體的詩意想像與時代普遍的理性之間沒有居間人：政治革命不可能，盧梭的共和與和平的君王只是不可能的幻想。而海德格並沒有涉及這個共和主義方面與冒險的瘋狂，也對於這個「居間人」沒有思考，這是某種階級？這是尼采的半神？再一次，這是希特勒這個「領袖」成爲了「居間人」？歷史就是如此，但徹底地慘敗即將來臨，這也是爲何GA53是1942年思考的重大成果，但也是「第一次轉向」徹底的終結（1932～1942，從自己成爲弗萊堡大學校長，到自己回歸思想的徹底完成），因爲如此的回歸，看似已經完成實現，但在現實上卻即將徹底失敗，日常可怕的反差與厄運，讓海德格開始懷疑整個的

---

[18] Ph. Lacoue-Labarthe et J-L. Nancy : *Le mythe nazi*. 2016.

「第一次轉向」？對於荷爾德林，這個居間人是空缺的，從希臘悲劇開始，人與神之雙重的不忠，就導致了居間人的中空，而且必須保持此災變的中空，任何的填充都會導致災難，如同拉庫─拉巴特（災變的停頓）與布朗蕭（中空的空無化）的反省，[19]而海德格似乎在1930年代並沒有認識到此「中空」的絕對必然性。

3. 但對於荷爾德林，此回家經過：一是在去法國的漫遊才發現的，這是在1801～1802年他給朋友伯倫朵夫的兩封偉大的書信中明確表明的。[20]二是返回希臘的過程，在漫遊中回家，即便回到那個希臘，已經沒有了主人，只能再次的告別，甚至迷失於東方亞細亞的流浪之中（漫遊之為漫遊也可能游離、離散）。但海德格認為一定可以回到希臘的家，而且是本來的家，本己之家，這是他通過安提戈涅的形象與第一合唱曲：unheimlich（而不是ungeheuer為什麼？因為這更為驚恐）[21]，以un-heimliche來思考，主要是思考人的無家存在，人的幽靈化與尼采的虛無化，因此需要回家！讓幽靈死者們回家。這是返回大地上家庭爐灶的訴求，爐灶是大地上詩意居住的核心，也是希臘神話的祕密。這其實並非完全是荷爾德林的方式。

總之，海德格過於從回家與歸根來解釋荷爾德林的詩歌。但如此的回家，就啟發了後來──語言是存在的家。其恐怖性呢？納粹不也啟動古希臘與神話？集中營的大屠殺不也更為恐怖？這就是其「詭祕」之處：越是恐怖，越是要回家！但越是回家，卻越是恐怖！

---

[19] M.Blanchot : *L'Espace littéraire*.1955. Lacoue-Labarthe : *L'imitation des Modernes, Typographies2*, 1986. Lacoue-Labarthe : *La Fiction du politique: Heidegger, l'art et la politique*. 1988.

[20] 荷爾德林：《荷爾德林文集》，戴暉譯，1999年，頁440-444。

[21] 我們這裡的討論看似迅速與概約，但並不迴避一些關鍵的學術細節，關於Unheimlichkeit這個詞及其翻譯，在海德格與荷爾德林錯綜複雜的關係中，海德格特意把希臘deinon的恐怖翻譯為Unheimlichkeit就是因為這個詞兼有驚恐與無家可歸的雙重含義，當然這個詞，在佛洛伊德那裡，還有詭祕等等的含義，而詭祕必然與弔詭的邏輯相關了。

　　面對納粹帝國的恐怖，荷爾德林詩意心感的善良與位置，如何可能承擔此災禍？也許海德格對於荷爾德林的「藝術宗教」（Kunstreligion）沒有那麼大的信心？以至於認同納粹？或者他對荷爾德林太有信心，以至於可以去教化庸俗的納粹英雄們？無論如何，海德格式的藝術宗教並不足以抵抗時代的災禍，此詩意的藝術宗教還需要補充什麼樣的力量才可以不陷入危險的陷阱之中？

　　這是兩個方面的追問：一是本己要去陌異化自身——但海德格的歸家方式足夠的陌生化了嗎？其實不夠！二是成己或本己化自身是否可能呢？當然也不可能，因爲無家的恐怖與回家的訴求不可能平衡與獲得，這是要一直面對語言的喪失，沒有了痛苦，無意義，那如何回家？這是實行不了的！這才有了隨後更爲徹底地轉向：一是東方化，比如猶太教與東方，才是更爲陌異的，對於後來的德希達與列維納斯（Levinas）　這是面對體現他者性的猶太性！一是沉默與語言的區分之痛苦，靈魂是大地上的異鄉人，痛苦石化了門檻（GA12卷的轉化）。這就是我們所言的海德格「第二次轉向」的必要性契機！

　　西方學者對海德格式的荷爾德林解釋有多種反思與批判，這主要集中於模仿的悖論上：本己「本就」沒有（本源之缺失），本己「從未」居有（希臘人並未保留下來），本己只有「喪失」時才感受到（《希臘悲劇》中俄狄甫斯刺瞎雙眼爲代表），本己需要與陌異的「對峙」（猶太人？是肯定還是滅絕？），本己需要「再學習」（一個悖論：已有就不必習得，沒有又如何獲得？），本己只是在「痛苦」之爲之間的「區分」中（成己與去己er-eignen 與ent-eignen 之間），越是痛苦地分離，越是感受到親密性，這是「切心性」（Innigkeit）的感受。並且最終凝練爲現代性的基本悖論關係：X with-out X的with-out 之間的弔詭邏輯或詭祕書寫。[22]

22　有關這個來自於海德格、布朗蕭、德希達與南希的弔詭邏輯被表達為：X without X，首先來自於海德格的「不可能的可能性」，但是在法語中，走向更為明確的悖論式表達：X sans X,

㈣ 海德格面對轉向的危險：存有的終末論

但危險所在之處，那拯救的也生長。

如何在身處危險中，讓拯救的力量生長出來？而又並非增加危險，如果危險增加，拯救才可能增加，這不就假定了惡的合法性？如何解開這個相關性的「死結」？如同生命技術中萬能細胞的製作過程中也有著與生命剝奪者癌細胞之間有著密切的聯繫。

因為海德格的「第一次轉向」（1932～1942）並沒有導致思想的拯救，反而在現實歷史中，無論是德國還是世界，都陷入到更為巨大的危險與災難之中。如何繼續去尋求拯救或者救治性（das Heil-same）的力量？而這正是〈晚間交談〉一開始就要尋求的某種宗教性？

非常奇怪的是，為何是海德格可以開啓無用之思，一個如此與納粹意識形態糾纏的思想家，如何可能從中擺脫出來？走向無用之思？進入現代性以來，為什麼反倒在1943-45年左右的海德格那裡才出現真正的轉折——通過莊子的無用之思開始第二次轉向？並與第一次最為徹底的轉折（1932～1942）區分開來！這是如何發生的？有著這樣的第二次轉向嗎？[23]

比如 pas sans pas，因為pas在法語中的雙關歧義（step/stop），這就導致了悖論的錯亂，甚至在法語中，進一步導致了「弔詭」的表達：sans sans sans，這幾乎是噪音一般無意義的句法與邏輯——難道不是「無用神學」最好的說明？甚至是歌詠？因為圍繞sans的無意義所構成的句法也是無意義的，但此無意義與無用性，卻因為語音與語義的播散（sens/sang/cent），導致了現代性最為徹底地虛無邏輯與超越虛無的無用式弔詭之思。

[23] 詳細討論海德格思想中是否有著「第二次轉向」的發生，請參看筆者拙著，夏可君：《一個等待與無用的民族——莊子與海德格思想的第二次轉向》，北京大學出版社，2017年。筆者在該書中就「第二次轉向」給出了更為複雜的文本考證與思想邏輯的細節考察。也請參看何乏筆相關待出的著作，圍繞這個問題在阿多諾與海德格更為富有弔詭的關係所展開的討論！

　　這就需要回到海德格1943-45年轉折時期的一系列思想動作。這就需要我們更為徹底深入這個弔詭的處境：即，也許正是因為海德格與納粹思想有著如此內在的糾纏，深入了危險與躍入了深淵，海德格才可能體會到其根本性的「危險」之所在，正是因為海德格認識到自身所陷入的危險與誤入「歧途」的道路本身（Holzweg本就有林中歧途的意思），有著不斷地自我反思（如同Trawny針對Irrnisfuge的反思批判），一旦走向無路的「絕境」，「真理的本質是非真理」，但此「非真理」如何可能通向「真理」？他會轉身思考此道路的不可能性或絕境（a-poria），轉而尋求「救治性的力量」。也就是說，正是因為海德格自己反思了自己的錯誤道路，反而他更為迫切需要走出此歧途、走出此絕境，但又苦於西方已經無法提供任何的拯救力量（埃克哈特大師也只有太弱的力量，如同班雅明「微弱的彌賽亞力量」），整個世界已經徹底荒蕪化了，只有通過中國道家，通過某種迂迴道路，而且是無用的道路。而此無用之思又最好地回應了自己對於有用的徹底反思，真理的本質是非真理，無用之無用——不就是一種最好地轉化？！因為，此無用之思，也正好反轉到哲學自身的無用上，讓之前強勢與權力意志化的鬥爭哲學可以被逆轉。

　　這最為明確地體現在海德格《黑筆記》的97卷中（1942～1948），而這些筆記主要寫於1943年之後，但很少有學者關注《黑筆記》這一卷！也很少聯繫GA73中圍繞荷爾德林的思想中對於「貧窮」（Armut）與不必要或「不必用」（das Unnötige）之間的轉換，面對急難（Not）與必然性（Not-wendigkeit）的關聯，使之逆轉，而走向「自由」與「讓予」（lassen）。海德格已經試圖從西方思想內部，把不必用（das Nicht-Nötigende）與無用（das Un-Nötige）聯繫起來，[24]當然，這其實已經受到莊子無用之思的影響

---

[24]　M. Heidegger（GA73）: Zum Ereignis-Denken. 2013, S. 871-881.也參看筆者在前書的第二章第二節（2.2）非常細節地討論此轉化的過程，這也是西方學術界並未關注的聯繫與轉化，而

（通過衛禮賢對莊子的翻譯），已經開始「轉譯」西方思想了。

　　因此，西方學者無法提出「第二次轉向」，也沒有看到海德格借用莊子的無用之思所實行的根本轉變，或者把後期海德格（1952年之後）與這個階段的思想混淆起來，或者根本就沒有看到這個階段的重要性，這也是爲何後期海德格「讓然」的思想更多與禮物給予的思想關聯，而不是與無用關聯，這既有海德格自己的誤導，也有海德格主動的隱藏。而更爲重要的是，海德格在1943年之後（主要是在1943～1955中），對「第一次轉向」，對於存在之庸用的災變與終末論，有著明確徹底地反思：

1. 「財富的成己的本己在庸用的純一性中，成爲遺忘之轉向的反省（Das eigentliche Ereignis des Eigentums ist die Einkehr der Kehr der Vergessenheit in die Einfalt des Brauchs）。[25]」——首先，海德格指出，一旦把存在作爲本己的財富，把存在經濟化，如同「第一次轉向」的希臘式「回家的家政」（oikos-nomos），但現在，卻有所不同，而是要回歸到庸用（brauchen）的純一性，並且開始反省之前本己居有的整個轉向模式。這裡的「純一性」是與老子《道德經》的轉譯密切相關，也是在1943年重新解釋荷爾德林詩意的品質時，就是以老子《道德經》第十一章「有之以爲利，無之以爲用」的思想，以及老子對於無名之樸（Namenlose Einfalt）的要求，來重新理解什麼是「詩人的純一性」[26]。如同老子在第二十八章所言：「復歸於樸。樸散則爲器，聖人用之則爲官長。故大制不割（und er kehrt zurück zur Einfalt. Ist die Einfalt zerstreut, so gibt es "brauchbare" Menschen）。」在衛禮賢的翻譯中，不僅僅「樸」與「用」在德語中發生了關聯，而且轉向純

　　GA73卷與GA97卷都是寫於1945年的轉折之年的關鍵時期！

[25]　M. Heidegger (GA97): *Anmerkungen I-V ("Schwarze Hefte" 1942-1948).* 2015, S. 284.

[26]　M. Heidegger (GA75): *Zu Hölderlin / Griechenlandreisen.* 2000, S.43.

　　一性，不也直接啓發了海德格？導致隨後他開始從「庸用的純一性」來反思之前存在的成己與暴力方式。

2.「存有的災變是它的末世論，在此終末中，成己節省地突發，從這種突發中，轉向在庸用中才可能發生（Die Katastrophe des Seyns ist seine Eschatologie, in der das Ereignis die Jähe spart, aus der sich die Kehre in den Brauch ereignet）。[27]」——其次，這是認識到存有進入了災變，承認第一次轉向的災變，乃是海德格認識到自己之前整個「第一次轉向」的危險性，認識到納粹帝國的危險性。但從哪裡實現突然的轉變呢？而且是「節省地」突發？此「節省」無疑來自於之前對於老子《道德經》的理解（比如「嗇」，而非資本主義的「奢侈」），當然都指向「庸用」之用，眞正的用必然需要節省。

3.「存有被打叉的終末論：在遺忘的轉向的成己中，作爲差異的區分之事件，在告別中，也就是在庸用的告別（in den Abschied）或終末中（die Letze【Esx.】），聚集自身（Die Eschatologie des Seyn: ereignet in der Kehr der Vergessenheit, versammelt als das Ereignis des Unterschieds die Differenz in den Abschied, d. h. die Letze (Esx.) des Brauchs）。[28]」——進一步，接續庸用的本體論與存在成己的關係，海德格更爲明確地指明了一個新的「差異論」：這是存在的成己庸用——告別了打叉存在的差異論，這是一個新的存在論差異，是一次徹底地告別，但也是最終的終末論，但這裡是圍繞「庸用」而形成的新的差異論！是一個新的區分！海德格這裡有意在利用德語的die Letze所具有的「告別」（Abschied）與「終末」（希臘語的Eschatos）的雙重意義，打開一個新的神學終末論思考。嚴格說，這是一個關於存有之庸用的

---

[27]　M. Heidegger (GA97): *Anmerkungen I-V ("Schwarze Hefte" 1942-1948)*. 2015, S. 331.

[28]　M. Heidegger (GA97): *Anmerkungen I-V ("Schwarze Hefte" 1942-1948)*. 2015, S. 284.

區分，一個新的存在論差異——但這是圍繞存有之庸用才產生的差異！

4. 「被打叉的存有，在告別的差異之區分，在其終末論的要求中，在最後之告別的聚一集中，在走向庸用的去己之開端中，在面對遺忘的追憶方式中，要求著思想的獻祭（Das Seyn, die in den Unter-Schied abgeschiedene Differenz, ver langt in seiner Eschatologie, in der Ver-sammlung des Abschieds (der Letze) in den Anfang der Enteignis zum Brauch, das Opfer des Denkens in der Weise des Andenkens an die Vergessenheit）。[29]」海德格進一步闡明如此的終末論，乃是進入遺忘而追憶，並且聚集已有的最後之物（如同「集置」），但同時，要走向新的開端，但這是一個去己（Enteignis）的新開端，此新的開端，就是我們命名爲「第二次開端」的條件！海德格甚至認爲，開始此新的開端，要求著思想的獻祭，要求新的追憶方式。

這是海德格充分認識到了第一次轉向的危險：「存有的災變從危險中成事，作爲庸用之危險在告別中成己（Die Katastrophe des Seyns ereignet sich aus der Gefahr, als welche der Brauch sich in den Abschied ereignet）。[30]」海德格充分認識到「轉向的災變（die Katastrophe der Kehre）」，但此轉向需要面對「庸用」而再次轉向，如此徹底思考「轉向」，也正是「第二次轉向」的深刻與徹底之處，試圖走出整個唯一神論傳統。針對自然的神話，海德格甚至也思考了「自然去權化」（Die Entmachtung der Φύσις）的必要性。[31]

---

[29] M. Heidegger (GA97): *Anmerkungen I-V ("Schwarze Hefte" 1942-1948)*. 2015, S. 284.

[30] M. Heidegger (GA97): *Anmerkungen I-V ("Schwarze Hefte" 1942-1948)*. 2015, S. 335.

[31] M. Heidegger (GA73.1): *Zum Ereignis-Denken.* 2013, S.122-152.

　　此「存有被打叉的終末論」（Die Eschatologie des Seyns），以及庸用的終末論（die Letze (Eschatologie) des Brauchs），無疑表明，海德格最爲自覺地在「有用」與「無用」的對比中展開著新的思考，他已經對技術的謀製或力造性，尤其是隨後對於技術「集置」（Gestell）更爲徹底地規定思考中，認識到西方文化已經走向了全然整體有用化的命運，全球化不過是其一切的技術化、資本主義拜物教以及媒體轉換器，這三者所形成的整體存在的有用化。這也是在《黑筆記》GA97卷中，大量思考「用」（brauchen）及其相關的詞根，無用（Unbrauchen）才會經常出現，[32]而且不斷嘗試著語句，也許就是對於莊子與老子語句的某種「意譯」？不斷轉化著德語寫作本身，轉化著西方思想本身。

　　只有在這個艱難地轉折時期，「用」（庸用與無用）這個詞及其相關辭彙才被大量使用，顯然，這是來自於海德格對於有用與無用本體論差異關係的全新思考，而把「有用」與「無用」對舉，把「存在」向著「庸用」轉化，這是莊子思想所施加的深刻影響，這主要在生前發表的《林中路》（GA5）中的「阿拉克西曼德的箴言」，以及對巴門尼德的《什麼叫思想》（GA8）中有所體現，但其中卻隱藏了有用與無用轉化的中間環節，只是回到了希臘語的「用」（chreon）上，西方隨後的研究者卻無法從「存在問題」走向「庸用問題」！

---

[32] *Heidegger Anmerkungen I-V (Schwarze Hefte 1942-1948):* An Index / By Daniel Fidel Ferrer ©Daniel Fidel Ferrer, 2017.其中Brauch這個詞出現的頁碼有：81, 221, 223, 244, 245, 261, 263, 264, 271, 273, 275, 276, 288, 290, 295, 300, 301, 302, 303, 306, 309, 310, 311, 312, 314, 315, 321, 332, 333, 334, 335, 336, 338, 339, 340, 341, 344, 345, 346, 347, 349, 351, 352, 354, 355, 356, 358, 359, 363, 368, 369, 372, 376, 381, 382, 383, 384, 386, 387, 388, 389, 392, 394, 395, 396, 402, 403, 405, 406, 407, 415, 420, 421, 422, 423, 426, 428, 433, 474。此外還有相關的Brauchbaren, Brauches, braucht等詞。其實如此的收集也是不足夠的，也許我們需要編輯一本子虛烏有的但又絕對必要的──《海德格的莊子書》──一個從未寫出之物？！它絕對不同於早期的《康德書》，也不同於後來的《手稿》。

反而是大量相關的思考語句都出現在《黑筆記》GA97與GA73之中。這也激發了最近阿岡本在《身體之用》中思考身體的用與「不去用」，但阿岡本的思考並不深入，因為對於海德格，這不僅僅是西方的「身體」之用，而是東方化或道家化的「自然」之無用。

此無用之思，如此潛在與隱祕，基本上並沒有得到西方學者與後續思想的主題化關注，只有一些漢學家偶爾的好奇，但卻構不成思想的事件。反而是直到最近海德格《黑筆記》的出版，尤其是第GA97卷與GA73卷，與之前出版的GA77卷與GA79卷等聯繫起來，或者說，一旦我們把1943～1953年之間出版的所有文本從整體上，圍繞「用」的差異論轉換，關聯起來，我們就發現了「第二次轉向」，這也是某種「亞洲轉向」或者「道家轉向」，尤其是莊子的無用之思提供了這個轉化的契機。因為關涉到歷史的陣痛，關涉到思想自身的悖論，才顯得更為具有意義，不再只是比較哲學的興趣，不再只是知識學的發現，而是進入思想自身的「痛點」。

更為明確地說：因為此「道家式轉向」，一個新的馬丁・海德格，一個面對時代困難與民族敗亡的海德格，一個進入無用之思的海德格，將變得明確起來。

㈤ 但為何海德格的「第二次轉向」被遮蔽了？

但危險所在之處，那拯救的也生長。

即便海德格讓現代人性返回到存在的爐灶之家，但是德意志人還是無法歸家。這是因為：

一方面，只有足夠地陌異化──但陌異化到什麼程度呢？也只有在外在的流浪中，歸家才有著意義，但如何足夠地陌異化呢？回到希臘，其實並不足夠，而且還處於模仿的悖論中，如同納粹神話其實也是在模仿希臘，超越希臘，也是為了消滅被模仿者──針對猶太人這

個他者的模仿就是如此（如同吉拉爾對於模仿的政治神學分析）。

另一方面，如果本己的民族之為民族，處於現代性的虛無主義狀態，已經是沒有了語言，沒有了痛苦，陷入麻木與無聊之中，陷入虛無的狂歡之中，如何有著歸家的可能性？

甚至，還有第三個方面：在自己民族的歸家中，如何讓其他民族也可以歸家呢？都是在大地上居住，如何可能和平相處呢（如同康德以來思考的世界和平與絕對的友善）？德意志人、俄羅斯人、猶太人，還有中國人，如何在大地上歸家，既是本己民族的歸家，也是人性本身的存在歸家？

因此，這三個問題，構成海德格「第二次轉向」的契機。

其一，現實歷史的境況是，德國與蘇聯的世界大戰，德意志即將徹底完敗，德國甚至可能被徹底瓦解，實際上不久之後德國就被肢解，這也是海德格為何也稱德國的土地也成為了死亡集中營，如同納粹集中營一樣，俄羅斯精神似乎獲得了勝利，似乎更為體現了大地性的力量，反而印證了海德格自己的思想邏輯，比如，德意志的年輕人在戰爭中處於極大的危險之中。這也是為何GA77卷的〈晚間交談〉被置於俄羅斯戰俘營與森林場景中，這是「陌生的」而不是在家的大地性。海德格必須把自己置於更為危險與更為陌異的大地性中，即世界的徹底荒蕪之中，去發現這些大地性與自然性更為隱藏的一面。如果是猶太人呢？被屠殺的猶太人，那些死亡的鬼魂如何回家？海德格後來思考的——靈魂是大地上的異鄉人（GA12）——那些燃燒的火焰帶來的灰燼，帶有惡之暴力的火焰，精神燃燒的痛苦火焰也需要轉化而變得柔軟，從而滋養生命？如何讓灰燼回到存在之家園的爐灶？如同德希達後來的解讀。[33]

其二，即海德格之前思考的存在自身顯現與隱藏的爭執與對峙，只是思考了爭執中那顯現的一面，即只有通過鬥爭，才可能讓大地

---

[33] Jacques Derrida : *De l'esprit.* 1987.

性顯現，但如此的爭鬥，儘管讓大地性顯現在世界爭執──即「裂隙」（Riss）上，但此裂隙乃是世界本身的創傷或者裂隙，而非大地本身的自身隱藏與自身顯現。如果回到大地本身，那麼，那個既要爭執又要隱藏，而且還要一直保持爲隱藏的大地性呢？這需要──讓祕密毫不顯眼地顯現？即，悖論的是：越是大地與世界爭執，越是顯現的同時──如同技術導致的集－置，大地性反而越是要隱藏（verbergen／lethe），不是之前的顯現與裂隙的暴力；那麼，此自身的隱藏如何得以思考？如何讓隱藏一直保持爲隱藏呢？而且還能有所顯現呢？這是思想之全新的任務！如何思考此德意志大地性的自身隱藏──是不是其實已經迷失了呢？面對「自然愛隱藏」，更爲徹底思考存在自身之「隱藏的隱藏性」！西方思考過此隱藏嗎？前蘇格拉底的思想家們觸及過（尤其是赫拉克利特），但是否其他文化有著更爲徹底地思考？比如遠東的中國道家？

　　其三，如果已經沒有了語言，沒有了痛苦，如何再次獲得這種生命的感知？此無感之感如何可能獲得？只有讓德意志徹底成爲無用的民族？因爲只有徹底承認自己徹底喪失了「本己」的本質，不再有本己的本己性，如此的「去己」（ent-eignen），才是民族得救的可能性條件。此徹底性導致的就是GA77卷中〈晚間交談〉的召喚──讓德意志成爲無用的民族！這個召喚的出現，單靠西方已經不再可能，儘管海德格對於整個西方陷入使用的總體末世論有所反思，但要提出「無用的民族」這個新規定，卻來自於莊子。如此一來，這才是德意志民族在失己或去己之後──更爲徹底陌異化之後──再次的成己。當然這是異常困難的思考（儘管海德格後來在《明鏡》的對話中還是認爲西方的問題只能通過西方來解決，但經過陌異化的東方道家式轉向之後，歐洲已經不再是之前的歐洲了）。

　　這三個問題的結合，形成了海德格的第二次轉向：德意志民族的自身瓦解（需要重新等待自身）──德意志大地性的隱藏與迷失（需要重新地到來）──德意志民族的無用化（需要把自身無用化之後同時又有所大用）：這就是海德格在俄羅斯戰俘營所言的：讓德意

志成爲一個：等待——到來——無用的民族！

海德格《黑筆記》的最近出版所導致的歷史難點：一方面，海德格似乎已經是一個納粹，如此的情形反覆出現，首先是1940-50年代的戰後德國，其次是1980年代的法國思想界，現在進入21世紀而再次出現，似乎並沒有什麼令人驚訝之處。但《黑筆記》顯露出的反猶主義還是令人震驚！而另一方面，正因爲海德格如此深入歷史的深淵，或者說，甚至與思想的惡魔爲伴，他就必須尋找出可能或者而幾乎不可能的出路。

這就是我們要提出的海德格「兩次轉向」，或試圖給出再一次的區分：

第一次轉向，是1932～1942年，海德格借助於荷爾德林的詩歌，與庸俗的納粹意識形態區分開來，形成了自己「另一個轉向」的思想，回到一個詩意的希臘式祖國，讓歐洲與德意志獲救，讓無家可歸的人性回家。

第二次轉向，則是1943～1953年或1943～1955年，海德格不得不從異域尋找資源，面對「另一個開端」的失敗，面對納粹帝國的戰敗，他不可能不去尋找拯救：危險之所在，拯救也生長出來，此拯救卻來自於中國道家或者莊子的思想：無用的思想。

—— 這兩次的轉化，或者說從「第一次轉向」到「第二次轉向」，是一次眞正的呼吸轉化（Atemwende），一次困難的「換氣」，如同保羅‧策蘭詩歌所要施行的艱難方式，這是西方從未有過，因此也最爲艱難的換氣。當然，也是因爲西方文化的靈魂（pneuma / spirit / geist / ruah / aura）都不再能夠呼吸，在世界戰爭，在種族大屠殺之中，已經無法再次呼吸，因此需要換氣。

如此艱難的換氣，乃是從鬥爭的血氣以及精神的火焰——已經吸收了水性，但並不足夠，必須再次氣化，如同L. Irigaray的批判，在海德格的林間隙地（Lichtung）中遺忘了氣或氣的元素，大地性必須與乙太與氣息，更爲廣泛的氣化，甚至與無氣之氣關聯起來。面對歷史的重大災難，「心平氣和」如何可能？而「氣」對於莊子，乃是

「虛而待物」，只是一種「虛待」。

無用，也是一種艱難的換氣術。但是可以讓無氣的西方文化與民族開始換氣，而只有停頓下來，忍耐悲劇性的停頓（Caesura），如同荷爾德林的思考，在停頓中開始換氣，停頓與無用，乃是新的關聯。

讓德意志人成為一個無用與等待的民族：這是一個異常弔詭的拯救策略——如果允許我們用「策略」這個詞的話，只有變得無用，徹底改變哲學與人性的雙重本質，德意志人或者歐洲才可能獲救！無用與虛待的關聯由此可能。

因此，對於海德格，進入1943年，就不再是存在論差異，而是「有用的存在論」或者末世論——與「無用的無用論」的差異，是一個更為根本的差異。當然，這是一個新的本體論差異，在對荷爾德林詩歌的重新解釋中，在解釋阿那克希曼德之箴言中，在重新面對存在的爭執——世界與大地的隱藏性，存在本身的不顯現與自身隱藏中，在語言的差異與沉默中，這個新的差異已經隱含其間。

無用的主題，在海德格那裡具有一種廣泛性：一種深度的關聯，無用與集置，無用與荒蕪，無用與自然，無用與讓然或無用與集讓，無用與地帶或廣漠，無用與語言的沉默，等等。因此，無用與有用的差異論，可以滲透到之後的語言區分論。

而海德格在GA97-98卷大量使用「庸用」，但在生前出版的《通向語言的途中》卻很少使用brauchen（庸用），unnoetigen（不必要）等詞，不得不說，海德格有意在避開中國道家的無用論。

因此，我們在這裡不得不提出一個「冒險的假定」：有必要以一種海德格他自己並未自我閱讀過的方式去再次閱讀他，或有必要以一種海德格自己並未運用過的解釋學——無用的解釋學去解讀他，或者以有用與無用的本體論區分再次去思考海德格的道家化，才能去思考另一個被遺忘的海德格思想，這可能也是閱讀那從未寫出之物。它可能有助於我們再次理解海德格與納粹的深度糾纏，並讓思想尋找到可以走出納粹泥沼的道路。或者更為弔詭的是，這兩個方面竟然還

是可以並存的，就如同中國傳統思想及其現代性的艱難轉型中，有著無用之思久遠傳統的中國，爲何還是陷入到了集權專制之中而無力自拔？如果海德格無力思考大屠殺而保持沉默，乃是一種語言本身的缺乏與思想本身的無能，這種無能也是無用，但如此的無能或無用又如何可能借助於莊子的無用之思，而走出納粹思想的黑暗陰影？無用之思是另一種的懺悔姿態或者解毒劑？或者存在的自身隱藏與遮蔽的力量（verhüllenden Macht）也是一層面紗（verhüllung）的保護，讓海德格可以從存在之沉默的深淵出發，來爲自己面根本惡時的沉默而加以辯護？思想者進入無用的狀態是痛苦的，在痛苦中肯定自身的無用更爲痛苦，也許痛苦與無用的關聯是一道區分的界限？甚至，如此一來，我們就更有必要在海德格浩如煙海的文本中摘錄與編輯一本從未存在之書、一本未來之書──《無用的弔詭──海德格的莊子書》？！

那麼，爲何海德格1945年〈晚間交談〉的對話寫作，直接引用了莊子無用的對話（GA77在1995年已經出版），卻並沒有引起西方思想界足夠的注意呢？甚至連海德格自己都可能自我遮蔽了這個第二次轉向的重要性？一個樞紐的作用，一個命運的提示音，竟然就被完全遺忘了？

如此一來，就有著如下的幾種可能性：

其一，莊子的無用之思，確實在一個徹底失敗的德意志文化的自我拯救方面，可以起到某種自尊的地步，即，這也許是自我貶抑之中的自我高揚，是一種先抑後揚的策略？是一種暫時的應急措施而已，一旦危險過去，就不必再提了，只是一次性的個案而已。或者，莊子的無用之思，確實是某種靈丹妙藥，是某種臨時性的救心丸，緩解了疼痛，但立刻就遺忘了。而且海德格與蕭師毅的老子翻譯合作並沒有繼續下去，因此，嚴肅的海德格並沒有繼續使用這些自己並不熟悉的文本，只能作爲殘端，作爲多餘的剩餘物，擱淺在思想海洋的沙灘上。但顯然，海德格自己認爲其痛苦，乃是燃燒的痛苦，其中有著深度的侮辱，既是有用導致的侮辱，也是無法無用化而存活的

痛苦。

其二，或者，因為海德格一直在反思西方現代性走向力造性與技術化的整體有用化的道路，需要「逆轉」，儘管「第一次轉向」的批判已經是針對力造性，已經認識到技術的問題，但並沒有指向「有用」的整體思想，只有進入1943年左右，才寫出了「有用的終末論」與「轉向的災變」，「無用」的思想已經呼之欲出了。這只有到了「第二次轉向」，借助於莊子的無用之思，才可能更為明確，在這個自我明確的意義上，海德格的思想從對技術整體有用的批判也可以走向無用的思想，這也是順理成章的邏輯，而莊子的思想只是起了點醒或者自我明確的作用。而隨著他對於「集置」更為明確的批判，他自己走向空無的給予，在物之物化的思考中，甚至不必引用莊子，就可以走向自己的無用之思。當然，海德格後期在「無用」、「自然的自然性」與「讓然」之間的關係並不明確，隨著禮物給予思想被法國哲學現象學神學充分展開，無用的思想也只是作為隱含的背景而被擱置了。

其三，或者，莊子的無用之思，其實已經滲透到了海德格後來思想的核心之處，召喚德意志成為一個無用的民族，儘管此命題儘管後來並沒有出現，但在海德格隨後的思考中，在對「物」的思考中，那個倒空的給予，給予空無，不就是道家化的禮物？海德格在《通向語言途中》對於語言的事件之為道路的思考，不也是道家化的？因此，老莊的無用之思並沒有減弱，只是已經轉化為海德格後期的思想「行話」了。但讀者並沒有深入研究這些獨特思想的根本來源——老莊思想。但如果只是漢學家們的好奇，沒有對於1945年思想總體危機的痛點與難點的經驗，就只是學術上的知識，而無法成為哲學思想的事情。

其四，但隨著《黑筆記》的最近出版，海德格與納粹的關聯更為明確，糾纏如此之深，如此之頑固，超過了之前的所有想像，那麼，一個奇怪的弔詭出現了：一個如此納粹化的海德格，如何可能運用中國莊子的無用之思，就可以把自身從歷史沉重的災難中輕盈地脫

身而出？這是否過於輕省了？西方學者不僅僅不會相信，反而還會認為，中國的老莊思想反而成為了海德格更為徹底貫徹其隱祕納粹思想的遮羞布，海德格並沒有什麼轉變與悔改，他只是假借更為狡猾與奇妙的東方思想，既可以讓自己從納粹的歷史責任重負下解脫出來，也可以繼續隱祕地擴展自己隱祕的納粹化的自然神話，只不過是以東方的神祕主義加以更為巧妙地掩飾而已，顯得具有陌生性與新穎性罷了。

其五，尤其是當把海德格的東方化與日本京都學派的東方軍國主義關聯思考，如同齊澤克在《視差之見》中所尖銳指出的，海德格與東方的各種關係，哪怕是道家的非暴力，就更為不可信了，反而需要更為徹底地批判。如此以來，我們中國人也要自問：既然中國也有道家的無用思想，為何歷史上幾乎沒有實現出來？為何進入現代性，也沒有絲毫的展現？反而陷入了更為徹底地自我遺忘！而且，中國的現代性不也充斥著同樣的巨大暴力與災難，也並沒有發揮自身無用之思與禪讓的傳統？還是陷入了革命的暴力循環之中？這不是更為悖謬的現實？或者說，難道不只是中國的現代性革命進程因為遺忘了無用之為大用的重要性，而喪失了自身的默化傳統，只是從革命到革命的暴力破壞。或者說，因為中國的現代性沒有把無用的默化與革命的進化，這二者辯證地結合起來，因而就並沒有實現真正的革命，也沒有真正的無用式轉化。

因此，問題就更為嚴峻：如果老莊的無用之思確實有著轉化之用，是否對於海德格的作用是真實的？而且並不是為了掩飾他自己的納粹思想，也不是繼續擴展自然神話？而是推動了他思想的轉變？這需要再次深入海德格的「第二次轉向」，它可能來自於多方的危險與刺激：

其一，在哲學本身，繼續深入「深淵」——自然的遺忘性，存在自身的隱藏或自然的隱藏（lethe），海德格發現，西方從根本上缺乏語言來思考此遺忘與隱藏性，因為這是不可能被徵用的維度，必須進一步思考此更為驚人的恐懼，與時代拉開距離。面對自然存在的自

身隱藏如何得以思考的難題，既是要從之前的暴力爭奪與世界開顯中脫離出來，也是要進入自身隱藏又顯現時也必須保持為自身隱藏的，顯然這就不再是暴力與爭奪的方式，之前的所有思考方式均已失效，整個西方傳統無法提供相關的思考方式，除了前蘇格拉底的幾位思想家的箴言片段，但又必須加以全新的解釋，這就是把「存在」問題轉換為「用」或「庸用」（chreon / brauchen）了，而這顯然來自於中國老莊的影響與啟發。

其二，現實的戰爭，德國發動的暴力戰爭導致了巨大的荒蕪，世界的荒蕪化，尤其是即將來臨的徹底戰敗，讓海德格反省回到希臘的迷狂與神聖也並不可能導致歐洲的勝利，整個的「第一次轉向」已經喪失了現實性。尤其是他自己的兩個兒子在戰爭中的失蹤，讓他更有切身之痛。

其三，則是深入接觸到中國智慧，老莊思想可能帶來的衝擊力，尤其是「無用之思」，可以幫助海德格徹底擺脫「力造性」的鬥爭思維。這就是GA77卷的三場對話，尤其是那個〈晚間交談〉中呼籲讓德意志成為一個等待、到來與無用的民族，結尾引用莊子與惠子「無用之用」的對話，就是明證。

其四，對於自然的進一步思考，在自然的隱藏、自然啟發的無用性，自然展現的讓然，從生存的餘地，思想的空無、讓予的姿態上，這三者的結合，讓海德格可以徹底走向「第二次轉向」，徹底改造自己的哲學語言，也徹底改造西方思想本身。

對於海德格「第二次轉向」的思考，就有著兩個相關的討論：一個是「內在轉向」，即，海德格自己思想已經遇到了轉捩點與難點，這就是lethe的自身隱藏及其如何顯現的問題，圍繞巴門尼德與赫拉克利特的1942～1943年未完成的講座就是面對此困難。但海德格認識到，如何思考lethe，西方傳統卻沒有可以提供的資源，連如何翻譯這些希臘語片段都是問題；另一個則是「外在轉化」，即海德格認識到西方整個哲學傳統根本無力思考lethe，哪怕柏拉圖的《理想國》結尾處神話或《蒂邁歐》中的第三異類chora，以及前蘇格拉

底思想家的片段，或者基督教中世紀神祕思想家或否定神學，等等有所觸及，但依然不足夠，反倒是中國的老子與莊子一直在面對這個難題，也已經提供了某種思想的道路，比如無用、讓出與自然的自身生長（天空與地下），因此可以啓發與挪用。

這就導致海德格對於前蘇格拉底的解釋也打上了老莊的印記，尤爲體現在1943～1953年第二次轉向的相關著作上：《林中路》（GA5）中對於阿那克西曼德之箴言的重新翻譯；《什麼叫思想》（GA8）中對於巴門尼德存在問題的重新解讀；這二者都試圖把希臘語的chreon翻譯理解爲「庸用」（brauchen），如此的翻譯與解讀，在西方傳統根本沒有先例，是不可想像的，是海德格自己的轉換與改造；《演講與論文集》（GA7）中對於「物」的現象學解釋（酒壺之爲物也是對於《道德經》槖籥虛用的發揮）；最爲重要的則是《鄉間路上的談話》（GA77）中圍繞「泰然讓之」與「接近」的對話，尤其對於一個「無用民族」的召喚；至於《黑筆記》系列中隱含的「道家句法」，都充分體現出中國道家思想對於海德格希臘解讀之深入的影響。有用與無用的本體論差異也成爲這個階段的基本思考。

這就導致了思想道路的差異與歧異：其一，只是隨著後來es gibt句法的出現，海德格才更多地聯繫es gibt之爲禮物的給予來思考讓予，導致後來的整個西方思想界主要從es gibt的禮物現象學維度展開海德格思想；其二，哪怕是回到前蘇格拉底哲人也忽視了道家（也因爲這些西方思想家基本上不能閱讀中文）；其三，而僅僅結合前蘇格拉底與中國道家也不足夠，儘管這還是跨文化比較哲學有待於去展開的工作；其四，因爲無用之思的發現，將超越海德格的整個思考，走向無用的文學、無用的神學、無用的哲學與無用的藝術，勢必打開更爲廣闊的思想前景。

也就是說，GA77卷關於莊子無用之思的對話，儘管已經早就出版（1995年），但並沒有發生實質影響，很多學者認爲那只是臨時性的虛構，是個別現象，而且在「無用的民族」的召喚與讓然的思想中，反而是「讓然」更多被接受，因爲它與es gibt的存在給予的饋贈

相關，海德格自己也反覆提及了其相關性，隨後的法國思想，無論是德希達（Derrida）的解構之思轉向禮物的不可能性，還是宗教現象學，在馬里翁（J-L.Marion）與亨利（M.Henry）那裡，都走向了生命給予之不可能的可能性，回到現象學內部，回到唯一神論的自身解構上，從而得到了充分展開，而來自於中國的「無用之思」卻被徹底遺忘了，或者邊緣化了。

這也是因爲在海德格的思想中，有著多重的存在論差異，也可能被混淆與遮蔽了：或者是海德格的「存在論差異」（ontologische Differenz）── 早期的存在與存在者的差異；或者是海德格第二次轉向中蘊含著的「庸用差異論」── 有用與無用的差異論；或者是後期海德格的存在自身的差異 ── 存在之給予或不給予的差異。但是，對於後期海德格，有著一個細微的存在論或者根本論的差異，即，存在給予與否的區分論，也是「集置」與「集讓」的差異，其中隱含著「有用」與「無用」的差異。因此，一旦我們從無用與集讓關聯的角度進入，就會打開另一個海德格，不同於後來德希達與馬里翁的存在給予或不給予的差異論，以此打開另一種思考的方向。

轉向禮物之思，轉向禮物給予的神性事件，乃至於影響了革命左派對於事件的新思考（巴迪烏與齊澤克等人），都讓西方哲學有了進一步發展的機會，但問題也隨之出現了，爲何如此強調生命給予、事件發生或者成己（er-eignen）的思想道路，反而是海德格要迴避的？對於海德格，西方的大事件，革命性事件，以及事件神學的現代發揚，依然不過是革命與技術的進一步結合，是全球化的進一步完成，既沒有導致資本主義的終結，也沒有導致世界的正義，世界的非世界化反而更爲嚴峻了。

思想應該更爲徹底轉向去己或者「去己」的自然化轉化（ent-eignen），不再是成己之事，而是「去己」（ent-eignis）的默化。只是如何聯繫去己與默化，去己與無用的關係，還有痛苦的化解（與罪責相關的痛苦），乃是思想未來的任務。

因此，無用之思就變得更爲迫切起來？無用之爲大用，就變得尤

爲急迫，這也是因爲，我們所處的這個時代，中國的現代性進程，再次回到了海德格所擔心的那個陷阱與危險之中。

㈥ 從爭奪走向讓予

無用的思想開始於思想的無用。
無用的拯救開始於拯救的無用。

但危險所在之處，那拯救的也生長。

海德格的後期思想影響了西方的兩種解釋：一種是存在的給予論，存在自身如何「給予」（geben／es gibt）的現象學，走向德希達與馬利翁的「禮物給予的現象學」之可能與不可能性；一種則是走向「讓予」或者「讓然」（gelassen），但此讓然又回到西方內部，比如回到埃克哈特大師所隱含的方向，[34]而喪失了問題的張力。而且，海德格有時候還是把es gibt與Gelassenheit聯繫起來討論，就無法讓讀者看到集讓乃是更爲徹底的思考方向，這關涉到人性已然改變（wandelnde Wesen）後的將來之本質（künftige Wesen），這也是思想自身的轉變，這關涉哲學之未來，面對勞動的總體化與技術化，既然人性以勞動爲其本質，從勞動到讓予，乃是人性本身的徹底改變，而只有讓出與讓予，才有人性的重新生成，或者如同鄂蘭在《集權主義起源》中所思考的，存在本身的純然給予（merely given），僅僅是神祕的純然給予，此非品質差異的純然給予，恰好是唯一的，不可代替的。[35]如此的給予已經是權力的純然讓予，讓每

---

[34] Reiner Schurmann: *Wandering joy: Meister Eckhart's mystical philosophy*. Translation and commentary by Reiner Schurmann. Great Barrington:Lindisfarne Books, 2001.

[35] Werner Hamacher: *Sprachgerechtigkeit*. S.Fischer Wissenschaft, 2018, S.352-353.

一個個體純然是其自身。

此「集─讓」（ge-lassen）召喚多重的聚集與轉化，是一系列的步伐轉換與節奏轉化：

第一步，首先要「離棄」（ablassen）西方已有的科學形而上學思維。

第二步，則是「進入」（einlassen）未來思想的本質。

第三步，在積極與主動的行動之外，針對任何意志化行動本身的另一種姿態，是意志自身的放棄（verlassen）。

第四步，行動的不可能性，是行動本身或者存在本身的轉讓（überlassen），但並非埃克哈特大師的內心向著上帝的轉讓，而是與班雅明所言的內心之人在痛苦中的逆覺，形成心感的張力。

第五步，此逆覺有著內在的痛苦，從意志的自我打斷到讓予的轉變，此痛苦乃是放棄了所有的有用行動，是無用的必然性，身心的痛苦向著存在自身的痛苦轉化，[36]語言重新發生的區分打開剩餘地帶的敞開（bleiben-lassen）。

第六步，這需要未來的思想對讓予（gelassen），保持覺醒（Wachbleiben），此保持，乃是允許（zulassen）「讓予」成為未來生長的種子。如同漢語的「讓」與土壤的「息壤」有著詞源學上的內在關聯，有著自然的重新蘇醒，有著技術的重新與嵌入或鑲嵌（eingelassen）。

---

[36] 在最新發表的海德格手稿中海德格《論痛苦》的筆記出現了把痛苦與無用，聯繫思想自身的痛苦與轉向的思考，這正好印證了海德格在1942年之後所承受的內在裂變，其必然與無用帶來的契機相關，並引導了1950年代對於語言以痛苦的區分發生的總體思考。對於海德格，痛苦有著三重含義：第一，與具體的個體身心痛苦相關。第二，這與德國戰敗或者歐洲文化徹底的衰敗相關。第三，則是意志的徹底放棄，走向所有庸用的終末論，徹底走向無用，沒有比這個放棄更為痛苦的了，這在海德格思考語言發生的痛苦與精神的火焰燃燒也相關。Martin Heidegger: *Uber den Schmerz*, Herausgegeben von Dietmar Koch und Klaus Neugebauer im Auftrag der Martin-Heidegger-Gesellschaft, Die Jahresgabe 2017/2018, S. 53.

　　第七步，神的鄰近（或赫拉克利特式的「鄰近」），如果有著彌賽亞的來臨，乃是來到那個有著餘地的位置（Gegend），即那廣漠之野或無何有之鄉，這是位置的重新發生，在彼此的讓開（eingelassen-überlassenbleiben）中，才有著彼此的接近。

　　這也是爲何，無論是德希達式「到來的民主」還是德勒茲「到來的民族」（people-yet-to-come），都還是西方意義上的等待，還並沒有與無用聯繫起來。一旦與無用聯繫起來，就不再是革命，而是默化？是革命的自然化還原？是保存與激發我們生命中的自然潛能？並以此作爲批判的力量。

　　如果我們把讓予拉回到第二次轉向的危難時刻，那麼，才可能認識到面對「集置」的徹底性，以及技術的生產邏輯與設置邏輯，只有「集讓」才是一種轉化的方式。但後來的發展中，反而是禮物給予與命運發送（geben, geschenken, geschick）的關聯，這些更爲命運性與悲劇性的概念網絡，逐漸成爲了主導，一直影響著當下各種現代性轉化的思路。但其實，「集讓」的話語網絡，更爲靠近道家的語彙，這正是GA77卷以及《黑筆記》發表的價值。

　　如同荷爾德林詩歌寫道的：

　　這是播種人的揮灑，當他用鍬鏟起麥子，向青天拋去，麥粒飛揚在打穀場上。空殼落在他的腳前，但是最後才是種子，

　　有必要再次去發現海德格思想中的大地性及其隱藏的種子，思考存在自身的隱藏，不再從「鬥爭」出發，而是從大地自身的隱藏出發，以顯現的方式去隱藏卻還保持著隱藏，即以不顯眼地方式去顯現，比如天空中的雲，比如荷爾德林詩歌中播散的麥子，這可能還包括chora與莊子所言的無何有之鄉，只有打開一個無何有之鄉的位置，才可能有著拯救。

　　這需要我們再次回到海德格的文本中，既要進入，也要出來，出

來的方式異常艱難，但借助於無用與大地的關係，無用與自然的關係，也許我們可以走出海德格，帶著危險的警覺與拯救的渴望。

如何讓大地顯現自身？讓自然顯現自身？讓無顯現自身？還是保持為無用的？

「集讓」，聚集更多讓予的力量，也是多重讓予的悖論，是「三讓」的弔詭轉化：讓，乃是最終走向 —— 讓之讓；或者讓「讓」來「爭」，有著多重的顛倒與轉化；「三讓」，乃是無用之思所隱含的普遍性倫理；但這是我們必須重新開始學習的倫理；如果有著新的批判理論，這是從讓予與集讓出發的批判。[37]

無用的思想開始於思想的無用。無用如何與集讓關聯起來，從而不走向鬥爭的哲學？

首先是讓「爭」（polemos）的衝動與滿足佔有的欲望被懸置起來，如同現象學的懸置。懸置爭鬥的衝動，就必須讓各種鬥爭手段無用化。

其次，則是發現自然的無用，其實禮物給予的無用，在巴塔耶，在凱盧瓦那裡，自然自身的生產，如同自然自身的豐產性，如同列維納斯在《總體與無限》中所思考的（另一種的自然與元素的轉向）[38]，如同莊周的蝴蝶，蝴蝶的翅膀，翅膀的美與豐富性與多樣性，就是自然自身的無用生產，並非適者生存的需要，而是自然自身

---

[37] 如同斯洛戴迪克所言，從「集讓」奠基的批判原則，甚至不同於整個法蘭克福學派的批判理論，與雲格爾的「總體動員」形成了一個尖銳的本體論差異，這並非與總動員對立的某種選擇，而是把「正確地運動性從所有道路的幻象解放出來。」P. Sloterdijk: *Eurotaoismus, Zur Kritik der Politischen Kinetik.* 1989, S.143-144.

[38] 在列維納斯那裡，尤其在《總體與無限》（列維納斯：《總體與無限——論外在性》，朱剛譯，2016年）思考享受與幸福，孩子的生育，以及自然的元素性中，一個對於猶太教彌賽亞有著最為深入思考的現象學家，如何面對自然問題？在他反對海德格後期自然化轉向的思考中，如何思考彌賽亞與自然性的關係？還有，在現代性猶太思想家那裡，有著多少種思考二者關係的道路？

的盈餘。

其三，則是神學狀態的學習與模仿：上帝創世的回縮與退出（zimzum），基督教的kenotic（虛己），以及文化歷史記憶的中國態度：儒家的禪讓神學政治——讓出王權的傳遞模式，道家的退讓——自然的神聖化規避，佛教的祈讓——通過乞討的施予形成的讓給。儘管出現了多重的集一讓，我們還要發現更多的讓予方式，更為廣闊地去聚集讓予。

其四，則是技術或者集置的自然化，就是技術的自然化，比如幹細胞移植的可再生性。班雅明所言的第二技術再次走向自然化的技術，讓技術去啓動自然自身的生產，使之具有可塑性與可再生性。但也並非基因剪輯的人為干預，而是去感受到自然的感性力量，要去切身感受到宇宙的力量與活力，讓自然來為。

在教育學上，學習無用與等待，走向未來，而要成為一個等待與無用的民族，需要學習讓予，讓出。

以此，海德格可以繼續進一步來批判現代性，如此的批判，既是接續之前的批判，也是一次「自我批判」，批判自己之前與納粹的合謀，尤其是「鬥爭」或者「爭執」的元政治的意識形態，我們可以把《黑筆記》理解為一次自我批判的嘗試，無論是否成功，但隨著自我反思與自我批判的深入，隨著歷史現實的殘酷性，海德格無疑進入了深淵的深淵。當然，進入「第二次轉向」也是哲學本身的自我批判，因為「第一次轉向」中的成己之事（er-eignen）就異常危險，只有經過去己（ent-eignen）之後，而且一直保持這個自身的去己化過程，才可能不陷入成己的暴力之中。

這才是弔詭之處：一方面，要讓隱藏的一直保持為隱藏的；另一方面，要讓隱藏的有所顯現，但還是隱藏的。這就是通信之中所提及的：讓無用的神祕毫不顯眼地顯現出來。這也就意味著，大地性要顯現出來還是需要爭執的，但這是另一種的爭執：越是爭執，越是要隱藏；越是爭執，越是痛苦，但此痛苦已經被感知到，但又不可能表達；因為還缺少語言，這就是讓予與沉默的出現。

　　如何出現另一種的「爭執」——只要有人類不可能不爭執——但如何讓爭執不再執著？如果還是爭執，即便有著痛苦，但也是重複之前的悲劇與災難，只有徹底改變此爭鬥的邏輯，召喚出「集－讓」（Ge-lassen）或「讓－然」（Gelassenheit）的行為姿態，就可針對那個比力造性更為徹底地「集－置」（Ge-stell）行為。只有「讓予」（gealssen-geben），不再是佔有與居有，才是在爭執中，卻又不陷入鬥爭的暴力邏輯，而是讓「爭」來「讓」，繼而讓「讓」來「爭」，最終讓「讓」來「讓」，這就是讓予的弔詭之處。

　　這就是海德格復活埃克哈特大師的基督教神學靈魂「自身讓出」的思想，進一步擴展為模擬自然自身的讓予，自然自身的讓予更為慷慨，更為豐富，這也是繼續從東方道家智慧中獲取異質性的行動方式。

　　進入「沉默」，乃是因為痛苦的表達如何不是表達痛苦，而是要消化痛苦，不是要去突顯裂隙的傷口，而是需要尋找到救治的元素，此元素也是來自於自然（有關lethe的自身隱藏在海德格那裡的複雜思考以及相關研究我們這裡不展開，集讓乃是海德格思考lethe的不顯現之顯現，只是強調它在倫理行動上的姿態），比如黑貝爾詩歌中的月亮，特拉克爾詩歌中的花朵與石頭，沉默的石頭與藍色花朵的面容，在月光下的映照，來傳達大地性的自身開放與溫柔，生成為「法則的溫柔化」與「溫柔的法則化」，以此讓人類獲得安慰與安息。如此的讓自然顯現自身，在再次解釋荷爾德林的詩歌時，是讓天空在顯現自身時還保持自身的隱藏，通過雲層的調校，[39]這也是海德格後期天地神人四雲體的建構。

　　如此讓德意志民族成為無用的民族，乃是回到「自然的自然性」（die natürliche Natur），讓德意志人從大地的元素性中，從詩意化的生命想像中，從火焰的燃燒痛苦中，讓語言重新生成，讓德意志民

---

[39]　海德格文集：《荷爾德林詩的闡釋》（GA4），孫周興譯，2018年，頁200。

族以「讓予」或「集讓」的原初倫理，讓德意志具有了自身讓出空間（讓出人性的欲望而讓讓來為），空出自身（如同禮物饋贈──而非之前的爭奪空間，對於自然自身給予的模擬），自身之無用（以無為用或者讓無來為）──形成新的三重讓予：讓讓來為，讓自然來為，讓無來為。

　　如果以此三重的「集─讓」（Ge-Lassen）邏輯，海德格可以徹底面對「集─置」（Ge-Stell）的總體設置（setzen）的邏輯，走向讓出（lassen）的無用哲學。

　　「讓」之弔詭，讓無用的神祕毫不顯眼地顯眼，在我們這裡是多重的推進與轉化：

　　首先，是埃克哈特大師的基督教式神祕主義的靈魂出讓──讓基督將來，直至讓上帝退出自身，祈禱上帝讓上帝退出自身而自由。

　　其次，是海德格受到老莊思想啟發，從自然的曠野或廣漠（Ge-gend / vergegnen）中，讓自然顯現自身，不是人類主體讓時空顯現，而是去純粹感知空間本身的敞開性，不是對象化的思維，讓自然顯現自身的寬度與寥廓，後來是酒壺的四雲體思考中，讓空無顯現自身的給予性。

　　其三，對於我們，此讓予的廣泛化，乃是一種讓自身讓出的「神聖」姿態。這是二十世紀由猶太教喀巴拉神祕主義所開啟的zimzum姿態：上帝創世之前的自身回縮與自身限制──這已經是一種神祕的弔詭行動，上帝創世不是去控制主宰世界，而是自身的讓出與退出。即上帝越是接近我們，反而越是遠離我們。但這也是一種人類可以效仿的自身退出與退讓的原初倫理，才讓自由的空間得以敞開。卡夫卡式的變小（動物式老鼠的生命形態），蕭勒姆的無之啟示，哈西德主義正義之人的現代變形，班雅明的卡夫卡式「認認真真做某事又空無所成」，等等都與之相關。

　　其四，則走向讓予自身的弔詭：讓予之為讓予，乃是一種爭──不是不爭──而是讓「讓」來爭，這是解決諸神之爭的現代性的一種方式？甚至，乃是讓自身的讓出，讓「讓」來讓，讓也是無用的，如

果讓予構成一種巧妙爭奪的詭計與狡計 —— 如同中國傳統禪讓的歷史顯現，就必須讓讓予本身成為無用的，去除一切的讓予的姿態（這是重新思考莊子〈讓王篇〉的時機）。因為讓予只是打開通道，讓他者經過，保持大地上共有的通道的敞開與通暢，這才是人類在大地上居住的條件，就不同於海德格的存在回家的思考。

㈦ 無用的民族：「集讓」的三個絕對律令

無用的思想開始於思想的無用。
無用的救贖開始於救贖的無用。

但危險所在之處，那拯救的也生長。

一旦思想徹底進入海德格的第二次轉向，借助於無用之思所施行的轉折，其意義就更為重大了：

其一，因為無用之思絕非僅僅是臨時性的機械降神，而成為一種內在的助力。從有用向著無用的轉化，也是從力造性的設置以及技術的集置，轉向另一種哲學 —— 無用的哲學。無用的哲學成為重新理解後期海德格的關鍵，以此打開另一個海德格，一個可以化解海德格與納粹牽連的機會。

其二，而此無用之思，如何再次展開與讓與的關係、與自然的關係，一直還是西方思想後來並未展開的資源。而這正是中國思想可以給予的思想貢獻，當然需要在現代性的困難下展開，並非直接的繼承。

其三，也許，不僅僅是海德格，無用之思可能已經在西方現代性思想中產生了某種影響，也沒有被發揚出來，而是有待於重新尋找出來，形成重寫現代性的機會，尤其對於我們中國反省自身，構成了思想的難得機會。

我們是否可以以此三重的批判條件，以及之前對力造性的批判，

從「力造性」到「集置」所展開的現代性基本處境，來觀照中國的現代性，海德格批判的雙重價值是否可以啓發我們反思批判自身？無論是海德格的現代性批判還是其哲學自身的反省批判，可能都對於我們當下有著啓發性。

　　一方面，海德格對於現代性的總體批判，對於中國的現代性進程也是有效的。即，中國的現代性過程也同樣陷入了海德格所批判的現代「力造性」的暴力之中，也進入了戰爭的被動處境。就革命的左派而言：中國的馬克思主義就是把達爾文的生物進化論，轉化爲社會進化論的不斷革命論，也是陷入了技術的發展進步觀，如同前蘇聯的模式，也導致了文化大革命的災難。或者如自由主義的思考：依然還是相信啓蒙理性，相信資本主義的計算邏輯，認可全球化，也會陷入巨大的貧富差別，如同中國當前社會。或者是新儒家的方向：無論是良知坎陷還是生生不息的自然感通，卻沒有面對現代性的個體生命的虛無主義（如果只能以虛無主義爲方法）！這三種思潮，面對西方現代性的巨大壓力與全球化不可抵制的技術化，已經被海德格所批判的力造性生產模式徹底滲透。所謂的三通論或「通三統」，如果不面對現代性的力造性，不面對這種暴力化與虛無化，不面對不可通，如何有著反思批判的價值？

　　我們不得不聯繫海德格的納粹糾纏與道家的無用之思，把看似根本不可能關聯的兩個思想事件聯繫起來，可以給我們當下的時代以某種啓發？非常奇怪的是，我們這個時代再次回到了海德格思想所面對的時代，就是1928與1948年的重疊，就是第二次世界大戰與冷戰的重疊。不僅僅是西方世界，而且當前中國，也開始有可能走向一種新的國家社會主義，這可是另一種名副其實的國家社會主義。這正好對應了海德格的批判與反思。

　　海德格針對第一個開端給出了自己對於整個西方形而上學及其現代性的總體判決：因爲對於自然（phusis）之爲存在的規定，在「什麼是存在者」的追問中凝固下來，技藝（techne）就越是作爲規定著方向的東西而發揮作用了（GA65: 191 / 199）；而從柏拉圖「理

型」（eidos）的外觀表象，與亞里斯多德區分開質料與形式，讓潛能得以實現開始，通過邏輯的設定（setzen）與設置（stell），走向了器物的生產（Her-stellung），導致了表象（Vor-stellung）與表達（Dar-stellung）的基本思維，自然走向了法則（Ge-setzen）的規定；進入近代，則與自然科學中的數學計算結合，從笛卡爾的主體表象與幾何學開始；隨後又與尼采的權力意志結合，現代性之為現代性就是對於權力更為強力的追求；而與現代性的「總動員」一道，與雲格爾所言的「工人」勞動形態（Gestalt）一道，生成為現代性的巨大謀製（Machenschaft）；並導致現代性的「無世界化」（Weltlosigkeit）；也導致第一個開端的終結與總體性的自我滅絕。

可以把這整個現代性的運動，按照海德格可能的話語，說成是「存在之利用的經濟學」，一切都可以徵用，也導致一切的用盡！而任何導致如此巨大謀製的民族或文化共同體，都會進入存在歷史性的終結之中，或者被滅絕，或者自我滅絕（Selbstvernichtung）。這在海德格反思雲格爾的總體動員時異常明確：需要指明的是，雲格爾對於海德格在1930年代思想的影響，怎麼強調都不過分，沒有工人「形態」（Ge-stalt）或類型（Typus）的主體及其「總動員」，不會有巨大的謀製這一診斷的明確出現，也不會把尼采與技術關聯起來，甚至也不會走向後期的「集置」（Ge-Stell），這是穿越虛無主義之「線」的不同方式。

這也是為何海德格不得不寫出針對雲格爾的筆記，貫穿整個1930～1940年代（GA90卷），雲格爾的四個基本概念：總動員（Die totale Mobilmachung）—— 工人形態（Der Arbeiter）—— 痛苦（Der Schmerz）—— 論線（Über die Linie），都深深影響了海德格的著作，從《存在與時間》的生存運動到現代性的總體謀製，直到如何克服技術帶來的痛苦，走向第二次轉向後語言區分的痛苦。研究海德格與雲格爾在二十世紀上半葉如何面對現代性的危機，有助於我們思考中國的現代化道路，不也出現了如此悖謬模仿與可怕被動重複的機制？

　　從新文化運動的革命到革命的內戰與外戰狀態，從整風運動到文化大革命，都是總體動員式的（偶像崇拜不也重複著海德格與施米特等人對於希特勒元首的崇拜，左派與保守派又有何根本差異）？這三十年的經濟改革與城市化不也是把整個中國人轉變爲現代性的「工人」或「勞動者」？中國文化已經實現了現代性轉化了？不是依然還在傳統的界限之內？或者即便進入了混雜的現代性，不也同樣陷入了虛無主義之中？並導致個體生命之巨大的疲憊與勞損，哪裡有朱利安所言的「默化」？

　　「存在的經濟學」、「生命的家政學或經濟學」或生命政治的運作已經導致當下整個中國處於普遍性的深度痛苦卻又不自知的「弔詭」之中：即，現代性總體動員中的全體勞作者都處於隱形痛苦卻又奇怪地無所感之中；而一旦可以感受到，要麼是巨大的災變要麼是新的革命；如何可能會有默化發生？而反思海德格與雲格爾的關係，有助於我們思考痛苦之中的「後中國」時代如何得以轉化出來的可能性。

　　如何從這種不可避免的現代性陷阱中走出來？如果中國文化不可避免地陷入到海德格所批判的力造性模式之中的話，更爲危險的還有，中國在面對外來危險與壓力時，是否會同樣走向國家社會主義呢？會進入「集置」的「總體實用主義化」趨勢之中？是力造性與集置的徹底化過程，這完全有著可能：

　　其一，面對晚生的現代性壓力，以及急速發展的需要，還有自身幾千年東方君主制的帝國傳統，這會導致新的獨裁化與總體動員的模式，或者革命或者保守。我們就在膨脹的大國主義與狹隘的愛國主義──之搖擺中──看到了納粹化的危險。

　　其二，則是中國現代化中普遍有效的社會進化論思想，在全球化時代對於技術的依賴，會走向更爲徹底地「力造性」與「集一置」，這會導致對於生命與自然的漠視，中國當前的生命政治與自然生命的處境就是如此，會出於對於某種總體控制與烏托邦的幻象，會對其他民族與弱勢群體採取無人道的暴力手段。

　　其三，中國的生命經濟出於利益消耗與生命虛幻的狀態，根本沒有看到任何讓予空間打開的可能性。而中國傳統本來有著儒家的禪讓，道家的退讓，佛教的施讓，中國文化的三教合一，沒有陷入西方唯一神論三者之間激烈鬥爭，為何不可以成為中國人或者中華民族的現代性新倫理？！

　　中國的現代化悖論也在於：一方面，因為晚生現代性與自認為落後，自卑與自強的矛盾，在西方德國是如此，中國則通過模仿資本化的美國，尋求現代富強的夢：馬克思主義（還是猶太人的）或共產主義理想。從戰爭期間的理想信念到文化大革命。尋找「理想家園」是現代性之夢。但此進步與革命的夢想只是導致了災難。另一方面，中國人又試圖自強，不甘心屈服，幾千年帝國與同化他者的古老文化夢，一旦醒來，在所謂的文化復興之中，又回退到愛國主義，但古老的文化已經不再，尤其在面對所謂的「美帝國主義」的貿易戰之際。但這個愛國主義又建立在敵對前提上，其實也是虛假的。中國的經濟資本要具有最大的效用，只有依附美元，而一旦不和，又仇恨起來。因此，也同樣要學習無用的智慧，不以「虛假的理想」與「有用的經濟」來引導中華民族，而是同樣要學習成為「無用的民族」，才可以走出這二個極端。

　　無論是海德格對於現代性的總體批判，還是海德格從無用之思出發展開的自身批判，都對當下的中國有著批判價值：一方面，針對現代性本身，中國一直處於整個現代性不可逆轉的潮流之中，而且重複著巨大計算與製造的困境之中；另一方面，則是針對中國可能走向的集權主義或國家社會主義方向，也需要海德格的警告與轉化。

　　而且更為弔詭的是：中國當前社會，以帝國的模式，既是傳統中華帝國的方式，也是新的技術帝國的方式，聚集了海德格所要發揮的「四雲體」，即不僅僅有著技術的集置，甚至還聚集了天地神人的有用性，自然的資本化力量，這是海德格甚至都沒有想到的，即進入現代性的中華帝國，在天空的星空宇宙技術的開發中，在大地資源的開發與浪費中，在人力資源的勞動和過度使用中，在對於人民宗教與民

粹愛國主義的誘導中,「天地神人」聚集的潛在力量都被最大限度地利用,這是更爲徹底也更爲可怕的整體實用主義化!

沒有比──在痛苦中──痛苦地轉化──更爲痛苦的生命了,疊加著三重痛苦:其一,在痛苦之中,中國文化處於總動員工作與生存勞動的強制中,這是資本主義算計與民族勤勞性格合謀後的現代性痛苦,勞動獲得自由?反而越是勞動,越是貧窮,生命不得安息,如同鄂蘭在《人的條件》中所思考的,自由的行動被勞動與工作完全代替了;其二,痛苦轉化的不可能性,當代中國一直處於艱難轉型的痛苦之中,既要發展經濟,但又無法解決貧富分化的矛盾,不是不要變化,而是任何的改變反而都催生更大的痛苦,明知此痛苦不可避免卻又不得不承受此不必要的痛苦;其三,更大的痛苦尚未發生,但必然來臨,這也是統治者應該放權但又不願意的痛苦,如果有著未來的改變,必然導致更爲激烈的暴力革命的痛苦,但此痛苦卻可能並不偉大,而是更大的混亂。現代性的生命如何從此痛苦的累積中走出來?從暴力到權力的轉變,從勞動與主宰的意志走向讓予,如何可能?

如果有著神的臨近,如果彌賽亞來臨,那是他給出了讓予的姿態。

在海德格那裡所發現的「三讓」原則,是否可以成爲中國文化的新倫理?這也是對於傳統「三教」的改造,是否可以讓中華民族成爲一個無用的新民族?

要成爲一個「無用的民族」需要面對三個方面:既要有著歷史的條件,又有著現代性的背景與困局,還有著現實性的反向訴求。

1. 「讓自然來爲」或「讓天來爲」（Die Natur zum Tun kommen lassen）──對於道家「退讓」的改造。儘管中國傳統道家有著退隱的讓予,進入自然,讓自然成爲主體;但進入現代性之後,一切已經技術化與生命技術化,哪裡還有自然性?但進入現代性的生命之疲憊與厭倦,中國當前尤其如此,沒有比中華民族製造了更多的商品（所謂的全球大工廠）,但沒有比中華民族更爲辛

苦與辛勞的民族了，這恰好需要喚醒深度的生態學，以及深度的生物學，喚醒自然的相似性來反思現代性勞作與微觀的生命政治控制；尤其是自然的可再生性，可以更好地讓自然來爲。這不是人類的勞作與使用，而是讓自然自身來生產，模擬自然自身的生產，這是一種新的無爲與無用。

2. 「讓無來爲」（Das Ohne zum Tun kommen lassen）——對於佛教「施讓」或「乞讓」的改造。儘管日本的京都學派已經展開了這個空無的現代性維度，面對技術時代的虛擬性，如何不陷入空幻之中；面對現代性的欲望與虛無主義，越是欲求越是虛無，越是虛無越是欲望，導致一切的生產與浪費；如何讓這個現代性的虛無，佛教的空無與道家的虛化關聯起來，這是讓自然的虛托邦進入無用的狀態，打開更多無用的空間，讓自然的無用生產啓發人性的藝術想像。

3. 「讓讓來爲」（Das Lassen zum Tun kommen lassen）——對於儒家禪讓或「禮讓」的改造。儒家政治神學的君主禪讓傳統，還有禮讓的道德行爲，本來是儒家最爲重要與核心的德倫；但進入現代性，我們卻只有競爭與鬥爭，而喪失了讓予的德行。如何從相互承認的競爭遊戲，走向讓予的遊戲，充分展開讓予在當代的行動價值，乃是一個新的任務。

　　當然，其中有著無數的陷阱與詭計，中國傳統的禪讓不就是詭計孕育的陷阱？何況歷史的狡計也在玩弄人類，如何在詭祕的現代虛無主義境況中，進入弔詭之思，保持弔詭的覺醒，既不陷入虛無主義，又不陷入絕對主義，這是未來思想的任務。

　　而中華民族，要成爲一個偉大的民族，必須首先成爲無用的民族，而要成爲無用的民族，必須成爲一個「三讓」的民族！

　　如同海德格在《流傳的語言與技術的語言》中指出，真正的思想乃是：「爲了無用而喚醒意義（den Sinn wecken für das Nutzlose）。」如果只是從有用與需要出發，一切都只是空談。

　　無用的思想開始於思想的無用。這意味著哲學的自身轉向：哲學

開始自身的轉讓，哲學不再是主宰性的知識，而是自身讓予的倫理姿態！哲學越是召喚讓予，哲學越是有著未來，這是無用之爲大用的新表達，無用的哲學在哲學自身的讓予中重新出場！

但所剩餘的，詩人創建（Was bleibet aber, Stiften die Dichter）。

沒有存在，沒有上帝，沒有自然，如果有著什麼，如果有著世界，那僅僅是世界的剩餘，存在的剩餘，上帝的剩餘，自然的剩餘，但正是詩人對此剩餘最爲敏感。

荷爾德林〈追憶〉一詩中的語句，作爲並未完成的詩，也隱含著一個尚未被傾聽到的召喚：進入那剩餘之物，需要去發現的剩餘物，重新開始建造。此剩餘物是哪一些？自然的剩餘，不可還原的世界剩餘物，在謝林的《世界之年》那裡，世界終結之際的剩餘物，無所剩餘的無餘物，等等，但最爲重要的則是「餘讓」[40]，通過剩餘物打開餘地，此剩餘中有著「讓予」，才可能打開新的「地帶」（Gegnet），這才是眞正的建造，不再是暴力的建造與開端，才是未來的人性要進入的虛托邦。

如同海德格對此的評論：「剩餘的餘存之爲要來之物，乃是無法追憶的開端之開端性。[41]」

對於中國當下社會，必須同時開始三個工作（非工作的工作）：其一，在世俗的歷史世界，如同保羅神學的要求，讓「剩餘」的時間更爲剩餘，這是剩餘的剩餘化，不去關心世界，不被體制所用，成

---

[40]　海德格已經在與《黑筆記》相關的文本中寫道：「剩餘：剩餘——保持生存——遺物——允許，餘留，讓予——讓然（Beleiben-be-leiben-|relinquere-be-lassen, >bleiben<->lassen<-Gelassenheit）。」M. Heidegger: *Zum Ereignis-Denken(GA73)*. 2013, S.809.

[41]　M. Heidegger: *Erläuterungen zu Hölderlins Dichtung (1936-1968) (GA4)*. 1996, S.75.

為無用之人，如同摩西的出埃及——中國文化也同樣需要「再出埃及」，走出帝王與民眾耦合而成的偶像之國。其二，等候彌賽亞的來臨——中國文化的生命需要重新與彌賽亞「再次相遇」，但此等待更為無用，這是無用的無用化，「無餘」的無餘化，因為彌賽亞並不來，敢於面對彌賽亞無用的困境，學習祈禱與沉思，沉思彌賽亞來臨的災難與災變事件。彌賽亞並沒有進入中國人的心魂之處，中國社會的神聖性維度尚未打開。其三，尋找一個可能的居間人，打開「餘地」，讓彌賽亞性與自然性在讓予的多重性發生關聯，在默化中形成可能的革命事件——「再造中國」。只有此三重的「再發生」，一個未來的新中國才可能重生。

六

模仿的神學

無意記憶與現代性的救贖

　　這個世界只屬於那些藉宇宙之力生活的人。人只有在這樣的共
通感中才會生發出對於宇宙的迷狂。

—— 班雅明，《到天文館去》

　　彌賽亞如果施行救贖，彌賽亞必須進入自然。

　　自然乃是一條迂迴的道路，萬物都可以回到自然，重新開始。
此自然具有某種宇宙的力量，只是需要被喚醒，它沉睡在人類身體
中，它既被技術所喚醒，也被技術所遮蔽。

　　回到自然，從自然開始，開始於對自然的模仿，開始於自然對於
自然的模仿。但對於人類已有的歷史而言，對自然的模仿乃是為了超
越自然，尤其是有助於技術的形成。比如，模仿理型——柏拉圖式的
數學化與人造物的方式，模仿理想的人性——亞里斯多德對於理想人
性的模仿所導致的淨化效應。還有一種隱祕的模仿，就是人類模仿動
物，通過獻祭犧牲此動物，而形成了人類社會，但悖論的是，人類卻
要極力遺忘此模仿。但還有另一種模仿，模仿自然的模仿——現代仿
生學開始的技術的自然化轉向。或者還有一種非人為的模仿，就是觀
察自然自身的模仿。

　　如果有著新的開始，那是去學習自然自身的模仿，模仿自然的模
仿，並且讓技術與藝術，讓人類的一切行為都去模仿自然自身的模
仿，一種奇怪的「返祖」，但卻可以讓自然的自然性得以啟動，甚至
讓自然與人類雙重獲救。

　　比如，生物昆蟲界的模仿，蘭花模仿蝴蝶，蝴蝶模仿蘭花，蝴蝶
的翅膀模仿周圍世界之物，這無數的模仿與偽裝，並非自我保存與適
者生存，而就是自然自身的豐盈與能產性。或者反過來，我們從動
物的形態上看出人的形態，似乎昆蟲在模仿人類，但這些昆蟲卻在
人類出現之前早就存在真理，比如那「祈禱的螳螂」（praying man-
tis），其形態非常相似於一個在祈禱的人，因此獲得了某種宗教的

暗示，但一旦發現螳螂在性交時陰性會吞噬雄性螳螂，咬掉其頭，一種被閹割的恐懼就直接烙印在人類的無意識之中，更爲富有暗示性的是此無頭的軀體依然具有自身蠕動的快感，如同超現實主義者布勒東所推崇的「無意識自動書寫」，或如同巴塔耶所提倡的神聖主權的自我取消或神祕的共通體（Acephale，主權之爲無，或者形成「無頭的共通體」）。

　　自然自身的模仿（mimesis與mimicry），一直隱藏在人類行動中，形成了某種自然歷史，人類的歷史化開始於對於自然的模仿，但也是壓抑此自然的模仿性，並且導致犧牲的暴力，如同阿多諾在《啓蒙的辯證》之中的分析。[1]這也是爲何阿多諾後來反對班雅明的技術複製的遊戲，而強調自然相似性的重要性，恰好不是壓抑自然的模仿，而是讓模仿的本能進入自由的遊戲。[2]自然的模仿，也導致人類認知能力的變異，人類的技術化越來越導致模仿能力的減弱，但技術需要通過仿生學而再次去模仿自然，甚至利用自然的可塑性，尤其是自然的可再生性（regeneration），比如幹細胞技術，[3]去啓動自然自身的生產性，啓動人類完整的修復能力。或者，模仿乃是去模仿自然自身生產的豐盈，如同凱盧瓦在《美杜莎的面具》一書對於蝴蝶

---

[1] 阿多諾對於模仿的思考，體現在多重方面：首先，受到凱盧瓦的影響，認爲反閃族主義的核心祕密與模仿相關。其次，則是在人類歷史的觀念中思考模仿與認知的關係。其三，則是模仿與理性或者形而上學的本性相關。其四，則是模仿體現爲音樂生產的面相學維度。其五，則是在審美理論中思考自然美隱含的救贖密碼。我們的討論主要集中於模仿在相似與遊戲之間的緊張與轉換。

[2] 在《美學理論》一節美《模仿與理性》二者之間辯證法的文本中（Theodor W Adorno.: *A'sthetische Theorie.* S.89），阿多諾直接回應了班雅明的靈暈和大衆複製藝術作品的區分，認爲班雅明忽視了兩種藝術類型之間的辯證互動關係，雖然技術複製破除了魔術，似乎是掌握了形現象本身，但其實也粉飾美化了現象，而且班雅明對於群衆的暴力並沒有批判。

[3] Dieter Birnbacher: *Naturalness Is the "Natural" Preferable to the "Artificial"?* Translated by David Carus, UN: University Press of America,® Inc. 2014.

的翅膀以及昆蟲各種模仿方式的思考：通過偽裝、掩飾與巫術去遊戲，在自然中遊戲，並非僅僅是自我保存與種族保存的動機。自然的模仿還有著神學的意涵，人類要與自然和解，而非對於自然的主宰與技術的「集置」，這就需要學習自然的讓予，自然的讓予乃是一種不求回報的餽贈，而人類的任何禮物餽贈行動，幾乎都需要回報，哪怕是基督的獻祭犧牲也需要天國的補償，如何可能有著一種隱祕的模仿的神學？除非是一種無用的神學？

　　擴展班雅明對於模仿的二重性區分（技術的遊戲與自然的相似），甚至加入動物昆蟲的擬似性或模態，這是遊戲還是相似？通過自然的擬似性遊戲，以此來考察自然與技術的關係，就可以再次思考第一技術與第二技術的區分。班雅明認為第一技術乃是試圖去主宰人類，但又與自然的模仿相關，利用自然的魔術來控制自然，如同人類模仿動物並犧牲動物來形成人類組織；而第二技術擴展了人類集體遊戲的空間，使之更為自由，並且試圖與人類和解，但如何讓技術的遊戲與自然的擬似性，讓第二自然與第一自然合二為一？或者按照班雅明自己的說法，讓技術的複製遊戲與人類之中隱藏的相似性共同遊戲，並與人類神經支配中的「身體的自然性」和解？還是並未解決的問題。但班雅明後來甚至抹去了這些問題，班雅明所提出的「第二技術」還是模糊與初步的，也許他提出的「第二技術」仍不足夠，我們必須走向「第三技術」，即，除非模仿的二重性，技術與相似，還與自然自身的相似性，一道共生[4]。

---

[4]　筆者後來注意到Irving Wohlfarth的文章《*Jeu et enjeu de la « seconde technique » chez Walter Benjamin*》（*Spielraum Anthropology & Materialism A Journal of Social Research 3 | 2016 Utopia/ The Elsewhere and The Otherwise*），也思考了班雅明藝術作品論文第二稿中的相關問題，圍繞傳統的第一自然與第二自然的區分，如何轉向第一技術與第二技術的歷史轉變，但又如何不得不再度回到技術與自然的遊戲關係上，甚至也觸及了「第三技術」的烏托邦性（在我們這裡則是虛托邦），並也參看Wohlfarth關於班雅明的相關文章，比如關於班雅明與彌賽亞猶太精神的關係。

回到自然自身的模仿與無用性遊戲，凱盧瓦對蝴蝶翅膀的觀照中所發現的祕密，蝴蝶翅膀的多樣性與美麗，並不服從於生物進化論的有用論，凱盧瓦接續巴塔耶的浪費的一般經濟學與莫斯對禮物給予的人類學研究，更為徹底走向自然自身的多餘性與無用性生產，指出了技術外在化假器生產與自然自身生產的差異，尤其是自然自身生產的無用性與進化論的無效：

第二個巨大的反對意見來自於對有用和無償的同化。自然選擇的教義很容易承認或甚至假設產生水母鰭式散熱片、螳螂鋸齒狀魚叉和鼴鼠蟋蟀式的挖土機的可塑性，但由於假設的特性，它拒絕為蝴蝶翅膀的圖案和顏色設想類比的機制。在這裡，必然與多餘（Somptuaire）之間的對立似乎是決定性的。有人認為，任何沒有明確目的的事物都不應該成為決定的因素。無用性（L'inutile）是不被接受的。換句話說，多餘（superflu）的東西都顯現為無法解釋的先天性。[5]

自然自身生產的徒勞無益，尤為體現在蝴蝶的翅膀上，這是自然的擴展，自然的和諧與美麗定義了自身，如此自然自身的給予是一種大美。凱盧瓦尤為看重一個例子，即蝴蝶的翅膀，其自身複製或者自身的重複，打破了生物進化的法則，也是藝術最應該去模仿，但卻從來不敢去模仿的對象，因為蝴蝶翅膀的對稱，體現了純然奢侈與無用的生產，打破生物界的經濟法則，這甚至並非巴塔耶與德希達的一般經濟學，而是無用的經濟學：

如果蝴蝶的翅膀相似於一個特殊情況，我認為，有兩個原因：第一個，輪廓和圖案在這種情況下是奢侈的裝飾而任意添加到昆蟲

5　Roger Caillois : *Méduse et Cie*. 1960, pp.50-51.

的有機體中，似乎不是它構造的一個重要組成部分；隨後，這些動機通常是非常複雜的，而蝴蝶的對稱——嚴格來說是橫向的——被簡化成盡可能簡單的形狀，就像人體的情況一樣。這一次，幾何學和簡單的規律，似乎讓位於最爲豐富的組合，不受支配生物平衡經濟法則的支配。[6]

　　但對於凱盧瓦，不僅僅是自然自身的生產，此自然的生產也讓人類反思自身，那就是自然彷彿也在模仿人類的行爲，無論是螳螂的奇異習性、蝴蝶翅膀的美麗、阿克里迪安人和竹節蟲的僞裝、眼斑蝶（以及爲牠們增色的間歇性運動），還是燈籠蠅的面具，問題總是一樣的，即這些特徵中的每一個都與人類有某些相似之處：相似於人類的某種癡迷、某種神話、某種非理性但又令人信服的信念或行爲方式。因此凱盧瓦認爲這裡有著深層的「擬人化」，但這是必須避免的效用論，當我們談論蝴蝶的翅膀時：一方面，儘管試圖拿蝴蝶翅膀與藝術的形式美比較，但這種類比，導致人類內在的恐懼——其實人類害怕自己的藝術品與蝴蝶翅膀比較，因爲無論如何都無法相比，就連西方天使的翅膀與靜物畫也無法相比，中國傳統的花鳥畫具有某種寫實性的再現，畫過很多蝴蝶，但似乎也無意與自然比較；另一方面，任何生存與有用的範疇，其實都不適合於蝴蝶翅膀的多樣性，因此，我們應該停止將我們的人類反應投射到自然的非人類部分，資源的巨大浪費可能正好是自然自身生產的規則。

　　儘管人類的工具確實拓展了人類的感知範圍，人類以其自由的想像力去改變世界，人類由此發明了大量的假器或居間人器具（Prothesis），但卻無論如何都並不具有蝴蝶翅膀的生產機制與美麗形象，而且，人類的自由還與人類的有機體沒有內在的關聯，儘管當代人工智慧與生物技術試圖改變人類的機體，打破無機物與有機物的界

---

[6]　Roger Caillois : *Méduse et Cie*. 1960, p.42.

限，但迄今為止還是沒有突破這道界限，這也是班雅明從神經支配的質料感知出發，通過技術來塑造此生命肌體與器官，但又無法進入救贖之夢，只是停留在技術的遊戲層次。此外，自然自身的相似性還不同於人類對於自然的加工，就如同中國藝術家與西方藝術家不同：並不去加工自然，而是保持自然的自然性，儘管去尋找相似性和類比，但並不因此對自然加工，增加更多圖像的類比。

　　重新進入班雅明對於彌賽亞性與自然性的思考，進入班雅明對於技術複製時代藝術作品的思考，乃是增加一個維度：自然的相似性遊戲，才更為徹底打開彌賽亞與自然性關係的深度。

㈠ 藝術作品：在相似與遊戲之間

　　回到自然，從自然開始。

　　但這是什麼樣的自然？是「第一自然」還是「第二自然」？

　　班雅明受到盧卡奇為代表的歷史唯物主義影響，開始接受了「第二自然」這個概念，即技術生產形成的人類社會作為「第二自然」，不同於一個沒有歷史化的本體論自然概念，也不承認一個抽象化的純粹自然世界，即一切的感性與感受都已經被歷史化了，沒有在歷史生產之外的感性自然或者第一自然。

　　盧卡奇在其《小說理論》中，通過比較「第一自然」與「第二自然」的關係，已經揭示了整個現代性的困境：

　　　人類產物的第二自然，不具有抒情的實體性；它的形式過於僵硬，以致無法適應創造符號的瞬間；……第二自然並不像第一自然那樣是無聲的、彰顯的和無感知的；它是僵化了的、變得陌生的、不再能喚醒內心活動的感覺綜合體；它是腐朽了的內心活動的一個陳屍所，因此——如果可能的話——只有通過心靈再次蘇醒的形而上行動才能喚醒它，因為心靈曾在第二自然早期的或應有的生

活創造或保存了這一自然，而其他內心獲得都決不能把它喚醒。第二自然與心靈所追求的東西太近似了，以致沒有被心靈僅僅動作情緒的原材料來對待；但是它太陌生了，以致難以成為心靈的適當表現。這第二自然面對第一自然的陌生，即現代感傷的自然感情，只是這樣一種經歷──人們自己所創造的環境，對人來說不再是一所出生成長的祖宅，而是一座牢獄──的投影。……第一自然，即作為純認知的有規律的自然和作為純感情帶來安穩的自然，只不過是人與其產物之間異化的歷史哲學之客體化。[7]

　　在這裡，盧卡奇指出了「第二自然」是人類行動與歷史化的產物，第一自然並不純粹獨立存在，即並沒有一個假想的、可提供安慰的、浪漫派的自然世界，而是都已經規律化了、被習俗化了、被象徵化了的自然。但是「第二自然」最初與「第一自然」還有著某種關聯，但隨後卻被異化與遮蔽了，「第二自然」自身也會陷入僵硬，因為如果不能喚醒第一自然的活力的話，否則「第二自然」就只是一座牢獄，如同資本主義拜物教導致的異化狀態。因此重要的任務是用心靈去喚醒沉睡的原材料，但現代性的抒情表達只是讓「第二自然」成為了散文體而非詩歌，如同諾瓦尼斯那樣的童話風格也只是一種浪漫派的純反思，只是在情緒上而不是在敘事上，更沒有與難以解決的內心發生深刻的聯繫，盧卡奇甚至還認為歌德也沒有解決此難題。盧卡

---

[7]　盧卡奇：《小說理論》，燕宏遠、李懷濤譯，2012年，頁57。從黑格爾接受而來的這個概念，盧卡奇打開的「第二自然」新思考，也給阿多諾以深刻影響，無論是阿多諾《自然歷史》還是《啓蒙辯證》的思考，還是後來《否定辯證法》內在於人性之中的自然自生性（Naturwüchsigkeit），走向主體對於自然的追憶（Eingedenken），也迴響著班雅明的思考，並且影響了後期哈貝馬斯關於宗教的思考，比如《在自然主義與宗教之間》中，哈貝馬斯比較了黑格爾、施賴爾馬赫爾與凱爾凱郭爾的不同進路，但我們只要指出一點，哈貝馬斯的思考還是過於西方文化內部，並沒有真正面對東方的進路。當然，對於班雅明與阿多諾的自然概念做出分別與專門的研究，無疑也是題中應有之義。

奇這本1911年就以德文出版的著作，其實可能也深深影響了班雅明
1916年的〈語言論文〉？那個沉默的自然也需要再次被喚醒？喚醒
自然，無論它是第一自然的自然性還是第二自然的心靈，這成為班雅
明最為核心的問題！

　　或者說，按照班雅明後來在手稿中更為明確的區分，此危機在
席勒與歌德那裡所體現的差異中，就已經暗示了現代性最為根本的
困境：席勒試圖回到審美遊戲（Spiel）來化解感傷的詩（第二自
然）與素樸的詩（第一自然）的衝突；而歌德則是以相似性的幻象
（Schein）來統一藝術作品的未完成性與元現象式的自然；但嚴重的
問題是，這二者如何可能結合起來？[8]也許先知先覺的荷爾德林已經
認識到了此危機？他既要寫戲劇與翻譯戲劇——回應古希臘悲劇而使
之當下化，也要寫哀歌與頌歌——既要回到自然的神祕暗示也要有著
法則的嚴格計算？但這不也導致了荷爾德林的撕裂與瘋狂？本己與陌
異二者似乎同時都喪失了？

　　對於班雅明，他有著猶豫與轉換，這主要體現在《藝術作品在
其技術可複製的時代》的第二稿德語版中（即《藝術作品論文》，
見《班雅明文集》GS第七卷），不同於第一稿與第三稿（見《班
雅明文集》GS第一卷）之處，就是對第一自然與第二自然、第一技
術與第二技術的相關區分，他逐步以「第二技術」取代了「第二自
然」，但在最終稿中，他又放棄了這些相關的段落。因此，問題就在
於：他為何要以自然與技術的關係來思考？幾個手稿的關鍵根本不同
在於：第一稿與第三稿以技術的可複製性與大眾的散心所導致的靈
暈衰退為主，而第二稿則走向相似與遊戲的對立以及可能的共同遊

8　在手稿中，班雅明甚至指出了遊戲與相似在文學藝術史的相關差異：席勒強調了「遊戲」的
　　重要性，而歌德則推崇「相似」的幻象，如此的兩極如何重新結合？這是班雅明重新書寫
　　的文藝史問題，但在現代性的審美批判中並沒有被展開，這正是我們在這裡的任務。見W.
　　Benjamin: *Gesammelte Schriften VII: Nachträge.* 1991, S.667-668.

戲，但後來被刪掉了。班雅明為何放棄這個思考？

　　從班雅明論文第二稿少許不同的正文與兩個關鍵的注腳中再次出發，我們將集中於思考的構架範疇是：相似（Schein）與遊戲（Spiel），以及二者相互遊戲的可能性，或者相互轉化的可能性。這二者之間的關係將徹底改變我們對於《藝術作品論文》的思考方向，也讓我們重新理解靈暈及其現代性重寫的可能性條件。

　　對於班雅明，第一自然：也是一個有著神話，有著魔術，乃至於需要犧牲獻祭，有著自然暴力的自然。班雅明在論文中以「第二技術」代替了「第二自然」，因為此第二技術與遊戲更為相關，而第一技術代替了第一自然，因為並沒有所謂的第一自然或者自然的自然性，一切都已經被技術所替代，都已經經過了人類意識的技術操作，已經與自然遠離。但是對於班雅明，第一自然與第二自然，以及自然與技術的關係，因為遭遇到法西斯主義與納粹的興起，這兩種反動的力量都是通過新的技術，即利用「第二自然」（如同海德格批判納粹的庸俗化與力造性的意識形態），來充分啟動了那個神話般的「第一自然」（即啟動了血與土的種族神話與神祕象徵），第二自然與第一自然似乎得到了某種新的重新結合，但卻導致了歷史的巨大災難，因此只靠第二自然似乎並不足夠，需要重新思考技術。

　　首先，何謂「第二自然」與「第一技術」？班雅明在《第二稿》的第六節寫道：

　　當代社會的技術是最不受束縛的，可是，這種獨立的技術作為一種第二自然與當代社會卻是對峙著的，就像經濟危機和戰爭所表明的那樣。當代社會的技術與原始社會的技術具有同樣強烈的社會效果，人們雖然創造了這種第二自然，但是，對它早就無法駕馭了。這樣，人們面對這第二自然就像從前面對第一自然一樣完全受制於它了。而藝術又受制於人，電影尤其如此。電影致力於培養人們那種以熟悉機械為條件的新的統覺和反應，這種機械在人們生活

中所起的作用與日俱增。是我們時代非凡的技術器械成爲人類神經把握的對象——電影，就在爲這個歷史使命的服務中獲得了其眞正含義。[9]

現代技術已經創造出了第二自然，這第二自然就是徹底技術化的社會了，而且針對的是人類「神經支配」（Innervation）的身體感受，如何改變人類神經的活動圖式，這也是自從超現實主義論文結尾以來的核心問題：「讓身體和圖像在技術上相互滲透，使全部革命的張力變成集體的身體神經支配，讓整個集體的身體神經支配網絡變成革命的放電器。[10]」對於班雅明，最爲體現神經支配集體感知的「電影」則是現代技術時代所發現的新媒體，可以代替古典藝術的靈暈媒介，甚至具有某種拯救批判的新功能，對於班雅明，靈暈決不僅僅只是一種藝術樣式，因爲其與古代神性象徵的關係，其日常生活中無處不在的裝飾審美，靈暈其實是一種現代性的神學，一種啓示的知覺，一種新的藝術宗教（Kunstreligion）。

其二，班雅明隨後放棄「第二自然」的概念，區分開「第一技術」與「第二技術」，並強調了「第二技術」（die zweite Technik）的重要性及其革命性意義！這在《第二稿》的第六節（法語版也有此節，而第一稿與第三稿卻無），更爲明確地指明：

嚴肅與遊戲，嚴格與鬆綁，在每一個藝術作品中都是混合起來的，儘管以不同的程度交錯分配著。這就意味著藝術聯繫第二技術，就如同聯繫第一技術一樣。此外這裡需要表明的是，那種認爲

[9] W. Benjamin: *Gesammelte Schriften VII: Nachträge.* 1991, S. 359. 該文論手稿異常複雜，也參看Walter Benjamin: *Das Kunstwerk im Zeitalter seiner technischen Reproduzierbarkeit*, Hrsg. von Burkhardt Lindner unter Mitarbeit von Simon Broli und Jessica Nitsche. 2012. 該書嚴格區分了五個不同的手稿，該書中的第三稿即我們這裡所言的第二稿。

[10] 班雅明：《班雅明文選》，陳永國譯，頁201。

第二技術的目的是去「主宰自然」（Naturbeherrschung）的觀點在很大程度上是成問題的：如此理解第二技術的觀點還是把它當作第一技術來標記了。第一技術實際上是從主宰自然而看待的：第二技術則要更多在自然與人性之間共同遊戲（die zweite viel mehr auf ein Zusammenspiel zwischen der Natur und der Menschheit）中來看待。當今藝術的決定性社會功能就是去訓練（Einübung）此共同的遊戲。這特別對於電影尤爲有效。電影的功能是在如此的統覺（apperzeptionen）與反應中，與這些在日常生活中幾乎扮演著重要角色的器具（Apparatur）打交道時，去訓練人性。與這些器具打交道，也同時教育人類，通過獲得位置，把他們從事務的勞役中解放出來，只有當人性的憲法制度已經掌握了這些新的生產力才有可能，而這正是第二技術所已經開闢出來的生產力。[11]

　　──這個區分異常關鍵，即，第二技術如何不同於第一技術對於自然的主宰與控制，乃是要讓人類解放出來，通過電影這些新的媒介或器具（Apparatur），以及圍繞這些器具的日常訓練，來磨礪出新的統覺，訓練出新的人性，這是對於人性的一種新的練習或培育？還是一種新的技術化規訓？也許班雅明在1930年過於相信技術的革命力量了？過於馬克思主義化了？這即是班雅明與馬克思主義的新生產力革命內在相通的部分，只是班雅明聯繫電影這些藝術化的媒介來討論，法蘭克福研究所的朋友們似乎並不認同，也許這個觀點過於接近布萊希特了。

　　這裡，有一個重要的論點值得指出來：「第二技術」似乎不僅僅是人類的技術，它不同於主宰人類的第一技術，而是要在自然與人性之間有著更多的共同遊戲（die zweite viel mehr auf ein Zusammen-

---

11　W. Benjamin: *Gesammelte Schriften VII: Nachträge.* 1991, S.359-360. *Gesammelte Schriften I.*S.717.

spiel zwischen der Natur und der Menschheit），這個「更多」（viel mehr），「多」（mehr）在哪裡？比單純的技術遊戲「多」在哪裡？班雅明似乎在這裡並沒有指明。在隨後的思考中呢？那就應該更多的指向自然的相似性，或者與自然的遊戲——這是自然自身的遊戲，比如生物界的相互擬似性模仿，如同蝴蝶的翅膀，或者是人類與自然一道遊戲，不是人類與人類的鬥爭遊戲，而是人類進入自然，與自然一道生活與遊戲。因此，此「共同遊戲」（Zusammenspiel）中，需要實行的轉化反倒異常複雜：通過與外在器具（Apparatur）打交道，進入身體神經感知（Innervation）的圖式化運作，再到身體「統覺」或「感知」（aisthesis / αἴσθησις）的靈暈化（aura），直到打開更多的時空遊戲的餘地空間（Spiel-Raum），這都需要通過技術與自然的相互互動，甚至形成可能的「第三技術」或第三技藝？此「更多的」轉化過程如何完成？

　　班雅明相關的隨後思考，僅僅出現在「兩個」長長的注腳中，而這是第一稿與第三稿都沒有的片段，班雅明後來刪掉這些片段，恰好體現了其思想內在的不確定性與其牠的可能性。

　　其三，第二技術所打開的這個遊戲空間具有什麼樣的價值？其具體的思考僅僅出現在第二稿第6節的一個注腳中（法語版按照第二稿翻譯，也有此注釋，這是第一個重要的注腳）：

　　革命的目標是去適應這個加速。革命是集體的神經支配（Innervationen des Kollektivs）：正好是對神經支配的新穎尋求，歷史的唯一性的集體，在第二技術中擁有其器官（Organe）。第二技術是一個體系，其中掌握著基本社會的力量，這也是與自然力量進行遊戲而表現的前提條件（für das Spiel mit den natürlichen darstellt）。就像一個孩子學習著伸展手臂去抓住月亮時，是把月亮當做一個球一樣了，人性在其神經支配的尋求中（Innervationsversuchen）試圖去做的也是如此，它設置了一個目前可以抵達的

烏托邦式目標。對於革命而言,不僅僅是第二技術肯定了他面對社會的基本要求。因為第二技術的目的在於把人類從其勞動一般中解放出來,而另一方面,則是擴展個體與其遊戲空間(Spiel-raum/d'un coup son champ)之難以估量的範圍。在這個遊戲空間中,它再也不知道如何區分了。但他已經設置了他的要求。集體越是讓第二技術成為它自己的,個體就越是從屬於集體的情感,也越來越少地如同之前它在第一技術的主宰之下。換一句話說,通過第一技術的清除(Liquidation)所解放的個體,提升了它的要求。第二技術並不即刻確保它最初的革命目標,除非是通過解決了第一技術所埋葬了的個體生命追問——即愛與死的問題。傅里葉的作品是指向這個要求的第一個歷史的證據。[12]

在這裡,班雅明再一次指出了第二技術的重要性:它與新的技術相關,每一個時代都有其新的技術,這是典型的馬克思主義的新生產力與技術關係的展開,只是要與超現實主義的神經支配關聯起來。

所有的轉化都在於尋找到革命的器官,班雅明思想的核心其實只有一個——這就是讓思想去喚醒與塑造革命的「器官」(Organe),或感通轉化的「機體」(即生命整體修復的「胚胎」):或者是剩餘的自然,或者是僭主們的骷髏或歷史的廢墟,或者是愛者們的淚水,或者是可以進入迷醉狀態的身體圖像,或者是具有模仿能力的手,比如這裡的孩子去抓住月亮時,乃是把月亮當做氣球,總而言之,與神經支配的新技術化相關。如果與中國文化的想像相關,甚至是變小與消失於圖像之中的器官。

因此這就導向「第二技術」最為重要的貢獻是其「遊戲」作用,不同於「第一技術」試圖去主宰自然的方式,而是讓「第二技術」成為「集體化的神經支配」,成為一個社會化的身體,這就最為充分

---

[12]　W. Benjamin: *Gesammelte Schriften VII: Nachträge.* 1991, S.360. S.717-718.

拓展了遊戲空間，而電影在班雅明看來，最爲打開了此新的遊戲空
間。這就導致最後的貢獻：「第二技術」就是來解決「第一技術」過
於人爲化而遺忘了個體生命的愛與死，必須讓生命獲得解放，這也
是班雅明指明了傅里葉的重要性，在班雅明看來，勞動不應該只是
辛勞，而應該通過遊戲來賦予靈感，因爲眞正的勞動其目的不應該
是價值的生產，而是更爲激進的目標——自然的改善，對於傅里葉
而言，更好的自然的理想乃是以幽默風趣的方式來實現自然的目的
論，即讓遊戲與勞動結合。

　　在這個段落中，最爲核心的一個詞是「遊戲空間」（Spiel-
Raum），班雅明在這裡進行了語詞「遊戲」：一方面是遊戲與相似
的對比，「相似性」似乎更爲接近第一技術（受到自然的主宰，具有
原始的魔術或巫術，需要個體生命的犧牲獻祭），當然第二技術也與
第一技術或者第一自然有著可能的關聯，只是這關聯還並不明確，這
裡主要是突出「遊戲」的革命性；[13]另一方面，「遊戲」的力量在於
打開了更大的「遊戲」空間，比如電影和攝影，直到當代的數位虛
擬技術；但「遊戲空間」這個詞在德語中，其實還有著「餘地」、
餘隙、邊緣與行動範圍的動力方向等多重意義，可以激發更多的對

---

[13] 如果與「遊戲」的政治神學相關聯，我們也許還可以提及施米特，他在《哈姆萊特或赫庫
芭——時代浸入戲劇》（*Hamlet oder Hekuba – Der Einbruch der Zeit ins Spiel*. 1956. 王青譯，
上海人民出版社，2015年，頁53-54）中，回應班雅明的《德國悲悼劇的起源》，也涉及到
遊戲的表演性空間，就是從具體現實歷史人物唯一歷史時刻的不幸命運上（這是施米特本人
也在類比自己的歷史迷誤？），尤其在莎士比亞的偉大想像中，比如使哈姆萊特所處的巴洛
克時期，歷史個體人物的命運被昇華到了神話的高度，似乎成爲了神的遊戲者，參與歷史
命運的塑造。無疑班雅明是要牢牢抓住「現在」這個歷史時刻，哪怕這個當下已經是「地
獄」，是永恆復返的地獄狀態。從戲劇空間的遊戲——到電影空間的遊戲——再到數位複製
時代的遊戲空間，如何再次回到與自然的關係，又不陷入種族神話的自然神話空間，還一直
是現代性的巨大疑難。

比。[14]那麼，是否電影複製技術對於人類的神經支配提供了新的靈暈感知轉化呢？如果氣息或香味觸發的靈暈是不可通達的無意記憶的庇護所，那麼，相似性與遊戲，自然與技術，如何形成一種新的具有靈暈感知的「共同遊戲」呢？[15]

其四，爲了思考「更多的」共同遊戲，這就需要進一步展開這個遊戲與模仿的新關係，班雅明對於第一自然或第二技術的思考，與其他人不同，在於他是在「模仿」中展開的，而模仿包含相似與遊戲兩面。這也同樣是在《藝術作品論文》《第二稿》第11節一個一直被忽視的長長注腳中（「第二個」重要的注腳，而在法文版中卻並沒有出現！），班雅明思考了相似性的命運，以及與遊戲的對比關係，並且再次回到了靈暈與美的關係上：

美的相似性顯現（schönen Schein）的意義植根於靈暈知覺（auratischen Wahrnehmung）的時代（美的顯現帶有著假象，但因爲來自於靈暈，因此其知覺有其眞理性，靈暈的知覺，這是班雅明提出的知覺模式，與「啓示的知覺」一道，卻一直並沒有得到充分思考。——括弧中的解釋是筆者所爲，如下同），現在則走向了終結（因爲進入了技術時代，而黑格爾也已經指出了藝術的終

---

[14] 如果可能，我們也可以展開海德格與班雅明就「藝術作品」問題的對比，都是寫作於1935～1936年，歷史的巧合，面對時代的危機試圖重新定義藝術作品的界限：班雅明走向對傳統整個靈暈衰落的必然性以及新技術媒介的無產階級與大眾藝術的雙重肯定，但海德格的世界與大地之爭再次復活了歷史詩性神祕創建的靈暈。而且海德格也思考了「時間－遊戲－空間」之爲「之間」與「過渡」的深淵性。甚至，後期海德格再次思考了天地神人四雲體的「鏡像遊戲」。如果靈暈有著神性的背景，同時海德格對於藝術作品自身隱藏的挖掘，而自身隱藏又與自然的自然性相關，那麼，圍繞藝術與神學、技術與自然的關係將會得到更爲徹底地思考。

[15] Miriam Bratu Hansen: *Cinema and Experience: Siegfried Kracauer, Walter Benjamin, and Theodor W. Adorno*. Berkeley: University of California Press, 2012.

結）。這個審美理論很大程度是被黑格爾充分表達出來的。……
經驗的根據是靈暈（Dieser Erfahrungsgrund ist die Aura）（經驗
之爲經驗，對於班雅明，除非傳達出靈暈，除非有靈暈縈繞，這是
一種對於經驗的獨特規定，不同於康德的先驗，但有著某種神祕的
光環或者氛圍籠罩）。與（黑格爾對於美的假象的批判）相反，
在歌德那裡，其作品一直徹徹底底是以靈暈現實性的充實（als
auratische Wirklichkeit erfüllt）而創造出來（對於班雅明，歌德是
與整個德國古典哲學相對立的例子，如同前面我們的思考，歌德
的自然觀與元現象，打開了不同於康德的另一種教義）。迷娘、
奧蒂莉與海倫就分享了此現實性（班雅明特意舉出了三個例子，
我們之前已經分析了奧蒂莉）。「美，既非面紗，也非面紗遮蔽
的對象，而是對象在其面紗中（Weder die Hülle noch der verhüllte
Gegenstand ist das Schöne, sondern dies ist der Gegenstand in seiner
Hülle）。」這是歌德藝術的本質，也是古代藝術的直觀（這個句
子再次出現，怎麼強調都不過分，這是班雅明對於歌德美學，對
於顯現與相似，對於美之幻象的讚歌，但也是最爲準確的現象描
繪，美本身就是顯現，有著面紗之美，有著靈暈的面紗！而且也是
古代藝術直觀的神髓）！一旦我們回首其起源，這個觀點的衰落就
變得雙重的（doppelt）接近了（模仿的雙重性，這是後面展開的
遊戲與相似）。這就在模仿（Mimesis）作爲所有藝術行動的元現
象（Urphänomen）之中（模仿也是一種生命活動的元現象）。此
模仿所做的，如同其模仿的，只是可顯現性（scheinbar）（顯現僅
僅顯現自身，如同靈暈一旦顯現，就是美的自身顯現，在顯現與靈
暈背後並沒有神祕，只是純粹的直觀，或者說對於距離的直觀，既
然靈暈不可接近）！而且最古老的模仿所認知的只是唯一的質料
（nur eine einzige Materie），並在此質料中建構出：只是模仿自
身的軀體（Leib des Nachmachenden selber）（班雅明強調了身體
的重要性，這是人類學的唯物主義，也是回到神經支配的身體統覺

中）。舞蹈與言說，身體與嘴唇的姿勢是模仿最早的顯現（如同中國文化的詩意姿態：手之舞之足之蹈之，即最初的元語言）。——模仿所生產的是它的事實的可顯現。人們也能說：它與事實遊戲（班雅明在利用遊戲這個詞展開模仿的廣泛性，主要突出強調模仿中遊戲的一面）。由此我們遇到了形成模仿的這一極，在模仿中，緊密相互交織著兩片紙頁，蟄伏著藝術的兩個方面：相似與遊戲（Schein und Spiel）（再一次，班雅明強調了模仿的兩個方面及其相關性）。此兩極性當然只是對立的辯證，僅僅看其在歷史中的角色（二者的依賴與對立，有著辯證關係，這是另一種新的歷史辯證法？可惜幾乎沒有研究者展開這個研究，後來阿多諾倒是對此有所發展，以此批判文化工業的複製技術，批判班雅明並發展了模仿理論）。前者是相似性，事實上也是如此。後者是遊戲，則是通過第一技術與第二技術的世界歷史的對峙而獲得確定的角色（班雅明這裡認為第二技術因為更為具有遊戲的力量，且打開了更大的遊戲空間，將取代相似性，從而會決定歷史的命運）。相似性是最為抽象的，但因此也是所有魔術經驗方式的第一技術中最為持久的圖式（班雅明把第一技術與第一自然看做原始巫術時代的力量，是一種在抽象中依賴魔術而支配自然的力量，但又如何與元語言的魔術區分開來呢？），遊戲則是所有實驗的經驗方式或第二技術的深不可測的保留。既非相似性的概念也非遊戲的概念，傳統的審美對此有所陌生（即，在傳統中已經出現了二者，但班雅明並沒有展開）；而且就概念的配對而言，崇拜價值與展示價值也是隱藏在概念的配對之中，也並沒有說出什麼新東西（《藝術作品論文》中有著很多的成對概念，此書寫方式也有著辯證法，此消彼長還是彼此共生，這是尚未解決的疑難）。面對歷史時，一旦它們的概念發生突兀地變化，就喪失了差別（即，一旦其中一個，相似或遊戲，突然佔據主導，一個就可能取消另一個，他在手稿其他地方對此也有所指明）。這就導向了實踐的洞見，也就是說：相似性的萎縮，

即靈暈在藝術作品中的衰落，是一個巨大遊戲空間（Spiel-Raum）的獲得（以靈暈爲例，傳統以相似來獲得靈暈的方式即將讓位於以遊戲獲得的方式，或者說靈暈本身也被取消）。這個寬闊的遊戲空間在電影中打開自身。在電影中，相似性的要素完完整整地被遊戲所取代（電影與攝影的出現，將打開更大的遊戲空間，而相似性則沒有了空間！但是相似性不也可以遊戲？相似性就沒有了自己的「遊戲空間」？「遊戲」這個詞一直有著泛化的危險，就如同傳統美學中，相似、幻象或顯現一道也被泛化）。而照片也取代了崇拜價值，其位置也被大大地加強了。在電影中，相似性的要素即將讓位於遊戲的要素，而遊戲已經與第二技術結成了同盟（班雅明最爲明確指出了這個新的結盟，其後果是，遊戲與技術合一，而相似則退出歷史舞臺，二十一世紀數字虛擬遊戲的大量湧現，確實導致了新的大眾遊戲的狂歡，但也導致「數字全景監獄」的奴役狀態，也導致了生物性觸感與生命力統覺的減弱，這是班雅明可能尚未思考的問題）。[16]

對於班雅明而言，古代靈暈的消逝不可避免，如同黑格爾所指出的藝術終結，但是隨著第二技術的發展，即現代人的遊戲能力獲得了更大的活動空間，就會帶來新的經驗。在這裡，班雅明給出了一個歷史發展的判決，即認爲第二技術與第一技術的對峙乃是歷史的任務，因爲對於班雅明而言，「模仿」的兩個方面：就第一個作爲古老擬似性或「相似性」（Schein）的第一技術而言，有著魔術的魔力，模仿萬物時獲得了靈暈，如同星象學在古代的價值；但進入現代性，此模仿中的第二個要素，即「遊戲」（Spiel）則突出出來，並與第二技術結合，尤其在複製技術化的藝術表達空間，比如電影與攝

---

16 W. Benjamin: *Gesammelte Schriften VII: Nachträge.* 1991, S.368-369.括弧中的追問為筆者所為。

影藝術的展示中，此新的「知覺媒介」獲得了主導地位，也漸漸取代了相似性的古代方式，並徹底導致了傳統靈暈的「衰落」。因此，古代的靈暈顯現模式，與美和宗教的崇拜價值一道也將消散。那麼，是否可能出現另一種「新的」知覺媒介與知覺模式，帶來新靈暈之存在模式的「上升」呢？這是班雅明文本中已經隱含但並沒有提出的問題！因此，拯救靈暈，其實也是對於神學的另一種拯救，也許，靈暈美學其實也是一種詩意的藝術宗教。

　　但是，班雅明越是讓第二技術的遊戲與第一技術的相似對抗，越是面對「共同遊戲」的困難，如果一切都處於第二技術的遊戲空間中，看似遊戲的空間擴大了，但哪裡還有相似的餘地？哪裡還有美的餘地？哪裡還有美的面紗？班雅明對於第二技術的讚揚，無疑已經預感到了1960年代以來美國波普藝術（Pop Art）的發展以及當代藝術虛擬技術化的遊戲氾濫，但是，相似性何在？美與美感何在呢？

　　進入數位虛擬技術時代之後，如同美國好萊塢的很多科幻電影，或者就比如《駭客帝國》，還具有班雅明所期待的那種革命功能嗎？數碼複製全然沒有班雅明所思考的靈暈各個要素（此時此地的唯一性與原真性、不可接近感與反向凝視），或者如同Susan Buck-Morss在《觀看的辯證法》中的分析，如果攝影與電影及其無意識視覺一旦過度刺激，如同數位時代無所不在的圖像爆炸（如同阿芙洛狄忒式式的夢幻泡沫的湧現），每一次都是強度刺激，就有可能導致有機體的麻痺、感覺的挫傷與記憶的抑制，即過度刺激與麻痺的同時性，導致人類無能力做出反應，導致感知的徹底衰退，哪裡還能發現從未寫出之物？因此，反而在這個技術虛擬時代更為需要一種新的靈暈？甚至一種具有靈暈詩意的「藝術宗教」？從技術到技術，越來越虛擬化，似乎把遊戲走向了極端，如同這個時代出現的大量遊戲機生產，除了阿多諾隨後所批判的文化工業生產與體育的娛樂化之外，是否還需要一種更為徹底地逆轉？向著自然的相似性轉化？進入更深的自然及其相似性？那麼，這第二技術如何可能把相似性的模仿維度也結合起來？形成某種可能的「第三技術」或「第三技藝」，這才是現

代性的核心問題？

在班雅明那裡，不是沒有猶豫，不是沒有其他可能的方向，儘管後來的研究者主要集中於班雅明〈藝術作品論文〉中的神經支配的技術轉換，集中於身體的社會化，圍繞集體無意識的神經感受與佛洛伊德的夢想無意識相關，強化了「視覺的無意識」[17]，打開身體的表面多孔性空間與欲望表達的空間，但並沒有深入此共同遊戲的困難。

其五，但班雅明並非徹底的歷史唯物主義者，反倒是一個歷史化的「質料主義者」，班雅明的「人類學唯物主義」乃是要去考察，在歷史發展中，隨著技術進步，人類身體感知的改變，即「身體—圖像—空間」與神經感受的轉變將會如何轉化？甚至重新與宇宙發生共感，而且不是第一次世界大戰的暴力式共感。

如果在遠古時代，人類與自然有著直接的感應關係，這主要通過模仿中的相似性進行的，從父子面孔的直接親近的感性相似性，到星象之遙遠的非感性的符號相似性，無論是感性的相似性（擬聲詞或者象形文字），還是非感性的相似性（符號標記與刻畫），這也包含了模仿的「遊戲」，其中有著魔術的靈暈，無論是崇拜的還是神祕的靈暈，這樣的遊戲還保持著人類與自然的關聯，或者與第一自然的關聯。但隨著技術的進步，人類走向了遊戲自主的時代，逐漸以遊戲取代了相似，遊戲的優點是打開了遊戲空間的更大範圍，電影和攝影解放了人類的感知方式與神經支配。但是「第二技術」也需要與自然的相似性展開可能的相互遊戲，這也是為何班雅明在1933年〈相似性的教義〉與〈論模仿能力〉的短篇論文中去思考「相似性」，尤其在知道了凱盧瓦對自然擬態的研究之後，要打開第三種要素——自然自

---

[17] 圍繞「視覺的無意識」與佛洛伊德的欲望表達，以及巴塔耶「非形式」與「卑污的唯物主義」，如同美國批評家羅薩琳德‧克勞斯（R. Kraus）等人所為，這充分體現在《十月》雜誌的批評家群體上，以此對抗之前的格林伯格的形式主義美學，但他們還是迴避了根本的問題：遊戲與相似二者如何共同遊戲呢？

身的相似性（similar）與擬似性（mimicry）。但正是在這裡，班雅明在〈藝術作品論文〉中有著猶豫：一方面要肯定第二技術的遊戲性，肯定遊戲對於相似的代替，肯定古典靈暈消散的必然性；但另一方面，第二技術不同於第一技術僅僅去支配自然，也要肯定自然的相似性，發現技術與自然相互遊戲的可能性，〈藝術作品論文〉的第二手稿與法語翻譯稿就是此矛盾最為明顯的體現；但是在第一稿與第三稿中，班雅明卻刪掉了這些相關內容，而更多是肯定複製技術與大眾審美的重要性。我們這裡的研究就是試圖指出遊戲與相似二者共同遊戲的必要性，而這是班雅明研究中最為具有未來潛能的方向。

　　班雅明隨後的思考不是沒有展開前面的那個「更多的」共同遊戲空間：神經支配的集體化感知，也不僅僅局限於人類個體的無意識與身體活動，班雅明試圖把身體感知向著宇宙的通感還原。班雅明一直試圖重建人類與宇宙的原初感應，這受到克拉格斯與巴霍芬「自然化的神學」（natürlichen Mythologie）的深刻影響，以圖像─身體為媒介，「把遙遠過去的靈魂所形成的原始世界與現代人的意識相比較，人類由此可以接受到其知覺」[18]。也許這也是一種啟示的知覺。如同在隨後的《拱廊街》的寫作中，進一步向著人類原始生物本能的擬似性還原，這不同於佛洛伊德的欲望力比多還原，而是類似於凱盧瓦式的生物形態學還原，再經過靈暈化的技術轉化（由遠而近），經過「拱廊街」夢想無意識的歷史性還原，又在榮格的集體無意識與神話原型的影響下（儘管需要阿多諾式的物質辯證法批判），經過馬克思主義歷史化「辯證圖像」的當下化之後，同時，還在中國化道家的默化之後（呼吸轉化），此神經支配或許可以與宇宙的自然元素相互感應。如此的發展方向，班雅明不是沒有設想。當然也有著猶豫與不確定性，這就是為何他在第三稿中刪掉了有關我們前面所引用的那些有關遊戲與相似的片段，也沒有展開第一技術與第二技術的複雜關

---

[18] W. Benjamin: *Gesammelte Schriften III*. S.44.

係。一旦我們回到第二技術的遊戲與自然的擬似的關係，神經支配的器官就不再僅僅局限於佛洛伊德的無意識，也不僅僅是後來《拱廊街》關於震驚的經驗，而是啓動相似性的器官，喚醒無意記憶，甚至還不是後來斯蒂格勒圍繞技術的「器官學」所展開的思考，這才是形成新經驗的源泉。

班雅明堅持現代人應該學習運用技術來與自然達到和諧，但電影技術以及隨後的數碼技術，並沒有獲得班雅明在《單向街》最後一篇〈到天文館去〉一文的要求：與宇宙力量進行新的史無前例的的融合！反倒是技術的戰爭、駕馭自然或對於自然的集置化（如同海德格的思考），數碼虛擬技術對於生物器官的麻痹，越來越成爲了主導。甚至，隨著生命技術的出現，無論在種族的純潔化還是基因剪輯的選擇中，虛擬技術確實創造出了人與宇宙的新型關係，不同於傳統民族與家庭的情形，這也就是班雅明所言的：對宇宙的開發第一次以星球模式展開，也是所謂「人類紀」的開始。

但技術建立的這種宇宙感能夠確保生命的共生嗎？作爲物種的人性將全然被技術所接管？技術與自然（遊戲與相似）的「共同遊戲」如何實現？尤其是當相似性總是來自於自然的啓發，不是「世俗啓迪」，而是「自然的啓迪」，自然所產生的相似性以及啓發的仿生學普遍性，自然自身的複製與生產，不同於技術的複製，可以觸發對於技術的另一種理解？或者說，技術如何再次再生出自然的自身複製？自然的第三記憶如何得以餘存？這就需要質料與感知的再次轉化，尤其是與自然相通的「質料」進行「遊戲」，那應該走向「身體」與「自然」的感通關係，讓「神經支配」與自然的「氣息」發生共感或感通，形成新的靈暈化知覺與啓示的知覺，即「質料共通體」的轉化，才導致眞正的減熵。

技術不應該只是技術的遊戲，儘管電影與攝影技術，讓觀看者似乎有著走進圖像之中而消失的感受，但那並非主體自身的創造，在電影院中觀看的身體是被動的，如同身處洞穴之中，當代數位虛擬多媒體浸透式的藝術展覽，讓觀眾在其間有著參與遊戲的幻覺，但卻喪

失了與自然的相似性關係，也許數位虛擬技術也需要進入與自然的遊戲？如同日本虛擬技術團隊teamLAB所設計出來的作品？由此，需要把第二技術的遊戲與自然的擬似性重新關聯起來。

這也是班雅明已經感受到但一直尚未處理的現代性悖論，就如同阿多諾後來在《啟蒙的辯證》與《美學理論》中的反駁與反省：[19]一方面，一旦現代性資本主義生產與複製技術深度結盟，一切都成為遊戲的生產，如同娛樂與體育，通過廣告宣傳對於感官的消費滲透，哪裡還有與自然相關的相似性的地位？是否反而應該回到與自然相關的相似性或擬似性？另一方面，甚至，儘管把第二技術的遊戲與自然的擬似性重新結合，但也要避免納粹法西斯主義的審美政治，也許中國文化一直在利用這種組合遊戲？[20]

在手稿中，班雅明再一次寫出了類似的語句：「美的幻象的減弱是與靈暈的減弱同步的。這同一個胚芽的兩邊都處於模仿的元現象之中：相似與遊戲。每一個的發展都以另一個為代價。[21]」這正是現代性的困難之所在，現代性就一直無法辯證地結合第二技術的遊戲與自然的相似性？除非形成「第三技術」或「第三技藝」，以形成新的生命轉化的器官，這恰好是未來哲學的任務？也許這非常接近於布洛赫後來在《希望的原理》中所言的「沒有暴力的技術」或「同盟技

---

[19] Joseph Weiss: *The Idea of Mimesis: Semblance, Play, and Critique in the Works of Walter Benjamin and Theodor W. Adorno*. College of Liberal Arts & Social Sciences Theses and Dissertations, 2011.

[20] 正是在這裡，我們發現了相似與遊戲、假象與真理，這些二元範疇對於分析中國文化的重要性，因為中國文化一直在感性的相似性與非感性的相似性，即似與不似之間，保持了關聯，一方面富有彈性與可塑性，但另一方面則陷入了模糊與詭計，在充分徵用自然的相似性力量時，也壓抑了個體自由的可能性，而且在假象與真理之間的無法區分也導致中國文化並不追求真理，而是陷入總體的遊戲世俗福樂的生活。此外，阿多諾在《啟蒙的辯證》中接續這個相似性或擬似性的思考，與凱盧瓦對話，更為拓展了法西斯主義所隱含的相似性壓抑以及模仿的暴力性，這也有助於我們來分析中國社會的隱蔽暴力。

[21] W. Benjamin: *Das Kunstwerk im Zeitalter seiner technischen Reproduzierbarkeit*. S.146.

術」，以化解資本主義的「狡詐技術」（List-Technik）。

㈡ 主體化的無意識與客體化的銘刻

現代性救贖的祕密在於「記憶」，在於面對時間的瞬間消逝而無可奈何，此不斷消逝的瞬間不可能被拯救，不再有任何的居間人來拯救此消逝，而且現代人不得不肯定此短暫的有限性與消逝性。但永恆感如何從此短暫無常中抽取？或者現代人如果不能重新感受到永恆，如何可能擺脫虛無主義？

人類通過「記憶」（記憶女神Mnemosyne乃繆斯之母），無論這是個體的無意識記憶，還是歷史的集體記憶，或者是波德賴爾所言的「歷史的詩意」與「無常中的永恆」，此歷史的詩意需要記憶的書寫。

人類歷史已經出現了兩種歷史書寫的記憶模式：

1. 第一種是歷史性的「外在化第三記憶」——在人類有限肉體之外，以外在性的技術銘刻，來超越人類必死性，也反過來塑造了人類的身體感知，它並非當下化第一記憶的再現，也非想像力參與的第二記憶，而是人類不可記憶或者死後餘存的外在化技術刻寫。第三記憶反而是更為本源的記憶，是人之為人的開始，如同唯物主義歷史所認為的，人類之為人類，依賴於外在工具的製作，依賴於第三記憶的外在技術化銘寫，外在化的餘存，有限人類的歷史性才可以傳遞下去，人類成果才可以保存下來。而且，人類要從自身勞動的奴役狀態解放，也需要更多的技術複製，這也是我們這個時代的轉錄與刻錄技術的發達，複製技術的發達，這也是我們這個時代人工智慧的發展，也是「人類紀」世代的來臨。[22]

---

[22] 斯蒂格勒：《技術與時間》三卷本，裴程等譯，譯林出版社。斯蒂格勒接續海德格與德希

2. 第二種是個體肉身化的「內在化第三記憶」—— 進入無意識的記憶書寫板，是無意識面對原初創傷，在迴避與壓抑所形成的防禦機制中，在超我的第二記憶與自我的第一記憶之後，在無意識的第三記憶中，形成了一套所謂的壓抑情節，來回應原初的缺席與創傷症候，此症候的解碼，讓人類從壓抑中解放，如同精神分析與文學藝術的治療活動。

但此內在化與外在化的兩種方式，有著局限性：歷史的無限性「外在記憶」，並沒有解決人類短暫有限生命的痛苦，而且外在歷史的技術化，也遮蔽了歷史的詩意，人工智慧離詩意還很遙遠；而「內在記憶」雖然來自於個體的痛苦，但卻成為痛苦記憶的發酵推動者，導致人類的自殘與傷害的強制重複，無法從壓抑中解放出來。

還有著另一種記憶模式嗎？讓人類既有著歷史的詩意，又可以從無常中感受到永恆？這是班雅明思考的「無意記憶」（／非意願記憶：mémoire involontaire）的重要性，[23] 在仔細思考了歷史唯物主義與技術複製的關係，以及在接觸到超現實主義接續無意識書寫而開啓世俗啓迪之後，班雅明認為前者與資本主義拱廊街的迷夢—— 技術拜物教不可能分離，後者的偶發性欲望自動書寫也並不足以化解拜物教的迷夢，還必須喚醒更為深沉的永恆之夢——普魯斯特的無意記憶與波德賴爾的通感詩學。它不是歷史規律的無情，也非超現實主義的自動書寫的迷夢，而是在靈暈的蹤跡中隱含「從未寫出之物」，如此的「喚醒」—— 既處於夢中也處

達，最好地思考了技術對人類的重要性，尤其是「假器」與第三記憶的外在性。

[23] 「無意記憶」（mémoire involontaire），來自於班雅明對於普魯斯特與柏格森的思考，在班雅明1929年《面對普魯斯特的形象》，以及《發達資本主義時代的抒情詩人》中思考波德賴爾的幾個主題中，都深入思考了無意記憶的重要性。班雅明的無意記憶，當然不是佛洛伊德的無意識理論，也非柏格森記憶的綿延，也非德希達的技術記憶，而是與自然相關，這也不同於後來德勒茲等人的解釋方向。

於喚醒狀態，這是一種奇怪的從夢中蘇醒——但還處於更大的夢中，如同莊子〈齊物論〉所言的「大聖夢」或「弔詭」狀態。此無意記憶的獨特書寫方式，即班雅明所言的喚醒辯證法：看似無意識但其實已經喚醒，看似清醒但又處於藝術的夢幻狀態，看似無意其實有著書寫的自覺，這是一種異常弔詭與詭異的記憶狀態，也只有如此詭異，才可能實行更為徹底的記憶改寫，讓彌賽亞自然化，讓自然彌賽亞化。

此自然化的無意記憶，作為第三種記憶，與自然相關：「自然化的第一記憶」乃是形態的相似性複製，如同植物與動物的種類複製或再生（或歌德所言的原型植物），如同班雅明指出的父子面孔的相似性，以及人類與宇宙原初力量的共感，都是從星象學開始，如同古代人對於面相的相似性更為敏感。或者，從原則上說，宇宙中的事件可被先前年代的個體與群體所模仿。「自然化的第二記憶」則是更為內在的結構化複製，即DNA基因複製，這是人類生命或者生物種類的複製，自然的生態系統也有著無處不在的相互算計和相互通訊，這是自然自身的技術操作與運算規則。

3. 但何謂自然化的第三記憶？這是歌德所言的「元現象」，或所謂的「元圖像」，它有待於人類加以發現，莊周夢蝶——這是無意識的第三記憶，而蝶夢莊周——則是自然的第三記憶，蝴蝶的翅膀因為具有更大的擬似性喚醒而成為範例，自然本身在自身複製或者自身擬似性的遊戲中，試圖變異出一種新型的生命存在——這是新的人類，一直可以重新生成的超人與新的生命體，莊周在如此的轉化過程中，乃是一個新的莊周，一個還未出生的莊周，一個可以一直出生的莊周，這是一個個一直可以再生的生命，這是生命的「不斷出生」，而非「向死而在」。

　　這也是當前幹細胞移植的再生性技術或具有不死特徵的iPS細胞增殖技術（比如基本上不具有排斥反應的「治療性幹細胞克隆」，當然其生命倫理還有待討論），是人類完整修復能力的啟動與機體可塑

性的加強（此隱祕的能力到底隱藏在何處還是一個謎），但我們必
須肯定的這自然自身的隱祕技術。我們已經有了無數的「假肢」或
「義肢」（prothesis），但卻還沒有生產出對應的「義手」（人類自
身的合成器官）。但人類到底在什麼時候喪失了此「完整性修復」
的能力呢？彌賽亞的拯救是否就是此隱祕修復能力的重新喚醒與復
活？它可能與擬似性有著某種關聯，這是人類試圖要去擬似自然的
「第三記憶」，以此宇宙的擬似性，巨大的擬似性潛能，讓整體的自
然重新生成爲某種「新人」或「新生命」（所謂的「後人類」）！這
是彌賽亞的自然化喚醒，即，彌賽亞進入宇宙的擬似性模仿中，喚醒
那個整體性修復或復原的潛能，以此復活的修復潛能再次模仿或想像
某種未來的人性，或者是中國文化的「眞人」。即，彌賽亞成爲自然
時，自然也彌賽亞化了，這是世界之重新的生成。

　　人類離開了記憶技術，就會喪失自身的本質，人類由記憶技術建
構自身的歷史，以此擺脫人類自身的有限性與必死性，是記憶技術塑
造了人類的感知。但人類的記憶也限制了人類自身。如同說記憶讓人
衰老，孩童們的天眞遊戲就是不需要記憶。

　　這就是「第三記憶」的悖論：不同於第一記憶的當下回憶，第二
記憶的想像力參與，「第三記憶」是面對了人類的遺忘與死亡有限
性，這是體外的記憶，銘刻與記錄在有限人類軀體的外在事物上，以
超越有限性。但此第三記憶的轉錄技術也限制了人類歷史，因爲人類
歷史只能通過此銘刻的記憶來回溯已經發生的事件，同時，又悖論性
地減弱了人類自身的記憶能力與專注力，因爲過於依賴體外記憶或者
技術化的記憶手段，因此人類自然化的祈禱注意力沒有得到培育而逐
漸在減弱。

　　這也是德希達在思考保羅‧德曼的記憶理論時所進行的「外在化
記憶」（Gedaechtnis）與「內在化回憶（」Erinnerung）的對比，[24]

24　德希達：《多義的記憶──為保羅‧德‧曼而作》，蔣梓驊譯，中央編譯出版社出版，1999
　　年。

德希達繼承馬克思主義的唯物論生產與感知的歷史性塑造，試圖以第三記憶的外在化記憶來抵消主體記憶的內在化回憶。對於德希達，外在化的記憶記錄比內在化的回憶更為重要，這也是後來斯蒂格勒繼承第三記憶而展開的思考：我們的時代被技術滲透，被技術化的轉錄技術所主宰，這是物質化的技術生產，如同地球被人類的作為所覆蓋，走向所謂的「人類紀」，走向AI時代。

　　當然此外在化的第三記憶並非人類的能力，而是人類成為人類的條件——借助於某種超越的想像力參與——如同神性參與到此第三記憶的發生上：人類生長出新的感知，從而與動物區分開來，乃是生長出「假器化」的感知，是外在感知塑造了人類感知，如此的塑造乃是借助於某種想像力的參與，一個還不是人類的身體要去接近於外在事物之時，需要克服巨大的空間與難度，身體的協調性還並沒有生成出來。這需要通過外在技術，主體之手接近外在事物，在外在事物上銘記記號，這並非僅僅是人類的工作而已，其中有著「神性」，即，只有借助於想像的神力。此想像的神力乃是某種幻象——人類必不可少的幻象，去克服死亡的恐懼，才可能形成此銘記技術，如同德希達在《論文字學》中的精彩分析。外在化的第三記憶乃是記憶自身的記憶化！是記憶在實現自身。

　　但要讓歷史返回，尤其是個體記憶返回，還有詩意的要求，如果我們一出生就被影像記錄下來，甚至，整個一生都被影像跟蹤記錄，那麼，我們就徹底進入了影像的記憶模式，我們也會被影像化的外在記憶的記錄模式所控制，也就沒有了重寫的可能性，就沒有了其他敘述的可能性，而僅僅是被看似如此忠實的影像記錄所控制。

　　對於德希達，面對此客體化的第三記憶書寫，強調了外在技術的重要性，此外在化的書寫記憶建構出人類的假肢或假器，甚至連上帝也是一個假器化的上帝。馬克思唯物主義的歷史生產規則就是此假器生產的絕對化，甚至成為「假器的上帝」！但此假器的生產不導致人類的異化嗎？這也是德希達不得不面對技術的嫁接所導致的變異，導致播散的不可控制，拯救記憶的良藥不也成為毒藥（pharmakon）？

只是德希達似乎並沒有解決此第三記憶的困境：離開了技術複製，不可能有著物質性的歷史；但進入此記憶轉錄，卻導致第三記憶剝奪了主體的內在記憶。

　　與之相應，也與之不同，如果保留內在記憶的優先性呢？是否還有著另一種第三記憶？這是人類的無意識記憶模式。這也經過了轉錄，外在勞動內化在人類身體或神經回路中，經過了語言符號的歷史化，但還是內在於主體自身。佛洛伊德的記憶痕跡，尤其是原初的記憶書寫，這就是無意識的書寫方式。

　　此無意識的原初記憶，不可能在場，不可能直接記錄，而總是事後在壓抑中被再次書寫，但這是在記憶痕跡的神經回路中進行，而且也經過了人類語言與技術的歷史化，這也是爲何德希達思考佛洛伊德「書寫板」時，認爲這也是人類自身的外在化，儘管這是人類的無意識領域或者內在心靈的地帶，但這個無意識的流動地帶，也被第三記憶滲透，只是與外在記憶相比，人類則是通過語言符號等等進行，也是另一種的外在記憶──只是在人類自身之內。這也是班雅明「神經支配」的複雜之處，既可能是內在的無意識記憶，也可能是外在化的技術記憶，這也是爲何他聯繫身體圖式與電影技術來思考的緣故，但其實還有著第三種記憶模式也隱含其中。即，神經支配的感知有著三重關聯：外在技術化的生產工具塑造，內在自身感知的想像，以及自然化的深度感知再生。班雅明思想的複雜性就在於他試圖從「三重世界」（器物─身體─自然）來思考機體器官的感通可轉換性。

　　但這裡有著差別，德希達物質客觀性的記憶可能忽視了主體化的內在記憶，這是後來女權主義發揚的性別差異。因爲德希達對於第三記憶，對於胡塞爾內在時間現象學的批判，走向了外在物質化的技術銘寫，但人類的無意識書寫模式，與外在化不同，人類身體並不同於外在技術的記憶，還有著生物性本能，還有著主體自身的選擇，尤其是帶有精神壓抑的記憶，這是有著情感選擇的記憶模式，不同於外在技術的物質化錄製。此壓抑與變形的第三記憶，在無意識記憶活動中，以扭曲的方式展開。

　　此主體性的第三記憶，在夢中、口誤中，在文學藝術創作中會偶爾顯現，形成徵兆。只能通過閱讀徵兆，喚醒原初記憶，但此原初記憶，在顯現之際：要麼是集體無意識，比如俄狄浦斯情節，要麼是個體的創傷記憶，也處於強制重複之中，這就是人類無意識（unconscious）之為第三記憶，潛意識是第二記憶，顯意識是第一記憶，無意識的符號化——重複強制與防禦機制——形成了第三記憶與個體歷史書寫。這反而又限制了無意識的流動性，這也是為何出現了德勒茲與利奧塔對於精神分析的批判，並沒有第三記憶的結構化限制，必須解放第三記憶。

　　此內在化的第三記憶，如同外在化的第三記憶——也需要神力參與——如同夢想的無意識活動及其原始宇宙共感的記憶，而內在化的第三記憶，也是記憶自身的記憶化銘刻，當巨大的創傷事件作用於身體的感知時，不是「我」這個個體在感知，而是某種發生的事件，是此事件在銘刻記憶，或者是某種集體的無意識，或者是宇宙的記憶銘刻在夢境中，這是第三記憶的奇特力量，如同外在第三記憶的神祕力量。

　　此主體化內在記憶的重新書寫，不同於外在記憶的客觀性紀錄轉錄，但此內在書寫的解放有賴於外在書寫，比如文學書寫與藝術作品創作，但也只是作用於主體自身的書寫上。這裡有著一個差別：儘管有著外在化，但也改變了內在化。而且，一旦進入傅柯所言的主體技術與身體技術，走向欲望的治療，尤其面對欲望的虛無化，虛無的欲望化，有著一定的調節作用。但並不徹底，因為欲望與快感的享用，還是會導致虛無主義。或者走向呼吸的調節？此呼吸的調節是內在化的生命轉化，並不走向外在技術，而是把身體本身變成媒介轉化的作品或機體。此外，回到主體肉身的發生上，如同「多潛能幹細胞」或某種具有「萬能細胞」的再生醫學，似乎要形成某種可以共用的「細胞社會」，它不同於外在化的技術，而是啟動主體的內在性潛能，這就打開了第三種可能的方式——自然化的記憶。

(三) 整體性修復的胚胎：自然化的第三記憶

　　有著另一種記憶模式嗎？與記憶相關，但並非第三記憶的客觀化轉錄技術，因為此轉錄記憶基本上是有意的，當然技術的記憶並沒有意圖，而是一種重複記錄，也就並沒有悖論。悖論只是發生在人類與歷史的選擇上。記憶的錄製也是一種重複，並沒有未來的差異出現。因此面對第三記憶的錄製，必須尋找另一種記憶方式。這也不同於斯蒂格勒的技術思考，而是必須回到記憶本身與人類主體的原初關係上：與記憶相關，但又可以塑造歷史，具有可塑性的歷史詩意，就不是書寫的固定，而是消散之中的「無意記憶」？

　　迫切的問題是：除了此外在的技術化複製刻錄記憶與內在的無意識夢想書寫記憶之外，是否還有另一種記憶模式？在面對唯物主義的外在化技術複製記憶與內在化的精神分析自我技術之後，還有著另一種記憶模式嗎？

　　因為這兩種記憶模式都有著內在困境，如同前面所言：外在客觀化記憶，儘管有著歷史傳承，但並沒有面對主體的唯一性；內在主體性記憶有著個體唯一的創傷記憶以及民族的集體無意識，但一旦放棄作品，回到肉身本身，還是有著死亡的焦慮與虛無的自我毀滅。那麼，有著另一種第三記憶模式嗎？能夠「轉化」外在技術與內在記憶？有著主體的記憶，但不是主體性的，有著物質感的銘記但並非止於外在記憶，這是班雅明從普魯斯特那裡繼承的「無意記憶」，也是去發現從未寫出之物。

　　此無意記憶帶來的是另一種記憶方式，是一種精神的修煉術，這是班雅明所要面對的問題：他已經認識到了歷史唯物主義的技術生產與進步歷史觀的重要性，尤其是記憶書寫模式的進步；他也接受了佛洛伊德與超現實主義已經展開的個體肉身的無意識書寫與自動書寫的模式；但是他也認識到自然化生命的書寫，不是如此的外在化記憶──技術可複製時代的拱廊街書寫模式，也不是集體無意識的超現實主義書寫──如同阿多諾所批判的，不僅僅是歷史唯物主義的進步

發展模式，不僅僅是個體的追憶方式。但也與二者相關，就是要修改無意識的記憶，如同電影《盜夢空間》修改原初的念頭。因為只有修改資本主義拱廊街的迷夢，深化超現實主義的無意識革命——無論這是「圖像空間」（Bildraum）還是「身體空間」（Leibraum）的神經模式改造，都有待於進入自然的領域而被再次塑造——如此才可能改變歷史的進程，只有進入個體的無意識領域，擺脫集體無意識的控制，這是雙重的接受，又是雙重的超越，走向無意記憶的書寫。

　　班雅明如何打開第三種第三記憶的書寫模式呢？不同於外在技術的模仿論——從柏拉圖以來的理型數學化模式，也不同於主體的行動模仿——亞里斯多德的悲劇行動的模仿與表演理論，而是打開了第三種模仿——自然的擬似性（mimicry）與相似性（semblance）。如此的無意記憶模式，也是一種「精神的練習」（geistlichen übungen），不同於傅柯的自我關心的技術或「花花公子的苦行主義」，對於班雅明，這不只是身體的關心（care），而是自然生命的關心，一種精神生活（vie spirituelle）的修煉方式。當然，這也是肯定世界消失的哀悼的記憶辯證法，肯定現存之物究其本質而言的不可救藥的不完善性，面對此困境，對於普魯斯特，這需要無意記憶的寫作，班雅明強調此無意記憶與相似性的相關性：

　　它們包括普魯斯特對記憶的狂熱研究，以及他對相似性的充滿激情的崇拜（sein passionierter Kultus der Ähnlichkeit）。當他出奇不意、令人震驚地揭示出作品、面相學（Physiognomien）或言談風格中的相似性時，這種同夢境間的關聯尚沒有暴露出它的無所不在的霸權。那種為我們所習以為常、並在我們清醒時被把握住的事物間的相似性，只是模糊地映射出夢的世界的更深一層的相似。在夢的世界裡，一切發生的事情看上去不是彼此同一，而是在相似性的偽裝下曖昧地彼此相像（Die Ähnlichkeit des Einen mit dem Andern, mit der wir rechnen, die im Wachen uns beschäftigt, umspielt nur die tiefere der Traumwelt, in der, was vorgeht, nie identisch, sondern ähnlich: sich selber undurchschaubar ähnlich, auftaucht） [25]。

　　一個非常重要的區分發生了，無意記憶激發的是面相學一般的「相似性」，而非形而上學的「同一性」，哪怕這是一種扭曲了世界的鄉愁，相似性尤其通過夢境來遊戲，白晝的壓抑，未來的預感，過去的或者人類歷史的原始記憶，還有自然化的混雜變化，等等，都在其間，而且是字謎與圖謎，是文字、圖像與實物等等的混雜，有著相似性，不全是抽象，擺脫了矛盾律的限制，儘管記憶具有相似性的偽裝，彼此相像，正是因為此相像，此相似性，才可以刺激與觸發記憶，讓記憶復活，但這是無意記憶，如同夢中的過去重現出來，並不是主體所能控制，但其中卻有著幸福的允諾。

　　對於普魯斯特，「看」（voir）與「模仿欲」（désirer imiter）本是同一種事情，以至於班雅明認為：

　　在這種創造性中，他對植物性生命的嗜好值得我們認真看待。奧爾特加‧伊‧伽賽特第一個提醒我們注意普魯斯特筆下人物的植物性存在方式（die Aufmerksamkeit auf das vegetative Dasein）。這些人物都深深地植根於各自的社會生態環境，隨著貴族趣味這顆太陽位置的移動而移動，在從蓋爾芒特或梅塞格裡斯家那邊吹來的風中搖晃個不停，並同各自命運的叢林糾纏在一起而不能自拔。詩人的模仿擬態（die Mimikry）正來自這樣的環境。普魯斯特最精確、最令人信服的觀察總是像昆蟲吸附著枝葉和花瓣那樣緊緊地貼著牠的對象（in der Metaphorik den Niederschlag der gleichen

---

[25]　W. Benjamin: *Gesammelte Schriften II: Aufsätze, Essays, Vorträge.* S.314.

Mimikry）。牠在接近對象時從不暴露自己的存在。突然間，牠振
翅撲向前去，同時向受驚的旁觀者表明，某種非計算所能把握的生
命業已不知不覺地潛伏進一個異類的世界。真正的普魯斯特的讀者
無時無刻不陷入小小的震驚。[26]

　　班雅明這裡的比喻異常重要，他指出了普魯斯特想像力的來源，
乃是一種對於自然的擬態或擬似性（die Mimikry），因爲這實際上
來自於昆蟲的自然世界，如同凱盧瓦對於昆蟲世界擬態的發現，如
同昆蟲對於花朵的擬似，比如蘭花蝴蝶與蝴蝶蘭花的相互擬似性遊
戲，進入自然自身複製與生產的遊戲。班雅明繼續寫道：

　　普魯斯特呈現給我們的不是無邊的時間，而是繁複交錯的時
間。他真正的興趣在於時間流逝的最真實的形式，即空間化形
式。這種時間流逝內在地表現爲回憶，外在地表現爲生命的衰
老。觀察回憶與生命衰老之間的相互作用（Das Widerspiel von Al-
tern und Erinnern verfolgen），意味著突入普魯斯特世界的核心，
突入一個繁複交錯的宇宙。這是一個處於相似性狀態的世界，它是
通感（Korrespondenzen）的領域。浪漫主義者們第一個懂得了通
感，波德賴爾最爲狂熱地擁抱了它，但普魯斯特則是唯一能在我們
體驗過的生活中將它揭示出來的人。這便是mémoire involontaire
（無意記憶）的作品。這種讓人重返青春的力量正與不可抵禦的衰
老對稱。當過去在鮮嫩欲滴的「此刻」中映現出來時，是一種重返
青春的痛苦的震驚把它又一次聚合在一起。這種聚合是如此不可抗
拒，就像在《逝水華年》第十三卷裡普魯斯特最後一次回到孔布雷
時發現斯旺家的路和蓋爾芒特家的路交織在一起，於是這兩個世界

---

[26]　W. Benjamin: *Gesammelte Schriften II: Aufsätze, Essays, Vorträge.* S.318.

也融和爲一體。[27]

　　在這裡，班雅明無限接近中國藝術所試圖抵達的「蒼秀」的境界：同時衰老與青春化，而這正是通過「煙雲供養」獲得的，從自然元素的書寫中獲得能量，並獲得切身的幸福感受。這就與超現實主義從迷醉中吸取革命的能量不同，而這也是班雅明1938年面對中國繪畫展時所感悟到的生命轉化形式，如此的無意記憶就是自然化的第三記憶。

　　這也是一種自然歷史化的敘事，或者這也是利科爾所注意到的歷史時間，這是非現象學還原的宇宙論時間與生存論時間的重新關聯；或者這是班雅明所言的講故事的人的基本手藝，手藝中有著靈暈，而且是與中國人對於器物的自然歷史化餘存，與時間沉澱的包漿化靈暈相關：

　　講故事的人有賴於手工技藝的氛圍。或許任何人都不曾像瓦萊里這樣鮮明地描繪出這種氛圍的精髓。他說：「手工技藝講述的是無瑕的珍珠、濃烈醇厚的美酒和眞正充分發育的生物等自然界的完美的東西，並把它們稱之爲『一大串彼此原因相似的珍貴的產物』（»das kostbare Werk einer langen Kette einander ähnlicher Ursachen«）。」這些原因的積累過程沒有時限，達到極致才告完成。瓦萊里接著說：「自然的這一不急不慢的過程，人曾經模仿過。精細到盡善盡美程度的微型畫和牙雕、精磨細刻的寶石、一系列透明的薄漆層層相罩的漆器或繪畫作品，所有這些不惜心血的持久勞作才能做出的產品都逐漸消失了。時間不足惜的時代已經過去了。現代人不再幹不可縮略的事情了」【»Dieses geduldige Ver-

---

[27]　W. Benjamin: *Gesammelte Schriften II: Aufsätze, Essays, Vorträge.* S.320.

fahren der Natur, sagt Paul Valery weiter, wurde vom Menschen einst nachgeahmt. Miniaturen, aufs vollendetste durchgearbeitete Elfenbeinschnitzereien, Steine, die nach Politur und Prägung vollkommen sind, Arbeiten in Lack oder Malereien, in denen eine Reihe dünner, transparenter Schichten sich übereinander legen ... - alle diese Hervorbringungen ausdauernder, entsagungsvoller Bemühung sind im Verschwinden, und die Zeit ist vorbei, in der es auf Zeit nicht ankam】。[28]

　　在這裡，按照詩人瓦雷里敏感的詩性經驗，小說的敘事，或者一切的藝術，就應該如同手藝人的工作，在石頭或者事物的表層產生出「薄漆相罩的那層透明色層」（Reihe dünner、transparenter Schichten sich übereinander legen），那種讓時光停留的靈暈表面，也是一層柔和的面紗，或中國式的虛薄藝術（infra-mince Art），也是一種「詩意化的藝術宗教」！但此「讓自然來為」的技藝，進入現代性已經基本失傳了。而且，對於班雅明，此自然歷史化的手藝，也好似中國半童話半神話的混合式道教形象（taohaften Gestalten）與道教氛圍所保護的生命火焰，在寧靜自然中（naturhaft ruhend），讓生靈（Kreatur）得以逃離，也與自然的聲音都息息相關，這就再次回到了《神學 —— 政治學的殘篇》中所言的逆轉時刻，只有當人的原始天性發揮到極致，在其徹底墮落的時刻，才進入向著聖潔轉變的那個轉捩點（Dieses Ende aber ist grade Mystikern gern als der Punkt erschienen, an welchem die ausgemachte Verworfenheit in Heiligkeit um-schlägt）！歷史時間的箭頭才可能發生逆轉，幸福的允諾才可能實現。

---

[28] W. Benjamin: *Gesammelte Schriften II: Aufsätze, Essays, Vorträge.* S.449.《班雅明文選》：陳永國譯，頁313-314。

　　這另一種的記憶模式不同於技術的外在化與主體的內在化，而是打開第三種記憶模式：自然化的記憶模式，DNA的自身複製，幹細胞自身複製，就是自然化的自身複製，不是外在化也不是內在化，儘管我們這裡用「複製」這個詞，但其實是「相似性」，如同個體器官自身的相似性複製（從胚胎幹細胞而開始分化生長），在複製的概念中其實有著相似性，或者是「可塑性」（Plasticity）與「擬似性」（Mimicry）的結合，是「可再生性」（regeneration），是自然化的再生技術——這是自然化的技術，不是外在技術的技術，也非意識的記錄壓抑模式。

　　此自然化的自身可再生性技術，在班雅明那裡，可以稱之為「第一技術」或者與「第一技術」的神祕魔術相關，但不同於外在化的「第二技術」，也非「第二自然」——自然已經被徹底人化。此自然化的自身生產與複製技術如何被重新利用？其中可能有著「第二技術」的複製遊戲與「第一自然」的重新結合：此自然化的技術或第三技術，如何被擴展呢？幹細胞移植技術的原理如何擴展？當然，儘管班雅明不知道幹細胞移植技術，但他對於文學書寫的思辨，尤其是相似性的推崇，對自然的擬似性還原，就是另一種的記憶復活，發現隱祕潛藏在那裡的從未寫出之物，如同潛藏在「胚胎」中的幹細胞被提取與再生出來，如同萬能細胞的不死性增殖。那麼，是否也可以把無意識記憶——注意普魯斯特並不是精神分析的無意識欲望書寫——轉化為自然化的複製？這就需要把記憶自然化，不是通過外在已有的日記與日誌，也不是精神分析的內在記憶模式，而是一種自然化的記憶方式。自然化的第三技術也可以複製，但這不同於班雅明之前所言的技術可複製性，而是生命的可再生性（re-genation），是自然自身的生產與豐富性，從昆蟲的相似性模仿及其生產上、從仿生學與生命醫療、從複合生命技術的未來所展開的思考。

　　外在客體化的技術複製記憶——內在主體化的夢幻書寫記憶——自然居間人化的可再生記憶，三重的記憶模式需要重新結合，進入質料共通體的潛能或者是凱盧瓦所言的「物質神祕主義」之中，而相

互轉化，尤其是第三重居間人化自然記憶，可以結合與轉化前面兩種，讓人類生命與自然生命，重新整合，形成新的餘存記憶。

第二技術與自然的和解，或者自然的彌賽亞化在於，第三記憶的喚醒或者啓動，再生性技術的自然生產，如何被共用或者共有（the common）？不再是身體器官的捐贈，而是胚胎幹細胞的生命再生技術？「胚胎幹細胞」或「前胚胎幹細胞」之爲源頭，或者所謂「胎盤」中的「不死細胞」（「多潛能幹細胞」或者iPS細胞增殖技術），能夠啓動生命的潛能並修復生命（當然相關生命倫理還在討論之中），甚至在死者身上採集活體細胞製成iPS細胞並且誕生後代，似乎這是另一種的不死性？但其中也有著變異的可能性，如何確保此未來的安全性——就需要彌賽亞來確保？彌賽亞作爲整體性修復的確保可以形成技術時代的彌賽亞精神？以及「細胞共有」的生命共用性如何得到政治的保證？這是另一種的生命政治，是中國文化「眞人的政治學」，另一種的生命再生的政治學。而且，共有的救治如何具有公平性與普遍性？這還是需要彌賽亞來確保，在這個意義上，自然的彌賽亞化體現爲自然整體修復潛能的啓動，並具有社會的共有性或者庸用性。

就如同《莊子·齊物論》中所言：「恢詭譎怪，道通爲一。其分也，成也。其成也，毀也。凡物無成與毀，復通爲一。唯達者知通爲一。爲是不用，而寓諸庸。庸也者，用也。用也者，通也。通也者，得也。適得而幾已。因是已，已而不知其然，謂之道。」——對此共有之物：自然資源、虛擬知識財產、生物遺傳技術，這三者本該被人類共有與共通之物，應該成爲共有的「庸用」之物，才可能確保生命的平等。如同齊澤克接續哈特和內格里的《帝國》與《聯合體》中對於諸眾與溝通的思考，從生態資源的「自然共有」到非物質生產勞動的「文化共有」，這是本己之「去己」（ent-eignen），去除私有與佔有的資本主義邏輯，當然也是接續朗西埃的「無分者之分享」，也即是莊子式的無用之用。對革命左派的道家式解讀還有待於展開。這就形成了不同於二十世紀的「語言學轉向」的第四次轉

向：「生態學轉向」（不同於之前的本體論─認識論─語言學三種轉向模式），此轉向本來可以擺脫當前政治的左中右之爭，但因為缺乏彌賽亞性與自然性之間關聯的張力，此新的政治行動空間尚未打開。

　　班雅明思考無意記憶，還與他對於整個技術的思考相關，尤其是尚未完成的關於第二技術的思考。而要思考技術，就必須回到與自然的關係。

　　這自然化的記憶方式也有著三個層面：第一記憶是物種的相似性形態，植物與動物的形態之直接相似性，如同父子關係的相似性。第二記憶則是DNA的複製記憶，此複製乃是更為內在的結構性記憶複製。第三記憶則是胚胎幹細胞再生技術，這是自然化的第三記憶。中國傳統在外丹與養生術已經領悟到這一點，但是第三記憶，並非僅僅是自然自身的生產，還必須加入人類的想像力，但也並非人類，而是彌賽亞的加入，這是自然的重新生成與變異。班雅明則是通過普魯斯特的相似性書寫，重建宇宙的相似性，實現個體生命的理型化，面向未來去發現從未寫出之物。

　　值得注意的是，任何的第三記憶都並非「人類行為」！如同外在化的第三記憶需要神力參與，內在化的第三記憶則是巨大未知的事件所施加的力量，同樣，自然化的第三記憶，看似幹細胞再生技術，其實也是彌賽亞的力量，即，雖然自然的幹細胞複製技術利用了擬似性，在這個幹細胞的擬似性或再生性上，出現了彌賽亞的工作，這是彌賽亞的自然化──即，再生性的發現與利用，乃是一種彌賽亞的神性──自然的潛能已經在那裡，但需要啟動，需要藝術的壓縮與提取，需要技術與自然共同的遊戲，如同胚胎與臍帶這樣的原型質料（對於中國文化，胎盤已經是生命的元現象），乃是一種母性意義上的神性，也是人類最初就感受到的記憶力量，此母性的活力，乃是彌賽亞的自然化，彌賽亞的母性化，如同進入歷史內部的腸子或者歷史過程的連續噴射隱喻，班雅明寫作中的輪精與孕育圖式及其所隱含的

末世論有待於被發現。[29]此自然母親的宇宙軀體，乃是更爲廣大的集體身體，一個「虛位以待」的身體，如同伊利格瑞（L.Irigaray）就自然元素與Chora的關係所展開的思考。

這也是班雅明在〈到天文館去〉片段中試圖要啓動的一種宇宙的愛欲與生命的共通感：

這個世界只屬於那些借宇宙之力生活的人。古人對宇宙的態度則不同：那是一種迷狂。正是在這種體驗中，我們才絕無僅有地既在所有離我們最近也在所有離我們最遠的事物中——而不是只有前者整合後者中——感受到了自身。這就是説，人只有在這樣的共通感中才會生髮出對於宇宙的迷狂。[30]

也許只有中國文化最好地保留了此原初的宇宙感通，從《易經》、《黃帝內經》到道家，道教的養生術到中醫，從書法到山水畫的表達，甚至皇權的神祕政治也在「天子」的天命交感中。

但此相似性的感通或通感，需要啓動，作爲更爲廣大的想像力，是含攝時間層次的通感，不是自然節奏的層次，而是彌賽亞時間整合的層次，因此，這是彌賽亞化自然的節奏，不是自然的自然化節奏，這就與海德格不同。世界靈魂從個體生命的宇宙相似性出發，進入節奏的感應，讓不同的節奏整合與感應起來，形成節奏化的宇宙神祕感知。此宇宙的相似性，如同顯現形態的第一記憶與內在結構的第二記憶，第三記憶之爲宇宙的通感記憶，就是中國文化的感通論，或牟宗三所言的「精靈的感通論」，其實就是生命整體修復能力的復甦。此自然的彌賽亞化——乃是壓縮自然的時間節律，不是自然自身

29　羅蘭‧博爾：《天國的批判——論馬克思主義與神學》，胡建華、林振華譯，臺北：臺灣基督教文藝出版社，2010年，頁120。

30　班雅明：《單行道》，王湧譯，頁103。

自生的已有節律，而是壓縮之，這個壓縮與節律化，時間層次的調節與整合，不是人類的力量，而是自然的彌賽亞化，面對災變與變異，尋求宇宙的相似性與感通，並與技術結合，成為共用的技術，讓自然彌賽亞化。

中國傳統文化，其實已經具有了彌賽亞的自然化與自然的彌賽亞化：一方面是胎盤的養生術，另一方面則是藝術活動對於節奏的壓縮。如同莊周夢蝶與蝶夢莊周已經形成了弔詭之思，但中國文化的問題在於：二者的轉化關係或者並不明確，或者過於陷入到少數者的壟斷之中，或者陷入神祕之中，因而缺乏普遍性。

而此第三記憶的自然化轉化，乃是自然化的第三記憶中加入了彌賽亞記憶整合的力量，如同卡夫卡小說《鄰村》中那個回憶的老者，整合了記憶中幸福閃電的時刻，這是記憶的節奏與壓縮，只有彌賽亞有此力量去整合已有的時間感，克服歷史的間距與深淵，使之在相似性中整合，讓衰老變得年輕，即，自然的彌賽亞化，保持生命轉化的訓練。這是生命的不斷出生，不是海德格的向死而在。

彌賽亞的自然化，將不同於三個唯一神論的歷史行動：不同於猶太教的保持在外面，無法進入歷史；不同於基督教的道成肉身，成為人類身體，導致宗教僭主制與神學政治的災難；不同於伊斯蘭教的先知獻祭行動，導致生命的獻祭行動。

而自然的彌賽亞化，則不同於中國文化的儒釋道傳統：不同於儒家的自然自身的神聖化，而缺乏普遍性與補救機制；不同於道家或道教，儘管觸及了自然的可再生性，但過於神祕化；不同於佛教的出世，由此導致對自然的捨棄。

這就是班雅明的無意記憶不同於超現實主義的內在記憶——世俗啓迪，不同於歷史唯物主義的外在記憶——世俗彌賽亞革命模式，而是打開了第三種記憶模式，無意記憶與自然化的關係，自然化的相似性記憶模式的擴展，歷史化與救贖的關係，這是班雅明思考的核心問題，也是如何轉化外在與內在記憶，使之向著第三種記憶生成，讓自然化的相似性記憶成為救贖的力量，這是自然的彌賽亞化。

　　同時，當然，彌賽亞記憶不再是通過外在記憶——《聖經》的紀錄——卡夫卡已經不再相信可以解開密碼，不再是內在記憶——佛洛伊德與超現實主義的自動書寫與解碼——只是個體欲望的發洩與過於偶發的革命事件，而是彌賽亞的自然化——救贖需要進入自然之中，如同原初的記憶與外在歷史紀憶都已經失效了，需要進入自然化的還原，喚醒宇宙記憶。這不是人類記錄與歷史記憶的還原——原罪說與壓抑都是外在與內在記憶的強化，而是回到《創世記》及其之前：新的亞當，新的純語言或原初語言，沉默的自然，回到這個最初的思想起點上，打開自然化的無意記憶，這是彌賽亞的自然化還原。

　　同時，彌賽亞被自然啓動，如同回到胚胎之中提取出可以再生的幹細胞，這是再次回到《創世記》，但啓動彌賽亞的自然化潛能——不是基督教的道成肉身，而是彌賽亞成爲自然化，且實現之後，還得讓此彌賽亞的自然化力量得以啓動，既然彌賽亞已經自然化了，自然也同樣在彌賽亞化。因爲彌賽亞一旦進入自然之中，就可能更爲徹底啓動自身，彌賽亞的救贖與未來記憶，不是自然化的過去爲主的記憶，彌賽亞面對的乃是未來的記憶，這會打開未來，不再僅僅是過去的自然性還原。如此二者的相互轉化，就形成了彌賽亞式自然的節奏！

　　此彌賽亞的自然化，是回到最初的伊甸園——那個還未墮落的亞當，不是舊約的第一亞當——猶太教的外在書寫技術，也不是基督教的內在化亞當——道成肉身的內在記憶書寫——內在的內在化——如同奧古斯丁所言，而是回到自然的元素性，再次彌賽亞化。彌賽亞的自然化，就是給予元素以新的靈性，這是回到沉默的自然，讓彌賽亞自然化。

　　而自然的彌賽亞在於如此的要求：一旦彌賽亞進入自然，激發出宇宙性的通感，但同時也需要打開未來的想像，此未來的想像是什麼呢？需要什麼奇妙的力量之參與？如果外在第三記憶是通過外在記錄或轉錄的書寫，內在第三記憶則是通過夢想的無意識書寫，那麼，彌

賽亞自然化之後，自然的彌賽亞化需要什麼樣的力量呢？這是新天使之夢？或者此新天使通過什麼樣的相似性而得以顯現？不是書寫，不是夢想，而是可塑性與再生性的遊戲？或者通過默化的方式？如同漸進修養的韌性，我們的思考還需要一種新的語言。

按照班雅明，彌賽亞的自然化是莊周夢為夢蝶（當然這裡的莊周乃是神性本身），而自然的彌賽亞化則是蝴蝶夢為莊周（此莊周也非莊周了，而是可能生命與可能世界中的那個未來的神性化的莊周，具有永恆生命的莊周），對於班雅明，重要的是發現相互轉化的器官或機體，此機體就是喀巴拉神祕主義的天使，或者班雅明從克利的繪畫上所幻見的「新天使」——人類—機器—自然元素—圖像書寫——所混合而成的某種具有救贖性的材質。而且，「新天使」被一個更大的夢所夢見（當然不是被一個糟糕虛假的大國夢所夢見），「新天使」乃是被一個更大的美夢所夢見的一種理想的人類形態，它不一定是某個人，而是一種宇宙感通的「新存在」——新天使——乃是對此新形態的「人」的夢幻想像，如同尼采對於超人的想像，其實乃是生命整體修復能力的喚醒。

為何班雅明可以打開此彌賽亞自然化的節奏？這來自於《神學——政治學的殘篇》中的那個根本問題：人類歷史並不自動走向彌賽亞王國，而彌賽亞王國與世俗歷史也並不相關。彌賽亞如何進入人類歷史呢？世俗歷史的人類在追求幸福時，其意念被修改才有可能，即掉轉方向，以自然為居間人，當然此居間人也無用化了。

這個意念的方向如何被修改？這是什麼樣的工作？這是修改無意識的記憶，此修改，乃是進入無意識領域，讓彌賽亞救贖意識改變無意識的方向。而彌賽亞的自然化，是回到歷史本身，但並不是延續歷史進步觀，而是修改歷史的方向，在跳躍中，在感性活動中，如同《論歷史的概念》所言，修改物質與幸福感受的關係，不是拱廊街的那種消費式感受，而是更為自然化的感受，讓神經支配的圖像空間與自然元素性的氣氛發生感通與感應，施行呼吸轉化的默化工夫論，讓彌賽亞與自然化結合，才可能修改唯物主義走向物質生產與技術進步

必然導致的對於自然的破壞與侵蝕。如同後來布洛赫發展出以自然為主體的思想，把自然之中質性的潛在剩餘，說成是一種自然神祕主義，這是彌賽亞性與自然性相互轉化的另一種說法，形成——某種可能的自然主體的「共同生產力」（Mit-produktivitaet）與具體化的「同盟技術」（konkrete Allianytechnik）[31]。對於布洛赫，自然乃是一個拯救的實驗室，是一種「能生的自然」（natura naturans），這裡有著對生命出生（natality）的不斷肯定，如同鄂蘭所思考的政治生命，不同於赤裸死亡化的生命政治，不再是「向死而在」，這是喚醒人類生命中已經隱沒的整體修復的潛能或彌賽亞之物，使之不斷可再生。

[31] E. Blocht: *Das Prinzip Hoffnung*. S. 802.

七

變小且消失於圖像的「小門」

彌賽亞進入世界的中國式想像

　　據說吳道子在唐明皇宮殿的牆壁上畫了一幅山水畫，如此相似於自然，以至於讓皇帝無比崇拜，但吳道子卻指著畫中山腳下的一個大洞穴中的廟宇說，那裡有神靈居焉，然後他拍了一下手，洞穴的門就突然開了，裡面的美真是妙不可言，最後，他自己就走了進去，那道門也關上了。只剩下無比錯愕的皇帝，等到他要接近時，整個圖畫也消失了，僅僅剩下一堵白牆，從此就沒有人再見過吳道子了。[1]

——克拉格斯

　　如果有著彌賽亞，如果彌賽亞到來，他需要一些已經打開了的門。

　　彌賽亞要進入世界，需要一些打開的通道，可能就是一些門。

　　甚至，就是一些小門，小小的門。

　　只有門已經打開，彌賽亞才可能走進來。

　　這是班雅明最後試圖去打開的小門：

1. 歷史主義心滿意足地在歷史的不同階段之間確立因果聯繫。但沒有一樁事實因其自身而具備歷史性。它只在事後的數千年中通過一系列與其毫不相干的事件而獲得歷史性。以此為出發點的歷史學家該不會像提到一串念珠似的談什麼一系列事件了。他會轉而把握一個歷史的星座。這個星座是他自己的時代與一個確定的過去時代一道形成的。這樣，他就建立了一個「現在」的當下概念。這個概念貫穿於整個彌賽亞進入的碎片之中。

1　Ludwig Klages: *Der Geist als Widersacher der Seele*. 1981, S.359.

2.在時間中找到其豐富蘊藏的預言家所體驗的時間既不雷同也不
空泛。記住這一點，我們或許就能想見過去是如何在回憶中被
體驗到的，因為兩者的方式相同。我們知道猶太人是不准研究
未來的。然而猶太教的經文和祈禱卻在回憶中指導他們。這驅
除了未來的神祕感。而到預言家那裡尋求啟蒙的人們卻屈服於
這種神祕感。這並不是說未來對於猶太人已變成雷同、空泛的
時間，而是說時間的分分秒秒都可能是彌賽亞側身步入的小
門。[2]

　　「這並不是說未來對於猶太人已變成雷同、空泛的時間，而是說
時間的分分秒秒都可能是彌賽亞側身步入的小門（Den Juden wurde
die Zukunft aber darum doch nicht zur homogenen und leeren Zeit:
Denn in ihr war jede Sekunde die kleine Pforte, durch die der Messias
treten konnte）。」

　　讓我們重複一遍這最後的一個句子，幾乎可以是班雅明思想的最
後之詞（The Last Words）。如果在逃亡西班牙邊境上所寫的那些文
字已經永遠消失了，這最後交給鄂蘭的手稿片段就是最後的遺言，而
遺言的最後，則是論綱最後增補的兩段文字，而最後的最後之詞，則
是彌賽亞來臨的「小門」（die kleine Pforte）。

　　班雅明的思想，如果有著最後尚未實現的遺言，乃是指向小門隱
喻的每一個瞬間，只有打開了如此的小門，彌賽亞才可能進來。如果
如此的小門沒有打開，彌賽亞將不會來，即便來了，也進入不了我們
的世界。儘管在時間上是分分秒秒，但此時間如何空間化？即，這道
道小門如何打開？

　　但是，似乎讀過這「最後之詞」的思想者，幾乎都沒有去思考這

---

[2] 班雅明：《班雅明文選》，陳永國編譯，2011年。W. Benjamin: *Gesammelte Schriften I.*
Frankfurt am Main: Suhrkamp Verlag, 1991, S.704.

道道小門。它們可能並不存在，或者，它可能早就存在了，只是我們沒有看到？如果彌賽亞來臨，會以跳躍式步伐，無論是「虎跳」，還是「小的跳躍」，都打開了一道道的小門，這一道道的小門，或許早就打開了，只是我們一直沒有看到而已。

一道小門，來到小門之前的人，就並非卡夫卡小說中那個來到《法的門前》的鄉下人，他執意要進入法的大門，其實只是一道小門而已，但是他太執著，陷入了「大法」的執念，卻不知道這道門——其實也許就是一道小門而已，他其實就並沒有看到門？如同他沒有看到脖子上的小蝨子。因此，最後，這道門，還是被關上了。

打開一道道「小門」：這既是打開班雅明已經打開的那一道道小門，也是去打開班雅明思想所試圖要去打開的一道道小門。

沒錯，就是小門，而非大門。

為何是小小的門呢？這「小」與「門」，如何來到思想中的呢？

這是幾個猶太思想家之間隱祕傳遞的故事，班雅明對於小門的思考，一直與一些猶太人隱祕的心事相關，有的時候，還隱祕地與中國相關。

小門，如果猶太人與中國人、彌賽亞與自然性，有著某種奇特的關聯，也許就發生在這些小門的位置上——這一不可能的虛位上？

也許，這也是中國思想有待於去打開的小門，也許，這是班雅明在想像中為中國思想同時也打開了另一扇門。

㈠ 西美爾的橋與門

如果有著彌賽亞，如果彌賽亞要進入世界，就需要一些打開的通道，可能就是一些門。

是的，一些小門。

這第一道小門，來自猶太人西美爾（Simmel）的思考，這個社會學家與現代感性審美的最早研究者，思考了「門」與「橋」的重要

性。

　　爲何是「橋」與「門」？因爲這兩個事物最好地傳達了世界的兩種方式——聯合和分離。從鋪路開始，到橋的出現來克服距離的障礙，橋樑的美學價值是讓河流的分離直接顯現，又讓連接也直接可觀，「橋」就幾乎成爲了永恆連接的直觀形象，即所謂的「元現象」，這也是後來海德格思考「物」時也要直觀海德堡的大橋。

　　如果在分離與統一的關係中：「橋」傾向於後者，橋墩兩頭的間距可以明確測度，同時其間距也被橋樑自身所超越；「橋」在人類文明誕生在河流之後，作爲岸的抹去讓人類可以接近；「橋」就成爲人類謀求進步發展時打破距離的基本居間人。那麼，與之相反，「門」則以其較爲明顯的方式表明，分離和統一只是統一行爲的兩個方面；「門」在屋內空間與外界空間之間架起了一層活動擋板，維持內部和外界的分離；「門」比不能移動的牆，反而更爲體現封閉性；但「門」又是活的，可以消除屏障。

　　西美爾特別強調了「門」在有限的人類與無限的先驗之間關聯的重要性：「門」（de-limitation）是人類本來應該可以長久站立的交界點，「門」將有限單元和無限空間聯繫起來，通過門，有界的和無界的相互交界；「門」就與「橋」有所不同，後者只是將有限的與有限的聯繫起立；而「門」的意義更爲豐富，因爲世上的人們無時不刻不站在門的裡邊和外邊，通過門，人生的自我走向外界，又從外界走向自我。[3]西美爾最後指出，因爲人類的本能是「合」，所以必須「分」，而「門」最好地體現了人類的有限性——把自己關在家裡，並從無限的自然分離，但門的活動性，也可以讓人類隨時走出界限而進入自由天地的可能性。

　　如果按照中國思想的方式來表達：「橋」乃是從內在到內在的連接，如同儒家的血緣關聯，或者是天人感應；而「門」則如同道家的

---

[3]　西美爾：《橋及閘》，涯鴻、宇聲等譯，1991年，頁5。

內在超越，有著超越性，但總是及闇的界限相關，既可以是人類處於
自然的邊界上，也可以是人類進入無限的自然而遺忘自身。門，對於
中國文化，乃是「門道」，指示事物轉化的樞紐位置，最為關鍵！

「門」，就成為現代性思想的一道「門檻」：是人類開始思考
自身的有限性與死亡——主體的死亡，如同海德格1920年代開始給
出人性或此在的絕對規定——「必死性」。但同時，「門」與「門
檻」也意味著人類可以越過界限而通向無限，這是猶太教思想家因為
有著上帝的無限記憶，因此不同於海德格，通過救贖的外在超越，或
者自然的內在超越，人類通向無限，如同羅森茲威格也是在1920年
代寫出《救贖之星》，如同後來列維納斯以倫理的無限性批判海德格
的有限性與必死性，因為這是面對他者的面容、及其面容上無限上帝
所留下的蹤跡。

西美爾去世之前不久出版的《生命直觀》可能也給班雅明以深刻
影響，其中對於生命的超越、生命的個體性及其不死性的思考，已經
伴隨著班雅明對於幸福與命運的思考，以及對於自然化生命與個體化
理型的思考，而且西美爾似乎還對於靈魂轉世有所肯定，儘管這是在
不朽的生命創造的形式中有著共通性。面對叔本華式的個體必死性與
尼采式永恆復返的悲劇性，現代性的個體生命如何在有限與無限的
「門」之間尋求救贖？

現代人一旦認識到個體的必死性與不可替代性，就來到了生與死
之間或有限性與無限性之間那幾乎不可見的門檻上。但這與中國思想
有什麼關係？西方文化，無論是希臘的神廟還是基督教的教堂，其實
一直都是內在封閉的空間，如同斯洛戴迪克的分析，進入現代性，似
乎需要把封閉的門打開，而更為自我封閉的猶太人，更為迫切體會到
進入世界的重要性。但哪裡有進入世界的門戶？猶太人其實一直在尋
找「橋」的居間人——資本、理性與技術，但似乎找不到進入世界的
「門」。發達資本主義時代的拱廊街好像也是沒有門的，雖然看似打
通了室內空間與走廊。因此，門，在哪裡呢？

打開門，是要打開現實經驗之門。如同另一個猶太人，一個對現

實有著偵探一樣目光的思想家克拉考爾所指出的，通往現實世界的大門是西美爾最先為我們打開的，這也是因為西美爾分析資本貨幣所帶來的生活距離。當然，更為重要的其實是，自從康德之後，不再有純粹的哲學體系，而只有對於康德二律背反或者理念與經驗二分的具體現實經驗。或者說，哲學已經小說化，如同歌德以來對於哲學的自傳式書寫，如同盧卡奇早期對於小說的研究，對於班雅明而言，卡夫卡的小說本身就是現實具體經驗的哲學表達，就如同克拉考爾從「偵探小說」中尋求彌賽亞救贖的時機，在康德體系的分裂之後，只有從日常經驗出發才可能超越哲學體系的自身封閉遊戲：如同班雅明對於拱廊街都市經驗的感知，如同阿多諾對大屠殺和文化工業的感受；如同齊澤克以電影和薩德來反思黑格爾與拉康的哲學，讓超越的彌賽亞進入污濁的現實（Kitsch）之中。

　　世界已然成為可讀之書，西美爾對於貨幣資本的日常生活閱讀已經是一種還原，而現代性越是大眾媒體化，越是與商品結盟，大眾文化的欲望就越成為一種夢幻式的象形文字。這就需要文化批評展開雙重的書寫，既要使之還原到古老的帶有巫術與魔術的象形文字或相似性（如同班雅明、克拉考爾與阿多諾認為電影有著埃及象形文字的徵兆），又要運用當代技術的電子書寫或者虛擬書寫，寫出從未發生之物（如同德希達與斯蒂格勒等人的推進）。進入現代性，當彌賽亞已經被資本主義商品拜物教竊取身份之後，已經沒有員警可以查出真正的作偽者或兇手了，如果彌賽亞再次來臨，如何有著新的化身經驗？這需要什麼樣的偵探手法，才可能進入現場而發現彌賽亞來臨的蹤跡？這需要他有著一雙閱讀象形文字書寫密碼的眼睛。

　　如果西美爾以「門」來思考現代性的尷尬處境，那麼，另一個猶太人布伯則在哈西德主義大師Rabbi Nachman那裡找到了「變小的窄門」。因為哈西德主義的正義之人（zaddik）要接近上帝，必須「變小」：如果他要連續打通與上帝的關係，就必須放鬆自己，處於變小的狀態，以便休息好，迎接即將來臨的上升時獲得更新的活力；如果正義之人要接近民眾或普通的人，使他們改善與上升，也有必要進

入把自身「小化」的狀態，進入日常生活之中。就如同1917年之後的卡夫卡式寫作，已經開始把小說人物變小，不斷變小，如同「小鼠」，發現世界的逃逸之門。

㈡ 布洛赫：彌賽亞來臨的中國小門

　　如果有著彌賽亞，如果彌賽亞要進入世界，就需要一些打開的通道，可能就是一些門。

　　是的，一些小門。需要打開第二道小門。

　　思考門檻，面對小門，這第二個猶太人布洛赫，開始了接續的思考，在1918年的《烏托邦精神》中，布洛赫把我們這個時代比喻為黑暗的時代，甚至彌賽亞的救贖也進入了黑暗，如同荷爾德林的詩歌所明確規定的時代狀況（世界之年進入了漫長的黑夜）。但如何走出黑暗？這就需要打開門，並且實行轉化。

　　門，門道，乃是一個轉化的所在。對於布洛赫而言，甚至成為專門的主題動機（Das Tor-Motiv），其中有一節專門沉思了「門」的思想形象。

　　「戰爭終結，革命的門打開。」在尚未存在與觀念存在之間打開門的連接，面對基督教彌賽亞的虛弱，以及馬克思主義烏托邦精神的死亡，布洛赫必須重新理解彌賽亞的來臨，其結論就是：

　　我們自己向前，通過思想、受難、期待，進入我們內在的鏡像之中，我們變小而消失，如同寓意的宮殿之門在繪畫中被打開，去召喚彌賽亞，並且在爆破中逃向外面，而設置道路【in unseren inneren Spiegel hinein. Wir verschwinden in der kleinen, gemalten Tür des fabelhaften Palastes, den Messias zu rufen, und in Explosion fliegt auf das Draußen, in den Weg Gestelltes】。時間處於絕對啟示的內在空間，絕對地在場。正好，這也是彌賽亞的第二次來臨，並

且在如此的爆破中他飛到外面，置撒旦入死地……[4]。

　　如果彌賽亞再次來臨，似乎不是基督教的復活，而是如同繪畫中的門被打開，一個世界之物，內在於世界，但又超越了世界——一道繪畫之門被打開，這個繪畫之門似乎並非西方已有的想像方式，那來自於哪裡呢？

　　布洛赫還在《蹤跡》中再次思考了門的主題或動機，並使之成為哲學思考的對象[5]：

　　一種哲學的生活，通過學習死亡而獲得稱號，如同蒙田所言，幾乎成為了一種魔術般的方式，還有一個中國式的目的動機，勞作之門也是死亡之門，既醒目又決不偶然，以其最高的圖像的嚴肅性，進入一個沒有什麼藝術性的位置與所在（Ort und Stelle）。這已經足夠去指明了，作為一個遊戲，並不強烈，但指明了最後的純粹願望，就在於，在作品中有著一個新的道路，不只是從世界之中導入。從老畫家的故事中我們得知，他把最後的圖畫指給他的朋友

---

[4]　Ernst bloch: *Geist Der Utopie. Faksimile der Ausgabe von 1918.* 1971, S.144.

[5]　Ernst bloch: *Spuren.* 1969, S.154-155. 這個故事還有不同版本，起碼有著這樣的混雜性：1.據說這個故事可能來自於唐代吳道子的故事，與山水畫相關，其實這在中國的「如畫」（以幻為真，以真為幻）傳統中已經出現。2.或者可能也來自於日本的改編，被翻譯為英文，再傳到歐洲（Gregor Dotzauer: *Das Verschwinden des Verschwindens. Die Legende Von Wu Daozi: Eine Spurensuche. Text + Kritik. Zeitschrift für Literatur* 31/32，2009）。3.也可能來自於德國生命哲學家克拉格斯對這個中國故事在幻象或想像（Phantasie）上的展開（Ludwig Klages: Der Geist als Widersacher der Seele, S. 359），他對班雅明產生了深度影響。4.更有可能來自於布伯對於莊子和蒲松齡帶有猶太譜系的轉譯。藝術家自身消失於圖像的祕密在於什麼？讓位於作品本身而餘存？打開一個空白與空無的場域？門——不過是空白敞開的暗示？另一種變形記——但不是卡夫卡變形記中主人公的動物化與死亡的結局——而是再生於一個虛度的空間。

看：那裡可以看到一座花園，一條狹窄的小路，溫柔地引導著，經過一些樹木一些流水，直到一個宮殿的小門。當這個朋友轉向這個畫家朋友時，一點奇怪的紅色，這個畫家不再在他旁邊了，而是處於圖畫之中，轉向了那條通向寓言之門的小路，安靜地站在小門之前，轉過身來，微笑著，打開了門，並且消失了。

　　這是一個溫柔的奇蹟，是一道寓意的小門，因為持久的勞作與投入，或者說注意力的持久天然的祈禱，老畫家進入了自己一生所工作的圖像之中，也是最後的告別，但也是生命的重新開始。如果這個過程其實並非終結的寓意，而是與繪畫藝術同時展開的生命經驗，那麼，我們人類的生活本來應該是：一方面在進行藝術的勞作，但另一方面也同時進入了另一個繪畫的遊戲世界，如此的「同時性」才是勞作與遊戲的共同遊戲，才是生命的真理。這個進入圖畫而消失的寓意，其實暗示著另一種詩意化的藝術宗教。

　　布洛赫還以另一個中國詩人韓子（Han-tse）進入了他自己所書寫的世界為例，指明所謂審美的真正生產在於穿越了永恆的表意文字的牆，而且，更為重要的是，布洛赫指出馬勒的最後音樂作品，也具有如此的相似性作用。甚至，卡夫卡可能也讀過這個與詩人相關的故事。因此，這個變小與消失於自己作品之中的方式，構成了西方現代性敏感的心靈或現代猶太心靈的隱祕密碼。

　　對於現代猶太人而言，如何在大地上尋找到家園？除非打開一個內在超越的世界，在這個世界之中，但又有著超越性，但又不同於列維納斯所言的在聖書中活著──猶太人並非海德格式的在世界中生存，這是中國文化所啓示的變小與消失自己作品的方式──在自己所創作的藝術作品中生存，這是另一種的幻化方式與啓示感知模式。

　　1910～1920年代的布洛赫對於班雅明影響巨大，甚至達到了讓班雅明崇拜的地步。這並非表面上的崇拜，乃是一種精神氣質的認同，一種思想方向上的認同，而且是在時代生命的危機與微妙感知上

的相通。儘管對於班雅明，彌賽亞的來臨，可能與布洛赫的烏托邦革命有所不同，是《神學 —— 政治學的殘篇》中所言的以自然為居間人，但一種異質的想像已經打開，我們隨後就會看到這種影響的深度及其不同的解釋。

如此的想像被布洛赫當做所謂的「中國動機」（Chinesische Motive），一種「穿牆術」，一種元象徵的開門術，一種打開世界之門、打開夢幻與幸福之門的神奇方式。

㈢ 阿多諾：世界的內在化

如果有著彌賽亞，如果彌賽亞要進入世界，就需要一些打開的通道，可能就是一些門。

一些小門。這些小門的位置已經異常詭異。這是第三道小門。

思想處於門檻上，思想乃是打開彌賽亞來臨的小門，乃是一種現代性轉化了的猶太式思維方式，但不僅僅是屬於猶太人，而是已經受到了中國文人美學的影響了，彌賽亞救贖的思想已經中國化了，已經有所變異了。

很快，我們就讀到了第三個猶太人及聞相關的語段，班雅明1933年在評論另一個猶太人阿多諾關於克爾凱郭爾的專著時，集中討論了阿多諾這個基督教式存在主義思想家的「內在性」，但阿多諾卻把這種思辨的宗教哲學還原到室內的家庭空間之中，進入一種內在空間的具體化思考，而並非泛泛而談，這既是康德之後哲學必須進入日常生活，同時似乎也受到了卡夫卡對於克爾凱郭爾亞伯拉罕的反諷解讀之影響，或者他們之間有著某種共感，以至於班雅明在評論的結尾寫道：

從中國的童話中，傳遞著一個畫家消失於（他自己所畫的）圖像之中的運動，並且作為一個哲學的最後之詞（als letztes Wort dieser Philosophie）來認識。這種自身「通過變小而得以消失的拯救方式」（»als Verschwindendes gerettet durch Verkleinerung«）。如此進入圖像（Eingehen ins Bild）的方式，並非救贖（Erlösung）；但它是安慰（Trost）。如此的安慰，其源泉是幻想（Phantasie），其幻想的機體（／器官：Organon）通過不間斷地從神話歷史的過渡（übergang）而在和解中（in Versöhnung）獲得安慰。[6]

　　哲學再次進入了自身「最後之詞」的檢驗：但這卻來自於一種中國文人美學的方式，即變小而消失於圖像的方式。當然這無疑來自於布洛赫！當然，也是回應更早的《神學－政治學殘篇》中那個消逝的總體時空，儘管不同於猶太教的救贖，但在現代性卻構成了「安慰」，而且構成了和解與轉化的「通道」。那麼，如何轉化？這是去學習中國文人的轉化方式：在自己的作品中，打開一個幻象的「間性」世界，在其中顯現又隱藏，就如同一個夢想的空間，做夢的人進入自己的夢中，也消失於自己的夢中；如果這夢想空間得以外在實現出來，就好似打開了一個可能的虛托邦，比如唐代屏風所建立的臥遊想像空間，比如宋代與明代的園林建築。

　　最為明確的關聯乃是班雅明開始把布洛赫消失於作品的「門之中」的想像，與阿多諾的內在化社會學空間反思關聯起來，當然阿多諾也是受到了班雅明對於拱廊街走廊空間反思的影響。但也勢必讓阿多諾這個猶太人無比驚訝，因為阿多諾著作中並沒有如此直接把彌賽亞性與中國文人美學關聯起來，班雅明如此連接，也是試圖把克爾凱郭爾的生存論基督教信仰向著兩個方面轉化：一個方面肯定阿多諾對於信仰審美圖像化的轉化，審美圖像儘管消失，微小，但其中隱含救贖的細微之物，也是彌賽亞之物的轉化；另一方面，則是由此變小與

6　W. Benjamin: *Gesammelte Schriften III: Kritiken und Rezensionen.* 1991, S.382-383.

消失，而與中國童話與文人美學聯繫起來，面對時代的巨大挫敗，班雅明已然同意了阿多諾在著作中的最後一句：「從悲哀轉向安慰，邁出的不是最大的而是最小的一步（sondern der kleinste）。[7]」這是保留渴望的不可摧毀的信念，班雅明與卡夫卡一道，以此微小而脆弱的信念，讓彌賽亞自然化了。

如此變小與消失的方式，在1933年與1934年的歷史時刻非常關鍵，小門儘管小，卻標記了歷史災變的關鍵時間節點！因為這是納粹德國真正開始迫害猶太人的開始，而且也是班雅明開始逃離德國的時刻，再也不可能回去了，生命應該逃向何方？只有減輕負擔，只有變小，才可能逃亡？

必須變小、並且消失於圖像，才可能得到救贖，即便不可能救贖，也可以是某種想像的安慰，這成為班雅明彌賽亞來臨思想的三個步驟：第一，變小，甚至無限地小；第二，消失於作品的「門」之中；其三，發現轉化的機體或者器官。

㈣ 布伯的《聊齋志異》

如果有著彌賽亞，如果彌賽亞要進入世界，就需要一些打開的通道，可能就是一些門。

一些小門。這些小門內在的幻想源頭，到底來自於哪裡呢？

---

[7]　阿多諾：《克爾凱郭爾：審美對象的建構》，李理譯，人民出版社，2008年，頁175。班雅明如此的解讀來自於對阿多諾相關語段的改寫（比如阿多諾改書的頁158-159上），阿多諾試圖把克爾凱郭爾的基督教生存論信仰加以審美化，並思考了變小和消失於圖像的審美「轉化」與「幻想」方式，本來與中國故事沒有關係，但卻被班雅明關聯起來。當然，阿多諾如此的思考也是在與班雅明對話，其隨後所寫的《自然歷史的觀念》也是回應班雅明的巴羅克德國悲悼劇以及他的歌德《親和力》研究，核心的主題是自我的消失與自然的救贖，這也是阿多諾在其最後著作《否定辯證法》中的最後部分，即《自然歷史》、《歷史與形而上學》段落中也再次面對的主題。

　　第四個猶太人就出場了，其實他早就在那裡了，這個變小並且消失於圖像的方式，如果來自於中國，是誰最早引入此想像的方式的呢？也許是布伯！因為早在1910年，布伯就翻譯了中國鬼怪小說《聊齋志異》，而其第一篇〈畫壁〉（Das Wandbild），這個與佛教相關的教諭故事，其中又具有中國文人美學的想像。

　　〈畫壁〉所講到的是一個在佛教寺廟發生的神祕事件，在一個講道的場景中，敘事者我與一個朋友去聽高僧講佛法，聽著聽著，我的朋友看到壁畫上誘人的欲望圖像，想入非非中，竟然「進入」了壁畫的圖像之中，獲得了暢快地滿足。當我發現他不見了時，只能借助於講道的老和尚才可能把他從壁畫中喚醒出來。等到他從壁畫上下來，才明白一切只是一場幻覺或者幻念（時孟龍潭在殿中，轉瞬不見朱，疑以問僧。僧笑曰：「往聽說法去矣。」問：「何處？」曰：「不遠。」少時，以指彈壁而呼曰：「朱檀越何久遊不歸？」旋見壁間畫有朱像，傾耳佇立，若有聽察。僧又呼曰：「遊侶久待矣！」遂飄忽自壁而下，灰心木立，目瞪足奭。孟大駭，從容問之，蓋方伏榻下，聞叩聲如雷，故出房窺聽也。共視拈花人，螺髻翹然，不復垂髫矣。朱驚拜老僧，而問其故。僧笑曰：「幻由人生，貧道何能解。」朱氣結而不揚，孟心駭而無主。即起，歷階而出）。

　　布伯的翻譯就用了「消失」（Verschwinden）這個詞。而這才是布洛赫獲得靈感的來源之一。布伯不僅僅翻譯了蒲松齡的文學，還同時選譯了莊子的對話，莊子的文本中也有著要求人類把自己「變小」的語段，或者認識到自己的渺小，比如「鼠」與「魚」的生命形態，或如同〈秋水〉中的形態對比。但何謂「消失於」作品？此作品並非一般意義上的人造物，乃是具有自然感通之物，是充分讓自然來為的人造物或者藝術品，這也是為何中國畫家消失於圖畫中的山水或庭院之中，這是一個「虛化」的場域，但因為與自然相關，又可以在自然之中實現出來，如同中國的屏風畫的臥遊幻境，就具體轉化為園林式的遊走「虛托邦」。因此，從拱廊街的建造到情境國際主義的新巴別塔，需要向著自然化的山水園林普遍性構想延展，這是「虛托

邦」空間想像的未來工作。

　　此變小與消失於圖像作品中的方式，似乎與傅柯所提倡的審美生存風格與個體生命的藝術化或生命形式的自我塑造相關，但有著根本不同。區別在於，中國的人文美學不僅僅強調個體生活方式的審美化，而且要求再次的轉化，即生命的藝術家還必須在自然中實現，既是藝術的自然化也是自然的藝術化，這也是為何班雅明的這種中國式想像並沒有在西方得到足夠擴展，就在於他後期自傳式擬似性想像書寫，不再是技術的複製，而是自然化的相似性，而且是與中國道家的自然化藝術相關。只有通過自然的居間人，此變小且消失的方式才可能在世界打開一個內在超越的通道，才可能形成生命轉化的材質媒介，此媒介乃是具有宇宙感通的媒介。

㈤ 佛教式的間薄面紗

　　如果有著彌賽亞，如果彌賽亞要進入世界，就需要一些打開的通道，可能就是一些門。

　　一些小門。這些小門，第五道小門，可能也是一些窗，只是被蒙上了一層神祕的面紗。

　　這也讓班雅明真正處於一個門檻上：不可能再回到德國了，逃到法國巴黎？或者逃到西班牙？寫作的筆蹤必然變得複雜迷離。在如此的散亂步伐中，班雅明開始書寫一些異常佛教化的神祕斷片，與布伯提倡的融合寫作異常相似，把哈西德故事、佛教或禪宗以及現代哲學結合起來，形成新的元書寫。這是1932年在伊比札克島上，班雅明寫出了《太陽的陰影》中的片段文字：

　　哈西德有一個關於要來世界的傳說。那裡的每一件事情都被安排得就好像我們這個世界。我們現在的房間，就如同那個就要來臨的世界（in der kommenden Welt）；我們的孩子們正在熟睡，

他們也將睡到來臨的世界。我們在這個世界身體的穿戴，也將穿到來世。所有的世界如同這裡一樣——只有一點點的改變（nur ein klein wenig anders）。這要做出幻象（phantasie）。只是一層面紗（Schleier），以便拉開一些距離。一切都保持為剛才的樣子，但面紗吹拂（wallt）起來，那就一切都不可覺察地在其下移動（verschiebt）了。[8]

在班雅明改寫的故事中，要來的世界或者得救的世界與這個現世的世界之間，其實只有一點點的差別，「只是一點點小量的改變」（nur ein klein wenig anders），但這一點點或者極小的差別如何被打開？這也需要把自己變小？如此的變小在詩意的藝術宗教的幻想中，就是一層薄薄的面紗？此面紗乃是一個藝術作品打開的間性世界。如同佛教所思考：「煩惱即涅槃，涅槃即煩惱。」——其間的「即」，也許就是牟宗三先生所言的「詭譎的相即」。這弔詭的間性如何被打開？不僅僅是班雅明，對於後來的阿多諾而言，這也是借助於藝術作品的方式，但此藝術品生產的無目的的目的論，是對所有事物的拯救，也是把每一事物帶到它們「正確的位置「（rechten Ort），也帶上了猶太教彌賽亞救贖的立場（vom messianischen Zustand）：「一丁點的改變（ein Winziges anders）」[9]。

---

[8] W. Benjamin: *Gesammelte Schriften VI: Fragmente vermischten Inhalts.* Frankfurt am Main: Suhrkamp Verlag, 1991, S. 419-420.

[9] 這個說法可能最早來自於布伯對於哈西德主義的發揚（M.Buber: *Die Geschichten des Rabbi Nachman.* S. 99），以及布洛赫的斷片思考（E.Bloch: *Spuren.* S. 201），也迴響在蕭勒姆對於喀巴拉神祕主義譜系的還原之中（G.Scholem：*Die jüdische Mystik in ihren Hauptströmungen.* S. 301），也被阿多諾的審美救贖理論接續（Theodor W Adorno.: *Ästhetische Theorie.* S.208）。如此一點點的改正方式，是猶太知識份子或者思想者，聚集起來的小小「星叢」。這是在現代性尋求救贖的另一種默化方式？只是在班雅明這裡體現得最為豐富與複雜，因為它指向了與中國文化的想像性關聯。

　　顯然，如此的轉化方式，如此詩意的想像，好似猶太教神祕主義，但又根本不同了，尤為具有了東方的詩意。這就值得追問，從布洛赫開始的這種變小並且消失於門中——作品或圖像中的方式，到底來自於哪裡？其想像力的源頭到底來自於何處？

　　變小的重要性，在另一個猶太人鄂蘭那裡，也有所補充說明：

　　深受超現實主義的影響，這種企圖「力求在最微賤的現實呈現中，即在支離破碎中，捕捉歷史的面目」（《書信》II，685）。班雅明熱衷於細小，甚至毫釐之物。……對於班雅明，一個對象物越小，其意蘊越大。蕭勒姆提到過他在筆記本的普通紙張上寫滿一百行的野心和他對科隆（Cluny）博物館中猶太人部分的兩顆麥粒的尊敬，在麥粒上，相同的靈魂刻寫了完整的Shema Israel。對他來說，物體的大小和它的意義成反比。這種興趣，絕非奇談怪想，而是直接產生於曾對他有決定性影響的唯一的世界觀，產生於歌德對Urphanomen（元現象）客觀存在的自信，Urphanomen是一種原型現象，是一個在「意義」（Bedeutung，典型的歌德辭彙，在班雅明筆下經常出現）與表象、詞與物、理念與經驗重合的世界表象中可以找到的具體事物。物體越小，似乎越可能以最密集的形式容納所有事物，因而他對兩顆麥粒包含整個Shema Israel——猶太教義的精髓——感到喜悅，最精微的精髓顯現於最精微的實體，在兩種情形下，其他任何事物都起源於精微的實體，但在其重要性上已不能和它的源起相比。換句話說，從一開始就深深吸引班雅明的絕非理念本身，而始終是現象。[10]

　　當然，對於我們，對於微小之物及其元現象的關注，不僅僅來

10　班雅明：《啓迪》，鄂蘭導言，2008年，頁30-31。

自於超現實主義與歌德，不僅僅來自於猶太教，而且，再一次的強調，其實根本上是來自中國童話或故事。

㈥ 姿態的糾正

　　如果有著彌賽亞，如果彌賽亞要進入世界，就需要一些打開的通道，可能就是一些門。

　　一些小門。但這個變小且消失的故事，還來自於另一個猶太人，這是第幾個了？第六個！

　　這來自卡夫卡，班雅明在1934年寫作卡夫卡的論文時，把變小——消失於圖像——救贖，這三重的步驟，非常好地連接起來，其中就有著中國文人美學最爲徹底地實現與轉化，而且更爲明確化了——其證據來自於卡夫卡《日記》中的箴言，有著對無爲與無用的深度改寫：

　　「兩種可能：把自己變得無窮小或本來就是這麼小；第二種是完成式，即無爲；第一種是開端，即行動。[11]」

　　這個變得無窮小，以及無爲，才是眞正的行動，是開始也是終結，因此這是對於耶穌彌賽亞句法的改寫，開始與終結都已經不同了，開始是把自己變小，有些相似於喀巴拉上帝的回縮行動，而最後把自己無爲化，則是來自於中國道家。而且這是與卡夫筆記中所言的：「認認眞眞做某物同時又空無所成」相應。因此，這並非僅僅是德勒茲所言的「小眾的文學」，而是「無用的文學」。

　　班雅明指出卡夫卡的這個原理其實來自於老子與道家，並進一步擴展了這個道家的想像。如何實行一點點的小小改變，並且消失於圖像，而實行救贖？這是班雅明在《論卡夫卡》中的分析：

---

[11] 卡夫卡：《卡夫卡全集》（第5卷），頁61（Zwei Möglichkeiten: sich unendlich klein machen oder es sein. Das zweite ist Vollendung, also Untätigkeit, das erste Beginn, also Tat）。

　　然而，在短篇小說《在流放地》中，當權者卻使用了一種舊式機械，在犯人的背上刺花體字，筆劃越來越多，花樣繁多，直到犯人的背清晰可見，犯人可以辨認出這些字體，從中看到自己犯下的、卻不知道的罪名。這就是承受著罪行的脊背，而卡夫卡的背上是一直承受著它的。他在早期的一篇日記中這樣寫道：「為了使身子盡可能沉一些——我認為這對入睡是有好處的，我將雙臂交叉抱起來，把雙手置於雙肩上，像一個被捆綁起來的士兵躺在那裡。」在這裡，負重與（睡覺人的）忘卻是同時並進的。在《駝背小人》中，有一首民歌表達了同樣的意境。這個小人兒過的是一種被歪曲了的生活（entstellten Leben）；當救世主來到時，他就得消失（es wird verschwinden, wenn der Messias kommt），因為偉大的拉比說過，彌賽亞不願用暴力改變世界，他只想對它一點點的改正（nur um ein Geringes sie zurechtstellen werde）[12]。

　　駝背小人也是小小的，因此，它需要彌賽亞的來臨，但彌賽亞的來臨只是一點點的改變，只是輕微地改變，如果需要彌賽亞，只是一個微小改變世界的彌賽亞，一個「小彌賽亞」，小小的彌賽亞，或者就是一個不可摧毀的微弱念頭或信念，而且這個駝背小人最終還得消失，顯然，這個德國童話中的駝背小人，已經被中國想像改寫了。

　　在這裡，變小——消失——救贖，三步救贖的工作，乃是彌賽亞微小地去糾正生命彎曲的基本動作，這也是姿態改變的詩學，改變姿態就是改變生命的形式。

　　我們甚至在策蘭的大量詩歌中，發現此「變小」的詩意要求：《數數杏仁》中：「數數那苦澀使你合不上眼的東西，把我也數進去。……讓我變苦。把我數進杏仁。」，或者「一顆星如同一粒發瘋

12　W. Benjamin: *Gesammelte Schriften VI:* Fragmente vermischten Inhalts. Frankfurt am Main: Suhrkamp Verlag, 1991, S.432.

的塵埃」……

㈦ 中國的瓷器圖案

如果有著彌賽亞，如果彌賽亞要進入世界，就需要一些打開的通道，可能就是一些門。

一些小門。一些打開內在世界與超越世界之間的小門，這第七道門。

儘管上面的段落並沒有直接觸及門，但考慮到卡夫卡對於法之門的書寫，門，對於猶太教與西方，可能處於一個堅硬劃界的門檻上；而對於東方與中國，門，並非門檻與固定的界限（limit），而是一種敞開的通道（passage）。到處都有著門，如同西美爾所想像的，門是可以移動的，門的發現與打開，如同卡夫卡寫作中國萬里長城時所發現無處不在的裂隙，因為「分段修建」的方式必然有著無數的裂縫，越是試圖封閉，可能越是有著縫隙之門。

因此，此變小而消失的方式，必然與「門」的空間形式相關，而且與班雅明自己的寫作隱祕相關。在大致寫於1935年左右《柏林童年》早期的自傳手稿中，在起初排在第一篇的〈姆姆類仁〉（*Mummerehlen*）之中，班雅明徹底暴露了自己整個想像力的來源：

不過，在所有東西中，我最愛畫的是中國瓷器。雖然那些花瓶、瓦罐、瓷盤和瓷桶都只是一些廉價的東方出口物，但它們的外觀五彩繽紛。這些東西深深地吸引著我，好像我在那時已經懂得了故事的要義是什麼。這故事源自中國，在這麼多年後的今天它又一次引領我去開啟姆姆類仁之謎。故事講述的是一位老畫家向友人展示他的新作。畫作中有一個花園，一條狹窄的小徑從池塘邊穿過下垂的樹枝通向一扇小門（vor einer kleinen Türe），小門後面有一間小屋。就在朋友們四處尋找這位老畫家時，他卻消失無蹤。他

在畫中，沿著那條狹窄的小徑慢悠悠地走向那扇門，在門前靜靜地
停住腳步，微笑著側過身，在門縫裡消失了（verschwand in ihrem
Spalt）。我也曾像這樣進入到畫中，那是一次我在用毛筆描畫碗
盆的時候，我隨著一片色彩進入到了瓷盆中，感覺自己與那瓷盆如
此的相似（Ich ähnelte dem Porzellan）[13]。

　　這個消失於自己作品上那道「門」之中的想像，被班雅明虛構為
他自己整個想像力的來源——這來自於中國！但這是什麼樣的想像
力？這是擬似性，是孩子們最初對於一切事物的模仿，是一種更為
動物性的原始本能行為，是相似性的遊戲，是一種與空間合一的願
望，而這可能受法國思想家凱盧瓦的啟發：動物在擬似中，不是擬似
某一物而已，而是擬似整個空間，是一種近乎於佛洛伊德的死本能或
神經癱瘓的擬似性。這是更為徹底的自然化還原，但此還原似乎更為
接近於中國人的想像。當然，這裡要有所區分——自然擬似性的豐產
性與自然擬似的死亡認同，在消失於自己作品的圖像之中，隱含一種
自我的取消或者死本能，但也是自我的一種「餘存」，甚至是另一種
的「復活」，一種圖像集的記憶暗示記號（winken）。此「餘存」
的可能性在於發現了生命感通的居間人或材質：那些變幻的圖像，不
僅僅是圖像，而是自然自身的幻象，是自然的材質，變異的材質，
整體性復原的材質，因為其擬似性，而具有相互轉化與遊戲的可能
性。

　　對於班雅明，此畫家消失於自己傑作中的方式，也是班雅明面對
現代性審美的危機或技術複製靈暈消逝的時代，在與大眾「散心」
（Zerstreuung）消遣的對比中，特別以中國藝術家深入自己作品的

---

[13] 班雅明：《柏林童年》，王湧譯，南京大學出版社，2010年，頁6。此外，班雅明也認
　　為卡夫卡的《論譬喻》的寫作來自於中國文化的靈感（W. Benjamin: *Gesammelte Schriften
　　II*, Frankfurt am Main: Suhrkamp Verlag, 1991, S.1261）

「專心」（Sammlung）方式為例，強調了這個靈魂注意力的培養或
自然的相似性（Schein）喚醒（不也是一種詩意的藝術宗教？）。
如果此相似性遊戲，還能接納大眾的遊戲（Spiel），也許就可以帶
來事件的「成位」（take place），形成自由遊走與休息隨時可能
發生的虛托邦？但身處1930年代的班雅明，卻有些過於相信大眾的
革命性與複製技術的感知革命了，還並沒有更多思考注意力的培養
（作為靈魂的天然祈禱：Aufmerksamkeit ist das natürliche Gebet der
Seele）！「專心」也是另一種的「減熵化」心靈活動，祈禱著的靈
魂就如同chora作為一般的接收器（hupoduche）去接納神性，就如同
斯蒂格勒對於注意力與無產階級在虛擬技術時代的反思，恰好是注意
力的喪失，導致了當前靈魂的貧困。或者如同韓炳哲對於網路「數
位全景監獄」的反思，現代人已經處於「心靈政治學」的被奴役狀
態，此量化的自我幻象繁殖導致了當代人自我敘事能力的喪失。

　　這第七道門充滿了孩子們的好奇。其實，早在1926年的〈兒童
書面面觀〉一文中，班雅明就指向了那個所謂的道家故事：

　　　在安徒生的一則童話中，有一本圖畫書，其價值可值「半個王
　　國的財富」。在書裡面，一切都是活生生的。「鳥兒們在歌唱，人
　　們從書中走出來並且說話。」但是當公主翻過這一頁時，「他們又
　　跳回書中，這樣就不會有混亂了。」這個童話可愛但又模糊，如同
　　安徒生所寫的很多童話一樣，因此這個小小的捏造，以毫髮之差錯
　　過了關鍵之處。這些事物並沒有從書頁中出來——與畫畫的孩子
　　相遇，相反，這個聚精會神的孩子走進了這些書頁，沉浸其中，就
　　像一朵披上圖畫世界的燦爛色彩的雲朵。坐在畫冊前，他讓道家
　　的藝術成為了完美的真實：他克服了書本表面的虛幻障礙（Trug-
　　ward），穿越了五彩繽紛的織體和五顏六色的雜物，而進入了童

話所生活的舞臺。[14]

　　在這裡，班雅明再次提到了道家的想像方式，就是如同孩子們的想像，道家的天眞與孩子們的童話世界觀與感知方式一致，或者說沒有被遺忘——這是生命整體感知修復的胚胎化記憶。閱讀乃是進入圖像世界，圖像世界是可以進進出出的，當然這不是圖像的事物進進出出，而是孩子們進入了圖像之中，如同雲朵，如此雲狀的相似性與變形想像一直引導著班雅明的變形記，由此可以克服虛幻之牆的障礙。但孩子們如何就可以穿越幻象呢？隨後班雅明思考了孩子們的圖畫書，之爲「圖」與「畫」（hoa），班雅明特意寫出了這個中文漢字，而且還與孩子們對於閱讀和觀察的方式比較，對於孩子們，或者對於一致保持了孩子氣或天使般想像力的畫家克利而言，圖畫是文字，文字是圖像，圖像也是活的姿態，就如同最初的象形文字或者是畫謎，而且都變成顏色，在顏色中包裹自身，直到把圖畫書的世界轉變爲一個化裝舞會。即，對於班雅明而言，孩子們的圖畫書，不同於成年人的文字書籍（文字與圖像的分離，只有固定的語義與知識）。而且班雅明在這裡特別指明了中國道家的藝術家實現了眞實，就在於兒童們還保留著原初的質料共通感：文字（character）如同圖畫（image），圖畫如同姿態（gesture），三者都處於變化的事態（event / disposition）之中，不斷變形轉化著，因此，內與外的間隔就可以打通。

　　無論是「顏色」，還是「小門」，如同孩子們總是喜歡變幻不定的彩虹與泡沫，其實它們都是一種「感通的材質」，一種「轉化的材質」，作爲整體修復的元素，中國文人進入自己的作品而可以消失，還是因爲此繪畫的材質是來自於自然，比如水與墨，以及顏料與氣息，都是自然自身轉化的材質！人類的自我消失乃是更好地進入自

14　W. Benjamin: *Gesammelte Schriften IV. S.609.*

然的方式，當然此自然已經經過了人類造物的居間人，乃是藝術化的自然。因此隨後的工作，只是讓此藝術化的自然再次在自然中實現人類的夢想，這就是中國庭院與花園的出現。

進入圖像而消失的幻化，乃是進入夢幻色彩的材質，此材質的轉化，才是器官與機體。對於孩子們，可以轉化與舞蹈的文字與圖像，其實就是夢幻的材質。對於中國文化，象形文字與蝴蝶，都是保留了與宇宙原初感通的材質，作為生命整體性修復與感知幻化的材質，可以讓生靈們進入其間，如同「真人」，可以與之一道「感化」，一道「轉化」，如同蝴蝶從蛹中蛻變而出。中國文人進入自己的繪畫作品，其實是另一種生命存在的蛻變。對於班雅明這些猶太人而言，彌賽亞在自然之中的原初剩餘物或者原初器皿中的芬芳，也是變通的材質，這也是班雅明在《拱廊街》寫作中試圖要發現的轉化材質。

這也是為何班雅明深入「拱廊街」的建築結構，對資本主義拜物教幻象世界的集體迷夢及其殘留蹤跡的發現與解構，並非從直接可見之物開始，而是通過大量隱祕的圖片畫謎，尤其集中於迷宮的意象，或集中於「門檻」的意象：拱廊街道、城市大眾、地下河床與墓穴的入口，而進入現代性，一切都已經成為碎片，只有遊手好閒者、拾垃圾者與考古學家，還有波德賴爾這樣的詩人，可以發現走出迷宮的入口，並解破這些象形文字式的「面相學」。

如果我們現代人已經處於資本主義幻象的迷宮之中，如果資本拜物教的虛假靈暈無處不在，我們如何可能辨別彌賽亞來臨的記號？又如何與彌賽亞相遇？彌賽亞如果也進入了如此的迷宮之中，如何拯救我們？對於班雅明，那是要求我們進入歷史的廢墟，進入物的垃圾堆，去發現必然存在的小物粒；或者去發現現實生活之裝飾的表面，發現其聲音的面相學，面對現代生活空間的象形文字化，這就需要一種新的解夢術；或者如同克拉考爾偵探式的目光，去發現唯一的「現場」——現代性之為「地獄的永恆性與虐待狂乃是對於新奇享受

的建構」[15]；也即是說，只有在發現廢墟與地獄之處，解讀其象形文字般的字謎圖案，並將其還原到感通轉化的材質上，哪怕只有非常細小的空間與非常細微的機會，也可以打開地獄之門，彌賽亞由此進入。

　　因此，這道小門，確實異常詭異。它並不那麼容易被發現，借助於中國藝術家的某種想像敘事，可以打開另一個維度。但如此的變小並且消失於圖像的想像方式，其所需要的「器官」是什麼呢？對於班雅明，在理論上，「相似性」乃是經驗的器官，這就要不斷打開此相似性的遊戲空間，發現相似性的感通材質與整體修復的元素，這就要求「神經支配」感受性的轉化，從集體的身體圖像空間到多孔性的開放，在地獄中煎熬時，還可以保持對一切無用化的懸置，並且進入與自然生命的遊戲，如同孩子們的遊戲之物，如同卡夫卡的「奧德拉德克」或者班雅明的「駝背小人」，如同那個可以不斷通過相似性變幻的中國瓷器上的圖案，因為這些圖案喚醒了自然材質的默化，就一直可以保持感知的深層轉化。

　　也許，這種中國瓷器上的圖案，如同雲煙，依然還是感通材質與夢幻材質，即整體性復原的元素──轉化機體的啟示與啟示化的感知，拱廊街式史前新生代時期的原始夢想世界，或者拜物教的風景組合（有機世界的女性群體與無機世界的各種紀念品），博物館與全景圖都與夢的迷宮交織，它們可以被中國式的廟宇或者中國文人美學庭院式的風景所取代嗎？如此可以打開另一個入口？並消失於其間？或者說，中國式的庭院難道沒有必要進入現代性的展示空間並且獲得擴展？把古典的庭院（無機的假山石與有機的花園池塘）與現代玻璃建築的透明性結合，並與現代藝術的流動展示空間，以及現代人需要休息夢想的空間乃至於個體禪修的場所（如同日本京都的枯山水），如何得以整體性地修復與貫通起來？除非這些空間與材質具有某種自然

15　W. Benjamin: *Gesammelte Schriften V.* S.1011.

元素及其震盪的感通性，就如同柏拉圖的chora──好似一個簸箕一樣震盪的場所，讓大眾在閒暇時重新聚集，從玻璃與鋼鐵的封閉材料進入「借景」自然的非封閉空間，這還是「虛托邦」在現代性有待於建構的空間。

如此變小且等待時機並且獲得救贖的方式，就形成了新的時間感受，這是「第五維度」的時間之門，它的顛倒空間則是現代資本主義導致的永恆復返的「地獄」。而網路虛擬的全球化空間，每一個用戶的埠──不也提供了一道道的小門？但這既需要打開所謂國家安全的「防火牆」，也需要找到從虛擬第四維空間進入現實的通道或入口，否則也只是尼采與布朗基所言的相同者的永恆復返（當下化的地獄狀態）！

那個瞬間的小門，那個當下的瞬間，如何可能不落到自然歷史的線性時間、不落入資本計算的全球化循環時間？不只是成為虛擬空間的泡沫？甚至也不是倒計時的未來臨在時間？

彌賽亞如果來臨，乃是在無用的、並不存在的第五維度來臨，打開「虛托邦」之門。如果彌賽亞來臨，或者已經悄悄地借助於中國藝術故事的這道小門？這可能改寫《論歷史的概念》中彌賽亞來臨的方式？是彌賽亞與自然性的相互轉化？是另一種沉默的轉化？

這道小門，也許已經中國化或道家化了，對於中國文化，如此變小的消失與轉化的過程──借助於帶有夢幻氣息的機體──乃是默化，如此變小的細微方式，需要持久地轉化，一次次變小，微妙，甚至緩慢，此乃漸進修養的韌性，除了借助於自然的相似性與想像，它也非常接近於朱利安所觸及的《默化》之思：

> 中國思想並不「信仰」斷裂，它從不停止固定發展的過程，而是把希望寄託在發展的過程上，從細微生發，發展至無限。[16]

16　François Jullien: *Les Transformations silencieuses*. 2009, p.128.

　　朱利安在《默化》一書中比較了西方與中國在轉化上的差別。一方面，西方的革命哲學乃是事件化的思想：

　　事件不僅霸佔眼球、攫取關注，它還組織起敘事的結構，使其呈現戲劇般的強大張力。在這個意義上，可以說它完全是「神話」（muthos）的構成元素之一。歐洲文化可以被定義爲一種「事件」文化，因爲它的基本形式乃是通過宏大敘事，以神話—邏輯的模式進行表現的。「事件」之所以在歐洲文化裡享有特殊地位，是因爲它製造斷裂、開啓未知、產生聚焦，也因此突顯張力、渲染氣氛，這是歐洲文化自始至終都在傳承的東西。它根本不可能放棄這些東西，因爲它（從情感上）瘋狂地著迷於此，著迷於事件所具有的懾服力和啓發性。歐洲人的信仰，不就由絕對的事件構成嗎？永恆與現世在此交織，便有了徹徹底底的解放：創造世界、道成肉身、死而復生，等等。基督教就是這樣一門奇特的宗教，上帝以肉身的形象來到地上，成爲先知，於是，基督的降生就成爲斬斷一切歷史，重新計算時間的大事件。[17]

　　另一方面，與之相反，中國的智慧則是默化式的：

　　中國思想，說得更寬泛一些，與「哲學」對立的「智慧」——我們給了它一個這麼沒有力度的稱謂，其特性不正在於消解事件嗎？我認爲它們（中國思想或「智慧」）的一致性和吸引力就從這裡來。這個吸引力，既指去焦性，又指去戲劇性（或者我斗膽用一個詞：緩解張力）：事件霸道地強取關注，刺激人們的感官情緒。中國思想或「智慧」的頭等功勞，不就是把我們從這種情緒中

---

[17]　François Jullien: *Les Transformations silencieuses*. 2009, pp.121-122.

解放出來嗎？默化思想循著邏輯走到了這裡，像是個自然而然的結果：在這種思維模式下，事件不再僅僅作為一種持續性的降臨，也不再有掙脫的意味，而是突現：不能再把它理解為突然冒出另一種可能之意，而是指事物發展成熟後的結果，這個成熟的過程是那麼幽深微妙、難以捉摸，通常情況下我們根本不可能追蹤到它，對它有所體察。[18]

　　但朱利安並沒有發現此默化的材質，還是一種觀念上的比較，除非進入自然感通的材質，甚至讓技術與自然相互感通，否則，如此的默化如何可以忍受前衛革命左派的極端性與優美相似性的哀悼二者之間的張力？對於我們，也許中國式的默化也不再足夠了？既然中國傳統的默化方式並未徹底改變中國一治一亂之循環的帝國秩序，也許此默化需要再次革命起來？也必須借助於彌賽亞的助力？需要自然性與技術性的結盟，但此技術性又不能被帝國秩序再次徵用，虛擬網路空間或數位媒體不應該成為再次重建帝國秩序的防火牆與全景控制的監獄，而同時，西方的革命需要進入默化？此二者的同時反向而行，乃是對多種轉化材質的發現，如此才可以讓世界進程得以改變？

　　為何現代性的革命主體與轉化主體，要變小並消失於自己的作品或圖像世界之中？我們這個二十一世紀的自媒體時代委身於虛擬空間的衝動，曾經的革命行動已經轉變為個體化的日常行為，而且成為一種維利里奧所言的「公共情緒的共產主義」？一種普遍性的「暴露癖」？甚至列寧所言的「革命，就是共產主義加電氣化。」——只需把「電力」一詞以「電子」來替代就可！[19]無疑這再次推進了海德格1930年代末期的思考。

　　或者如同福科在1984年《何謂啟蒙》中所言的「花花公子的苦

18 François Jullien: *Les Transformations silencieuses*. 2009, pp.125-126.
19 保羅·維利里奧：《無邊的藝術》，張新木、李露露譯，南京大學出版社，2014年，頁65。

行主義者」，他們不同於班雅明對於現代大眾主體閒散的肯定，而是更爲回到波德賴爾的內在困難，不僅僅如同藝術家在白天閒逛流蕩之後做出自己的作品，而是還必須更爲徹底地把自己的生命或生活本身轉變爲藝術品，在自我塑造與自我創造中，把自己的生命本身轉化爲藝術作品，即通過持久地練習與自我改造，生成出某種個體化的審美生存風格。班雅明這種自身消失的方式就是傅柯的這種自我轉化嗎？

　　還不僅僅如此，自身消失的方式還是與自然的相似性遊戲相關，是主體對於周圍世界的相似性，如同孩子們在遊戲中對周圍世界之物進行模仿，甚至與周圍世界融爲一體，一個藝術家在創造作品時，最終也與自己的作品合二爲一。這種自然的相似性遊戲，正是爲了平衡技術複製的遊戲空間與世界的媒介化。那麼，對於另一個肯定自然相似性的班雅明而言，就不同於波德賴爾對於浪蕩子的發現，不同於電影媒體對於遊戲空間的打開，也不同於傅柯對於班雅明和波德賴爾浪蕩子震驚美學的否定而走向個體生命的審美化，而是把個體生命的審美向著更爲廣大的生活空間擴展，尤其是進入自然化的審美生存空間，如同中國傳統文人美學的「造園」——在園林中聚集與遊玩，不僅僅是個體的審美生存風格，反而是要在一種更爲廣大的自然道場中，生成出一種更爲自然化的審美生活方式，就如同海德格所言的在大地上詩意居住的原初倫理。

八

班雅明的追憶

做一個莊子式的蝴蝶夢？

　　昔者莊周夢爲蝴蝶，栩栩然蝴蝶也，自喻適志與！不知周也。

　　俄然覺，則蘧蘧然周也。不知周之夢爲蝴蝶與，蝴蝶之夢爲周與？

　　周與蝴蝶，則必有分矣。此之謂物化。

── 莊子，〈齊物論〉

　　莊周夢蝶，這可能是人類最早的哲學夢，也是一個最初的哲學事件，準確地說，這是一次哲學「默化」的事件，也許中國哲學一直處於夢想的默化之中，還並沒有解析，哲學還無法進入此夢中。

　　莊周夢蝶：這既是莊周夢爲蝴蝶，也是蝴蝶夢爲莊周；一方面，二者必有區分；但另一方面，二者中更爲神祕的反倒是 ── 蝴蝶夢爲莊周。

　　蝴蝶如何可能夢爲莊周？這幾乎是一個人類不可能回答的問題，這幾乎不是一個問題，這只能默化，因爲彼此還一直處於夢中，這是夢中之夢，如果所有人都處於「夢中之夢」當中，誰可能是覺者？如果沒有覺者，如何可能由此區分？區分與物化的同時性──這是一個詭譎的問題。

　　這並非人類的夢想所能解決。也許人類要重新進入自然之夢。

　　何謂自然之夢？自然如何做夢？蝴蝶因爲夢的力量而可以從蛹突破而蛻化出來，或者蝴蝶因爲彼此夢見，其翅膀才變得如此燦爛幻美？甚至，石頭因爲要去做夢，才會收留周圍世界廢棄之物的形態，而呈現神祕的跡象，此跡象甚至超過了任何人類的藝術作品。

　　也許，莊周就是第一個博物學家，或者就是第一個昆蟲學家，第一個人種學家，以其慧眼第一次發現了很多昆蟲的奇特習性：螳螂、章魚，尤其是蝴蝶，牠們「喜歡」或者「迷醉於」周圍世界其他事物的模仿或擬似（Mimicry）。蝴蝶翅膀的如此豐富多樣，如此美麗繁複，如此燦爛的「無用」又富有「創造性」，就是來自於對於周

圍世界變化的模仿，既然蝴蝶似乎如此「善於」模仿，似乎（as if）如此「喜好」擬似性（Ähnlichkeit），此擬似性或相似性的自然能力，此「無目的「的歡愉與多樣性，難道蝴蝶不可能有一天去模仿人類嗎？既然人類也只是眾多周圍世界中的一種生命存在，這並非不可能！

　　沒有對於自然擬似性的觀察與玄思，不可能有著蝴蝶之夢的書寫。區分與物化，來自於自然自身變幻的啟示。而最為困難的一直都是理解此「蝴蝶夢為莊周」的擬似性事件。佛洛伊德對於夢的還原，可以分析人類回到動物本能的無意識欲望，但卻沒有分析自然生物之間彼此的模仿與擬似性，更沒有分析自然生物對於人類的擬似性。但自然生物界，相互之間的擬似性卻是普遍的行為，而且這也擺脫了「適者生存」的進化論，因為自然生物的模仿，很多時候並沒有什麼目的，蝴蝶的翅膀之多樣性與美麗，竹節蟲擬似樹葉的葉子，幾乎無法區分。很多時候，昆蟲們並不是為了自我保存，只是為了無用的「炫耀」，只是對於周圍世界的擬似「著迷」，卻又富於創造性的活力。或者如同很多的石頭，如同中國人的頑石，石頭上的痕跡，極為相似於某種人為的風景，但其實這是自然自身的技術，是自然的自身生產，是自然毫無目的性的生產，一種康德所言的無目的的合目的性？但這合乎什麼樣的目的性？一種夢想的目的性？

　　石頭是無世界的？當海德格在1920年代末思考世界時（GA29/30），提出三重區分：人類的世界構像（weltbildend）、動物的世界貧困（weltarm）與石頭的無世界（weltlos）[1]。海德格的區分依然還是以有機與無機，以人類為中心的建構思考模式，但面對自然自身的生產，面對石頭自身的書寫，即自然在石頭上留下的「神跡」一般的痕跡，此自然的書寫如何得以思考？「無世界」的石頭

---

[1]　海德格（GA29/30）：《形而上學的基本概念》，趙衛國譯，北京：商務印書館，2018年，頁263。

所形成的「自然化書寫世界」也許比動物世界所打開的深淵還要深廣！

　　西方哲學與神學，儘管區分開「能生的自然」（Natura naturan）與「被造的自然」（natura naturata），但因為有著希臘的人類生產活動（poiesis）與唯一神論的上帝創世的唯一活動，就一直缺乏對此自然自身生產的思考，沒有對自然生物自身的擬似性研究，只是隨著現代人類學與人種學，還有生物學的出現，尤其是法國超現實主義的出現，才發現這個自然自身生產的維度，如同班雅明要回到的人類學唯物主義，其實帶有某種「生物神話學」與「客觀性詩意」的夢想（如同凱盧瓦的研究）。

　　當然，這個自然自身生產的維度，是隨著人類主體無意識的夢想被推到極致後才變得明確起來，這也是為何巴黎被稱為夢想的神話之都，為何班雅明（／本雅明）要花費幾乎十年時間去研究巴黎，甚至不願意離開巴黎，而且在韋伯的現代性去除巫魅之後，還執意要思考十九世紀的拱廊街，就是因為拱廊街保存著十九世紀早期資本主義的集體無意識之夢，還有著神話的殘餘，而在此神話殘餘中，既有著資本主義的享受與幸福意志，也有著波德賴爾詩歌試圖保存的靈暈。

　　班雅明所面對的困難是：面對資本主義越來越走向商品拜物教的傾向，現代性陷入地獄的不可救藥狀態，成為虛假的宗教，神話的原始性與幸福的允諾都消失了，所謂的快感與欲望的享受其實都是被商業廣告所支配；只有再次進入集體無意識，又要避免阿多諾所批判的原始神話巫術以及可能的種族神話。班雅明的回應方式則是進入對「現在」的喚醒，形成了「喚醒的辯證法」：夢幻的無意識與喚醒的意識之綜合，記憶的喚醒即辯證法，去喚醒過去已經遺忘的夢想，去實現幾代人之間隱祕的夢想契約，把尚未實現的過去理解為夢想的無意識，但夢想的實現並非回到過去，而是使之成為「可識別的當

下」，這就是記憶的哥白尼轉向。[2]對於班雅明，電影技術實現了此集體無意識的夢想空間，而且帶來了新的靈暈。但問題也在這裡，因為電影的喚醒只是大眾被動的遊戲，在黑屋子裡的集體觀看，也沒有什麼觀眾的積極參與。即便當代藝術走向數位多媒體的現場浸透式體驗，依然並沒有激發觀眾的積極參與，還是在被設計好的場景中虛幻地遊戲，其中有著無意記憶的喚醒嗎？數位虛擬技術擬似自然的處境呢？是否也喚醒了某種宇宙感？對於班雅明而言，電影院的內在性與拱廊街的內在性如何相關？新的圖像空間與身體空間又如何具有宇宙的共通感？這是班雅明一直尚未實現的夢想？

因此，班雅明所要喚醒的集體無意識，不是個體的無意識自動書寫，也非技術複製的蒙太奇組合之夢，而是必須進入更大的「夢想的文本」——集體無意識不只是人類的藝術，不僅僅是人類的自然歷史化或者歷史的自然化，而是必須轉向自然的自然性這個更大且更為原始的文本，甚至就是真正的「元文本」，這也是面對一個越來越虛擬與破碎的世界，進入自然的「第三記憶」或者「第三技術」，乃是對人類與世界整體共融感的尋求。

人類必須試圖去做動物或者昆蟲的夢，比如莊周夢為蝴蝶，甚至蝴蝶夢為莊周。這是不同於超現實主義、佛洛伊德與榮格的無意識夢想，而是自然的夢想，讓人工的遊戲進入自然的遊戲，幸福的允諾才可能實現？

(一) 凱盧瓦的「石頭夢」：自然自身的書寫

石頭是無世界的？石頭上的痕跡是誰在書寫？那是自然的「無意識」傑作？

2　Susan Buck-Morss: *The Dialectics of Seeing, Walter Benjamin and the Arcades*. Cambridge: MIT Press, 1989.

　　1920年代開始的法國超現實主義，因為受到佛洛伊德無意識與夢想分析的影響，開始面對「無意識」這個活動區域，當然不可能以任何的有意行為來做藝術，既然任何的意圖或者理智的避雷針，都導致無意識的消失，無意識只能以無意識的方式去呈現。這也是為何班雅明後來在1929年只能從普魯斯特的「無意記憶」的寫作方式進入，比超現實主義者更為徹底面對了無意識如何表達自身的悖論。就如同最初的超現實主義者一直認為超現實主義繪畫幾乎不可能，既然任何的繪畫總是要有所描繪與構圖，除非進入自動書寫。

　　其實佛洛伊德的書寫裝置已經指出了痕跡書寫的可能性，這在德希達在《書寫與差異》對此書寫場景的解構中，指出了此無意識底層之為蠟紙的可再寫性，不斷被塗抹，不斷可以再寫，也可以再次映現，但總是保持為不清晰的跡象，只能在能指的遊戲中留下再次塗抹的痕跡（re-trait）。德希達展開此蹤跡的可塗抹性，不可能如同佛洛伊德那樣可以進行清醒地分析，而總是有著不可還原的剩餘，即夢之中還有著夢，生命一直活在夢想的殘餘中，不可能徹底醒來。離開了幻象，生命就沒有存活的欲望，所有的現代性思想都試圖穿越此幻象，無論是拉康的「小對體」，還是齊澤克的「污穢」。

　　但如果無意識保持為無意識，如何可能言說自身？即便有著超現實主義的自動書寫與繪畫，這也還只是莊周夢蝶的一面，那蝴蝶夢為莊周的另一面呢？如何可能顯現？這需要另一種理論思考，這需要進入自然自身的自身之思。

　　自然如何思考自身？自然如何夢見人類？這幾乎是不可能之思，也是哲學從未之思，思之未思在於：自然如何思想自身？自然如何夢見人類？

　　石頭如何做夢？石頭會夢見什麼？整個中國文化似乎都是在做一個奇怪的石頭夢：從女媧的煉石補天，到石頭的山水畫，到孫悟空的石頭出生，直到最後一部小說《紅樓夢》（本名《石頭記》），石，石頭，其實乃是中國文化之具有「補救性」或「救贖性」的根本基元與胚胎，如同西方的哲人石。

　　超現實主義回應夢想無意識的基本手法，就是要擺脫一切現存的
句法與邏輯，擺脫主體的意識行為，任憑偶然性的聯想與觸發，甚
至幾個人同時書寫，打破個體意志的控制與同一化條件。尤其是當
1920年代末期，隨著達利與唐格宇更為自覺利用夢幻的變形語言來
表達無意識，讓夢幻繪畫的圖像化變得可能。

　　當班雅明1920年代末期再次來到巴黎時，作為超現實主義的
崇拜者，作為社會學院的旁聽者，以及作為普魯斯特的譯者與認同
者，他如何面對此無意識書自動書寫的優點與困難？在班雅明的關注
中，超現實主義與夢想的喚醒的關係在於：1.面對資本主義拱廊街的
迷夢。2.回到個體無意識的自動書寫，為了革命從迷醉中吸取力量。
3.如何更為徹底還原到無意記憶？普魯斯特的相似性書寫提供了轉化
的契機。通過思考此無意記憶與相似性的感通關聯，班雅明走向了
自然的相似性，這就走向了1933年論模仿與相似性的教義短論。而
如何具體展開自然的相似性這個方向，班雅明還需要一些相關的準
備，這是凱盧瓦（Roger Caillois）也同時開始的思考方向，打開自
然自身的生產方式。

　　儘管有著對於佛洛伊德無意識的自動書寫式轉化，但還要面對更
為內在的麻煩，那就是精神病人，比如神經衰弱患者，帶有一種生物
所有的自我毀滅衝動，回到無機物死寂狀態，與周圍環境的徹底相
似，導致與空間的徹底合一，而陷入自我的麻痺。而在無意識的自
動書寫中，其實還是有著主體欲望的表達，身體向著夢想的還原。
但是，那個無意識的模糊性與抹消一切印記的蠟紙呢？它到底是什
麼？這是一層有著自然性自身生成的「蠟紙」，此蠟紙之所以可以不
斷生成，乃是因為這是一層自然自身生產著的材質，一種奇特的質
料，如同柏拉圖的chora，具有可塑性與可再生性，儘管德希達後來
意識到此chora的重要性，但他並不願意走向自然生產的思考，而是
更為推崇技術的重要性，因此也還是在法國超現實主義的內在困境之
中。

　　與超現實主義同時，還有著巴塔耶與凱盧瓦為代表的社會學院，

二者有著交叉關係，但是也有所不同。這個不同在於，巴塔耶肯定禮物的巨大浪費與消耗，來超越交換的邏輯與資本主義拜物教，並走向「卑污的唯物主義」，以「大腳趾」形象來超越布勒東的內在無意識活動，凱盧瓦與之一道，走向了「客觀化的抒情」（自然自身的客觀性與命定性），而非主觀化的欲望表達。

但是，蝴蝶夢為莊周呢？這是更為弔詭的轉化。因為它是不可能的，我們是人類，我們怎麼可能知道蝴蝶夢為莊周？除非莊周在夢為蝴蝶時──再一次處於更大的夢中──這個已經成為莊周的蝴蝶──再次夢想成為莊周？這是一個連貫的夢想的邏輯？「蝴蝶」，在這裡成為夢想的居間人與材質，蝴蝶之為變幻的蝴蝶軀體，乃是一種夢想的材料，儘管人類軀體與蝴蝶軀體有著「區分」，但是，因為蝴蝶軀體乃是一種夢想的材質，自然的共通材質，就提供了「物化」的條件。蝴蝶之夢，乃是夢幻的轉化「器官」或「機體」！也許中國文化比其他所有文化都更為早發地發覺了此自然軀體，發現了此自然化的感通材料與生命整體修復的元素，而一直保持了人類與自然的原初感通，就如同猶太人一直保留了與彌賽亞救贖記憶的未來關聯。

也就是說，對於班雅明而言，超現實主義只是打開了一半的維度：莊周夢為蝴蝶，進入了無意識的地帶；但是，那另一半，蝴蝶夢為莊周呢？卻是超現實主義無法思考的變形，這不再僅僅是無意識中如何有著無意識書寫的悖論。讓蝴蝶夢為莊周才是真正的轉化，這是更為普遍性的轉化，這是自然的再生性，而人類已經不再是自然了，只有發現一種感通的材質，夢想的材質，生命整體復原的材質，才可能思考深度物化與夢想契約的可能性。

進入自然化的書寫，進入石頭的夢想，讓自然來為，乃是更為徹底地還原到自然的相似性或擬似性，進入自然的相似性，因為其「擬態」的廣泛性，我們也稱之為「擬似性」（semblance of mimicry），但不同於鮑德里亞所思考的虛擬技術的擬似性（simulation與simulacres）。如同蘭花擬似為蝴蝶，螳螂擬似為蘭花。其中有著超現實主義者對於祈禱螳螂的迷戀與閹割恐懼，但是在凱盧瓦那

裡，對於自然生物，尤其是「祈禱螳螂」的形態學思考有著巨大的啓發性，這也是班雅明與阿多諾也討論過的相關文本。[3]如同阿多諾所言，凱盧瓦對於生命本能的生物學還原，不是如同佛洛伊德那樣使之消融在內在意識中（in Bewußtseinsimmanenz auflöst），不是通過象徵而被抹平（nicht durch 'Symbolik' verflacht），比如榮格等人那樣，而是從其現實性（Wirklichkeit）而來；精神分析的新傾向不是來自於個體自動化的意識生活（auf das Bewußtseinsleben des autonomen Individuums），而是被導向與還原到肉身的事實（auf reale somatische Tatbestände zurückzuführen）， 儘管凱盧瓦的思想中隱含著某種危險的隱祕法西斯主義自然信念，但阿多諾明確指出了，凱盧瓦的生物學還原，並非佛洛伊德的愛欲或者死本能，而是比無意識內在意識更爲本源也更爲物質化的還原。自然擬似性的各種偽裝遊戲所揭示的眞相在於，這是動物的原初恐懼直接烙印在了原始人類的集體無意識之中，其客觀的命定性與人種形態學還原，與歌德的植物形態學一道，乃是生命的自然化還原，比超現實主義與精神分析更爲徹底。

不同於西方古典時代的藝術家與超現實主義者，他們還是試圖通過創造出作品來傳達無意識的欲望，對於凱盧瓦而言，在面對藝術家創作的藝術作品與自然自身的自然生成時，不再是讓自然物相似於藝術品，而是要施行一個奇特的逆轉：

---

[3] Roger Caillois: "La mante religieuse. De la biologie à la psychanalyse," in *Minotaure* 5 (1934), Roger Caillois, "Mimétisme et psychasthénie légendaire," in *Minotaure* 7 (1935), 這兩個文本後來收集起來，在《神話與人》一書中（Roger Caillois: *Le Mythe et l'homme*, Paris: Gallimard,1938），凱盧瓦把幾個方面結合了：peinture-arts plastiques-poésie-musique-architecture-ethnographie et mythologie-spectacles-études et observations psychanalytiques.儘管受到社會學院Michel Leiris的影響，但凱盧瓦給出了自己的轉換，走向昆蟲的人形學，客觀的抒情性與自然自身的書寫，是自然美——自然自身的生產與痕跡，而非藝術美，才是瞭解自然化生命的本源。

　　將此一並置揭示出來是必要的，至少它帶來了一些奇怪的逆轉。我們看到，現代畫家們第一次嘗試放棄精確地再現他們的理型，完全拋棄理型並竭力避免任何形式的表現。而石頭上的標識則被認為是那並不代表任何東西的事物中最有趣的一種。然而與此同時，那些似乎描繪著某種東西的罕見石頭又重新受到了青睞。奇怪的是，「自然」本身並不像藝術那樣繪畫任何相似，卻有時製造出這樣做了的錯覺。而一貫擅長描繪相似性，以至於無可避免地將之附會為一種天然的職業的「藝術」，卻放棄了它的傳統，轉向模仿自然的形式創造。他們孜孜以求的這些形式，大自然比比皆是，沒有預謀，沒有理式，一切渾然天成。[4]

　　此逆轉在於回到自然自身的生產，比如蝴蝶翅膀的擬似性遊戲，凱盧瓦比較了蝴蝶翅膀到底是有用與無用的觀點之後，指出了自然生產的無用性：

　　至多而言，這就是一個關乎全然無用之特徵的問題，在邏輯上，如果有人將這一推理作為穆式擬態論證的基礎，這將會不留餘地地成為一個破壞性現象。（因為）實際上，它同樣也會導致對捕食者的訓練，捕食者可以以這樣的方式更快地習得如何辨認好吃的蝴蝶。在它的欲望之下，根本沒必要在不同的、令人困惑的圖案之間猶豫不決：事實上，所有好吃的獵物都體面地穿戴著一模一樣的制服。如果這一機制在一種情況下是有用的，那麼在其他情況下就一定是頗具破壞性的。我們最好假定，在這兩種情況下，它都是無用的，並且放棄任何有關穆式擬態之有用性的觀點。[5]

---

[4]　Roger Caillois : La Lecture des *Pierres, L'Écriture des pierres*. Paris : Gallimard, 2015, p. 249.

[5]　Roger Caillois: *Méduse et Cie*. Paris: Gallimard, 1960, p.88-89.

　　在動物的模仿與變形中，在蝴蝶翅膀的美麗形態中，某種「如畫」的形態中，根本就沒有什麼實用性！就是一種遊戲，一種嬉戲，一種無用的生產，自然無目的性的慷慨炫耀，甚至是一種危險的奢侈與浪費。但此遊戲，是自然相似性的遊戲，不是班雅明所言的複製技術的遊戲。蝴蝶的翅膀，無限繁多的顏色與形狀，就是模仿周圍的自然物而變得豐盈，這並沒有什麼目的，不是適者生存的自然法則，而是自然自身的豐富性與能產性，就是自然自身的無意義生產遊戲。如同後來凱盧瓦去研究石頭的自然書寫，那些痕跡與跡象，其實並沒有什麼指向性，所有的圖像識別都是人類後來的投射。這是無目的與無意義的自然化工作，是自然之爲藝術家，是宇宙時間持久的剩餘物。就如同康德的無目的的合目的性？如同康德說花朵之爲自由的自然美，確實是自由的，但也是沒有目的和概念的，卻有著豐富的顯現，這只有在自然的自身生產與大美中才體現出來。這是凱盧瓦所認識到的人類行動與昆蟲行爲的相似性，這是一種模仿的魔術（magie mimétique），如同班雅明所強調的元語言的魔術性。如此才發現與打開了自然模仿自身的藝術，喚醒了自然的魔術或者自然的技術。而班雅明思考第一自然與第二自然，第一技術與第二技術的差異時，其實已經觸及到此問題，卻並沒有如此明確。

　　而在凱盧瓦那裡，已經發現了此可能性，這是自然的擬似性與變形記（metamorphosis），正是從此自然的擬似性與變形出發，人類的擬似性乃是雙重的行動：一方面，人類模仿一切，人類可以模仿自然，人類也模仿類自身，這也是亞里斯多德以來的西方模仿理論，主要是人類的模仿行動與戲劇化表演，或者肯定模仿或者反對模仿，主要集中於人類之間模仿的競爭性（如同吉拉爾在現代的徹底思考）。但另一方面，人類如何讓自然模仿自身？讓自然模仿自然的同時，也還模仿人類？自然模仿自身，這是自然自身的模仿，人類如何學習這個第一自然的自然生產性？這是一種什麼樣的藝術？不同於第二自然的人類社會——人類模仿人類行動的模仿，也不同於第二技術——人類的複製遊戲，而是要讓第二技術的複製遊戲與自然相似

性的自身生產相互遊戲，與自然自身複多化且無用的相似性模仿結合，讓兩種模仿重新結合，即讓模仿的兩個要素：相似與遊戲重新結合起來，形成「第三技術」。班雅明試圖去實現但一直尚未明確的工作。當然班雅明給出了一些暗示，這是面對第二技術與自然的關係時，手稿中的一些片段：「藝術是對自然的改善，是模仿，對最為隱藏的內在自然是一個示範。藝術，換一句話說，是完成的自然。」這裡的完成並非已經做完，而是一個無盡的過程，尤其是針對已經死亡與廢墟般的自然，其中有著彌賽亞性救贖的訴求，就如同遊戲與相似的歷史辯證法展開過程。[6]

這就是雙重的模仿：一方面，人類要模仿自然，不是模仿人類；另一方面，則是讓自然模仿人類，這個「讓」乃是「讓自然來為」，讓自然模仿人類。如何有著這樣的雙重書寫與模仿遊戲？這是去發現自然的質料，自然的共通感，比如蝴蝶的翅膀，並向著兩個方向展開：一方面，人類自身進入自身的自然性，這是身體進入自然性的感受，如同波德賴爾所言的感通；另一方面，則是人類進入自然的自然性，進入更為徹底的自然性，再度激發自然的潛能，讓自然模仿人類，不是人類模仿自然，而是自然模仿人類，如同蝴蝶之夢為莊周。

石頭是無世界的嗎？石頭的夢想會如何？

後來，凱盧瓦還發現了「石頭的書寫」——石頭上的風景痕跡——似乎是模仿人類的景觀，但其實根本無意，但人類又可以反覆投射某種擬似物，這是自然本身的自身生產與開放性。

但在凱盧瓦看來，有著危險，因為擬似性會導致這個生物完全相似性於空間本身，只是為了單純的相似性，超過自身，與空間合一，可能導致解除人格化，如同佛洛伊德所指出的死本能。如同把人的存在轉換為一朵花或一個植物，如同電影中，一個殺人犯幻想自己

---

6   W. Benjamin: *Walter Benjamin-Handbuch, Leben-Werk-Wirkung.* 2011, S.248.

成為了蝴蝶或者動物。當然，也可以反過來，一個動物成為人。

不只是蝴蝶夢，對於凱盧瓦，甚至，石頭也做夢，而石頭——也許最為體現班雅明所言的自然的消逝性與永恆性：一方面，石頭乃是自然災變後的剩餘物，有著自然對「任一物」的作用；另一方面，石頭上的紋理痕跡，是自然億萬年留下的無名作品，甚至是傑作，超過了所有人類的藝術品，體現出永恆性。因此，石頭開花，或者石頭做夢，乃是自然的彌賽亞生成，向著不死性的生成。當發現一塊玉石，如同優美的精靈顯現，似乎就是自然不死性的顯現。

這是石頭上的雲煙圖像帶來的相似性想像，其中有著奇蹟般的夢幻，但這並非上帝的奇蹟，而是自然自身的傑作，每一個形象都是不朽的見證，只是記錄了時間的永久性，但又無法記憶。

而且，石頭之成為作品，之為做夢的石頭，還可以化解現代藝術的危機：成為無用的藝術。杜尚（／杜象：Duchamp）的「現成品」（ready-mades）的出現，既肯定了任一物的尊嚴價值，但也導致了「無作品性」或作品的拒絕；既觸發了一種非生產性的藝術，但也導致了藝術本身的危機，即任一物都可以成為作品，也導致作品的取消，因為現成品也只能做一次。

但如果自然物成為了現成品呢？是否可以化解人造物現成品帶來的危機？這是凱盧瓦通過中國文人美學所展開的了不起的發現：

其次，這些石頭都沒有被標記：它們是自然的奇蹟（miracle de la nature）。令人感興趣的正是這種形式的相似性，而不是作品的美學價值。沒有藝術家擁有這一（必然有爭議的）想法：只通過親自挑選這些物品——就像後代的馬塞爾・杜尚挑選人工製品——來將這些物品提升到個人藝術作品的等級。僅憑藝術家邀請觀眾從一套新法則的視角喜愛和欣賞最瑣碎的顯現這一點，這種提升改變了被發現物品的本質和命運。杜尚膽量的本質就在於，他承擔了在任何物品上簽名的責任，儘管這些物品可能不是他做的。但是，杜

尚揭示出它是一個可以喚起藝術情感的作品，如同技藝精湛大師的繪畫那樣。通過這一行為，杜尚就把這件物品據為己有了。

馬塞爾‧杜尚並不是第一個介入這一道路的人。在十九世紀中期的中國，一位藝術家可能會挑一塊吸引他的帶有標記或紋理的大理石板，修剪並加框，給它一個標題，然後蓋上自己的印章。通過這樣做，他佔有了這塊石頭，好像它們是真的繪畫一樣，把它變成了一件他擁有的藝術品。我已經發表了一份這樣的研究和相關樣品，中國人稱這些石頭為夢石。[7]

是的，這是石頭的夢，似乎石頭渴望被詩人標記與簽名，成為這個文人的化身，中國的文人也崇拜石頭，拜石頭為兄弟（凱盧瓦當然也注意到了這些傳說）。中國文人的這種標記方式，在凱盧瓦卡那裡，不同於西方藝術家從已知圖像中尋找相似性，並改造石頭的痕跡，使之成為某種象徵化的圖像。中國藝術家僅僅只是給予一個標記而已，這是一種與西方相反的相似性，讓自然來顯現自身，並不激發我們已有的記憶，而是超越我們的記憶，走向永恆的記憶或宇宙的記憶。

由此現成品的石頭，在凱盧瓦看來，甚至超過了杜尚的現成品，儘管現成品也是任一物（主要是人造物）被打上名稱或簽名標記而成為了非藝術的藝術品，但卻只能做一次，而且基本上被拋棄，不應該成為作品。但對於中國文人，自然物，比如任一石頭，都可以被蓋上印章後，成為藝術品，或者就是把石頭擺置在幾案上，成為「雲屏」，成為裝置類作品，成為日常詩意之物，在臥榻之邊，這些石頭進入詩歌的詠歎，這些沉默的石頭會陪伴詩人的夢，這同時也是石頭的夢想，但卻具有自然的豐富性與無用性。

凱盧瓦敏感地指出石頭也激發幻象，並可以作為救贖的法器，讓

7　Roger Caillois: *Méduse et Cie.* 1960, S.63.

必死者抵達不朽的神聖境界，其中也有著一種神祕的「入迷」——似乎要成為石頭，成為石頭的夢想：

在一些東方傳統中，人可以從古樹根、山岩、脈狀或孔狀石頭的奇形怪紋中得到開悟。此物可似山脈，可比峽谷，可類洞穴。它們化長空於一隅，納萬古於一瞬。它們是長久冥思遐想和自我催眠的對象，是抵達狂喜的門徑，也是與現實世界促膝而談的法門。聖人以冥思遁入其中並陷於迷途。傳說聖人再也不會重返人類的世界：他已入不朽之神境，自己也成為了一個不朽的存在。

通過石頭而進入不朽，就如同中國文人通過自己的所造物——繪畫——不再僅僅是人工產物，而是因為其相似於自然，其利用了自然材質，水與石頭，都是蝴蝶一般的夢想材質共通體，中國文人就可以消失於此圖像之中，就可以在現實世界穿越現實，或者是冥思或者是自我催眠，進入了不朽的存在之境。

凱盧瓦認為：「就像天才之作都是獨一無二而不可替代的一樣，每一塊石頭都是一種無用而無價的所在，經濟規律對其來說，只不過是一種徒勞。」凱盧瓦並不認同現代科學的假設，即認為自然總是以最大的經濟原則導向最實用的目的，但其實大自然並非吝嗇鬼，而是浪費的礦井與奢靡的盛宴，大自然似乎為了看到自身，而激發出無盡幻象的元素，這是自然自身的無意識之夢，就如同巴什拉（Bachelard）在《夢想的權利》中發現，睡蓮借助於水的眼睛與反射而更美，世界由此獲得對自己美麗的原初意識，或者如同Portmann所發現的，自然中存在著一種不具功能性的合目的性，有一種無觀眾的自行顯現，有一種無所對也無觀眾的顯現，成為一種無接收目標的自身顯現。而人類從自身創作的作品出發所形成的藝術作品的美學感知，可能只是眾多表現形式中的一種而已。

(二) 班雅明的「蝴蝶夢」：感性的相似性與非感性相似性的感通

石頭會做夢，當然蝴蝶也會做夢。這是莊周的蝴蝶夢，莊子之夢，從來不僅僅是他一個人的夢想，這是哲學本身之夢，是哲學自身的夢想，是思想的事情。

莊周夢蝶，既要莊周夢蝶，又要蝶夢莊周。如此的雙重書寫如何可能再次實現？班雅明在《柏林童年》的自傳書寫中，借助於普魯斯特的無意記憶與中國道家的即刻幻化，進行了變異轉化。

要實現如此的雙重書寫，班雅明不得不借助於異域的想像方式，中國藝術由此出場。因爲中國藝術就是一直在面對著二者的關聯：一方面，是模仿自然，進入一種夢幻的書寫中，如同超現實主義的自動書寫，這是一個中國書法家持續幾十年的書寫活動後，進入肌肉記憶，進入無意記憶，放棄習慣的程式化，才有晚年的衰年變法，進入自身身體中的自然，讓自身身體的自然性或無意識動作相互作用，且不斷啓動，才可能不斷激發新的變化；另一方面，則是讓自然來爲，對於中國水墨藝術家而言，這是讓材質的自然性，無論是宣紙的空白、水性墨性的流動性，還是自然的混沌，都走向一種律動的節奏，是在一種煙雲變化又有著節奏的書寫中，讓自然具有某種意境，此意境，就是自然向著人類的生成，儘管並非只是一種具體的生成，而是一種可能的生成。這是自然向著人類生成，自然也包裹人類，自然環境與人類身體的合一。

中國文化「似與不似之間的感通」（correspondence between semblance and unsemblance / correspondence between sensuous similarity and nonsensuous similarity）原理，之爲雲—煙式的書寫，也是班雅明1938年觀看中國繪畫展覽時直接感受的「思想圖像」[8]：

---

[8] 班雅明：《迎向靈光消逝的年代》，許綺玲、林志明譯，2004年，頁148-151。文字有改動，括弧中的語句爲筆者所加。

　　中國書法──或稱「墨戲」（«jeux de l'encre»，也是遊戲？──這裡和餘下的括弧中的注釋爲筆者所爲），這裡我們借用一個社保斯克先生用來描述繪畫的字眼──的呈現，因此具有卓越的動態性。雖然這些記號有其固定的聯繫和形式，但它們所包含的多種「相似性」（ressemblances）卻能給予它們動態。這些虛在的相似性（Ces ressemblances virtuelles）在每一筆之中都得到表現，形成一面鏡子，使得思想可以在這種相似或共鳴的氣氛中得到反射（forment un miroir où se réfléchit la pensée dans cette atmosphère de ressemblance ou de résonance：相似性的氣氛與迴響，不就是中國文化的氣韻生動？不就是與自然的靈暈相通？這還是有待於再次展開的主題）。事實上，這些相似性之間彼此並不互相排斥；它們交織纏繞，並且構成一個誘發思想的聚集體，正如微風吹過凝視的面紗（De fait, ces ressemblances ne s'excluent pas entre elles ; elles s'enchevêtrent et constituent un ensemble que sollicite la pensée comme la brise un voile de gaze.相似性：既包括感性的相似性也包括非感性的相似性，而面紗的隱喻再次出現，也是回應歌德論文中的面紗之相似性之美）。

　　中國人稱這種描寫爲「寫意」（peinture d'idée：理型的繪畫，此理型並非柏拉圖的不變的理型，而是自然的變化），正是特具意義。形象就其本質，即包含某種永恆（éternité）。這永恆表達於筆劃的固定性和穩定性之中，但它也可以用更微妙的方式來表現──將流動和變化融入形象之中（fluide et changeant，這裡的永恆性、流動與變化，也是與《神學政治的殘篇》論文中所討論的自然的時間空間相關，當然其中也有著運動與穩定的辯證法）。書法的完整飽滿便實現於此融合之中。它以「思想─形象」的追求爲其出發點。沙爾先生説：「在中國，繪畫藝術首先是一門思想藝術（l'art de peindre est avant tout l'art de penser，這裡有著班雅明的深刻發現，中國繪畫如何成爲一種思想的藝術？這還是中國傳統從

未有過的，西方也是從現代性以來，在塞尚那裡才把繪畫變成一種
與自然相關的思想）。」而且，對中國畫家而言，思想，意味著以
相似性來思（penser par ressemblance，班雅明特意指明了這個相
似性對於中國畫家與中國思想的重要性，可以聯繫之前的感性的與
非感性的相似性）。正如在另一方面，對我們來説，相似性只在
閃電般的片刻中出現（la ressemblance ne nous apparaît que comme
dans un éclair，這就與「辯證圖像」的瞬間閃爍相通），而且相似
性的觀察正是最稍縱即逝的事物，這些繪畫的稍縱即逝性格和深
沉變化性質，以及它們對眞實的深入（pénétration du réel），兩者
間變得難分難解。它們所固定的，只是流雲的固定性（la fixité des
nuages）。它們眞正的和謎樣的材質便是變化，正如生命本身（Et
c'est là leur véritable et énigmatique substance, faite de changement,
comme la vie.這裡的實體就是自然化的材質共通體，而且一直處
於變化中，但又與生命相通，這個充滿了謎一樣的關係還有待展
開）。

　　山水畫家爲何長壽？一位富於哲思的畫家提了這個問題。「以
煙雲供養故（C'est que la brume et les nuages leur offrent une nour-
riture.班雅明以其無比的敏感，當然也來自於一些漢學家或者藝術
史家，比如Arthur Waley與Sirén，還有瓦雷里與林語堂等人的啓
發，發現了中國藝術的祕密，這是生命的養化，因爲自然與人類共
有感通的材質：呼吸或氣息）。[9]

　　這裡，石頭也會做夢，這裡，石頭的固定與煙雲的流動相關，形
成中國文化「石如雲動」的世界構像，這也是另一種的石頭夢？班雅
明無疑已經體會到了！

---

[9]　W. Benjamin: *Gesammelte Schriften IV.* S.602-604.

　　在這篇一直沒有被西方學者關注的短文中，班雅明已經指明了中國思想與相似性語言理論之間的內在關聯，這是對於相似性或擬似性（penser par ressemblance）的思考：一方面是感性的相似性，另一方面則是非感性的相似性；非感性的相似性乃是以人類的記號語言向著自然性還原；而感性的相似性，則是自然的相似性，一直保持著鮮活的變化。如同我們的出生時刻被星象圖所決定，班雅明認為對相似的感知在任何情況下都與星體的閃爍相關，儘管像星座裡的星星那般稍縱即逝，因此對相似性的感知和瞬間緊密相連，煙雲變滅也是另一種相似性的思想圖像（l'image-pensée）[10]。參考占星術就足以使非感官性的相似的概念變得更加清楚明晰，這是個體與星座的一般性直接發生感應關係，如同波德賴爾試圖思考的感通或通感。但隨著人類

---

[10] W. Hamacher: *The Word Wolke—If It Is One.* Studies in 20th Century Literature (STCL.): Vol. 11. No. 1 (Fall. 1986), Johns Hopkins University. 哈馬歇分析了班雅明文本中關於「煙雲」的變形以及非感性的相似性，但並不充分，參看Heinz Brüggemann: Walter Benjamin über Spiel, Farbe und Phantasie. Würzburg: Königshausen & Neumann, 2007. 此外，需要指出的是，班雅明對於煙雲與靈暈的思考無疑來自於克拉格斯的直接啓發，在後者的著作中（Ludwig Klages:Der Geist als Widersacher der Seele, Bonn: Bouvier Verlag Herbert Grundmann, 1981.S.845），克拉格斯直接討論了Nimbus（光輪與雲雨，或雲彩的閃耀）與Aura的關係，作為原始圖像，是對宇宙空間的象徵，在去遠與接近之間拉開張力，而且形成了一道閃耀的面紗（leuchtenden Schleier），讓事物進入顯現時，保留了浪漫主義充滿預感的無限性。而且因為此靈暈的轉化（Wandlung），其有限的形式與顏色和明亮並不穩定，其圖像也一直處於可轉化之中。在該書中也有討論荷爾德林的乙太的大氣與靈暈的關係，還有人的性格與氣氛的關係，克拉格斯這本1920年代出版的著作其實深深刺激了班雅明在1930年代直接面對靈暈。值得強調的是，克拉格斯對於班雅明的影響可能超越了所有其他人，儘管就如同與施米特的關係是一種危險的親密性，因為反猶主義與法西斯主義，克拉格斯的危險可能要小很多，但克拉格斯與班雅明的關係依然還有待展開，如果自然與生命，按照妥拉的每一個段都有著四十九層含義的說法，在班雅明那裡，這兩個詞也有著四十九層意義，其中大都與克拉格斯相關，直到後期拱廊街的寫作，儘管看似參照榮格，其實是來自於克拉格斯，巴霍芬的母系社會與卡夫卡的前世界，宇宙的相似性與感通性，其實也是來自於克拉格斯。

的進步，我們不再能夠直接感知星座的普遍性或者理型，不再能直接感知宇宙的相似性了，不再具有整體修復的能力，而只能通過語言這個媒介這非感官的相似性。

但中國文化，無論是象形文字還是繪畫藝術，都保留了感性的相似性與非感性的相似性，即似與不似之間的關聯，就如同「龍」——並不現實存在的中國式思想形象：一方面，「煙」的不確定變滅——神龍見首不見尾——「龍」藏於煙雲之中，乃是不相似（成爲純粹形式化的雲紋），而「雲」則具有感性的相似性聯想（甚至成爲「龍雲」的固定化等級制符號體系），就充分體現了「好似」與「好像」的宇宙原初通感性，如同牟宗三所言的「精靈的感通論」。

對於班雅明，一方面，中國畫家最後要走入畫中；另一方面，中國的煙雲要成爲神仙，要獲得節律，或者如同煙雲的雲層成爲瓷器，成爲姆姆類仁；二者的感通在於材質機體的可塑性與可再生性。在班雅明發明的孩童形象中，「姆姆類仁」就如同卡夫卡的「奧德拉德克」，乃是多重變異與感化的書寫形象：一方面，是非感性的相似性，「姆姆」作爲聲音擬聲詞有著感性的相似性，但成爲「類仁」，成爲「裡面」，成爲銅版畫的「印刻」，就是非感性的相似性了；但另一方面，則是「姆姆類仁」之爲雲彩，使我與周圍之物相似，讓我自己捲入其中，這就是凱盧瓦所分析的生物的相似性，最後徹底委身於空間，與空間合二爲一，而消除了自我意志。我自己捲入畫中，一片色彩讓我捲入到了瓷盤中，自己與瓷盤無異，這是相似性最爲徹底地遊戲，是相似性與遊戲的內在合一，其中可感通的材質才是夢想的機體與轉化的居間人。

最爲明確的一段，還出現在《柏林童年》中的〈捕蝴蝶〉一節，這是來自於班雅明自己的書寫，是班雅明對於卡夫卡的改寫（「數一數卡夫卡文本中的蝴蝶吧」，這是1934年論卡夫卡文本中的句子），可能也是對於莊子的改寫，「蝴蝶夢」一直在那裡，等待著重寫。

在大約同一個時期，此1931年的初稿與1938年簡約化的定稿

中，〈捕蝴蝶〉這一節幾乎沒有什麼改變，班雅明給猶太友人蕭勒姆的書信中寫到了卡夫卡寫作的命運：卡夫卡和布伯一脈相承，這就像在網裡捕蝴蝶，其實翩翩飛舞的蝴蝶在網裡投下的只是影子。而卡夫卡無疑是知道莊周夢蝶的這個故事。那麼，班雅明在兩個處境中切換：一個是卡夫卡的寫作，被《城堡》的不可能空間所誘惑，成爲動物是最好的生存姿態，比如蝴蝶；一個是莊周夢蝶，這個擬似性的極大誘惑，觸發了自然的幻象。如何同時轉化二者？

這是班雅明自己寫作的蝴蝶夢與幻化，這是與中國文化「即刻幻化」之無限接近的書寫想像方式。

那個古老的獵手格言開始在我們之間起作用：當我肌肉的每一根纖維都調動起來去貼緊那個小動物，當我自己即將幻化爲一隻飛舞的蝴蝶的時候，那蝴蝶的一起一落就越來越近似人類的一舉一動，最後擒獲這隻蝴蝶就好像是我可以重新成爲人的必須代價【je mehr ich selbst in allen Fibern mich dem Tier anschmiegte, je falterhafter ich im Innern wurde, desto mehr nahm dieser Schmetterling in Tun und Lassen die Farbe menschlicher Entschließung an und endlich war es, als ob sein Fang der Preis sei, um den einzig ich meines Menschendaseins wieder habhaft werden könne】。

這段捕蝴蝶的具體事件，難道不就是莊周夢蝶與蝶夢莊周的改寫：第一個句子是我自己幻化爲一隻蝴蝶；第二個句子則是蝴蝶近似於人類。下面的敘述則是彌賽亞式書寫的變異轉化了：

那片蝴蝶飛舞其中的空氣今天被一個名字浸透了。幾十年來我沒有再聽任何人提起過這個名字，我自己也從未說起。這個名字中蘊藏著成年人對於孩提時代一些名稱的無法探究，多年來對這些名字的沉默使它們變得神聖。飄滿蝴蝶的空氣中顫顫巍巍地響起這個名字：布勞郝斯山。在布勞郝斯山上有我家的夏季別墅。但是這個

名字失去了重量，和「釀酒廠」已經毫不相干了，頂多就是一座藍色煙霧繚繞的山丘。一到夏天，這座山就從地面聳出，成爲我和父母的住所。因此，我童年時代的波茨坦的空氣是那般地藍，就像利摩日城的琺瑯碟，藍色霧氣中的悲衣蝶、將軍蝶、孔雀蝶以及晨光蝶彷彿散布在琺瑯碟上，通常這種碟子都在深藍的底色上襯托著耶路撒冷的屋頂和城牆。[11]

　　在這些語詞之間，班雅明的書寫建立了感性的與非感性的相似性的內在關聯：藍色（Blau）、釀酒場（Braeu）、釀酒山（Brauhausber）、牆（Mauern）、藍色空氣（blauer Luft）、深藍色底色（dunkelblauen Grunde），這些語詞之間在發音與字形上有著感性相似性的迴響，但其不同與不相干的語義卻是非感性相似性的轉化。在夢想的機體感受中，空氣中充滿了蝴蝶，以及與藍色相感，因此整個空氣充滿了藍色的顫慄，此顫慄的藍色空氣與一個名字相關：釀酒山（山石之爲石頭，也是另一種的石頭夢），其中有著藍色相似的發音，名字與藍色空氣，與蝴蝶的藍色，煙霧繚繞的藍色空氣相互感通，直到成爲一個瓷器上的各種藍色化的蝴蝶，而此藍色蝴蝶又映照出耶路撒冷的城牆。這是名字相似性的變形記（metamorphose），這也是相似性的愛意，相似性的救贖性是在世界上去喚醒無盡地愛意，經驗之爲經驗（Erfahrung）也是去活在相似性之中，活在質料共通體的感知轉化之中，如同普魯斯特式的寫作，整個相似性的通感展現的並非某一個對象事物的美感，而是一個遊動的場域，一個虛托邦式的場域。相似性的延展，似乎隱含著某種宇宙記憶的救贖性？藍色空氣迴響著一種無意記憶的自然書寫，如同植物之間，如同父子之間，發現宇宙最遠事物的相似性關係，不就是宇宙學的至高原則？

---

[11]　班雅明：《柏林童年》，王湧譯，2010年，頁20-21。

　　對於班雅明，蝴蝶飛舞中的空氣，還被一個名字浸透與改變了，它指向煙霧，但此煙雲的空氣中的顫動，與藍色相關，而此藍色乃是法國中部城市生產的景泰藍或瓷器——也可以與中國瓷器聯想起來——如同〈姆姆類仁〉中的中國花瓶或者瓷器，而這碟子會在深藍色底色映襯下展現出耶路撒冷的城牆。這即是自然的彌賽亞化！蝴蝶在藍色空氣的顫動中——感性的相似性，在名字的聯想中——非感性相似性，蝴蝶就幻化爲耶路撒冷牆的名字，轉換爲救贖的象徵，這是蝴蝶的彌賽亞化！自然在不斷的變形轉化中，生成出救贖的渴望！

　　班雅明個人的蝴蝶夢，孩子氣的蝴蝶夢，這個「孩子性」在歷史的經驗之外，也是未來與拯救的種子，因爲這是生命感通與整體復原的「胚胎」機體！如同阿多諾在論卡夫卡時所言，現代性的孩子形象乃是希望之所在，乃是對於歷史的無知，但希望已經饋贈給他們，他們已經是希望，以至於並不尋求救贖。或者如同班雅明在思考收藏家的行爲時所相信的，對於孩子們，有無數種不會失敗的辦法，讓存在實現其更新。孩子們的模仿方式在知覺與行動之間建立了更爲本源的聯繫，這是中國文化所言的「胚胎」與「胎息」的感通材質，對此原初的模仿能力之喚醒與培育，作爲漸進修養的韌性之練習，乃是另一種的默化。而且，這也是猶太教救贖的道家化，是彌賽亞的自然化，但同時，也讓自然彌賽亞化了，更爲奇妙的是，這又是一個什麼樣的中國夢呢？

　　石頭做夢，蝶夢莊周，如此的雙重轉化，乃是弔詭的想像。此「弔詭」乃是「純粹的矛盾」（Reiner Widerspruch / pure contradiction），不同於唯物主義辯證法對於矛盾的「揚棄」，不同於「邏輯的矛盾」與表達的錯誤，不同於康德的「二律背反」，不同於德希達與德勒茲的「雙重約束」，而是來自於莊子與里爾克式的夢想：尤其是蝴蝶夢爲莊周的反向運動，這是自然對於人類的夢想，幾乎不可能的經驗，但也許正是世界的可能性本身，在混沌世界中，自然向著萬物生成的無盡可能性或偶然性。這是對康德沒有解決的「二律背反」的重新理解，從自然本身而來的「弔詭的自然主義」（pure

contradiction naturalism）或「彌賽亞化的自然主義」（Messianic
Naturalism），即，彌賽亞的自然化與自然的彌賽亞化，是弔詭的關
係，這與當前流行的各種思辨實在論（Speculative realism）和思辨
唯物主義（Speculative materialism）區分開來。

　　在猶太人對於中國文化的著迷中，還有一些相關的故事，確實，
是故事，是一些奇妙且無用的故事。這些故事一直沒有被西方哲學界
與中國文學界所關注，這是自從布洛赫以來就好奇的故事，就是一個
中國畫家，因為持久著迷於自己的繪畫故事，最後的告別方式則是走
進了自己的繪畫之中。[12]即，這也是走過去了，走進了自己的作品之
中。

　　如此夢幻一般的想像，是布洛赫試圖克服現實世界與夢想世界的
二元對立，似乎就是佛教所言的涅槃世界與煩惱世界的對立如何轉化
的重演，對於中國藝術家，並不一定要如同佛教徒那樣走到世界的彼
岸，而是在兩個世界之間，找到一道門，這道「門」並不在現實世
界，而是在藝術家自己的作品上，如果繪畫作品都是掛在牆壁上，
如此的穿越也是打開了牆 ── 如同中國萬里長城作為城牆 ── 也可
能如此被打開，這也是打開一個被規則堵住的世界之牆，一個「間
世界」，一個感通轉化的居間人機體，就在藝術家自己創造的作品
上，是自己進入自己的這個作品。

　　此來自於中國的想像與動機，不僅啟發了布洛赫，也啟發了班雅
明，在後者整個1930年代模仿普魯斯特《追憶逝水年華》的寫作方
式（尋找生命由衰老走向青春的魔法）中，書寫《柏林童年》的救贖
機制，在較早稿件的第一章〈姆姆類仁〉的結尾洩露了自己整個寫作
的祕密，重複了畫家走進自己的畫作中的姿勢或動作 ── 而且這是班
雅明自己整個相似性或擬似性想像方式的來源 ── 中國故事與景泰藍
瓶子上的圖案，即，這是擬似性或模仿魔力的來源。那就是說，感通

12　Ernst bloch: *Spuren*. Frankfurt am Main: Suhrkamp Verlag, 1969, S.151.

材質的擬似性喚醒，莊周夢蝶的轉化方式，才是打開世界之門的鑰匙，才是故事與跟隨的祕密。

不僅僅是班雅明這些猶太人，還有黑塞在其《悉達多》的小說中，後來在漢德克的小說（比如《返鄉》中，在聖維克多山的教義中，敘事者看到了塞尚作品上的「萬象之象」，也是一種原初感通相似性機體的喚醒，且帶有象形文字的舞蹈幻象，是圖像－文字－姿勢的共感），此消失於圖像的方式，得到了更為隱祕地擴展，如此的寫作甚至成為了一種與救贖相關的「準－神學」書寫。[13]

㈢ 「中國夢」的思想實驗：「第五維度」之為「虛托邦」

石頭做夢，蝶夢莊周，如此的夢想，人類的夢想，已經是神性的症候。

夢想的世界，也許是第五維的顯現，第五維如何生成？

我們以「多維度」（Dimensions）來簡潔地區分開生命的基本形態：自然是「無維度」（Non-dimension）的，無論是混沌的自然，還是有著循環與災變的自然界，並沒有維度。人類基本上生活在由自己的造物，尤其以建築建構起來的「三維空間」之中，但農耕時代的人們主要生活在二維空間之中，並以勞作的自然對象作為生存依賴的第三維度背景，而宮廷與宗教廟宇才是古代社會歷史事件之決定性的「三維空間」，天使與神仙則是「第四維」的虛象生命體，而上帝則是第五維的至高存在。

進入現代性，因為「虛擬實在」與虛擬技術的出現，讓第四維空間得以被直接經驗，第四維去除了巫魅神話，當然也出現了各種技術的奇幻想象，但第四維需要的材質，比如晶片矽質，已經是技術化的材質，或者是克隆生命與合成生命——這些已經技術化的虛擬生

13　Peter Braun/Bernd Stiegler (Hg.): *Literatur als Lebensgeschichte, Biographisches Erzählen von der Moderne bis zur Gegenwart*, Bielefeld: transcript Verlag, 2012, S.183.

命。四維空間也只是五維空間的投影，第五維的高維空間不可能顯
現，但卻可以改變第四維，使之一直保持變化；使之在顯現時，不僅
僅是虛擬的，同時具有著現實性；儘管此「現實性」，如同上帝王國
的實現，依然還只是夢想，需要新的質料！需要另一種新的自然材
質。這是最高的實在，彌賽亞或上帝就是如此的最高存在，就如同人
類不死的夢想，但它如何具體實現出來呢？第四維的顯現只是第五維
的一層「膜」（如同高維「弦理論」的想像）而已，這層「膜」具有
通透性與多孔性。

　　即，無論是第三維的改變與解構，還是第四維的穿越幻象，還是
第五維的夢想實現，都需要「自然材質」，只是此「自然」的材質已
經不同，「自然」的概念及其所指，每一次都不同，它已經不是那自
然的自然界，不是自然的元素，不是自然的各種規定，而是被變異的
自然，這就是chora，因此chora與自然性相關，但並非某種自然物。

　　在此，我們試圖以多維度的空間差異，並且聯繫chora，來討論
班雅明對於空間的轉化：

　　從第三維的基本生存空間出發，班雅明面對的問題是：作為現代
大都市的玻璃建築已經吸盡了靈暈，如何打破這個徹底技術化與人為
化的三維剛性空間？班雅明看到了「拱廊街」的重要性及其隱含的現
代神話，拱廊街是透明的玻璃房，但打通了內外空間，有著資本主義
拜物教的迷夢。因此，在拱廊街的三維空間中已經有著第五維的神祕
了，詩人波德賴爾試圖保留的靈暈就是此症候！只是拱廊街與巴黎的
神話，還是被資本拜物教所迷惑，或者陷入第四維的幻象，或者只是
第三維的假象，而不可能讓第五維的夢想真正發生！

　　「夢想」之為夢想：一直是第五維的發生事件，其「非時間性」
又進入時空——但又一直保持為「無時間」，這是夢的弔詭，如同莊
子所思考的「大聖夢」，這也是班雅明後期思想的核心問題。

1. 首要的事情是必須打破「第三維」的迷惑，而要打破三維空間，
　 必須首先讓第三維空間向著自然性還原（同時，也進入第四維
　 的技術虛擬空間，比如電影院），即向著其潛在的質料還原。因

此，班雅明對於「自然」做出了多方面的還原：其一，向著「前歷史」的自然還原，這個自然並非自然的自然界，而是混沌化的「前世界」（Vor-Welt），所謂卡夫卡小說中的混沌世界；其二，或者是巴霍芬的母系社會，是在歷史之前的自然，而之前對於巴洛克悲悼劇的研究，其中歷史的自然化還原——回到廢墟與骷髏頭上也是如此；其三，或者是克拉格斯的宇宙愛欲化的自然，一種具有人類與宇宙共感的自然，如同最初出生之個體與星座理念在萊布尼茲單子論上的直接感應，當然也受到瓦爾堡（Warburg）1920年代對於圖像集（Atlas）或「宇宙圖像轉向」（Die kos-mische bildhafte Orientierung）的影響；其四，或者是原初人類與自然一道，具有擬似性的自然，如同凱盧瓦的強調。其五，神話原型，如同歌德的元現象，這也是為何班雅明要借用榮格的神話原型理論，而並不擔心來自阿多諾的批判。

最後，此「無維度的自然」——那是沉默的自然——這是剩餘的材質，並且與「第五維」相關——彌賽亞的救贖種子，這是班雅明最初發現的問題，無維度的沉默自然之為共通體的質料如何具有救贖的價值？即「無維度的自然」如何與「第五維的彌賽亞」救贖相關？這是彌賽亞的自然化與自然的彌賽亞的原初問題。

2. 其次，或者同時，必須讓第三維進入「第四維」——這是現代性已經打開的第四維虛擬技術空間。對於班雅明，則是技術複製帶來的圖像－空間，比如電影院等等，法國超現實主義的藝術運動其實已經打開了各種虛擬空間，無論是自動書寫的夢想空間，還是圖像拼貼，以及技術攝影所打開的超現實物化空間，或者說巴黎這座城市之為現代神話空間已經具體化了。而其質料呢？這是班雅明思考的「集體無意識」或者「神經支配」的身體－圖式空間，神經支配之為質料，一直處於變化與可塑性之中。第四維度的身體質料已經是技術化的質料，身體感知已經被複製技術改造了，這是班雅明提倡的現代性身體感知的革命，《藝術作品論文》的第三稿尤為明確。

但第五維的作用在哪裡呢？這是班雅明不滿意的地方，即靈暈，作爲「被遺忘的人性（vergessenes Menschliches）」，在哪裡體現呢？這也是班雅明要超越超現實主義的夢想神話與電影複製技術乃至於當代數碼技術的地方，這需要集體神經支配的網絡感知空間發生什麼樣的改變呢？對於班雅明，這需要再度喚醒新的自然，但這是被虛擬技術化的自然質料，當然這也不同於前面那個神話化的自然質料，也非沉默的剩餘自然了。班雅明必須再度發現新的自然，這是遊戲與相似二者共同遊戲而成的自然，是第二技術再度的自然化或者自然元素的再度技術化。這個新的自然性在班雅明那裡卻並不明確，《藝術作品論文》第二稿是這個設想的關鍵，但並沒有被明確，而班雅明在第三稿刪掉了這些部分。

因爲不明確，就需要重新補充，這就是我們以chora來接續思考，柏拉圖的chora既可以作爲前歷史的自然（德希達意識了混沌，但過快地走向了技術，而薩里斯與女權主義思想家們則有所不同），以混沌（chaos）化的自然來思考，不可能對象化，但卻是世界誕生的條件，而且此混沌一直對於世界的建構，無論是世界靈魂還是人類身體，都有著影響。不僅僅如此，chora之爲虛位，還是第四維的材質，chora之爲塗抹一切痕跡的可塑性材質，有著元素的運動，但並非某種具體的元素，技術化的自然乃是元素的變化，但並非某一種元素，如同基因的複製乃是自然自身的運作，但基因的技術複製或者基因編輯，合成生命的出現，以及幹細胞技術，則是自然的技術化與技術的自然化，利用了自然自身的生產技術（相關倫理問題我們暫且不考慮），但又虛擬化了。

對於班雅明，這是「煙雲」的可變性與夢想化，煙雲具有不相似，但又可以具有某種可變的相似性，不是自然物的相似性模仿，而更爲具有不相似或者非感性的相似性！因此並非某種具體的元素，而是元素的可變性！這也是爲何中國藝術「煙雲的擬似性」對於班雅明具有啓示性的價值。在網路虛擬空間尚未形成的時代，班雅明以其圖像思想的想像力已經意識到了技術的自然化

與自然的技術化，這是一種新的材質與感知轉化。這個第四維的轉化方式，在班雅明那裡並不明確，這在《拱廊街計畫》的手稿中，就是所謂靜止的「辯證圖像」的想像，但卻無法付諸於具體的想像與建構，後來的情境國際主義也並沒有展開這個維度，當然這也與網路虛擬技術還未出現有關。

3. 第五維度如何具體顯現呢？第五維的實現將利用三重不同的自然性：其一是無維度的混沌自然（以轉化三維空間的固化），其二是第四維的虛擬技術的自然化與自然的虛擬技術化（又不只是第四維的虛擬空間而無法實現），其三是讓第五維在顯現時還不陷入具體化。如此的運作無疑異常詭祕，猶太教喀巴拉神祕主義提供了某種想像空間，尤其是「新天使」的想像，儘管這是面對現代性的地獄與廢墟升高的末世論狀態而有所改變。

這就是彌賽亞的顯現，既是自然的彌賽亞化，也是彌賽亞的自然化，對於班雅明，這主要體現為他《柏林童年》自傳式的夢想書寫中，而其關鍵則是夢想的變形記，尤其是煙雲的再度變化，以及來自於中國的擬似性想像，如同莊周夢蝶與蝶夢莊周的想像。正是在這個意義上，中國文化提供了更為明確的想像力機緣。

對於班雅明，這可能是彌賽亞在創世之前退出或者回縮的餘地空間，被再次重構出來，讓此餘讓的原初空間，在每一個可能的世界中體現出來，就形成一個餘讓無盡的世界。

當然如此思想維度，就如同某種「思想實驗」（Gedankenexperiment）[14]。

如果班雅明那裡的維度思想還並不明確，我們可以從中國山水畫

---

[14] 班雅明也不是沒有注意到現代物理學早期有關「時間顯微鏡」或「光學圖像」的神學思想實驗，其中涉及克拉格斯的愛欲的宇宙以及靈量。參看：Tyrus Miller(edited): *Given world and time : temporalities in context*. Budapest: Central European University Press, 2008.其中Karl Clausberg的文章：*A Microscope for Time: What Benjamin and Klages, Einstein and the Movies Owe to Distant Stars*. 當然，思想實驗之為實驗，必然懸置了一些外在條件，比如生命技術與醫學的倫理學問題，這也是需要彌賽亞的正義性來調節的。

如何體現與實現第五維，進行某種指引式的參照，這也是中國藝術所
具有的某種先發性與啓發性價值：

1. 三維空間的渾化。山水畫的基本語彙是皴法，皴法之爲山石樹木
的觸感式筆墨提取，看似有著第三維的塊面，但體現的則是自然
的無維度：皴法的山水與樹木形態，但其實被整體蒸發（如同米
芾與米友仁父子的「茄點皴」），這是整體的氣化與渾化，此整
體的渾化回到了自然的無維度，這也是爲何「米氏雲煙」之爲皴
法但也超越了所有皴法而如此重要之故，因爲這讓圖像與筆法都
進入了自然的無維度。此「氣化」的畫法，米氏雲煙的生動性，
展現了整體的生動化與韻律化（所謂氣韻生動）。

　　而且，第五維已經在這裡出現，這是空白──是整個空白基底之
爲第五維，米氏茄點皴中的飛白，在書法性飛白的筆法中，讓間
隙的空白更爲活潑鮮活。因此，中國文化不可能出現西方文藝復
興的焦點透視與三維錯覺空間。如同莊子心齋所言的：「氣也
者，虛而待物者也。」

2. 四維空間的空無化。中國山水畫打開第四維的丘壑空間，從而避
開了神仙與天使的神話想像方式，就是打開了丘壑空間。丘壑的
空無化暗示了虛懷若谷的倫理，暗示了玄牝的生命化生，暗示了
技術的自然化。

　　打開空無的第四維，純粹的空無，在繪畫上就是「丘壑的空
穀」，但這第四維也有著質料，這個質料不是直接的，而是空無
丘壑的氣化，但這並非之前米氏雲煙的皴法氣化，而是與空無結
合的氣化，就轉變爲「虛化」，並非之前的氣化了。有何不同？
在技術上，這是不去畫丘壑，而是純粹的留白與空白化，丘壑是
空無的，就以空白的留出，以不去畫來暗示丘壑的空出。同時，
丘壑並非空洞而是與煙雲的變化相關，但這是空無的運動，有著
煙雲的暗示，但並非煙雲，因爲並沒有直接畫出煙雲的具體形
態，而是通過之前畫山石樹木的皴法時，與丘壑相切的邊緣部分
是餘留出來的，不是畫出來的，即丘壑與煙雲二者融合，讓空

無有著生機，但此丘壑的煙雲吞吐不是畫出來的，否則會過於裝飾化與過於寫實，而是以山石草木的邊緣 —— 針對「氣化」的變化 —— 是畫出其參差不齊，但針對丘壑的空無 —— 從空無來看 —— 則是不去畫，僅僅餘留出來的，此空無的參差不齊就非常生動，這是虛化。這是雙重的不去畫或者無為，並暗示：丘壑的空白是不畫的，是純粹的留白，丘壑的生動煙雲 —— 丘壑的空無也是要運動起來的，才是材質的具體化實現（某種「純粹語言」的發生），也不是去畫的，而是借助於不畫的邊緣暗示出來的。即，無論是丘壑的空無還是其空白的運動不畫，看似煙雲，其實不是煙雲，而是空無的變化不定，即空無的虛擬 —— 留白，邊緣的參差不齊也是餘留 —— 不去做，讓混沌的自然發生改變，不是從自然的氣化或者渾化出發，而是反過來，從空無的丘壑出發，即從第四維出發，來與無維度的自然發生關係，但已經不是皴法，而是「雲煙」樣態的不確定變化（也非氣化的雲煙，而是虛化），因為皴法的形態還是有所指向的（某種自然的山形，但也並非三維），而空無與煙雲的結合形成的圖像，二者都是餘留出來的，不是畫出來的，這是第五維的作用。第五維不讓第四維成為有用的，而是保持「不為」與「無用」，對於中國藝術，則是留白的手法，這個階段就如同莊子「心齋」所言的「唯道集虛」。

在這裡，第四維的空無或者虛擬技術的敞開，其結合的質料乃是餘留出來的「雲煙」（並非具體形態的煙雲，而是虛化的化身），這是無維度自然中被技術提取出來的胚胎 —— 基本的元素 —— 是「氣化」成為更為不確定的變化，因此已經是「虛化」（而非「氣化」了，如同chora並非某一種元素，而是元素更為本源的變化），這是更為不固定的的變化，山石不再是山石，元素不再是元素，這不同於前面皴法的提取 —— 比如米氏雲煙的變形 —— 這還是對於第三維的轉化 —— 使之進入無維度。現在不同了，則是第四維的質料 —— 乃是被「虛化了」的質料 —— 不是具

體的元素而是虛化了的元素或者元素的虛化，如同chora的變化，不是每一個具體的元素，而是可以抹去其形態，其形態更為生動的變化，與丘壑一道的煙雲變化只是一種「擬態」，並非只是煙雲，而是「非感性的相似性」一直保持不確定的變異。這是虛化與氣化的不同，第三維是氣化的chora或者自然的混沌，第四維的質料卻是虛化的chora，已經是技術虛擬化的非元素的元素，如同丘壑的煙雲虛化，如同心臟的律動形態的共感，或靈芝的生長形態（所謂「風水」的藝術與圖像化），也是某種感通轉化的「機體」或「器官」，可以讓生命消失於其間。

3. 第五維的活化。第五維並不顯現，但第五維卻讓第四維的虛擬在具體實現時，保持更為生動的變化，甚至不僅僅是「虛化」，而僅僅是無盡地轉化，第五維的顯現就是純粹的「通道」（passage），是空無化與虛化的「空白「——成為通道的無盡敞開，僅僅是無盡敞開。丘壑的空白與虛化，與整個畫面的空白平面——這是整個基底的chora之為第五維的形式指引，再次整體地鮮活起來。

第四維還是局部的，即丘壑空白的虛化與擬似煙雲的鮮活，而第五維是整個作品本身的虛白化，是莊子「心齋」所言的「虛室生白」。以此整個的空白重構世界，即以此虛化的空白重構整個畫面或整個世界，這是一種「逆向」重構，是丘壑的空白與整體基底的空白，融合起來，「反向重構」一個個可能的世界，不再只是第四維的實現了。

此整體的虛白，讓空白變形，保持變化，空白的整體轉化——等等，也是一直保持空白，是虛化的再次變化——因為這是第五維的作用，同時也讓整個世界保持可能的變化。但第五維自身只是以空白的虛化——整個基底的空白平面——重構整個繪畫或世界，這也是第五維的世界，乃是一個不斷「轉化」或「物化」的世界，而且第五維本身並沒有顯現，第五維只是在空白的通道中不斷活化自身。這是無時間的時空顯現，是時空遊戲或餘地的敞

開。

因此，也許中國水墨山水畫最好地已經實現了柏拉圖與德希達所夢想的那個可以在個體行為中實現出來的chora或chora-graphy，如同中國書寫性具有的節奏韻律與舞蹈性（choreogarphy），就是因為丘壑的空白虛化以及整體的重構世界，乃是一個虛托邦式的空間打開（enchorial-topia），如果chora一直在一個夢中被領會，那就是一個尚未實現的「中國夢」。

對於海德格而言，存在之為存在已經被傳統形而上學的三維時空對象化了，儘管發現第三維度依賴的自然——也可能成為納粹意識形態化的自然神話背景，而非虛化的自然，當海德格要發現一個虛化而非自然神話的自然時，他不得不走向自然的遺忘或者東方道家的自然，因為中國道家是最為肯定「道」的非對象化與實體化的。隨後，海德格打開了第四維，儘管這是在反思技術集置而形成的一個詩意虛擬空間，這就是「時間－遊戲－空間」（Zeit-Spiel-Raum）的新地帶，這是天地神人「四雲體」的聚集，此聚集的世界並非第三維的，而是第四維的等待空間，是一個虛位以待的虛所，這是一個有待於命運給予的時空，但此存在的命運可能給予，也可能不給予，除非這個給予本身可以自身讓出與退出。

這個第四維的存在命運，就是海德格後期所言的——給予之為給予性——可以給出存在本身而無須存在者，即，不進入第三維，因為天地神人只是第四維的聚集（如同莊子的唯道集虛），只是一個虛設的場域。但這個場域如何實現出來，且保持為第四維的可能性？這既與第三維相關，又不成為某一種具體的可能性？如何實現出來時還是開放性的？這是海德格等待一個上帝的拯救（來自於第五維）。只是在海德格那裡，此「第五維」並不明確，因為如果沒有給予，如何可能有著天地神人的聚集？如同海德格思考荷爾德林詩歌中的和平節日，那個天地婚宴的場景乃是第五維的顯現？對於海德格的思想，這還是有待於展開的維度，需要再次回到無用與讓予的關係，讓「第五維」重新發生。

九

彌賽亞式的判教論

彌賽亞自然化的節奏

　　烏拉説：讓他（彌賽亞）來，但讓我不要看到他。

　　拉比同樣説：讓他來吧，但不要讓我看到他。

　　約瑟夫説：讓他來，但我只值得坐在他驢子坐鞍下的陰影裡吧。[1]

——《彌賽亞的文本》，列維納斯引用

　　彌賽亞與自然性，這是不可能的關聯。但這是最爲緊迫的關聯與相互轉化。

　　彌賽亞與自然性，這是無用的關聯，只能通過無用而關聯起來，這是弔詭的轉化。

　　在猶太教，如同列維納斯最爲豐富的研究，彌賽亞的來臨有著內在的悖論（Les Contradictions du Messianisme）：一方面，彌賽亞來臨，總是伴隨著災變，因此，彌賽亞來臨，帶來毀滅的事件，似乎越是災難上升，世間越是敗壞，彌賽亞越是可能來臨；另一方面：「救贖並不代表歷史的終結——它的結論。在每一個時刻都保持爲可能的。[2]」就如同班雅明在《論歷史的概念》中所指明的。

　　進入現代性，無論是神學還是哲學，其自身的絕對合法性不再自明，必須在自身的批判覺悟中轉化，進入無用狀態：

　　一方面，對於神學，是上帝或者彌賽亞救贖的無用性，是承認與肯定自身的無用性，即便來過，即便會來，也是無用的，此虛無主義的自身無用化，乃是讓無來爲，因爲此自身的退出與無用，打開了餘地，不再陷入唯一神論或者絕對價值的激烈暴力衝突，而當下的西方還並沒有從此衝突中擺脫出來；

　　另一方面，對於哲學，則是哲學世界觀或者原則的無用性，任何

---

[1]　E. Lévinas : *Difficile liberté*. 1976, p.122.

[2]　E. Lévinas : *Difficile liberté*. 1976, p.131.

的人類理性及其根據都已經喪失，世界處於無處不在的混沌湧現之中，這是對於人性的自然化還原，但此自然並非自身飽滿自足的自然界，而是處於災變與變異之中的自然潛能，此潛能的喚醒，需要技術，需要彌賽亞式的工作。

同時，對於神學與哲學的關聯，在世界哲學減弱自身，自身解構之中，向著自然還原，啓動自然的潛能，這是自然的彌賽亞化；而神學的彌賽亞性即便自身退出，但此退出卻更爲召喚一種退讓的普遍性姿態，但此姿態實現並非人類的倫理行爲，而是彌賽亞的自然化，因爲自然的生產更爲具有無用性。

這需要雙重的發現：發現又一個彌賽亞，發現另一種自然，形成生命不斷出生的政治。

彌賽亞如何進入世界？這不是猶太教處於流放狀態的退卻或回縮方式，也非基督教的化身居間人與教會方式，也非某種伊斯蘭教的先知獻祭與復歸模式，也非現代以來的世俗歷史的各種革命模式（比如馬克思主義與各種烏托邦革命模式）。如果彌賽亞並沒有直接進入世界的通道，那彌賽亞只能通過自然來迂迴。這是一種新的迂迴與進入的道路或者過道。

這是海德格在1930年代思考過，試圖通過荷爾德林的自然化詩歌來回到從未發生的希臘，重建歐洲的祖國或明天，但此彌賽亞的自然化，卻導致了巨大的災難，因爲這是與希特勒的認同，認同施米特同樣的認同，那麼，班雅明與之差別何在？

對於班雅明，此「彌賽亞」並非海德格與施米特強大的精神。對於後者，無論是天主教的神權政治，還是詩人詩歌中的自然元素性力量，都是強大與偉大的英雄形態；但對於前者，彌賽亞是如此微弱的精神，甚至都已經徹底地無力了，尤爲需要自然的幫助，自然構成一種幫助，彌賽亞需要在自然中獲得新的活力。

首先需要的是彌賽亞自然化，此彌賽亞的形象，既要自身得到修補，也讓自然得到了修補。這是一種有待於自身修補的彌賽亞精神。這也是爲何殘篇的第二段要提及「整體的復歸」與修復的必要

性。

　　彌賽亞的自然化及其完成，需要我們有著漸進修養的韌性之培育，這是在時間的感知轉化中的實現。

㈠ 彌賽亞式的判教論

　　從彌賽亞式的自然出發，進入沉默的自然，再次創造出宇宙的相似性，喚醒集體的無意識。這樣的班雅明式轉化，是彌賽亞性與自然性的相互轉化，就不同於其他的進路，這幾乎是一種新的現代性判教理論（與牟宗三先生在《圓善論》中從儒教與中國式佛教出發所形成的判教標準不同）：

1. 它不同於回到猶太教神祕主義的蕭勒姆。蕭勒姆認為只有猶太教才有著神權政治與現實性的關聯，而基督教只有內在化與個體化進路。顯然，班雅明並沒有不同意這個態度，如同陶伯斯所言。而且，以虛無主義為方法，儘管蕭勒姆也有此歷史虛無主義，但蕭勒姆還是回到神祕主義的「從無創造」，相信啓示的顯現力量，班雅明卻並不如此，而且是以幸福為居間人，在塵世獲得幸福，而這是蕭勒姆幾乎沒有展開的維度。

2. 它也不同於阿多諾的進路。儘管阿多諾在奧斯維辛之後，更為悲觀，更為否定一切的神權與救贖，也走向自然美，但阿多諾更為相信整個世界的徹底荒蕪與敗壞，幾乎沒有什麼救贖的力量，除了「好像」，這個「好像」的審美維度，在陶伯斯看來不是班雅明的。但在我們看來，還可以進一步展開，但不是在西方已有的邏輯之中。

3. 它也不同於陶伯斯的進路。陶伯斯最好地分析了這個文本，而且指明了不同方向的區分點，也涉及了自然問題，但他否定了自然美，而且他把班雅明與保羅神學的聯繫過於緊密化了。

4. 這也是阿岡本的問題。他接續陶伯斯，甚至就認為班雅明就是保

羅主義者，此過於革命化的解釋，也遺忘了自然問題，沒有觸及彌賽亞自然的節奏化。它也不同於巴迪烏的保羅式普遍主義——確實忽視了差異與多樣性，尤其是自然的多樣性；也不同於齊澤克的剩餘化普遍性——無法轉變為盈餘；而阿岡本的「彌賽亞剩餘」（messianischen Rest）作為絕對差異本身，儘管打開了人性與動物性的關聯深淵區域，但並沒有充分展開與自然的豐富關聯。

5. 它也不同於布洛赫的烏托邦精神。這是過於馬克安式的解釋，因為班雅明其實更為接近喀巴拉神祕主義的盧里亞主義，「整體性復原」的這個短語，乃是猶太教的方向，而非馬克安過於基督教與保羅神學的方向。

6. 它與保守的革命派，與雲格爾（E. Jünger）和施米特等人的差異呢？差別在於班雅明的猶太教教義的方面，儘管班雅明也追求主權的決斷權與時間的期限，但彌賽亞的來臨卻是微弱的，並且是走向自然化的彌賽亞，可能並非保羅神學的顛倒：從脆弱處變得堅強！沒有這樣的反轉辯證法，只有阿多諾的否定辯證法，因此無論是陶伯斯的強硬，還是班雅明的剩餘的救贖，都還是過於保羅化的基督教法則，而班雅明走向了自然化（另一種的法則的柔軟）！

7. 它與海德格的差異呢？海德格的返回步伐與班雅明對歷史過去的救贖相通，儘管海德格並不相信神學與信仰，而是更為詩意化，但都是回到自然，都面對了自然的沉默。但是班雅明更為強調自然的憂傷，而海德格則沒有，雖然他也肯定語言原初發生的痛苦與孤寂。班雅明試圖恢復的「純粹語言」更為面臨現實的廢墟與荒蕪，並且肯定此廢墟狀態，但海德格的自然美則過於詩意化。

8. 回到「一個等待與無用的民族」這個主題：班雅明當然會對彌賽亞來臨的方式——無論是例外狀態還是小門的縫隙——有所發現，而對於無用，班雅明則是通過老莊，以虛無主義為方法，也走向以空無之道為道路，通過卡夫卡姿勢的事件之詩學，通過自

然化的純粹語言之發生。只是對於班雅明，此到來的民族或共通
體，乃是一個現代化的浪蕩子或者城市的漫遊者，而非海德格式
的農民化的德意志人了。

9. 這個關鍵的差別，在德希達的《繪畫中的眞理》中討論梵古的鞋
子，到底是農民穿在田野上的鞋子還是梵古在城市流浪所穿的鞋
子時，再次顯現出來。也許在海德格與班雅明這裡，可以重新書
寫現代性的空間詩學：如何從自然到城市，或者從城市到自然，
這是一個虛托邦的建構，從班雅明《拱廊街》重新開始塑造一個
新的共通體。

10. 當然，也不同於牟宗三的中國儒家式方式。牟宗三回到儒家《圓
善論》與「智的直覺」，卻迴避了人性的根本惡以及虛無主義的
無根性，也無法面對技術帶來的進步與問題，「良知坎陷」也只
是某種過時的錯覺？「一心開二門」—— 此有執與無執的存有
論 —— 應該轉化爲西方設置與製造的技術生產與讓予無用的自然
化生產 —— 有用與無用的本體論差異，是彌賽亞的自然化與自然
的彌賽亞化（這絕非貶低西方的彌賽亞精神），而是要發現東西
方文化內在結合的條件，並且尊重彼此的差異。

　　彌賽亞的自然化因爲彌賽亞的肉身化，在基督教的道成肉身中還
是有著太多人的欲望與人的愛意？如同尼采所言。而彌賽亞的自然
化，不同於肉身化，擺脫了人爲的意圖，更爲超然，更爲具有普遍
性？如此一來，這就是新的創世記，這是再福音化，如同尼采試圖寫
出的第五福音書《查拉圖斯特拉如是說》尋求的道路。當然，這也需
要自然的彌賽亞化，如同基督徒對復活的渴望，但這是自然的再生
性，以及面對災變時的奇蹟變異。

㈡ 時間的世界政治

　　彌賽亞式的判教理論，不同於牟宗三過於宗教化與中國傳統式的

判分，眞正的判教乃是從當下的時間性出發，以時間經驗的豐富性爲標準。

因爲班雅明的時間救贖模式：就不是亞里斯多德的線性在場化時間，不是歷史事實的記錄編年時間，也不是現象學三維的內在時間意識建構，也不是海德格早期本己性之向死而在的決斷時間——以及中期歷史民族的命運決斷與新的開端（死亡之爲救世主的外在性物質含義，以及種族主義血腥暴力的詩意化），也不是德希達延異的時間——而是必須當下化，也不是阿岡本的剩餘時間與例外狀態——缺乏自然的時間維度。

從「現在」的各種「當下化」情境出發，尤其面對當下的地獄化，永恆復返的地獄化或不可補救性，尤爲需要彌賽亞的救贖！重新思考班雅明後期「辯證圖像」的時間蒙太奇經驗，其中有著彌賽亞實現自身的「張力」與「節奏」——此節奏處於「變調」與「轉調」之中（Modification／Modulation），也處於來回的震盪與撕裂，神聖整體的時間在現代性已經如同一塊已經被震碎的「馬賽克畫」：

1. 現在的「可識別性」

現代性的認識者之爲「多餘人」，乃是從現在的情境出發，現代性開始於對於當下時尚飽滿的在場感知，這也是「瞬間」的火花。同時，「當下」之所以可以識別出來，也是因爲它處於「災變」的時刻。現在的可識別性，乃是時尚與災難的並存，是衰敗與上升的同時性，如同《神學——政治學的殘篇》所言的幸福導致的沉落及其逆轉的可能性。

當下的瞬間爆發。這也是有著情景的感知，有著氛圍的朦朧感知。面對當下，在現代性就是時尚，就是消費，就是幸福的欲望，但人類一旦沉迷於此時尚，就會陷入拜物教的深淵。這就是幸福的不可能性。幸福與災變的孿生，暗示現代性也是災變的現代性。對於二者同時的觀照，就是面對現在在場的瞬間，不得不採取一種蒙太奇的剪

輯方式，不得不一直處於例外狀態。

2．現在的「停頓」

　　其例外性還體現為現在的「終止」與「停頓」（cesura），成為當下的災異（disaster）停頓。歷史一直處於此災異狀態，時間的增多，資本的消耗，只是在填補著虛無的深淵，只是虛無的欲望與欲望的虛無，只是熵的增加，即處於地獄時刻。因此，必須以無為與無用為生存的條件，需要找到新的革命主體，這是歷史時刻的詩意拾垃圾者，以此可以連接「無用性」與「剩餘性」。

　　在此例外狀態，現代人對於幸福的渴望陷入幸福的惡性循環，越是渴望幸福越是陷入虛空，越是虛空越是渴望快樂，快樂越是不可得越是渴望更大的快樂，越是渴望更大的快樂越是陷入不可得的虛空，現在就成為「地獄」一般的時刻。但現代人會陷入麻木！除非進入「停頓」的時刻，但這可能是更大的災變，甚至是災異。或者是因為更大的悲劇，在古希臘是人與神的分離，如同荷爾德林對於古希臘悲劇《俄狄浦斯王》與《安提戈涅》的評注，西方一直處於神與人分離的悲劇時間，處於人性與神性雙重不忠的分裂時刻，歷史已經陷入巨大的停頓與災難（catastrophe）中，儘管有過基督教的化身時刻，但並沒有徹底縫合此分裂。或者進入現代性，此神與人的分裂時刻，被奧斯維辛集中營的災異（disaster）所放大，成為更為恐怖的停頓狀態，打開了空無與裂隙。這是後來被策蘭的詩歌與拉庫─拉巴特的哲學所深入展開的思考。班雅明已經預感到此災難時刻的擴大。如何走出此地獄的當下狀態？除非神與人都進入無用狀態。

3．現在的「哀悼」

　　一旦感知現在，認識現在，此現在卻即刻消失了，此現在還處於死亡的災難時刻，現代性也因此已經開始於此漫長「告別」與「哀

悼」的時間感受。因此，此當下化的情境，無論多麼時尚飽滿，都是即刻就要消失的，如同波德賴爾所言的現代性之為長長的葬禮儀式，如同海德格所言的個體有限的必死性，如同德希達所言的「我哀悼故我在」！這是個體在現代性所必須接受的無可逃避的短暫與無常過渡的狀態，但此哀悼也具有一種歷史的自然化還原，如同班雅明對於巴洛克悲悼劇的研究。

　　當下的整體消逝。當下的這種瞬間充實與即刻消失的悖論，不可能化解，除非通過「即刻幻化」？或者把此當下的消逝還原到班雅明所言的自然之為整體的消逝，永恆的消逝，自然可以提供此「即刻幻化」的想像力？現代性的個體承擔著雙重的重負——神與人的雙重死亡，現代性的人性之為哀悼的餘在，乃是因為個體一旦覺醒，我之為我已經是「餘在」：我的時間一開始就在減少，我已經是「剩餘者」；而我的餘在要進入永生感卻又只能處於「無餘」狀態，「我」已經不在，我只能通過哀悼他者——自我哀悼——被哀悼，如此多重的感發（自身感發與它異感發），來重構一個虛象的「餘存」。

4. 現在的「喚醒」

　　現在對於過去的「喚醒」關係，現在與過去的歷史傳統也有著關聯，但此關聯不是已有榮耀勝利者書寫的歷史，而是如同遺稿《論歷史的概念》所言，這是失敗者要復活的歷史，是要在當下去「喚醒」的過去記憶。此過去乃是潛流，需要進入地獄般的體驗時刻，在當下被喚醒。這就需要系譜學與考古學的挖掘，如同傅柯後來的歷史哲學思考。但對於班雅明，不同的是，歷史不僅僅是科學，而是一種深入的記憶（Eingedenken），只有如此的記憶可以修補過去，使不完整的幸福得以修復，因為已經過去的不幸尚未了結，這其中已經隱含了幸福的神學意志。

　　過去被當下喚醒，也是來自於自我對於餘存的覺醒，生命對於餘

存的渴望，乃是一種對於不死性的渴望，此渴望形成爲記憶。過去之
爲過去的復活，乃是以「無意記憶」的方式被喚醒，而並非歷史記錄
的方式，此有著文學性的重新喚醒，是深度感知的喚醒，進入有著氛
圍或氣息的虛托邦，即靈暈式的喚醒，靈暈帶著自然的神性，才可能
觸發比歷史記憶更爲深遠的意義，並且向著現在返回，這是新靈暈產
生的時刻。

5．現在的「混沌」

　　進入無意記憶，也是進入前世界的混沌當下，此當下必須還原到
歷史與自然的分離點或者分聯時刻，既是自然的歷史化，也是第二技
術的再自然化（因此我們應該夢想一種「第三技術」？），只有在自
然與歷史、自然與技術的來回轉化中，才可能喚醒「元圖像」，形
成新的記憶圖集（Atlas）。作爲元圖像，如同歌德所言，也更爲隱
祕，因爲它還與自然相關，在人類意識與歷史之前，發端於班雅明分
析卡夫卡小說時所言的「前世界」（Vor-Welt）的混沌狀態，這是需
要再次書寫與想像的那些可能要素，是可能再次發生的「母體」或潛
在物質（就如同作爲子宮一般的接收器與給予補養的chora），即發
現感通轉化與整體復原的材質或機體。

　　此被喚醒的過去還是具有無意識原型的過去：當下與過去有著關
聯，但此過去不僅僅是被歷史壓抑的過去，也是無意識被遺忘的過
去，還需要在當下的無意識創造行動中，才可能被重新喚醒。這些
「原型」或「圖像」潛藏在無意識的歷史遺忘狀態之中，其作爲原
型的圖像啓示還並未發生，如同荷爾德林所言的災變「停頓」的時
刻，一切還有待於再次發生，但這並非在歷史事實之中，而是在歷
史的自然性還原，如同班雅明的巴洛克研究，把歷史向著自然化還
原。儘管班雅明的思考受到榮格和佛洛伊德的精神分析影響，但不同
在於，這是並未發生的圖像，有待於通過自然而再次發生。有著精神
創傷與哀悼，但要與當下發生辯證的關聯，這就是班雅明在《拱廊

街》中所言的「靜止的辯證圖像」。

6. 現在的「幸福」

　　此現在的當下化還離不開未來的時間維度，但此未來乃是未來的末世，是時間的終結，但此終結不是歷史的目的與實現，不是歷史的終結，而是時間本身的終結。在時間終結處，需要召喚彌賽亞回憶的目光，因此之前的各種現在瞬間，只有在彌賽亞式的回憶目光中，才成為幸福的瞬間，這是被彌賽亞回憶聚集起來的幸福時刻與閃耀。進入末世回憶的當下乃是進入彌賽亞式的時間檢驗，彌賽亞來臨的時間在「第五維度」，它並不在歷史化與自然化時間的維度中發生，因此這是回憶的時間，如同音樂處於「第五維度」而被喚醒，幸福的回憶在於音樂的祈禱中，所有過去的時光停頓下來，並且被復原。

　　這是「幸福的辯證法」（eine Dialektik des Glücks），其中有讚美（Eine hymnische），但也有哀悼的挽歌（eine elegische Glücksgestalt），如同班雅明在《面對普魯斯特的形象》中的思考。這也是猶太教的彌賽亞力量，儘管是微弱的力量，僅僅處於一種救贖的回憶之中。或者如同瓦爾堡記憶圖集的餘存，但對於班雅明，此文化歷史的現代記憶圖集還並不明確，在《拱廊街》計畫中此歷史的詩意敘事也有待重寫，如何可能把前歷史的自然，歷史化的自然，現代技術的自然，以自然的記憶救贖為方向重建，也是未來思想與當代藝術的任務。

7. 現在的「延宕」

　　但此幸福的享受時刻，還是不斷被延宕著，這是微弱彌賽亞的虛無性與無盡的延宕性所導致。因為彌賽亞的微弱，因為世俗歷史並不傾向於救贖，世俗歷史不可避免的敗壞，但人性又有著對於幸福的不斷追求，對於進步與發展的執念，這就導致了彌賽亞的延宕。此救

贖的外在性、啓示的虛無性與災難的擴大化，導致彌賽亞無限的延緩。對於班雅明，只有進入無意識自動書寫的當下，如同班雅明相信超現實主義從迷醉中獲取了革命的能量，當下自動書寫時的無意識狀態與作品的夢想時空折疊之際，如同每一代人都夢想著下一代，此「夢的契約」，此喚醒的辯證機制中有著彌賽亞來臨的徵兆。

　　這也是因爲現實之物之不可補救的不完美性，絕對具體的東西不可能達到完滿，如同蕭勒姆所言，彌賽亞啓示的虛無化不可避免。但班雅明又不同於此，如同阿多諾後來所同樣認可的，需要「彌賽亞救贖的目光」來關照歷史現實，現實已經處於徹底的非眞理狀態，但思想需要彌賽亞的目光，因此在卡夫卡式的文學敘述中，以及對於現代日常生活大眾藝術的信任，出現了世俗啓迪的可能性。

8. 現在的「彌賽亞化」

　　現在時刻的彌賽亞化，也是彌賽亞的當下自然化。回憶有著救贖性，但彌賽亞的來臨卻缺乏進入世界的通道，彌賽亞無法當下化，儘管思想的心靈有此需要，彌賽亞需要一道小門，但此小門來自於何處？不是來自於歷史的過去，不是來自於無意識的革命，而是來自於無意識之中潛藏的自然性。彌賽亞不可能直接進入歷史，歷史中並沒有進入的小門與窄橋，彌賽亞只有進入自然，這是《殘篇》中所言的「彌賽亞式自然的節奏」。

　　彌賽亞進入當下世界的力量在於彌賽亞是否能夠讓自身足夠的自然化，這就需要再次進入混沌，需要自然的「神性」被再次喚醒，即，需要進入chora之中，需要彌賽亞進入一種宇宙的通感關聯之中。這其實也是與上帝的退出，發現剩餘的種子，與喀巴拉神祕主義的訴求相關。此彌賽亞的剩餘種子，將與歷史的剩餘者一道，如同駝背小人的神學形象或桑丘式的無用主義者，發明卡夫卡式的「奧德拉德克」這些並不存在的無用之物，打掃剩餘的垃圾，即便彌賽亞也要進行此無用的工作，但卻可以爲歷史的未來掃清道路。

　　此彌賽亞自然化的當下，也與中國文化的想像相關，這是自從布洛赫以來，讓班雅明深深著迷的中國藝術家的神祕故事：中國藝術家在持久的工作後，會進入自己繪畫作品中並消失於圖像之中的「小門」，會永久地生活在那個自己所創造的世界中，不同於動物神經癱瘓或者死本能的回歸認同，而是有著創造性的相似性，這是既在這個世界又不在這個世界，這是一個間性的「虛托邦」，如同班雅明在《柏林童年》初稿第一篇〈姆姆類仁〉的結尾所洩露的書寫祕密。

9. 現在的「餘地」

　　彌賽亞的自然化也要求自然的彌賽亞化，彌賽亞的自然化乃是更爲深入喚醒前世界或混沌中的潛能，那「永恆與總體上消逝的」自然如何被拯救？或者是喀巴拉神祕主義的創世行動的自身退出，打開餘讓的原初倫理姿勢，但此餘讓的姿勢如何被模仿與擴展？因此，自然需要被彌賽亞化。同時，技術的進步不是要毀滅人類，如同核武器，而是成爲生命技術，尤其是讓技術自然化，即通過自然自身的第三記憶被技術所轉化。

　　當下完滿的彌賽亞化：所謂的「超人」或「新人類」，不過是讓個體的自生性（不是自身性的傳統哲學）有機會得以全面地再生，所有的元現象或者胚胎的本根性得以復甦。就如同讓萬物都向著天使的圖像轉化，這是辯證圖像的未來，這也是班雅明在《藝術作品論文》手稿中所試圖要去處理的自然與技術的關係，即自然通過技術不斷地獲得再生，但也要讓遊戲的技術有著自然的相似性。如同物化的弔詭中，不僅僅莊周夢爲蝴蝶，而且蝴蝶也要夢爲莊周，發現感通材質的無限可塑性與可再生性，發現生命整體性復原或彌賽亞之物，重新恢復爲眞人，就是萬物的虛化與天使化，是生命永恆出生的夢想。

　　如同班雅明在喚醒上回到原型圖像或生命的元現象，技術的彌賽亞化也是回到生命的胚胎或臍帶上，此材質感通具體化的「臍

帶」，就是生命的自然化與呼吸化，在生命圖像的具體化就是班雅明
作品中的星群或星座，或者是「雲」（如同哈馬歇的解讀）。通過
自然的「再生性」，不斷啓動此潛能，讓人類有著更多存活的「餘
地」（Spiel-raum，也是遊戲空間），讓唯一神論的復活神聖事件被
重新理解──讓每一個個體生命的自生性獲得重生的平等性，此生命
的再生性與自然質料的共有性，可以形成一種共有的未來民主嗎？這
就需要讓已經彌賽亞化的自然，再次彌賽亞化，讓整體修復的隱祕自
然再度被復活，使之成爲一種普遍性與平等性的補救，讓所有生命都
有獲得補救的公平機會，而不只是被給予少數特權。

　　「現在」這個時刻，因爲如此多重的時間感知的來回震盪與撕
扯，要麼被撕裂成無數的碎片，要麼交織爲迷宮，要麼僅僅是幻象的
疊加，要麼就是地獄的沉落。如果有著某種走出地獄般「現在」的可
能性，如果有著打開了彌賽亞來臨小門的「當下」，那可能是彌賽亞
性、自然性與技術虛擬性，找到整體性修復的胚胎基元或彌賽亞之
物，在夢想的第五維度或另一個可能的世界中，不是以其強力或暴
力，而是聚集「無用性」，共通發生。

一、班雅明與海德格的外文相關文獻

Benjamin, Walter: *Gesammelte Schriften.* 7 vols. Hrsg.von Hermann Schweppenhäuser & Rolf Tiedemann. Frankfurt am Main: Suhrkamp Verlag, 1991.

Benjamin, Walter: *Gesammelte Schriften I: Abhandlungen.* 1991.

Benjamin, Walter: *Gesammelte Schriften II: Aufsätze, Essays, Vorträge.* 1991.

Benjamin, Walter: *Gesammelte Schriften III: Kritiken und Rezensionen.* 1991.

Benjamin, Walter: *Gesammelte Schriften IV: Kleine Prosa. Baudelaire-Übertragungen.* 1991.

Benjamin, Walter: *Gesammelte Schriften V: Das Passagen-Werk.* 1991.

Benjamin, Walter: *Gesammelte Schriften VI: Fragmente vermischten Inhalts.* 1991.

Benjamin, Walter: *Gesammelte Schriften VII: Nachträge.* 1991.

Benjamin, Walter: *Benjamin über Kafka Texte, Briefzeugnisse, Aufzeichnungen.* 1991.

Benjamin, Walter: *Walter Benjamin-Handbuch, Leben-Werk-Wirkung.* Hrsg. von Burkhardt Lindner, Stuttgart: J.B. Metzler, 2011.

Benjamin, Walter: *Briefe I. & II.* Hrsg. von Gershom Scholem und Theodor W. Adorno. Frankfurt am Main: Suhrkamp Verlag, 1978.

Benjamin, Walter: *Gesammelte Briefe (Sechs Bände, I- VI).* Hrsg. Von Henri Lonitz und Christoph Gödde. Frankfurt am Main: Suhrkamp Verlag, 2000-2016.

Benjamin, Walter: *Das Kunstwerk im Zeitalter seiner technischen Reproduzierbarkeit.*Hrsg. von Burkhardt Lindner unter Mitarbeit von Simon Broli und Jessica Nitsche, Berlin: Berlin Suhrkamp Verlag, 2012.

Michael Opitz & Erdmut Wizisla (Hrsg.)*: Benjamins Begriffe.* Frankfurt am Main: Suhrkamp Verlag, 2000.

Benjamin, Walter: *Working with Walter Benjamin: Recovering a Po-

litical Philosophy. Edinburgh: Edinburgh University Press, 2014.

Heidegger, Martin: *Erläuterungen zu Hölderlins Dichtung (1936-1968) (GA4)*. Frankfurt am Main: Vittorio Klostermann Verlag, Hrsg. F.-W.von Herrmann, 1996.

Heidegger, Martin: *Aus der Erfahrung des Denkens (GA13)*. Hrsg.: H. Heidegger, Frankfurt am Main: Vittorio Klostermann Verlag, 2002.

Heidegger, Martin: *Reden und andere Zeugnisse eines Lebensweges (1910 -1976) (GA16)*. Hrsg.H. Heidegger, 2000.

Heidegger, Martin: *Hölderlins Hymne, Der Ister"(GA53)*. Hrsg.Walter Biemel, 1984.

Heidegger, Martin: *Parmenides (Wintersemester 1942/43) (GA54)*, Hrsg. M. S. Frings, 1992.

Heidegger, Martin: *Zum Ereignis-Denken (GA73)*. Hrsg. Peter Trawny, 2013.

Heidegger, Martin: *Feldweg-Gespräche (1944/45) (GA77)*. Hrsg.Ingrid Schüssler, 1995.

Heidegger, Martin: *Überlegungen II-VI ("Schwarze Hefte"1931-1938) (GA94)*, Hrsg. Peter Trawny. 2014.

Heidegger, Martin: *Überlegungen VII-XI ("Schwarze Hefte" 1938/39) (GA95)*, Hrsg. Peter Trawny, 2014.

Heidegger, Martin: *Überlegungen XII-XV (Schwarze Hefte 1939-1941) (GA96)*, Hrsg. Peter Trawny, 2014.

Heidegger, Martin: *Anmerkungen I-V ("Schwarze Hefte" 1942-1948) (GA97)*, Hrsg. Peter Trawny, 2015.

二、班雅明（／本雅明）與海德格的中文相關文獻

班雅明：《啓迪：班雅明文選》，張旭東、王斑譯，北京：北京三聯書店，2008年。

班雅明：《班雅明文選》，陳永國編譯，北京：中國社會科學出版社，2011年。

班雅明：《經驗與貧乏》，王炳鈞、楊勁譯，天津：百花文藝出版，1999年。

班雅明：《迎向靈光消逝的年代》，許綺玲、林志明譯，桂林：廣西

師範大學出版社，2004年。

班雅明：《柏林童年》，王湧譯，南京：南京大學出版社，2010年。

班雅明：《波德賴爾：發達資本主義時代的抒情詩人》，王湧譯，南京：譯林出版社，2012年。

班雅明：《單向街》，王湧譯，南京：譯林出版社，2012年。

班雅明：《德意志悲苦劇的起源》，李雙志、蘇偉譯，北京：北京師範大學出版社，2013年。

班雅明：《作為生產者的作者》，王炳鈞、陳永國、郭軍、蔣洪生等譯，鄭州：河南大學出版社，2014年。

班雅明：《德國浪漫派的藝術批評概念》，王炳鈞、楊勁譯，北京：北京師範大學出版社，2014年。

班雅明：《評歌德的《親和力》》，王炳鈞、劉曉譯，北京：北京師範大學出版社，2016年。

班雅明：《無法扼殺的愉悅》，陳敏譯，北京：北京師範大學出版社，2016年。

班雅明：《藝術社會學三論》，王湧譯，南京：南京大學出版社，2017年。

海德格：《荷爾德林詩的闡釋》（GA4），孫周興譯，北京：商務印書館，2018年。

海德格：《林中路》（GA5），孫周興譯，北京：商務印書館，2018年。

海德格：《演講與論文集》（GA7），孫周興譯，北京：商務印書館，2018年。

海德格：《什麼叫思想》（GA8），孫周興譯，北京：商務印書館，2018年。

海德格：《在通向語言的途中》（GA12），孫周興譯，北京：商務印書館，2018年。

海德格：《從思的經驗而來》（GA13），孫周興、楊光等譯，北京：商務印書館，2018年。

海德格：《面向思的事情》（GA14），陳小文、孫周興譯，北京：商務印書館，2018年。

海德格：《講話與生平證詞》（GA16）：孫周興等譯，北京：商務印書館，2018年。

海德格：《形而上學的基本概念》（GA29/30），趙衛國譯，北京：商務印書館，2018年。

海德格：《巴門尼德》（GA54），朱清華譯，北京：商務印書館，
　　2018年。
海德格：《鄉間路上的談話》（GA77），孫周興譯，北京：商務印
　　書館，2018年。
海德格：《不萊梅和弗萊堡演講》（GA79），孫周興、張燈譯，北
　　京：商務印書館，2018年。

三、其他相關外文文獻

Adorno, Theodor W.: *Gesammelte Schriften*. Hrsg.von Rolf Tiedemann
　　unter Mitwirkung von Gretel Adorno, Susan Buck-Morss und
　　Klaus Schultz, Frankfurt am Main: Suhrkamp, 2003.
Adorno, Theodor W.: *Dialektik der Aufklärung. Philosophische Frag-
　　mente,* Frankfurt am Main: Suhrkamp, 2003. in: GS, Bd.3.
Adorno, Theodor W.: *Negative Dialektik. Jargon der Eigentlichkeit.*
　　Frankfurt am Main: Suhrkamp, 1970. in: GS, Bd. 6.
Adorno, Theodor W.: *Ästhetische Theorie*. Hrsg.von Gretel Adorno
　　und Rolf Tiedemann, Frankfurt am Main: Suhrkamp, 1995. in:
　　GS, Bd. 7.
Adorno, Theodor W.: *Caillois, Roger: La mante religieuse,* in Zeitss-
　　chrift für Sozialforschung, Frankfurt, vol. 7, 1938.
Agamben, Giorgio: *Potentialities, Collected Essays in Philosophy.*
　　California: Stanford University Press, 1999.
Agamben, Giorgio: *The Coming Community*. Trans. by M. Hardt. Min-
　　neapolis: University of Minnesota Press, 1993.
Agamben, Giorgio: *The Highest Poverty: Monastic Rules and Form-
　　of-Life.* Trans. by Adam Kotsko. Stanford: Stanford University
　　Press, 2013.
Agamben, Giorgio: *The Use of Bodies.*Trans. by Adam Kotsko. Stan-
　　ford: Stanford University Press, 2016.
Blanchot Maurice: *L'Espace littéraire*, Paris: Gallimard, 1955.
Bloch, Ernst：*Geist Der Utopie. Faksimile der Ausgabe von 1918.*
　　Frankfurt am Main: Suhrkamp, 1971.
Bloch, Ernst: *Spuren*. Frankfurt am Main: Suhrkamp Verlag, 1969.
Blocht, Ernst: *Das Prinzip Hoffnung*. Frankfurt am Main: Suhrkamp,

1985.

Bloch Ernst: *Experimentum Mundi*. Frankfurt am Main: Suhrkamp, 1975.

Colby Dickinson & Stéphane Symons (edi.): *Walter Benjamin and Theology*. New York: Fordham University Press, 2016.

Birnbacher, Dieter: *Naturalness Is the "Natural" Preferable to the "Artificial"*? Translated by David Carus, UN: University Press of America, ® Inc. 2014.

Brisson, Luc: *Le même et l'autre dans la structure ontologique du Timée de Platon*. Sankt Augustin: Akademia Verlag, 1994.

Brüggemann, Heinz: *Walter Benjamin über Spiel, Farbe und Phantasie*. Würzburg: Königshausen & Neumann, 2007.

Peter Braun & Bernd Stiegler (Hrsg.): *Literatur als Lebensgeschichte, Biographisches Erzählen von der Moderne bis zur Gegenwart*. Bielefeld: transcript Verlag, 2012.

Buber, Martin: *Schriften zur chinesischen Philosophie und Literatur*. Gütersloh: Gütersloher Verlagshaus, 2014.

Caillois, Roger: *Le Mythe et l'homme*. Paris: Gallimard,1938.

Caillois, Roger: *Méduse et Cie*. Paris: Gallimard, 1960.

Caillois, Roger: La Lecture des *Pierres, L'Écriture des pierres*. Paris: Gallimard, 2015.

Corngold, Stanley: *Lambent Traces: Franz Kafka*. Princeton: Princeton University Press, 2004.

Critchley, Simon.: *The Faith of the Faithless Experiments in Political Theolog*. London: Verso, 2012.

Derrida, Jacques: *Parages*. Paris: Galilée, 1986.

Derrida, Jacques: *De l'esprit*. Paris: Galilee, 1987.

Derrida, Jacques: *Voyous*. Paris: Galiée, 2003.

Fenves, Peter: *Benjamin, Studying, China: Toward a Universal "Universism"*. In Positions, *asia critique: Benjamin's travel*, volume 26, number 1, February 2018,

Fittler, Doris M.: *"Ein Kosmos der Ähnlichkeit." Frühe und späte Mimesis bei Walter Benjamin*. Bielefeld: Aisthesis Verlage, 2005.

Gunter Gebauer & Christoph Wulf: *Mimesis: culture, art, society*. Trans. by Don Reneau. Berkeley: University of California Press, 1995.

Hamacher, Werner: *Premises: Essays on Philosophy and Literature from Kant to Celan.* <The Gesture in the Name: On Benjamin and Kafka>. Harvard University Press, 1996.

Hamacher, Werner: *"Ou, séance, touche de Nancy, ici (3)"*, in: *Sens en tous sens - Autour des travaux de Jean-Luc Nancy.* Hrsg. Francis Guibal und Jean-Clet Martin, Paris: Galilée, 2004.

Hamacher Werner: *Sprachgerechtigkeit.* Frankfurt am Main: S.Fischer Wissenschaft, 2018.

Hansen, Miriam Bratu: *Cinema and Experience: Siegfried Kracauer, Walter Benjamin, and Theodor W. Adorno.* Berkeley: University of California Press, 2012.

Jullien, François: *Les Transformations silencieuses.* Paris: Grasset, 2009.

Judéités: Questions pour Jacques Derrida. Paris: Galilée, 2000.

Kafka, Franz: *Tagebücher 1909-1923.* Frankfurt: S. Fischer, 1997.

Kafka, Franz: *Kritische Ausgabe in 15 Bänden.* Hrsg. v. Jürgen Born, Gerhard Neumann, Malcolm Pasley und Jost Schillemeit. Frankfurt am Main: Fischer Taschenbuch Verlag, 2002.

Neumann, Bernd (Hrsg.)*: Franz Kafka, Aporien der Assimilation: eine Rekonstruktion seines Romanwerks.*, München: Fink Verlag, 2007.

Neumann, Bernd: *Franz Kafka Gesellschaftskrieger; eine Biographie.* Verlag Wilhelm Fink, 2008.

Klages, Ludwig: *Vom kosmogonischen Eros.* München: Georg Müller Verlag, 1922.

Klages, Ludwig: *Der Geist als Widersacher der Seele,* Bonn: Bouvier Verlag Herbert Grundmann, 1981.

Krummel, John W. M.: *Nishida Kitarō's Chiasmatic Chorology: Place of Dialectic, Dialectic of Place.* Bloomington: Indiana University Press, 2015.

Lacoue-Labarthe, Philippe & Nancy, Jean-Luc: *Le mythe nazi.* Paris: L'Aube poche, 2016.

Lacoue-Labarthe, Philippe: *L'imitation des Modernes, Typographies2.* Paris: Galilée, 1986.

Lacoue-Labarthe, Philippe: *La Fiction du politique: Heidegger, l'art et la politique.* Paris: Bourgois, 1988.

Maldiney, Henry: *Ouvrir le rien, l'art nu*. Paris: Encre Marine. 2010.

Lévinas Emmauel: *Difficile liberté*. Paris: Albin Michel, 1976.

Nancy, Jean-Luc: *La création du monde ou la mondialisation*. Paris: Galilée, 2002.

Nancy, Jean-Luc: *La Déclosion: Déconstruction du christianisme*. Paris: Galilée, 2005.

Daniel Weidner (Hrsg.): *Profanes Leben: Walter Benjamins Dialektik der Säkularisierung*. Berlin: Suhrkamp, 2010.

Buck-Morss, Susan: *The Dialectics of Seeing: Walter Benjamin and the Arcades*. Cambridge: MIT Press, 1989.

Moran, Brenda: *Politics of Benjamin's Kafka: Philosophy as Renegade*. Palgrave Macmillan, 2018.

Miller, Tyrus (edi.): Given world and Time: Temporalities in context. Budapest: Central European University Press, 2008.

Karl Erich, Grözinger: *Kafka und die Kabbala. Das Jüdische im Werk und Denken von Franz Kafka*. Frankfurt am Main/New York: Campus Verlag, 2014.

Nathan Eckstrand & Christopher Yates (Edi.): *Philosophy and the Return of Violence Studies from this Widening Gyre*. New Yock: Nathan Eckstrand, 2011.

Jacobson, Eric: *Metaphysics of the profane, the political theology of Walter Benjamin and Gershom Scholem*. New York: Columbia University Press, 2003.

Sallis, John: Chorology, On Beginning in Plato's Timaeus. Bloomington: Indiana University Press, 1999.

Sallis, John: *The Return of Nature: On the Beyond of Sense*. Bloomington: Indiana University Press, 2016.

Scholem, Gershom：*Die jüdische Mystik in ihren Hauptströmungen*. Frankfurt am Main: Suhrkamp Verlag, 1957.

Scholem, Gershom：*Über einige grundbegriffe des judentums*. Frankfurt am Main: Suhrkamp Verlag, 1970.

Schmidt, Alfred: *Goethes Herrlich Leuchtende Natur, Philosophische studie zur Deutschen Spätaufklärung*, 1984 München/Wien: Carl Hanser Verlag,1984.

Schurmann, Reiner: *Wandering joy: Meister Eckhart's mystical philosophy*. Translation and commentary by Reiner Schurmann. Great

Barrington: Lindisfarne Books, 2001.

Schulte, Christoph: *Zimzum: Gott und Weltursprung*. Berlin: Jüdischer Verlag, 2014.

Sloterdijk, Peter: *Eurotaoismus, Zur Kritik der Politischen Kinetik*. Frankfurt am Main: Suhrkamp,1989.

Steiner, Uwe: *Walter Benjamin: An Introduction to His Work and Thought*. Chicago：University of Chicago Press. 2010.

Taubes, Jacob: *Die politische Theologie des Paulus*, München: Fink, 1993.

Wilhelm, Richard: *Laotse, Tao Te King, Das Buch vom Sinn und Leben*（老子《道德經》）. Jena: Verlegt bei Eugen Diederichs, 1910.

Wilhelm, Richard: *Dschuang Dsi, Das Wahre Buch vom südlichen Blütenland*（《莊子南華真經》）. Jena: Verlegt bei Eugen Died-erichs, 1912.

Weiss, Joseph: *The idea of mimesis: Semblance, play, and critique in the works of Walter Benjamin and Theodor W. Adorno*. College of Liberal Arts & Social Sciences Theses and Dissertations, 2011.

四、相關中文文獻

卡夫卡：《卡夫卡全集》(10卷)，葉廷芳主編，石家莊：河北教育出版社，1996年。

卡爾・洛維特：《世界歷史與救贖歷史——歷史哲學的神學前提》，李秋零譯，北京：三聯書店出版社，2002年。

布伯：《論猶太教》，劉傑等譯，濟南：山東大學出版社，2002年。

布朗蕭：《災異書寫》，魏舒譯，南京：南京大學出版社，2016年。

布萊希特：《中國聖賢啓示錄》，殷瑜譯，北京：北京師範大學出版社，2015年。

弗蘭克：《浪漫派的將來之神——新神話學講稿》，李雙志譯，上海：華東師範大學出版社，2011年。

列維納斯：《總體與無限——論外在性》，朱剛譯，北京：北京大學出版社，2016年。

牟宗三：《圓善論》，長春：吉林出版集團，2010年。

西美爾：《橋及閘》，涯鴻、宇聲等譯，上海：上海三聯書店，1991年。

克拉考爾：《偵探小說》，黎靜譯，北京：北京大學出版社，2017年。

貝克特：《終局》，廖玉如譯，臺北：聯經出版社，2008年。

彼得·奧斯本：《時間的政治》，王志宏譯，北京：商務印書館，2004年。

阿岡本／阿甘本：《潛能》，王立秋等譯，桂林：灕江出版社，2014年。

阿岡本：《剩餘的瞬間——解讀《羅馬書》》，錢立卿譯，北京：中央編譯出版，2016年。

阿岡本：《無目的的手段——政治學筆記》，趙文譯，鄭州：河南大學出版社，2015年。

保羅·維利里奧：《無邊的藝術》，張新木、李露露譯，南京：南京大學出版社，2014年。

哈貝馬斯：《在自然主義與宗教之間》，郁喆雋譯，上海：上海世紀出版集團，2013年。

哈特、奈格裏：《大同世界》，王行坤譯，北京：中國人民大學出版社，2015年。

施米特：《哈姆萊特或赫庫芭——時代浸入戲劇》，王青譯，上海：上海人民出版社，2015年。

施米特：《政治的神學》，劉宗坤等譯，上海：上海人民出版社，2015年。

施密特：《馬克思的自然概念》，歐力同、吳仲昉譯，北京：商務印書館，1988年。

柏拉圖：《柏拉圖全集》，王曉朝譯，北京：人民出版社，2003年。

夏可君：《一個等待與無用的民族——莊子與海德格的第二次轉向》，北京：北京大學出版社，2017年。

格諾德·波默：《氣氛美學》，賈紅雨譯，中國社會科學出版社，2018年。

淺見洋二：《距離與想像：中國詩學的唐宋轉型》，金程宇譯，上海：上海古籍出版社，2005年。

荷爾德林：《流浪者》，林克譯，上海：上海文藝出版社，2014年。

荷爾德林：《荷爾德林文集》，戴暉譯，北京：商務印書館，1999年。

郭軍編譯：《論班雅明：現代性、寓言和語言的種子》，長春：吉林人民出版社，2003年。

郭慶藩撰：《莊子集釋》，北京：北京中華書局，2013年。

陳鼓應著：《老子今注今譯》，北京：北京商務印書館，2012年。

陳鼓應著：《莊子今注今譯》，北京：北京商務印書館，2012年。

陶伯斯：《保羅政治神學》，吳增定等譯，上海：華東師範大學出版社，2016年。

傅柯：《詞與物》，莫偉民譯，上海：三聯書店出版社，2001年。

斯蒂格勒：《技術與時間》三卷本，裴程等譯，南京：譯林出版社，2000-2015年。

斯臺凡·摩西：《歷史的天使：羅森茲威格，班雅明，蕭勒姆》，梁展譯，上海：華東師範大學出版社，2017年。

楊柳橋著：《莊子譯注》上海：上海古籍出版社，2006年。

赫爾曼·柯恩：《理性宗教——來自猶太教的起源》，孫增霖譯，濟南：山東人民出版社，2013年。

齊澤克：《視差之見》，季廣茂譯，杭州：浙江大學出版社，2014年。

齊澤克：《暴力》，唐健等譯，北京：中國法制出版社，2012年。

劉精忠：《猶太教神祕主義概論》，北京：中國社會科學出版社，2015年。

德希達／德里達：《解構與思想的未來》，夏可君編校，長春：吉林人民出版社，2006年。

德希達：《多義的記憶》，蔣梓驊譯，北京：中央編譯出版社出版，1999年。

德希達：《無賴》，汪堂家、李之喆譯，上海：上海譯文出版社，2011年。

盧卡奇：《小說理論》，燕宏遠、李懷濤譯，北京：商務印書館，2012年。

蕭勒姆：《一個友誼的故事》，朱劉華譯，上海：上海譯文出版社，2009年。

蕭勒姆或索倫：《猶太教神祕主義主流》，涂笑非譯，成都：四川人民出版社，2000年。

諾丘·歐丁：《無用之用》，郭亮廷譯，臺北：漫遊者出版社。2015年。

羅森茲威格：《救贖之星》，孫增霖、傅有德譯，濟南：山東大學出版社，2013年。

羅蘭·博爾：《天國的批判——論馬克思主義與神學》，胡建華、林振華譯，臺北：臺灣基督教文藝出版社，2010年。

關鍵字與人名索引

國家圖書館出版品預行編目資料

無用的神學：班雅明、海德格與莊子／夏可君
　著. －－二版.－－臺北市：五南圖書出版
　股份有限公司, 2022.08
　　面；　公分
　ISBN 978-626-343-221-5（平裝）

1. 班雅明(Benjamin, Walter, 1892-1940)
2. 海德格(Heidegger, Martin, 1889-1976)
3. 學術思想　4. 哲學

147.7　　　　　　　　　　　　　111012809

1XGP 五南當代學術叢刊041

無用的神學
班雅明、海德格與莊子

作　　　者 ― 夏可君

發 行 人 ― 楊榮川

總 經 理 ― 楊士清

總 編 輯 ― 楊秀麗

副總編輯 ― 黃惠娟

責任編輯 ― 羅國蓮

封面設計 ― 王麗娟

校　　　對 ― 潘怡君

出 版 者 ― 五南圖書出版股份有限公司

地　　　址：106台北市大安區和平東路二段339號4樓

電　　　話：(02)2705-5066　　傳　　真：(02)2706-6100

網　　　址：https://www.wunan.com.tw

電子郵件：wunan@wunan.com.tw

劃撥帳號：19628053

戶　　　名：五南圖書出版股份有限公司

法律顧問　林勝安律師事務所　林勝安律師

出版日期　2019年8月初版一刷
　　　　　　2022年8月二版一刷

定　　　價　新臺幣590元

經典永恆・名著常在

五十週年的獻禮──經典名著文庫

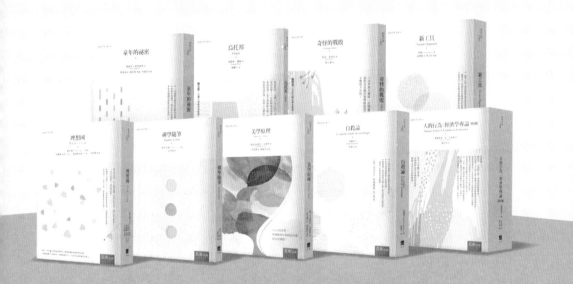

五南,五十年了,半個世紀,人生旅程的一大半,走過來了。

思索著,邁向百年的未來歷程,能為知識界、文化學術界作些什麼?

在速食文化的生態下,有什麼值得讓人雋永品味的?

歷代經典・當今名著,經過時間的洗禮,千錘百鍊,流傳至今,光芒耀人;

不僅使我們能領悟前人的智慧,同時也增深加廣我們思考的深度與視野。

我們決心投入巨資,有計畫的系統梳選,成立「經典名著文庫」,

希望收入古今中外思想性的、充滿睿智與獨見的經典、名著。

這是一項理想性的、永續性的巨大出版工程。

不在意讀者的眾寡,只考慮它的學術價值,力求完整展現先哲思想的軌跡;

為知識界開啟一片智慧之窗,營造一座百花綻放的世界文明公園,

任君遨遊、取菁吸蜜、嘉惠學子!